Editorial

Schon oft haben Sie gefragt, warum wir das Anwender-Wissen der PC Praxis nicht auch als Buch verlegen. Daher freuen wir uns besonders, Ihnen mit den PC Praxis Büchern eine leicht-verständliche und anwenderfreundlich gestaltete Reihe vorzustellen, die sowohl für Ein- und Umsteiger als auch für den versierten Privat- und Büroanwender interessant ist.

Mehr Power mit ISDN macht Sie optimal mit den vielfältigen Möglichkeiten, die Ihnen ein ISDN-Anschluß bietet, vertraut. Hier erfahren Sie neben der Anschlußeinrichtung alles Wichti-ge, um Ihren PC ISDN-tauglich zu machen. Die vielfältigen Tücken, die bei der Einrichtung von ISDN-Karten auftreten können, stellen für Sie nach der Lektüre dieses Buches keine Pro-bleme mehr dar. Praxisnah werden Ihnen die Schritte erläutert, damit Sie per ISDN eine Inter-net-Verbindung herstellen, Daten übertragen oder Ihren PC in einen Anrufbeantworter ver-wandeln. Wollen Sie den PC Ihrer Schwiegermutter per ISDN fernsteuern? Auch hierzu er-halten Sie alle notwendigen Informationen. Anschaulich werden Ihnen ferner leicht nachzu-vollziehende Anleitungen zur Installation bzw. Inbetriebnahme von Telefonanlagen und ISDN-Telefonen gegeben. Auch beim Thema Sicherheit werden Sie mit diesem Buch nicht allein gelassen

In kurzen, leichtverständlichen Abschnitten wird ohne überflüssigen Ballast genau das Wissen vermittelt, das Sie für Ihre tägliche Arbeit im Job oder zu Hause benötigen. Bei allen Schritten werden Sie durch praxisnahe, leicht nachvollziehbare Beispiele unterstützt.

Holen Sie sich das Know-how, mit dem Ihr Erfolg vorprogrammiert ist!

Viel Spaß dabei wünscht Ihnen Ihr

DATA BECKER Lektorat

D1726108

Wichtige Hinweise

Die in diesem Buch wiedergegebenen Verfahren und Programme werden ohne Rücksicht auf die Patentlage mitgeteilt. Sie sind für Amateur- und Lehrzwecke bestimmt.

Alle Informationen, technischen Angaben und Programme in diesem Buch wurden vom Autor mit größter Sorgfalt zusammengetragen. Der Verlag kann jedoch weder Garantie noch juristische Verantwortung oder irgendeine Haftung für Folgen, die auf fehlerhafte Angaben zurückgehen, übernehmen.

Wir weisen darauf hin, daß die im Buch verwendeten Soft- und Hardwarebezeichnungen und Markennamen der jeweiligen Firmen im allgemeinen warenzeichen-, marken- oder patentrechtlichem Schutz unterliegen.

Copyright	© 1997 by DATA BECKER GmbH & Co.KG
	Merowingerstr. 30
	40223 Düsseldorf
	1. Auflage 1997 fg
Lektorat	Matthias Franke
Schlußredaktion	Sibylle Feldmann
Umschlaggestaltung	Grafikteam DATA BECKER
Titelfotos	Sascha Kleis, Karin Modis
Textverarbeitung und Gestaltung	Georg Michels

Alle Rechte vorbehalten. Kein Teil dieses Buches darf in irgendeiner Form (Druck, Fotokopie oder einem anderen Verfahren) ohne schriftliche Genehmigung der DATA BECKER GmbH & Co.KG reproduziert oder unter Verwendung elektronischer Systeme verarbeitet, vervielfältigt oder verbreitet werden.

ISBN 3-8158-1390-5

PC PraxisBuch

Frank Austermühl • Uwe Austermühl • Andreas Voss

Mehr Power mit ISDN

DATA BECKER

Praxisbuch Mehr Power für ISDN

1

Das bringt ISDN Ihnen wirklich   15

1.1 ISDN zum Frühstück – Der Tag beginnt
mit ein paar gelungenen Gesprächen   15

1.2 ISDN fürs Geschäft – Die perfekte
Kommunikation im Freiberufler-Büro   16

1.3 Am PC läuft der Freiberufler dank
ISDN zur Höchstform auf   17

1.4 Modems mit 56 KBit/s –
Konkurrenz für ISDN?   20

1.5 Weitere FAQs   22

2

Ihr persönlicher Weg zu ISDN   25

2.1 Der einfache Weg zu ISDN –
Anmeldung und Freischaltung   25
Wie und wo beantrage ich den ISDN-Anschluß?   25
Die verschiedenen Anschlußmöglichkeiten
für ISDN im Überblick   27
Wie wird der NTBA installiert?   28
Anschluß des NTBAs ohne vorhandene TAE-Dose   30

2.2 Alle ISDN-Telefonfunktionen im Überblick   32
Das kann ISDN –
Die Leistungsmerkmale in der Übersicht   33
Das T-Net zieht nach –
Mehr Komfort auch im analogen Netz   39

2.3 Der Unterschied zwischen Basis- und
Primärmultiplexanschluß   40
Der Basisanschluß   40
Der Primärmultiplexanschluß   41

2.4 Die Kosten – Das zahlen Sie für ISDN   41
Standard oder Komfort? – Die zwei
Ausführungen des Basis-Mehrgeräteanschlusses   42

2.5 Weitere FAQs   43

PCPraxisBuc
Frank Austermühl • Uwe Austermühl • Andreas

Mehr Power m
ISDN

Das perfekte Zusammenspiel
von ISDN und dem PC

Damit Sie alle Vorteile von
ISDN für Ihre Zwecke nutzen!
• So wird Ihr Windows-Rechner
  rundum fit für ISDN
• Per ISDN ins Internet: Wie Sie sich
  die wichtigsten Online-Dienste
  einrichten
• Großer Serviceteil mit Antworten
  auf typische Fragen

DATA BECKER

EURO-ISDN

Basis-Anschluß

Prim
Multipl
Ansch

Mehrgeräte-
Anschluß

Anlagen-Anschluß

Standard   Komfort

**So gelangen Sie
ohne Streß zum
ISDN-Anschluß
mehr dazu auf
ab Seite 25**

Inhaltsverzeichnis

Finden Sie Ihre individuelle Konfiguration ab Seite 45

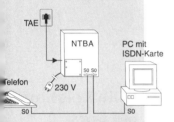

3	**Welche ISDN-Konfiguration benötigen Sie eigentlich?**	**45**
3.1	ISDN-Lösung für möglichst wenig Geld	45
3.2	ISDN-Lösung für Privatanwender mit PC und ISDN-Telefon: Total digital	47
3.3	ISDN-Lösung für Freiberufler	48
3.4	ISDN für kleinere Firmen (Netzwerk etc.)	50
3.5	Wie geht es weiter in diesem Buch?	52
3.6	Weitere FAQs	52

4	**Machen Sie Ihren PC ISDN-tauglich – ISDN-Karten für den PC**	**53**
4.1	Die Grundlagen – So kommt Ihr PC ans digitale Netz	54
	Der Unterschied zwischen passiven, aktiven und semiaktiven Karten	57
	ISDN-Karten – Nur im Verbund sind sie stark	59
4.2	Generelle Kaufempfehlungen – Wie Sie die richtige Karte finden	59
4.3	Allgemeines zum Einbau von ISDN-Karten – Über Ressourcen, Speicher, Jumper, DIP-Schalter & Co.	60
	Worauf Sie achten müssen, wenn Sie eine ISDN-Karte installieren	60
	So läuft die Installation von ISDN-Karten prinzipiell ab	64
4.4	Die FRITZ!Card von AVM – Die Rundum-sorglos-Lösung	65
	Problembehebung nach der Installation	72
4.5	TELES-Karten und kompatible – Weitverbreitet, aber nicht ohne Tücken	75
	In diesen Schritten läuft die Installation ab	75
	Troubleshooting für TELES-Karten	82
4.6	Aktive ISDN-Karten	85

Keine Angst vor dem Karteneinbau ab Seite 53

**4.7 Mit ISDN unterwegs –
PC-Card-Lösungen für Notebooks**   **87**

Hier erhalten Sie die Übersicht –
Notebook & Co. mit ISDN-Anschluß   88
Typische PCMCIA-ISDN-Karte von AVM (FRITZ!Card)   91

5 Faxmaschine, Anrufbeantworter und Dateitransfer – Ihr PC wird zum Allroundtalent   97

**5.1 Die Anwendungsschnittstelle –
Alles CAPI oder was?**   **97**

**5.2 Typische Bundle-Software Nr. 1 –
FRITZ!32 von AVM**   **99**

So holen Sie FRITZ! auf Ihren Rechner   99
Einige Worte zur ISDN-Dienstekennung   102
FRITZ!data – Kinderleichter Dateitransfer   103
Verbindungsaufbau zu einem anderen Rechner   105
FRITZ!data im Server-Modus   109
So schützen Sie Ihre Daten   109
Das Faxmodul FRITZ!fax   112
Das Terminalprogramm FRITZ!com   116
Das Anrufbeantworterprogramm FRITZ!vox   119

**5.3 Typische Bundle-Software Nr. 2 –
OnlinePowerPack**   **123**

Der Funktionsumfang   123
Installation von TELES.OnlinePowerPack   124
Grundlegenden Module –
ISDN-Einstellungen, Journal und Telefonbuch   124

**5.4 PC-Anrufbeantworter mit allen Finessen –
WinAnruf 2.0 Professionell**   **126**

Die wichtigsten Funktionen im Überblick   127
Die Installation – So kriegen Sie den
Anrufbeantworter in den PC   129
WinAnruf konfigurieren   130
So funktioniert der AB – Die Feineinstellungen
des Anrufbeantworters   134
Mal hören, was los war – Fernabfrage   139

Volle Leistung
bei der
Datenübertragung
ab Seite 97

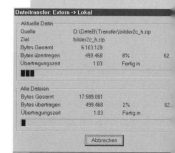

Inhaltsverzeichnis

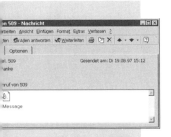

5.5 Alles in einem – Exchange/Outlook-Anbindung aller wichtigen ISDN-Funktionen   **140**

Acotecs ISDN for Windows 95 –
Einfach und vollintegriert   140
ISDN for Windows 95 installieren   141
Der Anrufbeantworter   144
Die Faxmaschine   147
Eurofile-Transfer – Dateien versenden   150

5.6 RVS-Com   **152**

5.7 ISDN for Windows 95 Professional – IPro, die Luxuslösung von Acotec   **154**

Das kann iPro   154

5.8 ISDN-Komplettlösung fürs lokale Netzwerk – Ositron ICS   **155**

Das leistet Ositron ICS   156

5.9 Nützliche ISDN-Software – Anrufmonitore und Busüberwachung   **157**

Der kleine Lauschangriff – ISDN-Anrufmonitor   157
Das kann Snoopy   161
Scotty, beam me up   162

Nutzen Sie die vielfältigen rufbeantworter- möglichkeiten ab Seite 144

Nehmen Sie Verbindung zu anderen Rechnern ab Seite 169

6 Verbindungsmöglichkeiten nach außen – Alles rund ums DFÜ-Netzwerk   **169**

6.1 Die Schnittstelle nach draußen – Von virtuellen Modems und ähnlichen Fabeltieren   **170**

DFÜ-Netzwerk installieren   172
Microsoft ISDN Accelerator Pack installieren   175
Installation des CAPI-Port-Treibers der FRITZ!Card   179
Virtuelle Modems – So werden sie mit TELES realisiert   184
NDIS WAN Miniport-Treiber bei TELES-Karten
installieren   185
NDIS WAN Miniport-Treiber bei AVM-Karten
installieren   188

6.2 Das DFÜ-Netzwerk – Netzwerkanbindung per Telefonleitung   **192**

Praxisbuch Mehr Power für ISDN

6.3	**So richten Sie Ihren Rechner als DFÜ-Client ein**	**192**
	So stellen Sie eine Verbindung mit der FRITZ!Card zu einem Server her	193
	DFÜ-Netzwerk sinnvoll nutzen – Zugriff auf den TELES-Server	198
6.4	**So richten Sie Ihren Rechner als DFÜ-Server ein**	**200**
	DFÜ-Netzwerk vorbereiten	200
	Computernamen festlegen	201
	Ordner freigeben	203
	DFÜ-Server einrichten	204
	Anrufe annehmen	205

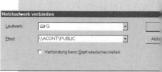

Gestalten Sie Ihr persönliches ISDN-Netzwerk ab Seite 192

7 Per ISDN ins Internet – Einwahl für Internet und Online-Dienste 207

7.1	**Einwahl in T-Online mit direkter CAPI-Schnittstelle**	**208**
	Die neue T-Online-Software installieren	208
	So läuft die ISDN-Einwahl in T-Online	209
7.2	**Einwahl in AOL mit cFos (AOL ISDN)**	**211**
	ISDN-Treiber und Zugangssoftware installieren	211
	AOL-Zugangssoftware installieren	214
	AOL-Zugangsdaten festlegen	215
7.3	**Einwahl in CompuServe 2.x mit Fossil-Treiber**	**217**
7.4	**Einwahl in CompuServe 3.0x mit CAPI-Port und DFÜ-Netzwerk**	**219**
	Die Installation von CS 3.02	219
	Neue CS-Verbindung mit TELES-Karten herstellen	220
	Und so funktioniert das gleiche mit AVM	223
	CompuServe – Die Zugangsrufnummern im Überblick	227
7.5	**Einwahl in MSN per DFÜ-Netzwerk**	**228**
	Voraussetzungen	228
	MSN-Zugriff über DFÜ-Netzwerk konfigurieren	229
	Rein ins Netz mit AVM	229
	Einmal MSN und zurück mit TELES – Sogar mit Kanalbündelung	232

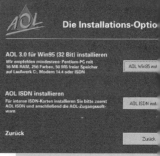

Mit maximaler Geschwindigkei ins Internet ab Seite 207

Inhaltsverzeichnis

7.6 Mit Internet-Providern direkt ins Netz 235

Einrichtung einer DFÜ-Netzwerkverbindung zum
Internet-Provider 236
Zugang konfigurieren 237

ISDN macht's
möglich – Die
Fernsteuerung
von PCs
ab Seite 239

8 Klinken Sie sich per Fernsteuerung von zu Hause in Ihren Firmenrechner ein 239

8.1 Einführung – Was ist Remote Control? 239

8.2 Mit LapLink 95 den PC des Freundes fernbedienen 240

So bringt LapLink Ihren Rechner ans ISDN 240
Installation von LapLink 240
Einrichtung von LapLink 241
Starten von LapLink 242
Empfangsbereitschaft – Verbindung einrichten 244
Verbindung zu einem anderen Rechner 246
DFÜ-Netzwerk über LapLink 250

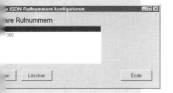

Behalten Sie die
Kontrolle über
Ihre
Telefongebühren
ab Seite 251

9 Wie sicher ist ISDN? 251

9.1 Einige Anmerkungen zum Thema Datenschutz 251
Zugriffsschutz durch Paßwörter 251

9.2 Vorsicht Viren 257

9.3 Trojanische Pferde 257

9.4 Überwachung von unkontrolliertem Verbindungsaufbau 259
Gefahr durch Fernwartung? 259

Praxisbuch Mehr Power für ISDN

10 So nutzen Sie mit ISDN auch analoge Kommunikationsdienste   261

10.1 Ein moderner Übersetzungsdienst –
Fossil-Treiber!   262

10.2 cFos – Der klassische Fossil-Treiber   262
So installieren Sie cFos/Win   262
Wo sind sie denn, die ISDN-Mailboxen?   265

10.3 Mailbox-Zugriff mit Telix und cFos   266

10.4 Mit HyperTerminal auf Mailboxen zugreifen   268

10.5 Modem-ISDN-Hybride –
Terminaladaptoren als Universallösung   270
Überblick, Sinn und Funktion von Hybriden   270

10.6 ZyXEL – Ein Terminaladapter,
der (fast) alles kann   271
Das ZyXEL 2864ID hat einen seriellen
und einen parallelen PC-Anschluß   272
Anschluß des ZyXELs an den NTBA   273
Faxe direkt ausdrucken lassen   274
Ein a/b-Wandler ist direkt integriert   275
Der Lieferumfang des ZyXEL   275
Die Einbindung des ZyXEL 2864ID unter Windows 95   276
Die eigentliche Programmierung des ZyXEL-Modems   277

**Der Zugang zu
Mailboxen
ab Seite 261**

Inhaltsverzeichnis

11 Sparen Sie Geld und verkabeln Sie (sich) selbst – Von Anschlußdosen, Kabeln, Steckern und Bussen   283

11.1 Grundsätzliches – Vorüberlegungen und Tips zum Anschluß   284

11.2 Kontakt zur Telekom – Anschluß von NTBA, Telefonanlage und a/b-Wandler   285
Anschluß des steckbaren NTBA   286
Waren bislang weitere Geräte an die TAE-Dose angeschlossen?   287
Der Anschluß des festinstallierbaren NTBA   288
Ist keine Steckdose für den NTBA vorhanden?   288
Der Anschluß von ISDN-Geräten an den NTBA   288

11.3 Die verschiedenen Stecker-Typen – Von TAE-Dosen und Westernsteckern   290
Die Anschlußdosen und Anschlußstecker für analoge Geräte   290

11.4 Die Anschlußdosen und Anschlußstecker für ISDN-Geräte   293

11.5 Kabelsalat – Alles über ISDN-Kabel   295
Kabel selbst verlegen – Immer an der Wand entlang?   297

11.6 Anschluß von analogen Geräten an a/b-Wandler oder TK-Anlage   298
Der einfachste Fall – a/b-Wandler oder TK-Anlage mit Steckeranschlüssen   298
Ein komplizierterer Fall – TK-Anlage ohne direkte Steckeranschlüsse   298

11.7 ISDN-Geräte und Bus-Verkabelung Spezialfälle   299
S0-Bus verlängern – Die Bus-Verkabelung   300
ISDN-Dosen installieren   302
ISDN-Bus-Kabel anschließen   303

11.8 Was tun bei einer Störung?   304

11.9 Weitere FAQs   305

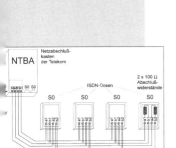

Hier vermeiden Sie Kabelsalat ab Seite 283

Praxisbuch Mehr Power für ISDN

12 ISDN-Telefone, a/b-Wandler und Telefonanlagen für den Einstieg 307

12.1 Unvergleichlich – Was unterscheidet ISDN-Telefone von den analogen Kollegen?	**308**
Was sagt der Markt?	308
Was bringen die neuen ISDN-Telefone?	309
12.2 Standard oder Komfort – Was bieten teure ISDN-Telefone an Mehrwert?	**310**
Der Standard	311
Die Komfortablen	311
Die Exklusiven	313
12.3 Fallbeispiele – Typische ISDN-Telefone im Vergleich vorgestellt	**315**
Das Europa 11	315
Das ASCOM Eurit 30	316
ASCOM Eurit 40	317
Das Hagenuk Europhone S	318
Das TELES.FON	319
Das TELES.FON/AB	320
12.4 Weitere FAQs	**320**
12.5 Die Mini-TK-Anlagen – ISDN-a/b-Wandler von 1&1 & Co.	**322**
Unterschiedliche Arten von Adaptern und Vergleich zu TK-Anlagen	323
Ein bißchen Technik	324
Einsatz und Betrieb von ISDN-a/b-Terminaladaptern	325
Der ISDN-a/b-Terminaladapter von 1&1 bzw. Creatix	325
Programmieren der Rufnummern beim 1&1-Terminaladapter	327
Inbetriebnahme des Adapters	328

Suchen Sie sich das passende Telefon aus ab Seite 307

Inhaltsverzeichnis

13 Alleskönner und Telefonzentrale – Das TK-Anlagen-Kapitel 329

13.1	**Sinn und Funktion von TK-Anlagen**	**330**
	Überblick – Was sind TK-Anlagen überhaupt?	330
13.2	**Mehrgeräte- oder Anlagenanschluß – Macht das einen Unterschied für TK-Anlagen?**	**333**
	Über Nummern und Endgeräte	333
	Dienstekennung und TK-Anlagen	334
	Anlagenanschluß und TK-Anlagen	335
	TK-Anlagen – Wozu brauche ich so etwas?	336
	Was Sie vor der Installation und Inbetriebnahme der Anlage beachten sollten	342
	Was klingelt wann? – TK-Anlagen müssen programmiert werden	345
	Gebührenerfassung und Auswertung mit TK-Anlagen	350
13.3	**Kaufempfehlung – Worauf achten, was braucht wer?**	**352**
	ISDN-Anlagen für den Privathaushalt	353
	ISDN-Anlagen für Selbständige, Freiberufler und kleine Firmen	357
	ISDN-TK-Anlage mit fester Verkabelung ohne internen S0-Bus	358
	ISDN-TK-Anlage mit internem Bus	359
13.4	**TK-Anlagen-Praxis am Beispiel der Euracom von Ackermann**	**360**
	Aufbau und Funktionselemente der Anlage	360
	Anschluß bzw. Installation	364
	Anschluß an den PC und Drucker	367
	Leistungsmöglichkeiten der Anlage im Überblick	368
	Wie programmieren? Mit PC oder Telefon?	373
	Die verschiedenen Möglichkeiten der Gebührenerfassung und Auswertung	374
13.5	**Klein, aber oho – Der Alleskönner von Hagenuk**	**375**
	Kurzübersicht	375
	Inbetriebnahme der DataBox	377
	AT-Modus anstatt CAPI-Modus	381
	Die Funktionen der Systemsoftware	382

Telefonanlagen im praktischen Einsatz ab Seite 329

Praxisbuch Mehr Power für ISDN

13.6 Für jeden etwas – Verschiedene
      TK-Anlagen-Lösungen vorgestellt   **384**
      Die Mini-ISDN-Anlagen Triccy und Triccy PC   385
      Die schnurlose DECT-ISDN-Telefonanlage
      Gigaset 1054isdn   386
      Die Plug & Play-ISDN-Anlage Euracom 306
      der Telekom   388
      Die ISDN-TK-Anlage Tiptel 810 ohne internen S0-Bus   390
      Die Funktionsmerkmale von TK-Anlagen
      in der Übersicht   392
13.7 Weitere FAQs   **397**

Anhang   **403**

Anhang A: ISDN-Adressen (Internet,
           Online-Dienste, Mailboxen,
           Support-Server)   403

Anhang B: Weitere Informationsquellen   405

Anhang C: Danksagungen   406

**ISDN von A-Z –
Das Stichwortverzeichnis   408**

1. Das bringt ISDN Ihnen wirklich

Horst Hacker gehört zu denjenigen, die sich von der Goldgräberstimmung in bezug auf ISDN haben anstecken lassen. Ehe er sich versah, hatte er einen neuen ISDN-Anschluß beantragt, die Vorteile (drei Rufnummern, zwei Leitungen, die parallel genutzt werden können, die Geschwindigkeit beim Datenaustausch (64.000 Bit/s), der superschnelle Verbindungsaufbau, die Sicherheit und Qualität der Übertragung und die vielen netten Leistungsmerkmale wie Dreierkonferenz oder das Anzeigen der Rufnummern des Anrufenden, hatten ihn überzeugt, daß dieses ISDN-Ding genau das richtige für sein kleines Architektenbüro sei.

Ein günstiges Angebot der Telekom hat er auch gleich genutzt und sich eine TK-Anlage geleistet. An diese hat er dann sein altes Fax, ein Modem und ein schnurloses Telefon angeschlossen. Auch zwei echte ISDN-Geräte hat er sich geleistet: ein ISDN-Telefon und eine ISDN-Karte mit jeder Menge Software. Das Einrichten der gesamten Geräte hat zwar ein wenig gedauert, aber jetzt lief alles prima. Begleiten Sie Horst Hacker doch einfach mal durch einen typischen Tag, um zu sehen, welche Vorteile ihm ISDN so gebracht hat.

1.1 ISDN zum Frühstück – Der Tag beginnt mit ein paar gelungenen Gesprächen

07:30 Uhr: Eine Sache kann ISDN allerdings nicht: Verhindern, daß frühaufstehende Omas immer mal wieder anrufen, nur um morgens um halb acht zu hören, wie's dem Kleinen so geht. Auch an diesem Morgen war es so. Als das Telefon klingelte, braucht Horst erst gar nicht auf das Display seines ISDN-Telefons zu schauen (da steht ohnehin nichts, da die Oma kein ISDN hat). Also abgenommen und ein verschlafenes „Guten Morgen, Oma" gemurmelt, dann den Hörer zwischen Ohr und Kopfkissen geklemmt und erstmal zuhörend langsam wach werden. Zwischendurch wird ein bestätigendes „Mmmm" gemurmelt. Horst denkt sich noch „vielleicht sollte ich die Freisprech-Einrichtung nutzen, auf dem Hörer döst es sich etwas schlecht" und „ein Glück, daß ich noch kein Bildtelefon angeschafft habe, wenn Oma mich jetzt sehen könnte ...". Na ja, vielleicht sind die Segnungen des ISDN morgens um halb acht doch noch nicht so toll?! Abwarten ...

Nach zehn Minuten Tratsch mit Oma blinkt auf dem ISDN-Telefon ein Lämpchen, das signalisiert, daß gerade ein anderer Anruf hereinkommt. Und diesmal wird die Nummer angezeigt! Oh, welch angenehme Überraschung, Horst erkennt sofort die Telefonnummer der erst gestern neu gemachten Bekanntschaft. Diese hatte Horst nicht nur auf dem bekannten Bierdeckel, sondern zum Glück auch fest in seinem

Kopf gespeichert. Manchmal braucht's eben gar keinen PC. „Du Oma, da ist jemand auf der anderen Leitung, bleib mal gerade dran". Ziemlich aufgeregt schiebt Horst die Oma mal eben auf Warteschleife und schaltet den Neueingang auf die Leitung. „Hi Chérie, erinnerst du dich noch an mich?" „Na klar, bei den besonderen Merkmalen. Und dazu noch ein ISDN-Anschluß! Fast zu gut um wahr zu sein", denkt sich Horst. Gerade noch rechtzeitig, fällt ihm seine Oma wieder ein. „Junge, wer ist denn das?" „Ach das! Öh, ein Kollege. Ist leider sehr wichtig. Ich ruf Dich dann später zurück. Ok?" Die Oma legt also auf, und der zweite Anrufer ist sofort wieder dran. „Ist doch Klasse dieses Makeln", denkt sich Horst. „Ein Glück, daß ich die Chance nicht verpaßt habe", grummelt er noch in den morgendlichen Stoppelbart.

1.2   ISDN fürs Geschäft – Die perfekte Kommunikation im Freiberufler-Büro

10:15 Uhr: Der Kaffee zeigt langsam Wirkung. Horst sitzt vor seinem PC und checkt den Terminkalender. Da klingelt das Telefon schon wieder. Zum Glück wird die Telefonnummer im Display gezeigt, es ist Herr Hansen. Auf dem Bildschirm wird gleichzeitig die Kundendatenbank gestartet und der Datensatz von Herrn Hansen angezeigt. Die Datenbank konnte allein anhand der Telefonnummer, die ja von ISDN bereits vor dem ersten Klingeln über den D-Kanal übermittelt wurde, automatisch den richtigen Datensatz herausfiltern. Das ist EDV, wie sie sein soll.

Au Backe; die Datenbank zeigt an, daß Herr Hansen vorgestern eine Lieferung für seinen Anbau erwartet hatte. Da hat doch der Lieferant wieder geschlampt. Also, schnell abnehmen (nach sechsmal klingeln würde ja sonst der Anrufbeantworter, natürlich in Form einer PC-Software, drangehen). „Ja, Herr Hansen, unverzeihlich, habe gerade schon mit dem Lieferanten gesprochen, da war was mit dem Laster. Passen Sie auf, ich rufe jetzt direkt den Lieferanten an, bleiben Sie dran, und ich baue eine Dreierkonferenz auf, so daß wir den neuen Termin gleich klar machen können."

Also, schnell die Parken-Taste gedrückt (Herr Hansen kriegt in der Zwischenzeit ein wenig selbstaufgenommene Flötenmusik aufs Ohr) und die Nummer des Lieferanten gewählt, kurzer Anpfiff über die zweite Leitung des ISDN-Anschlusses, dann ein paar Tasten gedrückt und Herr Hansen ist wieder mit von der Partie. Der Termin wird klar gemacht. Puh, gerade noch mal hingebogen.

12:15 Uhr: Endlich Zeit zum Mittagessen; auf das Büro paßt in dieser Zeit die Anrufbeantwortersoftware auf. Für die Mittagszeit hat Horst eine Zeitscheibe programmiert. Das bedeutet, täglich zwischen 12 und 14 Uhr erhalten Anrufer eine Ansage, daß gerade niemand da ist. Damit es für die notorischen Mittagsanrufer abwechslungsreich zugeht, hat Horst für jeden Werktag eine andere Antwort aufgenommen.

Wieder zurück im Büro checkt Horst seine Nachrichten. Der Anrufbeantworter im PC zeigt ihm die eingegangenen Informationen mit Zeit, Rufnummer und Name (sobald dies anhand der Dienstekennung (siehe Seite 102/334) und der eingebundenen Datenbank herauszufinden war) an. Durch einen Doppelklick auf die Nachrichten werden sie über die an der Soundkarte angeschlossenen Lautsprecher abgespielt.

„So", denkt sich Horst, „das waren die, die sich getraut haben, auf den Anrufbeantworter zu sprechen. Mal sehen, wer sonst noch so angerufen hat, aber keine Lust hatte, mit der Maschine zu quatschen." Solche AB-Muffel kennt man ja. Dazu zieht Horst sein ISDN-Telefon zu Rate, er hätte auch seine ISDN-Telefonanlage nehmen können, denn beide speichern die Telefonnummern eingehender Anrufe. Im ISDN wird ja noch vor dem ersten Klingeln die Rufnummer des Anrufenden über den D-Kanal übertragen. Diese kann somit vom angerufenen Telefon erkannt werden. Das funktioniert aber nur, wenn auch der Anrufende über ISDN verfügt (oder mit einem Handy von einem der digitalen Funknetze aus telefoniert). „Wie konnte ich nur jemals ohne ISDN auskommen", murmelt Horst vor sich hin.

„Schau einer an", sagt sich Horst, als er die Liste der gespeicherten Telefonnummer ansieht, „Frau Reibach hat ja angerufen." Für die gnädige Frau entwirft Horst gerade ein Ferienhaus am See. „Always keep the customer satisfied", denkt sich Horst und wählt die Nummer der Klientin. Allerdings ist bei der Dame mal wieder besetzt. „Die kann reden," denkt sich Horst, bleibt aber cool. Denn das neue ISDN-Leistungsmerkmal Rückruf bei Besetzt erspart ihm weitere verzweifelte Anwahlversuche. Horst aktiviert also die Funktion, und sein Telefon teilt ihm durch ein Signal mit, sobald die Leitung der Quasselstrippe wieder frei ist. Dann braucht er nur noch den Hörer abzunehmen, und die Nummer wird gewählt. Jetzt ist frei.

„Tag, gnädige Frau, ich wollte Sie nur eben mal über den neuesten Stand der Dinge informieren. Ach, Sie haben gerade versucht, mich zu erreichen? Na, das trifft sich ja gut. So, die Hundehütte gefällt Ihnen immer noch nicht? Tja, der Kleine will ja schließlich auch verwöhnt werden. Etwas größer? Mit Türmchen? Läßt sich machen! Ich habe ohnehin gleich ein Treffen mit unserer Innenarchitektin. Da werde ich das Projekt mal direkt mit Ihr besprechen. Ich melde mich dann wieder." Das ist klar, ohne ISDN hätte er das nicht so hinbiegen können.

1.3 Am PC läuft der Freiberufler dank ISDN zur Höchstform auf

Also, wieder mal die Hundehütte! Genervt macht sich Horst für das Gespräch mit der Innenarchitektin fertig. Das T-Shirt wird gegen ein weißes Hemd mit Krawatte eingetauscht. Die Bermuda-Shorts und Turnschuhe aber bleiben. Die neueste Mode für Geschäftsbesprechungen? Nicht unbedingt, aber vollkommen ausreichend für eine Videokonferenz (Sie haben doch wohl nicht daran gezweifelt, daß unser Horst auch hier das neueste Medium einsetzt). Oben hui, unten pfui? Macht nichts, die Kamera schaut ja nicht mal bis zur Gürtellinie, optimal also für alle Anzug-Muffel.

Um Punkt 14 Uhr schaltet er die Kamera ein und positioniert das Mikro. Die Anwahl der Telefonnummer geschieht per Mausklick. In dem dreigeteilten Bildschirm erscheint nach Verbindungsaufbau in einem Ausschnitt die Kollegin. In dem anderen sieht sich Horst selbst und kann überprüfen, ob die Krawatte auch sitzt und das Büro nicht zu chaotisch ausschaut. In den dritten Bildschirmausschnitt lädt die Innenarchitektin die Entwurfsskizze für die besagte Hundehütte. Die beiden Videokonferenz-Teilnehmer bearbeiten die Skizze gemeinsam auf dem sog. Whiteboard, und Horst nimmt Änderungen vor, obwohl die Datei nicht auf seinem Rechner, sondern auf dem der Kollegin gespeichert ist. Nach einer halben Stunde sind sich die beiden über die Änderungen einig. Mit einem „Ich lege die fertige Datei dann in deinen Ordner" verabschiedet sich die Kollegin.

Was sie damit meint, ist, daß sie auf ihrer Festplatte einen Ordner (Verzeichnis) für Horst eingerichtet hat, über den die beiden Daten miteinander austauschen. Dazu hat sie im DFÜ-Netzwerk von Windows 95 ihren Rechner als Server eingerichtet und dem entsprechenden Verzeichnis für Horst eine Netzwerkfreigabe erteilt. Horst wird sich später mit Hilfe seines DFÜ-Netzwerks in den Computer der Dame einwählen. Das Verzeichnis, das sie für ihn erstellt hat, kann er sich als eigenständiges Laufwerk im Explorer darstellen lassen. Dazu muß er nur die Rufnumer des Computers anwählen und das Paßwort eingeben, das ihm die Kollegin zugewiesen hat. Dann kann er die Dateien, die für ihn hinterlegt wurden, einfach per Drag & Drop auf seine Festplatte kopieren. Alles, was die Kollegin (wenn überhaupt) vom Festplattenzugriff sehen wird, ist ein rot und grün blinkendes Modemsymbol in ihrer Windows 95-Task-Leiste.

Nachdem Horst die Datei heruntergeladen und den Entwurf gleich weiter an Frau Reibach („Ach, ganz entzückend dieses Türmchen") gefaxt hat, ist es halb acht. Eigentlich Zeit für den verdienten Feierabend. Aber da klingelt das Telefon. „Na, zum Glück nichts Geschäftliches", denkt sich Horst, denn das schnurlose Telefon, das sich gerade gemeldet hat, ist über die TK-Anlage so programmiert, daß es nur auf Horsts private Rufnummer reagiert. Die drei Mehrfachrufnummern, die er von der Telekom für seinen Mehrgeräteanschluß erhalten hat, hat er nämlich auf eine dienstliche, eine private und eine Nummer für das Fax aufgeteilt.

Horst geht ran (wenn das analoge Telefon die Möglichkeit hätte, die Rufnummernübermittlung des ISDN zu nutzen, wäre er wohl nicht rangegangen). So aber meldet er sich und weiß sofort, daß der Feierabend vorerst ruiniert ist. Denn am Rohr ist der kleine Bruder, und der steckt gerade mitten in seiner Diplomarbeit. Sein bedrücktes „Hallo Horst" läßt nichts Gutes erahnen. „Na, ist die Kiste mal wieder abgestürzt?" Das wäre ja nicht das erste Mal. „Nicht direkt, aber, ähm, irgendwie kann ich meine Diplomarbeit nicht mehr finden? Ich hab' sie unter einem neuen Namen gespeichert, und jetzt ist sie weg? Und in fünf Tagen ist Abgabe ..."

„Nur gut, daß ich für solche Zwecke vorgesorgt habe", denkt sich Horst. Die Vorsorge bestand darin, auf dem Rechner des Bruders (der ganz zufälligerweise auch ISDN in seiner Achter-WG hat – man gönnt sich ja sonst nichts!) das Programm LapLink zu installieren. Mit diesem kann er nämlich von seinem Rechner, auf dem er natürlich auch LapLink installiert hat, auf den des Bruders zugreifen, um so dessen PC fernsteuern zu können. Das einzige Problem war jetzt nur, den Bruder zum Starten des Programms zu überreden. Denn auf das Erklären der *Such*-Funktion des Explorers hatte er jetzt einfach keinen Bock mehr.

„Also ganz ruhig, Du mußt jetzt einfach nur dieses eine Programm starten, den Rest mache ich dann." Horst erklärt also und der Bruder macht zur Abwechslung mal, was sein großer Bruder ihm sagt. „So, hast Du jetzt den Hauptbildschirm vor Dir? Na, dann laß jetzt mal die Finger von dem Apparat."

Das folgende Szenario wäre ohne ISDN kaum möglich, denn nur zwei parallele Kanäle mit hoher Bandbreite machen es möglich, gleichzeitig mit dem Gegenüber zu sprechen und Daten mit dem PC auszutauschen. Horst startet also LapLink und wählt aus dem Telefonbuch des Programms die gespeicherten Verbindungseinstellungen für den gestreßten Studi, aber erstmal passiert rein gar nichts. „Läuft das Programm auch wirklich?" „Ganz blöd bin auch nicht", kommt die erboste Antwort. „Und wie sieht's mit dem S_0-Kabel aus?" „Was für 'n Kabel?" „Na, das Kabel, das von deinem Computer zum ISDN-Anschluß geht." „Tja das steckt am Computer und – äh – nicht im Kasten, sorry." Also rein damit und noch mal probiert.

Diesmal klappt die Verbindung. Horst wählt die Funktion *Remote Control* und sieht so endlich den Desktop des Rechners seines Bruders auf seinem eigenen Bildschirm. Damit dieser ihm aber jetzt nicht mehr dazwischenfunkt, schaltet er erstmal die Tastatur und Maus des Bruders mit einigen Befehlen ab. Man kennt das ja mit den vorlauten kleinen Brüdern ...

Danach bedient Horst den fremden PC, als säße er direkt davor. Nur die kleineren Verzögerungen bei den Mausbewegungen zeugen von der ISDN-Verbindung. Bei nächsten Mal würde er die beiden B-Kanäle, über die er ISDN-Daten übertragen kann, zusammenschalten. Diese Kanalbündelung erhöht nämlich die Transferrate auf stolze 128.000 Bit/s, womit die Fernbedienung noch viel effizienter wird.

„So, erstmal den Explorer anzeigen lassen und dann die Dateisuche (mit der Option *Alle Dateien* und *Datum von heute*) starten", denkt sich Horst. „Wie sagtest Du, heißt die Datei? Wie? Aha, *Diplbeit*. Klar, warum auch nicht." Suche starten, aha, da ist sie schon. Und tatsächlich auch unter besagten Namen gespeichert. Aber da hat doch glatt jemand die Dateinamenserweiterung verändert; anstatt *doc* findet sich jetzt ein *cod*. Dieser kleine Bruder, wie der das immer hinkriegt, unglaublich! Deshalb hat er sie in Word nicht gesehen. Na ja, schnell die Erweiterung verändern und schon ist das Problem gelöst.

Und somit geht ein weiterer ereignisreicher Tag aus dem Leben eines stolzen ISDN-Benutzers zu Ende. Und wenn er nicht gestorben ist, dann telefoniert er auch heute noch. Und wenn Sie sich fragen, wie Horst Hacker so schnell soviel über ISDN lernen konnte, kann die Antwort natürlich nur folgendermaßen lauten: Er hat „Das große Buch zu ISDN" von DATA BECKER gelesen. Na klar! Ach ja, die Geschichte ist übrigens frei erfunden. Ähnlichkeiten mit lebenden oder verstorbenen Personen sind rein zufällig und völlig unbeabsichtigt und überhaupt.

1.4 Modems mit 56 KBit/s – Konkurrenz für ISDN?

In der letzten Zeit werden vermehrt Gerüchte laut, die einen Umstieg auf ISDN im Gegensatz zur Anschaffung eines Modems mit 56KBit/s unattraktiv erscheinen lassen. Wenn in diesem Zusammenhang von den Übertragungsleistungen analoger Modems die Rede ist, werden oft Werte ins Spiel gebracht, die ISDN wie eine lahme Schnecke aussehen lassen. Woher kommen also analoge Transferraten von angeblich bis zu 115.200 Bit/s? Nun, diese Werte beziehen sich nicht auf die Übertragung von Daten zwischen Modem und Modem, sondern auf das Weiterleiten von der Modemschnittstelle zur Zentraleinheit des Computers, und da sind solch hohe Werte – aber auch nur mit Datenkomprimierung – erreichbar. Und wenn Sie eine entsprechende Schnittstelle haben, können Sie auch Werte erzielen, die über 115.200 Bit/s liegen. Für die Übertragung mit einem analogen Modem über die Telefonleitung zu einem anderen Modem liegt die physikalische Grenze, manifestiert durch das Shannonsche Gesetz, momentan bei rund 30-40.000 Bit/s.

Gesetze, das läßt sich immer wieder feststellen, sind selten so unbeugsam, wie sie es sein sollten. Dies gilt auch für das oben genannte Shannonsche Gesetz, benannt nach dem amerikanischen Mathematiker Claude E. Shannon. Dieses besagt, daß die physikalische Grenze der Übertragungsgeschwindigkeit in einem analogen Netz bei ca. 36.000 Bit/s liegt. Inzwischen sind immer mehr Meldungen zu lesen, die von Modemgeschwindigkeiten bis zu 56.000 Bit/s sprechen. Damit erwächst dem ISDN scheinbar eine starke analoge Konkurrenz. Wie sind diese Temposteigerungen möglich, und wie vorteilhaft sind sie wirklich? Diesen Fragen soll an dieser Stelle kurz nachgegangen werden.

Anfang 1997 betrat ein von mehreren Firmen betriebener Übertragungsstandard für analoge Modems die Bühne. Um diesen V.56-Standard, der eine Übertragungsrate von 56.000 Bit/s erreichen sollen, konkurrieren im wesentlichen zwei Firmen: der Modemchip-Hersteller Rockwell mit einem als K56plus bezeichnetem Verfahren und U.S. Robotics mit dem X2-Verfahren. Die beiden Verfahren sind nicht kompatibel. U.S. Robotics will die Möglichkeit bieten, für ca. 100 DM vorhandene Modems aufzurüsten. Bei Rockwell wird ein Neukauf notwendig, wobei der Preis über dem einer einfachen ISDN-Karte liegen dürfte.

Modems, die nach einem der beiden genannten Verfahren arbeiten, können eine Übertragungsrate von 56.000 Bit/s erreichen. Allerdings ist diese Höchstgeschwindigkeit an eine ganze Reihe von Bedingungen geknüpft, die für den Praxiseinsatz eine entscheidende Rolle spielen. Beispielsweise bezieht sich die genannte Geschwindigkeit nur auf das Empfangen von Daten. Beim Senden (Upload) werden herkömmliche analoge Übertragungsverfahren (V.34 mit 28.800 Bit/s sowie V.34+ mit 33.600 Bit/s) verwendet.

Die V.56-Übertragungsverfahren basieren auf der Annahme, daß der Verbindungspartner, auf den per Modem zugegriffen wird (z. B. ein Internet-Provider oder Online-Dienst) seine Daten direkt (also ohne eine Analog/Digital-Konvertierung) in das digitale Netz einspeist. Zudem muß der Teilnehmer (also Sie) direkt an eine digitale Vermittlungsstelle angeschlossen sein. Ohne diese bleibt die Höchstgeschwindigkeit des K56-Modems bei 33.600 Bit/s. In der Vermittlungsstelle sorgt dann ein Digital/Analog-Wandler (Codec) für die Modulierung der digitalen Daten und vermittelt Sie an das analoge V.56-Modem. Dies kann ohne Qualitätsverlust allerdings nur geschehen, wenn die Strecke zwischen der digitalen Vermittlungsstelle und dem Endteilnehmer max. zehn Kilometer beträgt. Das Modem fungiert dann wie ein umgekehrter a/b-Wandler und berechnet aus den analogen Signalen die digitalen Daten.

Sie sehen also, daß die Einsatzbereiche eingeschränkt sind. Modem-zu-Modem-Übertragungen sind nicht möglich, da während der Übertragung nur ein einziger Codec vorhanden sein kann. Beim Zugriff auf einen Internet-Provider ist dies der Fall. Wenn aber zwei Modembesitzer miteinander kommunizieren wollen, sind je ein A/D- und ein D/A-Wandler notwendig. Bei dieser Konstellation funktioniert dann maximal die Übertragung mit V.34+. Eine Anpassung an eine niedrigere Übertragungsrate ist für V.56-Modems aber kein Problem. Ein weiterer Nachteil bei V.56-Modems sind die sehr hohen Wartezeiten für die Handshake-Prozedur, die bis zu zwei Minuten dauern kann.

Welche Marktchancen die oft fälschlicherweise als „digitale" Modems bezeichneten Geräte haben, hängt wohl in erster Linie von den Reaktionen von Online-Diensten und Internet-Providern ab. Stellen diese auf breiter Basis V.56-konforme Zugangsmöglichkeiten bereit, könnten sich die neuen Modem in diesem Bereich zu ISDN-Alternativen entwickeln. Momentan bereiten verschiedene Hersteller die Markteinführung ihrer Produkte vor. Erst nachdem die zeitliche Entwicklung größere Transparenz gebracht hat, sollten Sie sich über eine Anschaffung eines V.56-Modems als Alternative zu ISDN Gedanken machen.

1.5 Weitere FAQs

▶ *FAQ* **Was bedeutet ISDN?**

ISDN ist die englische Kurzform für **I**ntegrated **S**ervices **D**igital **N**etwork, was immer wieder gern als dienste-integrierendes digitales Netzwerk übersetzt wird.

▶ *FAQ* **Was sind die Vorteile von ISDN gegenüber dem analogen Telefonnetz?**

Mit einem ISDN-Anschluß stehen Ihnen zwei Leitungen zur Verfügung, die Sie gleichzeitig verwenden können. Sie können also auf der einen Leitung telefonieren und parallel dazu (wenn das Gespräch einfach zu langweilig sein sollte) im Internet surfen, oder Sie schicken Ihrem Gesprächspartner schnell mal ein Fax mit weiteren Informationen. Das konnten Sie mit einem Doppelanschluß auch früher schon machen, aber mittlerweile ist ein einfacher ISDN-Anschluß monatlich um 3,20 DM billiger als ein Doppelanschluß.

▶ *FAQ* **Was ist neu bei ISDN?**

Das ISDN-Netz bietet eine Vielzahl von Möglichkeiten, die im althergebrachten analogen Telefonnetz teilweise noch gar nicht verfügbar waren. Viele der ISDN-Leistungsmerkmale (wie z. B. das automatische Umleiten eines Anrufs auf ein anderes Telefon oder das Anklopfen) erhöhen den Telefonierkomfort und geben Ihnen einfach mehr Flexibilität. Mittlerweile hat das T-Net in Punkto Komfort zwar aufgeholt, aber mit ISDN noch nicht gleichziehen können. Mit ISDN erhöht sich auch die Qualität des Telefonierens. Schwankende Lautstärken, nerviges Rauschen und Knacken sowie Unterbrechungen der Übertragung gehören somit der Vergangenheit an.

▶ *FAQ* **Wie schnell werden Daten übertragen?**

Bei der Datenübertragung macht sich in erster Linie die erhöhte Geschwindigkeit des ISDN positiv bemerkbar. Während es analoge Modems auf eine Übertragungsgeschwindigkeit von max. 33.600 Bit/s bringen, ist die Transferrate im ISDN mit 64.000 Bit/s mehr als doppelt so hoch. Durch die Bündelung der beiden ISDN-Kanäle kann diese Geschwindigkeit sogar noch einmal verdoppelt (128 KBit/s) werden. Internet-Seiten werden somit schneller aufgebaut, Dateien können schneller (und damit billiger) übertragen werden. Der fast verzögerungsfreie Verbindungsaufbau zwischen zwei ISDN-Teilnehmern tut sein übriges zur Tempobeschleunigung.

FAQ Werden meine Telefongebühren niedriger?

Das hängt natürlich wie gewohnt von der Länge Ihrer Telefonate ab, Datenüber-tragungen gehen wie schon erwähnt schneller vonstatten, Telefongespräche nach Amerika sind aber nach wie vor so teuer wie zuvor! Zehn Minuten telefonieren ko-stet bei ISDN genauso viel wie zehn Minuten telefonieren mit einem analogen An-schluß.

FAQ Welche Sicherheit bringt ISDN?

Neben der stabileren Datenübertragung kann ISDN auch den sicheren Transfer der Daten zu seinen Vorteilen zählen. So wird beispielsweise das Abhören von Gesprächen erschwert, und durch die Übermittlung der Rufnummer kann diese in Login-Prozeduren beim Zugriff auf entfernte Rechner eingesetzt werden.

FAQ Was benötigt man für einen ISDN-Anschluß?

Zunächst brauchen Sie natürlich einen ISDN-Anschluß, der Ihnen von der Telekom in Form des NTBAs bereitgestellt wird. An diesem Kasten schließen Sie dann Ihre Geräte an. Diese Geräte können ISDN-Telefone, ISDN-Karten für den Computer, ISDN-Faxgeräte usw. sein. Sie können auch analoge Geräte, z. B. Ihr Lieblings-Schnurloses oder den Anrufbeantworter oder das analoge Fax oder einfach ein altes Telefon im ISDN weiterhin benutzen. Da sich aber die analoge und die digi-tale Telekommunikationswelt auf Anhieb nicht verstehen, brauchen Sie einen Vermittler. Dazu können Sie einen einfachen a/b-Wandler oder eine komplexere Nebenstellenanlage verwenden. Beide wandeln die analogen Signale der Geräte in digitale, für ISDN verständliche Signale um (und umgekehrt). Schmeißen Sie al-so Ihre alten Geräte (analoge Geräte werden auch a/b-Geräte genannt) nicht gleich in den Mülleimer. Wenn Sie Ihren PC an das ISDN anschließen wollen, brauchen Sie neben einer ISDN-Karte noch die entsprechende Software und die notwendigen Treiber.

FAQ Für Interessierte: Warum ist ISDN so schnell?

Im Rahmen der Digitalisierung analoger Signale werden letztere (genauer gesagt, deren Amplitude) im Abstand von 1/8.000 Sekunde abgetastet und danach digital abgebildet. Für diese digitale Nachbildung der analogen Kurve stehen 256 unter-schiedliche Stufen zur Verfügung. Jede Stufe kann durch ein Byte (also 8 Bit dar-gestellt werden). Daraus ergibt sich schließlich die Übertragungsrate im ISDN von 64.000 Bit/s.

2. Ihr persönlicher Weg zu ISDN

Der Weg zum ISDN-Anschluß ist zwar nicht unbedingt lang, aber aufgrund der Vielzahl (teilweise verwirrender) Informationen doch durchaus beschwerlich. Deshalb sollten Sie sich vor der Beantragung eines Anschlusses schon einige Gedanken machen: Brauche ich überhaupt einen ISDN-Anschluß, was hat er für Vorteile, welche Ausstattung brauche ich noch und so weiter und so fort.

Wegweiser zu diesem Kapitel	
Seite	**Hier erhalten Sie Informationen zum Thema ...**
25	Die ISDN-Anmeldung bei der Telekom
28	Installation des NTBAs
32	Beschreibung der einzelnen ISDN-Möglichkeiten
40	Anschlußmöglichkeiten bei der ISDN-Anmeldung
41	Die Kosten von ISDN
43	Oft gestellte Fragen

Am besten, Sie finden erst einmal heraus, was sich hinter dem Kürzel ISDN eigentlich versteckt und welche Vorteile es mit sich bringt. Informationen dazu finden Sie ab Seite 32. Dann können Sie entscheiden, ob ISDN generell etwas für Sie ist oder nicht. Wenn nicht, können Sie dieses Buch ja immer noch verschenken. Sollten Sie sich aber für einen ISDN-Anschluß entscheiden, beginnt der Marsch zum T-Punkt, denn einen ISDN-Anschluß können Sie (zur Zeit) nur bei der Telekom beantragen.

2.1 Der einfache Weg zu ISDN – Anmeldung und Freischaltung

ISDN ist nicht gleich ISDN, das werden Sie beim erstem Blick auf das Anmeldeformular bzw. schon früher beim Durcharbeiten der Informationsbroschüren feststellen. Denn ISDN kann Ihnen auf unterschiedliche Art und Weise ins Haus gebracht werden.

Wie und wo beantrage ich den ISDN-Anschluß?

Den ISDN-Anschluß müssen Sie beantragen. Gehen Sie dazu in den nächsten Laden der Telekom (T-Punkt). Dort können Sie sich auch noch einmal beraten lassen (dies geht auch über die Rufnummer 0 11 14).

▶ Achtung Sonderangebote!

Sie können ISDN-Anträge ebenso direkt über einen Händler beantragen, bei dem Sie vorhaben, ISDN-Endgeräte zu erwerben. Dann kann sich preislich durchaus lohnen, da die Telekom Händlern eine ISDN-Fangprämie (130 DM) spendiert und die Händler diese oft an die Kunden weitergeben. So bietet beispielsweise 1&1 die Mini-TK-Anlage Speed Dragon von Hagenuk (siehe Seite 375) für 299 DM im Vergleich zum Herstellerpreis von 499 DM in Verbindung mit einem ISDN-Anschluß (bei einer Mindestlaufzeit von drei Monaten) an. Des weiteren bietet die Telekom selbst günstige Angebote an, die meist aus einem ISDN-Telefon, einer ISDN-Karte und dem ISDN-Anschluß selbst bestehen. Informieren Sie sich dazu in einem T-Punkt in Ihrer Nähe.

▶ FAQ Welche zusätzlichen Geräte müssen in meiner Wohnung für ISDN installiert werden?

Die gute Nachricht zuerst: Es fallen keine größeren handwerklichen Arbeiten in Ihren Räumlichkeiten an. Die vorhandene Leitung wird weiterverwendet, alles was Sie dann noch an Anschlußeinrichtungen benötigen, ist ein Netzabschlußgerät (der sog. NTBA) mit Stromversorgung, es müssen also keine neuen Kabel verlegt werden. Der NTBA wird einfach an Ihren vorhandenen (analogen) Telefonanschluß (TAE-Dose) angeschlossen.

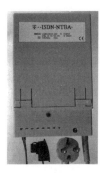

Der Netzabschlußkasten der Telekom (NTBA) bringt Ihnen ISDN ins Haus

▶ FAQ Wie setzen sich die Kosten für einen ISDN-Anschluß zusammen?

Der ISDN-Anschluß kostet Sie einmalig pauschal 100 DM, in diesem Preis ist der NTBA enthalten. Wenn Sie möchten, daß ein Telekom-Techniker den NTBA in Ihrer Wohnung installiert, kostet Sie das noch einmal weitere 100 DM Installationskosten, ansonsten können Sie den NTBA direkt bei der Anmeldung mitnehmen. Sollten Sonderwünsche hinzukommen (z. B. die Verlegung weiterer Anschlußdosen), fällt zudem der Stundenlohn des Technikers an. Den NTBA können Sie aber leicht selbst installieren und sich somit diese Kosten sparen (siehe unten).

Die verschiedenen Anschlußmöglichkeiten für ISDN im Überblick

Vor dem Ausfüllen des Antrags sollten Sie sich über folgende Punkte im klaren sein:

- Welche Anschlußart soll Ihr Anschluß haben (Basisanschluß oder Primär-Multiplexanschluß)? Für die allermeisten Fälle, insbesondere im privaten Bereich, ist ein Basisanschluß die richtige Wahl. Details zu diesem Thema erhalten Sie auf Seite 40.
- Wenn Sie einen Basisanschluß möchten, müssen Sie sich noch entscheiden, ob Sie die Variante Mehrgeräteanschluß oder Anlagenanschluß wollen. Hier dürfte der Mehrgeräteanschluß der passende sein.
- Soll der Mehrgeräteanschluß als Standardanschluß oder als Komfortanschluß (siehe Seite 42) eingesetzt werden?

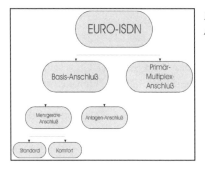

Die verschiedenen Anschlußmöglichkeiten von ISDN

Das Allroundtalent Basisanschluß in der Variante Mehrgeräteanschluß

Der Basisanschluß in der Variante des Mehrgeräteanschlusses ist die am weitesten verbreitete Anschlußart für ISDN. Sie können daran zwölf ISDN-Anschlußdosen anbringen und damit gleichzeitig bis zu acht Endgeräte (Telefon, Fax, Anrufbeantworter etc.) betreiben. An einen Mehrgeräteanschluß können auch kleine Nebenstellenanlagen (TK-Anlagen) angeschlossen werden, die dann den Weiterbetrieb analoger Geräte ermöglichen. Diese Anschlußvariante kostet monatlich 46 DM in der Standard- und 51 DM in der Komfortversion. Beim Mehrgeräteanschluß erhalten Sie standardmäßig drei Rufnummern, die aber gegen Aufpreis von jeweils 5 DM erweitert werden können. Bei einem Anlagenanschluß erhalten Sie einen Rufnummernblock mit 100 Durchwahlziffern, beispielsweise 4711-00 bis 4711-99.

- Überlegen Sie, welche zusätzlichen Funktionen Sie noch haben möchten (z. B. Einzelverbindungsnachweis, Rufweiterleitung, Sperren der Rufnummernübermittlung etc.).
- Wollen Sie Ihre alte Rufnummer behalten (das geht nur, wenn Sie an eine digitale Vermittlungsstelle angeschlossen sind) oder möchten Sie (für einen Mehrgeräteanschluß) drei neue aufeinanderfolgende Rufnummern?

- Wenn Sie den NTBA selbst installieren wollen, teilen Sie dies bei der Antragstellung mit. Dann können Sie den kleinen Kasten meist gleich mitnehmen.

Wenn Sie all diese Fragen geklärt haben, steht der Antragstellung nichts mehr im Wege.

So geht's nach der Anmeldung weiter

Nach der Beantragung dauert es (normalerweise) nicht lange, und Sie erhalten von der Telekom einen Umschaltetermin für Ihren neuen ISDN-Anschluß. An diesem Tag wird der alte analoge Anschluß abgeschaltet und der neue ISDN-Anschluß geschaltet. Das kann eine max. halbtägige Unterbrechung Ihres Anschlusses zur Folge haben. Ein Techniker kommt, wenn Sie den NTBA selbst installiert haben, dafür nicht ins Haus. Die Telekom schaltet in der Vermittlungsstelle den Anschluß um. Oft werden Sie am Umschaltetag kurz vor der Anschlußänderung von einem Techniker der Telekom angerufen und informiert (geben Sie eventuell Ihre Büronummer an, unter der man Sie an diesem Tag erreichen kann).

Sie sollten bis zu diesem Tag alle notwendigen Vorbereitungen getroffen haben, um übergangslos weiter telefonieren zu können. Erst nach der Umschaltung der Telekom auf ISDN (dann können Sie mit Ihren herkömmlichen Telefonen nicht mehr telefonieren) dürfen Sie die Anschlußschnur des NTBAs in die vorhandene TAE-Dose stecken. Es hat keinen Sinn, dies vorher zu tun, die Telefone würden noch nicht funktionieren.

⏵ *Achtung* Liegt der Anschluß, funktionieren Ihre alten Telefone nicht mehr

Sobald der NTBA in Ihrer Wohnung liegt und der Anschluß auf ISDN umgestellt wurde, funktionieren an diesem Anschluß direkt nur noch ISDN-Geräte. Wenn Sie kein ISDN-Telefon haben, besorgen Sie sich eines oder erwerben eine Nebenstellenanlage oder einen sog. a/b-Wandler (wird auch ISDN S_0-a/b-Terminaladapter genannt), mit denen Sie Ihre analogen Geräte weiter verwenden können. Fragen Sie deshalb bei der Beantragung nach, zu welchem Termin der ISDN-Anschluß bereitgestellt werden kann.

Wie wird der NTBA installiert?

Installieren ist schon fast zuviel gesagt. Sie brauchen nur den Netzstecker des NTBAs in eine 230-V-Steckdose und den Telefonanschluß in Ihre vorhandene TAE-Dose zu stecken – das war's. Eine grüne Kontrollampe am NTBA zeigt Ihnen an, daß die lokale Stromversorgung vorhanden ist. Der NTBA muß übrigens nur dann an das Stromnetz angeschlossen werden, wenn die ISDN-Endgeräte keine eigene Stromversorgung besitzen, wie es bei ISDN-Telefonen der Fall ist. Eine ISDN-Telefonanlage funktioniert also auch, ohne daß der NTBA mit Strom versorgt wird.

Im Normalfall endet das Kabel der Telekom (gemeint ist das Kabel, das zu Ihrem Haus verlegt ist) in der TAE-Dose, in der zur Zeit noch Ihr analoges Telefon steckt. Am NTBA befindet sich eine ca. ein Meter lange Anschlußschnur mit TAE-Stecker. Dieser kommt dann einfach in die vorhandene TAE-Steckdose. Haben Sie eine Dreifach-TAE-Dose, dann ist das die mittlere, mit F bezeichnete Steckeröffnung.

Eine Dreifach-TAE-Dose

Tip   Anschlußschnur zu kurz?

Ist Ihnen die Anschlußschnur am NTBA zu kurz, dann kaufen Sie doch einfach eine Verlängerungsschnur (Codierung F). Die gibt es in unterschiedlichen Längen von bis zu zehn Metern. Wenn Sie zu den Menschen gehören, die nicht gern etwas auf dem Boden liegen haben, können Sie ja auch noch eine oder zwei Schrauben in die Wand drehen und den NTBA daran aufhängen.

Achtung   Mehrere analoge Geräte sind vorhanden

Stecken noch andere Geräte in dieser Dose (z. B. Anrufbeantworter), dann müssen sie zuvor aus der TAE-Dose entfernt werden und dürfen auch nicht wieder dort hinein gesteckt werden. Haben Sie im Haus nur ein einziges Telefon und eine Anschlußdose, dann sollte das Anschließen kein weiteres Thema sein.

Es gibt jedoch viele Haushalte, in denen zwei oder mehr Telefone durch einen automatischen Wechselschalter oder durch eine einfache Parallelschaltung miteinander verbunden sind. Diese Mehrfachschaltung von zusätzlichen Dosen im Haus darf nicht bestehen bleiben. Es dürfen nur die beiden Adern von der Telekom an der TAE-Dose angeschlossen sein, in die der NTBA gesteckt wird. Alle anderen Adern zu weiteren Anschlußdosen müssen unbedingt abgeklemmt werden, um Störungen zu vermeiden.

Sind Sie bisher Besitzer eines Doppelanschlusses gewesen, dann wird eine der beiden TAE-Dosen nicht mehr benötigt. Auf welche der beiden Rufnummern der ISDN-Anschluß geschaltet wird, kann Ihnen die Telekom sicherlich sagen..

Nachdem Sie den NTBA angeschlossen haben und die Umschaltung auf ISDN erfolgt ist, sollten Sie schleunigst Ihre Telefonanlage, einen a/b-Wandler oder ein ISDN-Telefon an den NTBA anschließen, damit Sie empfangsbereit bleiben. Der

Anschluß von Telefonanlagen zum Betrieb mehrerer Telefon oder Endgeräte wird in Kapitel 13 beschrieben.

FAQ Wann benötige ich eine Telefonanlage?

Telefonanlagen dienen in der Regel zum Anschluß mehrerer analoger und digitaler Kommunikationsgeräte. Mit Hilfe einer Telefonanlage weisen Sie den einzelnen Geräten z. B. bestimmte Nummern zu.

Anschluß des NTBAs ohne vorhandene TAE-Dose

Möchten Sie die Zweidrahtleitung der Telekom (das ist das Telefonkabel, das aus der Wand kommt) ohne den Umweg über eine TAE-Dose direkt an den NTBA anschließen, dann ist das auch kein großes Problem. Am NTBA finden Sie eine kleine, aufschraubbare Klappe. Dort endet beim steckbaren NTBA die Anschlußschnur. Die zwei Adern dieser Schnur sind dort mit zwei Klemmen verbunden, die mit a und b gekennzeichnet sind. Das ist die oben schon erwähnte U_{K0}-Schnittstelle der Telekom. An ihr können Sie die beiden Adern, die normalerweise an der TAE-Dose auf den Klemmen 1 (La) und 2 (Lb) enden, direkt anschließen. Diese Adern können übrigens miteinander vertauscht werden, ohne daß die Funktion beeinträchtigt wird.

FAQ Wie schließe ich mein ISDN-Telefon an den NTBA an?

Alle ISDN-Endgeräte, egal ob Telefon, TK-Anlage oder ISDN-Karte werden mit einem RJ-45-Kabel ausgeliefert. Dieses Kabel wird einfach in eine der zwei RJ-45-Buchsen auf der Unterseite des NTBAs der Telekom gesteckt. Die beiden Anschlußbuchsen sind übrigens parallel geschaltet, und es ist daher völlig egal, welcher Stecker in welche Buchse kommt. Das angeschlossene Telefon reagiert damit zunächst auf alle Rufnummern.

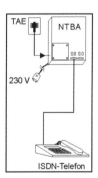

ISDN-Telefon am NTBA

FAQ Wie kommen die analogen Geräte ans Netz?

Um analoge Geräte (Fax, Anrufbeantworter, schnurloses Telefon etc.) auch unter ISDN benutzen zu können, müssen sie über einen Vermittler an das ISDN angeschlossen werden. Denn direkt können die alten analogen Geräte und das digitale Netz nicht miteinander kommunizieren. Als Vermittler können sog. a/b-Wandler (ca. 200 bis 250 DM) – Informationen dazu finden Sie ab Seite 307 – oder kleine Telekommunikationsanlagen (ab ca. 350 bis 400 DM) – diese werden ausführlich ab Seite 329 besprochen – verwendet werden. Die TK-Anlagen bieten generell mehr Einsatzmöglichkeiten als die a/b-Wandler und sind daher meist die Mehrausgabe wert. Sowohl die Anlagen als auch die a/b-Wandler müssen vor der Benutzung programmiert werden (auf welche Rufnummer soll welches Gerät reagieren etc.).

FAQ Warum soll ich denn überhaupt noch analoge Geräte verwenden, wo ich doch einen ISDN-Anschluß habe?

Sie können auch mit analogen Geräten beide ISDN-Leitungen nutzen und sich dadurch die Anschaffungskosten neuer ISDN-Geräte ersparen.

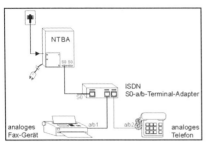

Analoge Geräte am a/b-Wandler

FAQ Können ISDN-Geräte auch durch ISDN-Software ersetzt werden?

Durch den Einsatz spezieller ISDN-Softwarelösungen können Sie eine Menge Geld sparen, die Sie anderweitig für Hardware ausgeben würden. So gibt es Softwarelösungen für eigentlich alle Kommunikationsformen. Sie können mit dem PC Faxe versenden und empfangen, den Computer als Anrufbeantworter verwenden und sogar die Rufnummernanzeige von teuren ISDN-Telefonen mit dem PC simulieren. Die einzelnen Applikationen sind in diesem Buch ab Seite 97 ausführlich beschrieben. Für den Einsatz der Software brauchen Sie aber noch eine ISDN-Karte oder ein ISDN-Modem, die Ihren PC mit dem ISDN verbinden.

FAQ Wie schließt man eine analoge Telefonanlage an den ISDN-Anschluß an?

Wenn Sie Ihre alte analoge Telefonanlage weiterhin am ISDN-Anschluß benutzen wollen, dann brauchen Sie einen a/b-Terminaladapter, an den Sie dann die Anlage anschließen können.

FAQ Kann ich mein altes Modem auch mit ISDN benutzen?

Sie können Ihr altes analoges Modem an eine ISDN-Telefonanlalge oder an einen a/b-Terminaladapter anschließen und es dadurch an einem ISDN-Anschluß betreiben. Die Übertragungsrate ändert sich aber natürlich nicht.

Ich habe gerade erst ein analoges Fax gekauft. Kann ich das auch im ISDN verwenden?

Auch für Ihr Fax gilt das gleiche wie für andere analoge Endgeräte. Sie können sie weiter verwenden, allerdings müssen Sie über eine TK-Anlage oder einen a/b-Wandler an das digitale Netz angeschlossen werden.

Kann ich meine alte Telefonnummer behalten, wenn ich auf ISDN umsteige?

Das geht grundsätzlich schon. Allerdings müssen drei Bedingungen erfüllt sein. Erstens müssen Sie bereits an einer digitalen Ortsvermittlungsstelle (DIVO) angeschlossen sein. Zweitens muß die Rufnummerplanung der DIVO dieses erlauben, und drittens müssen Sie den ISDN-Anschluß als Mehrgeräteanschluß beantragen (was die Regel ist). Auf dem Anmeldeformular gibt es eine entsprechende Frage. Die beiden anderen Rufnummern werden Ihnen dann zugewiesen, wodurch es unwahrscheinlich wird, daß alle drei Rufnummern einen Block darstellen.

Wie schließe ich mehr als zwei ISDN-Geräte an?

Wenn Sie mehr als zwei ISDN-Endgeräte anschließen wollen, dann besorgen Sie sich einfach eine ISDN-Steckdosenleiste bei der Telekom oder einem anderen Anbieter. Die hat eine zehn Meter lange Anschlußschnur und bietet die Möglichkeit, bis zu sechs ISDN-Geräte gleichzeitig einzustecken. Die Mehrfachdose kostet ca. 80 DM.

Telefonanlage Eumex 306

Die Telekom bietet die Telefonanlage Eumex 306 (zeitweise im Angebot) an, die Anschlußmöglichkeiten für vier analoge und vier digitale Geräte bietet. Mehr Informationen zum Thema Telefonanlagen erhalten Sie ab Seite 329.

2.2 Alle ISDN-Telefonfunktionen im Überblick

ISDN – von der Telekom wird das digitale Netz auch vollmundig als T-Net-ISDN bezeichnet – bietet eine Vielzahl von Funktionen. Diese werden im folgenden beschrieben. Sie sollten diese Funktionen auch mit den Leistungsmerkmalen des analogen Fernmeldenetzes vergleichen. Denn durch eine Verbindung mit einer digitalen Vermittlungsstelle haben Sie auch schon ohne ISDN einige interessante Funktionsmerkmale. Die Unterschiede zwischen dem analogen T-Net und dem T-Net-ISDN entnehmen Sie dem entsprechenden Abschnitt auf Seite 39.

Wichtig für die folgenden Kapitel: Was hat es mit Euro-ISDN und dem nationalen ISDN auf sich?

In Deutschland existieren das alte nationale ISDN- (1TR6) und auch das neuere Euro-ISDN-Protokoll. Die Telekom wird aber nationale ISDN-Anschlüsse über das Jahr 2000 hinaus nicht länger unterstützen. Der Standard ist also das Euro-ISDN-Protokoll, das von der Telekom seit geraumer Zeit auch ausschließlich bei einem Neuanschluß bereitgestellt wird.

Das kann ISDN – Die Leistungsmerkmale in der Übersicht

Zum Thema ISDN werden Sie immer wieder auf den Begriff der Leistungsmerkmale des digitalen Netzes stoßen. Im folgenden sehen Sie, was sich dahinter verbirgt.

Rufnummernübermittlung – Wer stört?

Ruft A bei B an, so wird B die Rufnummer von A übermittelt, d. h., beim Angerufenen kann diese Rufnummer angezeigt werden. Voraussetzung dabei ist, daß das Endgerät dieses Leistungsmerkmal unterstützt und die erhaltene Information auswerten und über das Display eines Telefons umsetzen kann. Übertragen werden Ortsnetzkennzahl, Teilnehmerrufnummer bzw. Durchwahl- und Nebenstellennummer. Interessant ist dieses Leistungsmerkmal vor allem im Rahmen von Sicherheitsüberlegungen bei Datenübermittlungen. Durch das Erkennen der Rufnummer des Anrufers kann diese als Zugangssicherung zu einem Rechner verwendet werden. Die Rufnummernübermittlung bietet auch interessante Möglichkeiten bei der computergestützten Telefonie. Kommt zum Beispiel ein Kundenanruf herein, können bei Vorhandensein einer entsprechenden Datenbank anhand der übertragenen Rufnummer die gespeicherten Informationen des jeweiligen Anrufers sofort auf dem Bildschirm angezeigt werden.

Rufnummer-Übermittlung unterdrücken – Wenn's mal inkognito sein soll

Die Übermittlung der Rufnummer kann natürlich auch dazu führen, daß ein Anrufer zum gläsernen Telefonierer wird. Mal im letzten Moment den Hörer auflegen, um doch nicht das unangenehme Gespräch mit dem Chef führen zu müssen, kann dann leicht als Feigheit vor dem Feinde entlarvt werden. Denn noch vor dem ersten Klingeln wurde die Telefonnummer übermittelt, und viele Telefone sind in der Lage, diese nicht vollendeten Anrufe zu speichern. In diesem Sinne ist es manchmal wünschenswert, die Übermittlung der Rufnummer zu unterdrücken. Das gilt sowohl für die des Anrufers zum Angerufenen als auch umgekehrt. Dabei können Sie zwischen einer ständigen oder fallweisen Unterdrückung der Rufnummer wählen. Die fallweise Unterdrückung wird je nach Ihrem Auftrag in der Vermittlungsstelle durch „Unterdrücken" und „Nicht Unterdrücken" eingestellt. Die fallweise Unterdrückung ist nur dann möglich, wenn Ihr ISDN-Endgerät dieses Leistungsmerkmal unterstützt.

Gleichzeitig ist die Einhaltung dieses Merkmals aber auch über die nationalen Netzgrenzen hinaus, beispielsweise zu den Euro-ISDN-Anschlüssen, gewährleistet.

Geschlossene Benutzergruppe – Diese Nummern sind tabu!

Dieses Merkmal ist nur gegen Zusatzgebühren erhältlich. Es dient dazu, das Telefonieren nur innerhalb einer definierten, geschlossenen Benutzergruppe zu erlauben. Damit besteht z. B. für Firmen die Möglichkeit, den Privatgebrauch des Telefons einzuschränken, gerade dann, wenn nur mit einem festen Kundenkreis telefoniert wird. Beim Mehrgeräteanschluß können die geschlossenen Benutzergruppen je Rufnummer und je Dienst eingerichtet werden. Dagegen kann die Zuordnung zu einer geschlossenen Benutzergruppe im Falle eines Anschlusses mit Durchwahlrufnummer für einen oder mehrere Rufnummernblöcke erfolgen.

Die Notrufnummern 110 und 112 sind grundsätzlich auch bei geschlossenen Benutzergruppen zu erreichen.

Gebührenanzeige –
Damit der Schock schon vor der Rechnung kommt

Mit diesem Leistungsmerkmal verbindet sich die Möglichkeit, Tarifinformationen zu abgehenden Verbindungen über das Endgerät anzeigen oder erfassen zu lassen. Die Tarifinformationen werden normalerweise im Display des Endgeräts als Einheiten oder als DM-Beträge angezeigt. Dabei können Sie entscheiden, ob Sie die Tarifinformation während der Verbindung und am Ende oder nur am Ende übermittelt bekommen wollen (siehe auch Seite 350).

Subadressierung – Wenn einfaches Anrufen nicht reicht

Das Euro-ISDN bietet Ihnen die Möglichkeit, eine Adresse durch eine Subadresse zusätzlich zur Rufnummer zu erweitern. Damit kann beispielsweise ein weiteres Endgerät ausgewählt werden oder eine besondere Prozedur im angerufenen Endgerät eingeleitet werden, wie etwa das Starten eines bestimmten Programms in einem angeschlossenen PC, was gerade bei der Fernwartung (siehe Seite 239) ein wichtige Rolle spielt. Die Subadresse ist in die Verbindungsaufbau-Nachricht des D-Kanals eingebunden und kann nach Belieben gestaltet werden. Danach erfolgt vom Netz her eine sogenannte transparente Übertragung, das heißt nichts anderes, als daß nur die Länge der Nachricht, nicht aber der Inhalt überprüft wird. Die Länge darf bis zu 160 Bit pro Verbindungsaufbau betragen. Die Subadresse kann dabei nur in eine Richtung übertragen werden, was eine Antwort ausschließt. Diese zusätzliche Information benötigt die Unterstützung durch die Endgeräte und muß daher eingerichtet werden. Die Berechtigung hierfür erhalten Sie mit einem einmaligen Auftrag an Telekom.

Teilnehmer-zu-Teilnehmer-Zeichengabe

Mit diesem Leistungsmerkmal können Sie individuelle Nachrichten zwischen Endgeräten über den Steuerkanal austauschen. Dies ist während des Verbindungsaufbaus und -abbaus möglich. Hauptanwendungsgebiet hierbei ist die Datenkommunikation. Zum Beispiel können Sie damit paßwortgeschützte Daten günstig und effektiv austauschen oder automatische Abfrageroutinen vom Host-Rechner an Remote-PCs realisieren. Die Länge der Nachricht kann in diesem Fall bis zu 256 Bit betragen und wird, wie bei der Subadressierung auch, transparent übertragen, was die Inhaltsüberprüfung ausschließt.

Anrufweiterschaltung –
Beim Kegeln und dennoch erreichbar

Mit Hilfe dieses Leistungsmerkmals können Anrufe zu einer anderen Rufnummer weitergeschaltet werden. Diese Anrufweiterschaltung ist weltweit und uneingeschränkt zu allen Anschlüssen im ISDN, zu analogen Telefonanschlüssen und zu Mobiltelefonanschlüssen möglich. Sie sind also überall und jederzeit erreichbar (sofern Sie das denn sein wollen). Bei Mehrgeräteanschlüssen kann die Anrufweiterleitung für jede einzelne Rufnummer eingerichtet werden. Bei einem Anlageanschluß ist diese Möglichkeit nur für den gesamten Anschluß realisierbar. Die Nummer, zu der eingehende Anrufe weitergeleitet werden, geben Sie einfach mit Ihrem Telefon ein (oder Sie programmieren Ihre Anlage mit dem Konfigurationsprogramm um). Das Anrufweiterschaltungsziel können Sie im Endgerät programmieren, indem Sie die Rufnummer des Weiterleitungsziels eintippen und die Anrufweiterschaltung aktivieren. Der Anrufer aus dem ISDN wird sofort informiert, daß er weitergeschaltet wurde. Ein weitergeschalteter Anruf kann nicht erneut weitergeschaltet werden. Die Möglichkeiten des Kunden im Euro-ISDN sind folgende:

- ständige Anrufweiterschaltung
- Anrufweiterschaltung bei Besetzt
- Anrufweiterschaltung bei Nichtmelden
- Anrufweiterschaltung bei besetztem Verbindungsweg

Unter ständiger Anrufweiterschaltung versteht man, daß der Anruf sofort an den einprogrammierten Zielanschluß weitergeleitet wird. Diesen können Sie beliebig oft neu definieren. Anrufweiterschaltung im Besetztfall bedeutet, daß der Anruf wie bei der ständigen Anrufweiterschaltung sofort weitergeleitet wird, aber nur im Falle, daß die Mehrfachrufnummer besetzt ist. Die Anrufweiterschaltung bei Nichtmelden erfolgt nach 15 Sekunden. Der Angerufene hat dabei immer noch die Möglichkeit, den Anruf entgegenzunehmen, bevor dieser weitergeschaltet wird. Die Anrufweiterschaltung bei besetztem Verbindungsweg (gassenbesetzt) erfolgt sofort, wenn beide B-Kanäle zu Ihrem Anschluß besetzt sind. Zusätzlich existiert bei der Telekom eine spezielle Anrufweiterschaltung. Diese ist vor allem für Service-Unternehmen interessant, die unter einer örtlichen Rufnummer erreichbar sein wollen aber keine Geschäftsräume vor Ort besitzen. Der erfolgte Kundenanruf wird also über die Vermittlungsstelle zum eigentlichen Standort des Service-Unternehmens in ein anderes Ortsnetz weitergeleitet. Diese Unternehmen erhalten einen Eintrag im Telefonbuch und können auch im Falle eines Umzugs in ein anderes Ortsnetz unter der bisherigen Rufnummer erreichbar bleiben.

Anrufweiterleitung zur persönlichen Call-Box

Seit Juli 1997 bietet die Telekom die Möglichkeit der Anrufweiterschaltung zu einer sogenannten T-Net-Box, einem Anrufbeantworter, an. Dieses Leistungsmerkmal steht auch Teilnehmern am analogen T-Net zur Verfügung. Somit brauchen Sie für das Aufzeichnen von Anrufen kein zusätzliches Gerät. Die T-Net-Box können Sie von jedem tonwahlfähigen Telefon aus abfragen. Der Zugriff ist durch eine PIN geschützt.

Dauerüberwachung – Sicher ist sicher

Die Dauerüberwachung ist eine zusätzliche Leistung, die die Funktionsfähigkeit und Qualität eines ISDN-Anschlusses überwacht. Sie ist sinnvoll, wenn Sie z. B. bei der Datenkommunikation eine erhöhte Sicherheit sowie eine ständige Überprüfung Ihres Anschlusses benötigen. Bei einer Unterschreitung der Mindestqualität wird der Anschluß von der Telekom überprüft. Bei Anlageanschlüssen gehört dieses Merkmal zur Standardausrüstung.

Fangschaltung – Den Telefontätern was auf die Finger geben

Mit Hilfe dieser Funktion können Sie für den Fall, daß Sie von einem Telefontäter belästigt werden, eine Identifizierungsprozedur in der Vermittlungsstelle auslösen. Dort werden die Rufnummern des Anrufers und Angerufenen sowie Datum und Uhrzeit der Verbindung registriert. Die Aktivierung der Identifizierung können Sie während der Rufphase, während der Verbindung und kurz nach der Verbindung auslösen. Die Identifizierung funktioniert auch dann, wenn der Anrufer seine Rufnummer unterdrückt.

Halten einer Verbindung (auch Parken oder Makeln genannt)

Wie der Name schon sagt, wird hierbei eine bestehende Verbindung, durch Drücken bestimmter Tasten am ISDN-Endgerät gehalten. Auf jedem B-Kanal können bis zu zwei Verbindungen gehalten werden. Dieses Leistungsmerkmal ermöglicht außerdem drei weitere Leistungsmerkmale: Umstecken von Endgeräten, Makeln und Dreierkonferenz.

Umstecken von Endgeräten – Auf in die Küche, das Essen brennt an

Wie oft kommt das vor: ein wichtiger Anruf und im Raum, indem Sie das Telefon abnehmen, ist gerade die Hölle los. Wollen Sie in einem solchen Fall lieber in einen anderen Raum gehen, um Ihre Verbindung mit dem Endgerät ungestört weiterführen zu können, können Sie dank dieses Leistungsmerkmals einfach den Raum oder die Kommunikationssteckdose wechseln. Ihre bestehende Verbindung wird während dieses Vorgangs in der Vermittlungsstelle gehalten. Sie können damit die Verbindung natürlich auch von einem Telefon zum anderen am passiven Bus weiterreichen. Ihrem Gesprächspartner im Euro-ISDN wird das Umstecken durch Anzeige im Display seines Telefons mitgeteilt.

Das Anklopfen – Damit niemand umsonst anruft

Bekommen Sie einen Anruf, während Sie bereits telefonieren, so wird dieser weitere Anruf entweder akustisch oder optisch an Ihrem Telefon angezeigt. Der neue Anrufer klopft also sozusagen bei Ihnen an. Sie haben nun die Wahl, ob Sie das neue Telefonat annehmen wollen und damit das eben geführte in den Haltezustand bringen, es gegebenenfalls beenden oder aber weitertelefonieren wollen. Dieses Leistungsmerkmal ist nur bei entsprechendem Endgerät vorhanden. Komfortable ISDN-Geräte können das Anklopfen fallweise ein- oder ausschalten oder auch dem Anrufer das Besetztsignal senden.

Makeln – Wenn zwei in der Leitung sind, freut sich der dritte

Beim Makeln bzw. der Rückfrage können Sie zwischen zwei Gesprächen hin- und herschalten, ohne daß der jeweils wartende Gesprächspartner etwas von dem geführten Gespräch mithören kann. Technisch wird dies durch die Vermittlungsstelle erreicht, die immer eine der beiden Verbindungen hält, so daß nur bei einem B-Kanal eine aktive Verbindung besteht. Der andere B-Kanal kann beispielsweise für die Datenübertragung genutzt werden. Auch hier muß das Endgerät den Vorgang unterstützen.

Leistungsmerkmale für den Anlagenanschluß

Das Spektrum der Leistungsmerkmale ist beim Anlagenanschluß geringer als beim Mehrgeräteanschluß, da viele der Leistungsmerkmale, wie Makeln, Halten, Anklopfen etc. durch die ISDN-TK-Anlage bereitgestellt werden. Das Netz stellt für den Anlagenanschluß ein weiteres Leistungsmerkmal bereit: die Durchwahl.

Durchwahl

Wo eine herkömmliche analoge TK-Anlage bei der Durchwahl zu Nebenstellen noch mindestens acht analoge Telefonanschlüsse benötigt, ist bei einer ISDN-TK-Anlage die Durchwahl direkt möglich. Dies gilt auch dann, wenn nur ein Basisanschluß vorhanden ist. Während die Anrufe bei einer nicht durchwahlfähigen TK-Anlage grundsätzlich zentral ablaufen und zu einem zuständigen Mitarbeiter weitervermittelt werden, bietet die durchwahlfähige TK-Anlage eine gezielte Anwahl des entsprechenden Mitarbeiters oder Endgeräts. Dadurch wird die Kommunikation im Unternehmen optimiert, da keine aufbau- und abbauorganisatorischen Veränderungen mehr erfolgen müssen. Sofern Sie neben der Sprachkommunikation auch Text-, Bild- und Datenkommunikation in die TK-Anlage integrieren wollen, so bietet Ihnen die Durchwahl den Vorteil, daß Sie die entsprechenden Endgeräte direkt unter ihrer Durchwahlnummer erreichen können.

Die Dreierkonferenz – Fast schon eine kleine Talkshow

Dieses Leistungsmerkmal existiert seit 1994 und wurde für den Mehrgeräteanschluß eingeführt. Sie können dabei mit zwei externen Gesprächspartnern eine Dreierkonferenz führen. Ihre Partner müssen dabei nicht über Euro-ISDN verfügen, sondern können an herkömmlichen Netzen wie z. B. Telefonnetze oder Mobilfunknetze angeschlossen sein. Eingeleitet werden muß die Konferenz allerdings von einem Euro-ISDN-Anschluß. Sie werden mit den anderen beiden Konferenzteilnehmern in der Vermittlungsstelle so zusammengeschaltet, daß bei Ihnen nur ein B-Kanal belegt wird. Der zweite B-Kanal bleibt für andere Anwendungen frei. Ihre Gesprächspartner erhalten auf ihrem Display die Information, daß sie an einer Konferenz beteiligt sind, und haben jederzeit die Möglichkeit, sich wieder auszuschalten.

Rückruf bei Besetzt

Dieses Leistungsmerkmal steht Ihnen im Kampf um freie Leitungen bei notorischen Vieltelefonierern zur Seite. Ist die Leitung des Teilnehmers, den Sie erreichen möchten, besetzt, aktivieren Sie einfach diese Funktion. Sobald die Leitung des gewünschten Gesprächspartners wieder frei ist, wird Ihnen dies signalisiert. Die Rufnummer des anzurufenden Teilnehmers erscheint im Display. Wenn Sie selbst gerade telefonieren, wird bei Ihnen angeklopft. Bei komfortablen ISDN-Telefonen wird direkt mit dem Abheben des Hörers die gewünschte Rufnummer gewählt. Nach 20 Sekunden löscht die Vermittlungsstelle übrigens die Rückrufnummer.

Die Anrufweiterschaltung von Nebenstellen einer ISDN-TK-Anlage

Bisher war die Anrufweiterschaltung bei einem Anlagenanschluß nur für den gesamten Anlagenanschluß möglich. Mittlerweile gibt es das Leistungsmerkmal Anrufweiterschaltung von Nebenstellen einer ISDN-TK-Anlage, das es ermöglicht Anrufweiterschaltungen zu externen Zielen für einzelne Nebenstellen zu realisieren, sofern die ISDN-TK-Anlage diesen Schritt unterstützt. Die Telekom übermittelt das Weiterleitungsziel, wenn Sie eine Eingabe am Endgerät oder zentral über die Abfragestelle fertigen. Hierbei werden dann die Anrufe für die Nebenstelle, die von einer Anrufweiterschaltung aktiviert wurden, an den jeweiligen Zielanschluß weitergeleitet. Andere Nebenstellen bleiben unter ihrer Nebenstellennummer weiterhin erreichbar.

Sperre

Für einen einmaligen Aufpreis von 15 DM erhalten Sie dieses Leistungsmerkmal, mit dem Sie Anschlüsse vor unbefugtem Benutzen schützen können.

 Wie viele Telefonbucheinträge erhalte ich bei einem ISDN-Anschluß?

Mit Ihrem neuen Mehrgeräteanschluß steht Ihnen auch ein weiterer, kostenloser Eintrag ins Telefonbuch zur Verfügung. Ein Eintrag der dritten Nummer würde allerdings nicht mehr gratis sein. Möchten Sie aber z. B. einen Firmennamen für eine Ihrer Mehrfachrufnummern angeben, dann müssen Sie 2,30 DM je Buchstabe bezahlen.

Das T-Net zieht nach –
Mehr Komfort auch im analogen Netz

Wie bereits am Anfang des Kapitels erwähnt, steht Ihnen aufgrund der fortschreitenden Digitalisierung der Vermittlungsstellen auch im analogen ein sehr ordentlicher Telefonkomfort zur Verfügung. Voraussetzung für die Verwendung der unten aufgeführten Leistungsmerkmale ist zum einen, daß Ihr Anschluß bereits an einer digitalen Ortsvermittlungsstelle (DIVO) angeschlossen ist Die Freischaltung der Merkmale können Sie dann unter der Nummer 01114 beantragen. Grundvoraussetzung für die Nutzung der Funktionen ist weiterhin das Vorhandensein eines tonwahlfähigen Telefons. Um die Leistungsmerkmale Rückfrage/Makeln und Dreierkonferenz nutzen zu können, muß an dem verwendeten Telefon zudem die R-Taste mit der sog. Hook Flash-Funktion vorhanden sein. In der Regel verfügen moderne Telefone über diese Belegung. Lesen Sie dies notfalls in der Bedienungsanleitung nach. Wenn alle Bedingungen erfüllt sind, stehen Ihnen die folgenden Leistungsmerkmale zur Verfügung (für die Beschreibungen siehe oben):

- Anklopfen
- Rückfrage/Makeln (Einrichtung ist kostenlos, Konferenzgebühren wie bei Dreierkonferenz)
- Dreierkonferenz (Zuschlag nach Tarif Region 50)
- Sperre (einmalige Gebühr von 19 DM plus 7 DM je Folgemonat)
- Verbinden ohne Wahl (nach Abheben des Hörers wird nach einer bestimmten Zeitspanne eine vorher festgelegte Rufnummer automatisch gewählt, einmalige Gebühr von 19 DM plus 7 DM je Folgemonat)
- Anrufweiterschaltung (einmalige Gebühr von 19 DM plus 7 DM je Folgemonat)

	T-Netz (analog)	T-Netz ISDN (digital), Mehrgeräteanschluß Standard	T-Netz ISDN (digital), Mehrgeräteanschluß Komfort
Grundpreis	24,60 DM	46 DM	51 DM
Leitungen	1	2	2
Rufnummern	1	3	3
Anklopfen	inklusive	inklusive	inklusive
Rückfrage/Makeln	Konferenzgebühr Tarif Region 50	inklusive	inklusive
Dreierkonferenz	Konferenzgebühr Tarif Region 50	inklusive	inklusive
Anrufweiterschaltung/T-Net-Box	4 DM pro Monat	4 DM pro Monat	inklusive

2.3 Der Unterschied zwischen Basis- und Primärmultiplexanschluß

ISDN-Anschluß ist nicht gleich ISDN-Anschluß. Nein, nein, das Ganze ist ein wenig verwirrender. Zunächst wird einmal grundsätzlich zwischen einem Basisanschluß und einem Primärmultiplexanschluß unterschieden. Der Hauptunterschied der beiden Anschlußarten liegt in Ihrer unterschiedlichen Kapazität, d. h. der Zahl der vorhandenen Nutzkanäle.

Der Basisanschluß

Die am weitesten verbreitete Variante des ISDN-Anschlusses ist der Basisanschluß. Ein Basisanschluß stellt drei Kanäle zur Verfügung: einen D-Kanal, der die Steuerung der Übertragung übernimmt, und zwei B-Kanäle, die auch als Nutzkanäle bezeichnet werden. Auf ihnen werden die konkreten Daten übertragen. Während also auf den Nutzkanälen die eigentliche Kommunikation stattfindet, tauschen die ISDN-Endgeräte und die Vermittlungsstellen über den D-Kanal Informationen, z. B. über den Verbindungsauf- und -abbau oder die Dienstekennung, aus. Auf den B-Kanälen können Daten jeweils mit einer Geschwindigkeit von max. 64.000 Bit/s übertragen werden. Die Übertragungsleistung des D-Kanals liegt bei 16.000 Bit/s. Die Übertragung der Daten auf dem D-Kanal ist durch sog. Protokolle standardisiert (DSS1 und 1TR6). Auch für den B-Kanal gibt es Vereinbarungen für die Datenübertragung (z. B. X.75). Die ISDN-Endgeräte, wie Telefon, Nebenstellenanlage oder ISDN-Karte, werden über eine international genormte Schnittstelle (S_0) angeschlossen. Diese S_0-Schnittstelle wird Ihnen von der Telekom in Form des sog. Netzabschlusses (der Abschluß des öffentlichen Netzes und somit der Übergang zur Hausverkabelung) in Ihren Räumlichkeiten zur Verfügung gestellt.

Was ist der S_0-Bus?

Der S_0-Bus ist die Leitung, die die einzelnen ISDN-Geräte miteinander verbindet. Das Wort Bus kennzeichnet hier die Tatsache, daß mehrere Geräte quasi nebeneinander, also gleichberechtigt, angeschlossen werden können.

Der Primärmultiplexanschluß

Die zweite Art des ISDN-Anschlusses lohnt sich nur, wenn Sie einen sehr hohen Bedarf an Kommunikation haben (z. B. in einem Unternehmen). Ein solcher Anschluß bietet 30 Nutzkanäle (B-Kanäle) mit Übertragungsraten von 64.000 Bit/s und einen Steuerkanal (D-Kanal) mit ebenfalls 64 KBit/s. Der Primärmultiplexanschluß findet im privaten Bereich eher wenig Verbreitung. Für diesen Anschluß wird zudem eine teure und leistungsfähige TK-Anlage benötigt. Ein Primärmultiplexanschluß ist nur in der Unterform eines Anlagenanschlusses erhältlich. Interessant könnte hier möglicherweise der Anschluß einer ISDN-Primary-Karte sein, die dann zum Beispiel als Server zum Fax- oder Dateiversand in einem LAN oder als Router zur Anbindung entfernter Filialen dient. Die Kosten für solch eine Karte sind allerdings nicht gering, auch die monatlichen Telekom-Kosten sind entsprechend hoch.

2.4   Die Kosten – Das zahlen Sie für ISDN

Umsonst ist bekanntlich nur der Käse in der Mausefalle. Deshalb sollten Sie sich auch mit den Kosten und Gebühren beschäftigen, die beim Umstieg auf ISDN fällig werden. Folgenden Posten kommen für einen Basisanschluß in der Variante Mehrgeräteanschluß auf Sie zu:

Posten	Kosten
Einrichtung/Anschluß	100 DM für die Einrichtung (Freischaltung); 100 DM für NTBA-Montage (bei eigenständiger Installation entfallen diese Kosten)
Monatlicher Grundpreis – Standardanschluß	46 DM pro Monat
Monatlicher Grundpreis – Komfortanschluß	51 DM pro Monat
Zusätzliche, im monatlichen Grundpreis nicht enthaltene Leistungsmerkmale	ca. 5 DM pro Monat

Sie sehen, daß ein Standardanschluß mit seinen beiden Leitungen und drei Rufnummern bereits günstiger ist als der analoge Doppelanschluß (2*24,60 DM = 49,20 DM). Den Primärmultiplexanschluß gibt es auch in zwei Varianten: als Standard- und als Komfortanschluß. Die Standardausführung kostet 518 DM im Monat, mehr Komfort gibt es für 558 DM im Monat. Zusätzlich müssen Sie sich noch die einzelnen benötigten ISDN-Endgeräte (Telefon, Anlage, ISDN-Karte etc.) anschaffen.

Posten	Kosten
ISDN-Telefon	ab 200 DM
ISDN-PC-Karte	ab 140 DM
a/b-Wandler	ab 200 DM
ISDN-TK-Anlage	ab 500 DM

Standard oder Komfort? – Die zwei Ausführungen des Basis-Mehrgeräteanschlusses

Damit die Frage nach der Wahl des richtigen Anschlusses noch ein wenig komplizierter wird, müssen Sie sich beim Basisanschluß als Mehrgeräteanschluß noch zwischen zwei Ausführungen, einer Standard- und einer Komfortversion, entscheiden. Die folgende Tabelle zeigt die Unterschiede der beiden Varianten für den Basisanschluß als Mehrgeräteanschluß. Der genannte Aufpreis beträgt 5 DM pro Merkmal.

Merkmal	Standardanschluß	Komfortanschluß
Monatlicher Grundpreis	46 DM	51 DM
Anzahl der bereitgestellten Rufnummern	3	3
Übermittlung der Rufnummer des Anrufers	Ja	Ja
Unterdrückung der Übermittlung der Rufnummer des Anrufers	Nein (nur gegen Aufpreis)	Nein (nur gegen Aufpreis)
Übermittlung der Rufnummer des Angerufenen	Nein (nur gegen Aufpreis)	Nein (nur gegen Aufpreis)
Unterdrückung der Übermittlung der Rufnummer des Angerufenen	Nein (nur gegen Aufpreis)	Nein (nur gegen Aufpreis)
Übermittlung der Verbindungsentgelte am Ende der Verbindung	Nein (nur gegen Aufpreis)	Ja
Übermittlung der Verbindungsentgelte während der Verbindung	Nein (nur gegen Aufpreis)	Nein (nur gegen Aufpreis)
Anrufweiterschaltung (direkt, bei Abwesenheit, wenn besetzt)	Nein (nur gegen Aufpreis)	Ja
Weitere Rufnummern (max. zehn)	Nein (nur gegen Aufpreis)	Nein (nur gegen Aufpreis)
Durchwahl	Nein	Nein
Rückruf, wenn besetzt	Ja	Ja
Rückfragen, Makeln	Ja	Ja
Dreierkonferenz	Ja	Ja
Umstecken am Bus (Parken)	Ja	Ja
Anklopfen	Ja	Ja

Tip **Gebühren für Gebührenimpuls sparen**

Für 5 DM pro Monat erhalten Sie also die Gebührenimpulsaufschaltung sowie die Möglichkeit zur Anrufweiterschaltung. Diese Anrufweiterschaltung kann aber teuer werden, da Sie nicht nur die Gebühren von Ihrem Anschluß bis zum Ziel, sondern im Orts- und Nahbereich bis zu 200 % Aufschlag zahlen. Preiswerter funktioniert die Anrufweiterschaltung zum Beispiel mit einigen ISDN-Apparaten, die Anrufe über den zweiten B-Kanal weiterleiten. Zu diesem Zweck benötigen Sie also keinen Komfortanschluß.

2.5 Weitere FAQs

FAQ **Rufnummeranzeige auch ohne ISDN – Wie geht das?**

Es besteht auch die Möglichkeit, daß die Rufnummer von Teilnehmern, die nicht am ISDN, aber an einer digitalen Vermittlungsstelle hängen (und heute sind der größte Teil digitale Vermittlungsstellen) beim Angerufenen angezeigt wird. Das muß allerdings bei der Telekom beantragt werden. Auch Leistungsmerkmale wie Anklopfen, Rückfrage/Makeln, Dreierkonferenz, Anrufweiterschaltung sind im analogen Netz möglich, kosten allerdings auch extra.

FAQ **Während des Telefonieren zeigt mein ISDN-Telefon keine Gebühren an.**

Das ISDN-Merkmal Übermittlung der Tarifinformation während der Verbindung ist von Haus aus weder im Standard- noch im Komfortanschluß enthalten. Gegen einen monatlichen Aufpreis stellt die Telekom es aber nach Antragstellung zur Verfügung.

FAQ **Wie erhalte ich Informationen über die Gebühren eines Gesprächs?**

Denken Sie daran, daß nur dann Gebühreninformationen von der Telekom übertragen werden, wenn Sie das auch beantragt haben. Im Komfortanschluß ist die Übertragung der Tarifinformationen B also am Ende eines Gesprächs enthalten. Der Standardanschluß enthält keine Tarifübermittlung. Um während des Gesprächs die anfallenden Gebühren angezeigt zu bekommen, brauchen Sie die Tarifinformation A der Telekom. Das kostet dann noch mal 3 DM pro Monat extra.

Kann ich meinen analogen Gebührenzähler auch im ISDN einsetzen?

In der Regel ist dies nicht möglich. Nur sehr, sehr wenige a/b-Wandler oder TK-Anlagen unterstützen diese Möglichkeit. Die Anlagen müssen dazu einen 16-kHz-Impuls erzeugen. Istec- und Euracom-Anlagen können das. Voraussetzung dafür ist, daß das ISDN-Leistungsmerkmal Übermittlung der Verbindungsentgelte während und am Ende der Verbindung freigeschaltet ist. Diese sog. Tarifinformation A kostet pro Monat und pro B-Kanal einen Aufpreis von 1,50 DM. Gleiches gilt auch für die Gebührenanzeige-Funktion im Display mancher analoger Telefone.

Mein analoges Telefon hat auch ein schönes Display. Können darin ankommende ISDN-Rufnummern angezeigt werden?

Nein, das klappt nur bei reinen ISDN-Telefonen.

Brauche ich für die Rufnummernanzeige immer ein ISDN-Telefon?

Nicht unbedingt, da es inzwischen verschiedene Softwarelösungen gibt. Zwei davon sind ab Seite 157 beschrieben.

Was mache ich, wenn mir die beiden ISDN-Steckdosen nicht ausreichen, die im NTBA eingebaut sind?

Die einfachste Möglichkeit ist die von der Telekom angebotene ISDN-Steckdosenleiste (ISL), die für rund 70 DM in den T-Punkt-Läden oder beim Telekom-Versand (0130/0190) zu bekommen ist. Sie bietet sechs Endgeräten Anschluß und verfügt über ein zehn Meter langes Kabel zum NTBA, so daß sich diese Lösung ohne jeglichen Installationsaufwand einsetzen läßt.

Welche Gebühren fallen bei einer Anrufweiterleitung an?

Eine solche Anrufweiterschaltung ist ja prinzipiell auf zwei Arten möglich. Zum einen unter Ausnutzung des ISDN-Leistungsmerkmals im Rahmen eines Komfortanschlusses. In diesem Fall übernimmt die Telekom die Weiterleitung. Für Verbindungen im City- und Region-50-Bereich ist dies teurer als die zweite Variante. Diese besteht bei vielen TK-Anlagen darin, daß die Weiterleitung innerhalb der Anlage über den zweiten B-Kanal geregelt wird. Da brauchen Sie die Vermittlungsstelle gar nicht.

3. Welche ISDN-Konfiguration benötigen Sie eigentlich?

Die Frage nach der richtigen Ausstattung, die Sie benötigen, um einen ISDN-Anschluß richtig einzusetzen, ist nicht pauschal beantwortbar. Die Kombinationsmöglichkeiten der vorhandenen Hard- und Software ist riesig. Letztendlich entscheiden die Kommunikationsbedürfnisse des Einzelnen den Grad der ISDN-Ausstattung. Im folgenden sollen einige Szenarien aufgezeigt werden, die Ihnen bei den Überlegung zu einer ISDN-Ausstattung als grober Leitfaden dienen können.

Wegweiser zu diesem Kapitel	
Seite	Hier erhalten Sie Informationen zum Thema ...
45	ISDN-Anschluß ausschließlich mit analogen Geräten
47	ISDN-Anschluß mit ISDN-Telefon und PC-Anbindung
48	ISDN-Anschluß mit Telefonanlage
50	ISDN-Anschluß in kleineren Firmen
52	Wie Sie mit diesem Buch weiterarbeiten
52	Oft gestellte Fragen

3.1 ISDN-Lösung für möglichst wenig Geld

In der einfachsten Variante nutzen Sie Ihren neuen ISDN-Anschluß lediglich zur Verwendung zweier analoger Geräte, beispielsweise Telefon und Faxgerät oder Telefon und Modem.

Weitere Investitionen, wie beispielsweise die für ein neues ISDN-Telefon, wollen Sie zur Zeit nicht tätigen, sondern lieber noch warten, bis die Preise für diese Geräte fallen. Auch die Anschaffung einer ISDN-Karte verlagern Sie in die Zukunft, wenn alle Online-Anbieter einen Zugriff über ISDN zum Ortstarif anbieten. Bis dahin reicht für Ihre Zwecke auch noch das vorhandene analoge Modem. Am besten sind Sie bei diesen Wünschen damit beraten, sich erst einmal einen sogenannten a/b-Terminal-Adapter zu kaufen. Diese Geräte schaffen eine Verbindung zwischen dem ISDN-Netz und den analogen Endgeräten. Je nach Ausstattung und Funktion dieser kleinen Kisten (sie besitzen ungefähr die Größe eines Modems) können Sie dann auch die typischen Leistungsmerkmale von ISDN wie Anrufumleitung, Konferenzschaltung usw. nutzen. In erster Linie geht es aber darum, die alten Geräte weiterhin betreiben zu können. Die Anzahl der Endgeräte, die man an so einen Adapter anschließen kann, ist oft auf zwei beschränkt. Jedem Anschluß kann dann eine der im

Normalfall drei Mehrfachrufnummern (MSN) zugewiesen werden. Ein oder zwei Mehrfachrufnummern bleiben ungenutzt, die können dann später einmal für die Datenübertragung mit ISDN-Karte oder für ein neues ISDN-Telefon vergeben werden. Der nachträgliche Anschluß eines PCs mit ISDN-Karte oder eines ISDN-Telefons ist unabhängig von dem Kauf eines a/b-Adapters und stellt keine Probleme dar.

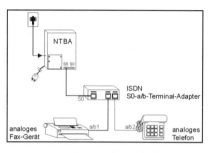

Die ISDN-Minimallösung: analoge Geräte an einem a/b-Wandler

Die Kosten in der Übersicht

Durch die Selbstmontage des NTBAs bezahlen Sie bei einem ISDN-Mehrgeräte-Neuanschluß 100 statt 200 DM bei der Montage durch einen Telekom-Techniker. Nehmen Sie den NTBA bei der Antragsstellung direkt mit oder lassen Sie ihn sich von der Telekom zuschicken. Zusätzliche Arbeiten (Anschluß von Telefondosen, Verlegen von Telefonkabel usw.) müssen Sie, wenn Sie es nicht selbst machen wollen, nach Aufwand bezahlen. Wieviel Sie für eine Stunde Arbeitszeit bezahlen, sollte vorher mit der Firma abgeklärt werden. Vielleich haben Sie ja auch im Bekanntenkreis jemanden, der Sie bei der Montage unterstützt. Die in den Tabellen angegebenen Preise können je nach Anspruch und Anbieter sehr stark schwanken und sollen hier nur dazu dienen, einen Kostenüberblick zu schaffen.

Die Lösung für möglichst wenig Geld	Kosten bei Selbstmontage
Euro-ISDN-Anschluß	100 DM
a/b-Terminaladapter	200 – 250 DM
analoges Faxgerät mit Thermopapier	500 DM (falls nicht schon vorhanden)
analoges Telefon	80 DM (falls nicht schon vorhanden)
Gesamtkosten	**880 – 1.030 DM (300 – 350 DM)**

Weiterführende Informationen zu diesem Thema finden Sie ab Seite 307.

3.2 ISDN-Lösung für Privatanwender mit PC und ISDN-Telefon: Total digital

In dieser Variante nutzen Sie durch ein ISDN-Telefon und eine ISDN-PC-Karte schon nahezu alle Möglichkeiten von ISDN.

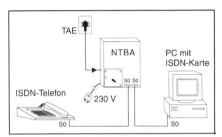

Die digitale Minimallösung:
ISDN-Telefon und ISDN-PC

Ihr altes Wählscheibentelefon aus Uromas Zeiten hat nun endgültig den Geist aufgeben. Die schlechte Verständigung wegen permanenten Knackens und Knisterns im Hörer soll nun endgültig ein Ende haben. Auch der langsame Verbindungsaufbau und die Falschwahl sowie das schreckliche Klingeln bei einem Anruf haben Sie schon längst über. Der ISDN-Anschluß ist beantragt, und der Telekom-Techniker hat sich für nächste Woche angekündigt. Ihr neues modernes ISDN-Telefon, das schon zu Hause im Schrank steht, warten nun auf den ersten Einsatz.

Die Bedienungsanleitung dieses futuristisch aussehenden Geräts haben Sie schon ausführlich durchgeschaut. Dort haben Sie gelesen, daß der Verbindungsaufbau nicht mehr einige Sekunden dauert, wie noch mit der alten Klackerkiste üblich, sondern nur noch etwas mehr als eine. Auch freuen Sie sich schon darauf, demnächst in dem Display des Telefons anhand der dort erscheinenden Rufnummer des Anrufers (wenn dieser auch einen ISDN-Anschluß besitzt) zu erkennen, wer Sie gerade anruft. Das Display bietet aber auch noch die Funktion der Gebührenanzeige, da bekommt man schon mal schnell ein schlechtes Gewissen, wenn man sieht, wie schnell der Wert in der Anzeige sich erhöht. Da fällt das eine oder andere Gespräch vielleicht schon mal etwas knapper aus als früher.

Die eingebaute Freisprecheinrichtung im Telefon macht es möglich, auch während des Gesprächs noch mit Messer und Gabel weiter zu essen, aber nicht mit vollem zu Mund reden! Oder aber Sie wollen erst gar nicht beim Essen gestört werden und aktivieren den eingebauten digitalen Anrufbeantworter Ihres multifunktionalen Endgeräts schon vor dem ersten Biß. Auch das lästige Warten auf einen wichtigen Anruf hat ein Ende. Schließlich haben Sie sich nicht umsonst, um mobil zu bleiben, ein Handy zugelegt. Das ISDN-Leistungsmerkmal Anrufumleitung hilft Ihnen da weiter. Sie aktivieren es einfach an Ihrem ISDN-Telefon über die menügesteuerte Bedienung und schon klingelt das Handy. Sie werden sich schnell an dieses überaus komfortable und bequeme Telefonieren gewöhnen.

Auch die Bankgeschäfte, die Sie schon immer von zu Hause über PC, Modem und T-Online gemacht haben, gehen weiterhin bequem und via ISDN viel schneller vonstatten. Das Modem wird einfach gegen eine preisgünstige (ca. 130 DM), passive ISDN-Karte getauscht. Mit dieser Karte können Sie auch jetzt schon, wenn Sie das möchten, über T-Online ins Internet. Diese Karten werden in der Regel mit einem Softwarepaket ausgeliefert, mit dem noch einige andere Funktionen, beispielsweise das Versenden und Empfangen von Faxen, zur Verfügung stehen.

Die Kosten in der Übersicht

ISDN-Lösung für Privatanwender Mit PC und ISDN-Telefon	Kosten bei Selbstmontage
Euro-ISDN-Anschluß	100 DM
ISDN-Telefon	200 – 600 DM
ISDN-Karte inkl. Kommunikationssoftware	130 – 180 DM
ISDN-Steckdosenleiste für die eventuelle Verlängerung des ISDN-Anschlusses	80 DM
Gesamtkosten	**510 – 1.060 DM**

Weiterführende Informationen zu diesem Thema finden Sie ab Seite 52.

3.3 ISDN-Lösung für Freiberufler

Diese Konfiguration ermöglicht Ihnen den Anschluß aller bisher vorhandenen analogen Geräte sowie neuer ISDN-Geräte über eine Telefonanlage, die Ihnen des weiteren beispielsweise das kostenfreie Telefonieren innerhalb des Hauses ermöglicht. Wollen Sie ohnehin früher oder später mehrere Telefone im Haus anschließen, kommen Sie um eine Telefonanlage nicht herum.

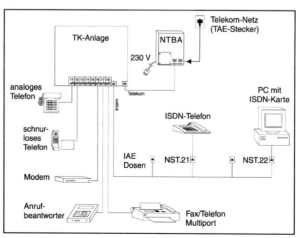

Eine leistungsfähige ISDN-Lösung für Freiberufler

Die neuen Büromöbel stehen im Arbeitszimmer schon an Ort und Stelle. Die ersten Werbebroschüren mit der neuen Geschäftsnummer inklusive der Rufnummer für das Faxgerät sind an die Kunden verschickt. Den Freunden und Bekannten haben Sie natürlich auch schon Ihre neue Privatnummer gegeben. Die Handy-Rufnummer allerdings kennt nur ein ausgewählter Personenkreis. Eine tolle Sache, so ein ISDN-Anschluß mit den drei Mehrfachrufnummern. Damit aber nun auch ein Geschäftsanruf auf dem Geschäftstelefon, ein Privatanruf auf dem Privattelefon und ein Faxanruf auf dem Faxgerät landet, wird noch eine intelligente ISDN-Telefonanlage benötigt, die die Zuordnung in die Hand nimmt.

Sie haben sich eine Anlage ausgesucht, mit der zum einen die Möglichkeit besteht, alle schon vorhandenen Endgeräte, wie z. B. Telefon, schnurloses Telefon, Fax, Modem usw., anzuschließen, und die zum anderen Anschlußmöglichkeiten für reine ISDN-Endgeräte, wie beispielsweise ein ISDN-Telefon und ein PC mit ISDN-Karte, bietet. Diese Anlage kostet ca. 1.400 DM. Der Vorteil dieser Anlagen mit internem S_0-Bus besteht darin, daß Sie kostenlos und ohne den Umweg über die Telekom ein Telefonat zwischen den angeschlossenen Telefonen, ISDN-Telefon und normalem analogen Telefon, führen können. Das Verbinden von Gesprächen zwischen diesen Geräten ist somit auch kein Problem.

Des weiteren profitieren Sie von der Möglichkeit Ihrer neuen Telefonanlage, die Gebühren für jedes einzelne Telefon separat zu erfassen. Somit können Sie Ihre geschäftlichen Telefonate für das Finanzamt separat auflisten oder aber Ihren Kunden die Gespräche in Rechnung stellen. Als Geschäftstelefon verwenden Sie ein komfortables und bedienerfreundliches ISDN-Telefon mit allen nur erdenklichen Funktionen. Wenn Sie einen Außentermin haben, aber trotzdem unter Ihrer Geschäftsnummer erreichbar sein möchten, aktivieren Sie für Ihre Geschäftsnummer einfach die Anrufumleitung auf Ihr Handy. Den analogen Anrufbeantworter für Privatanrufe haben Sie beim Verlassen der Wohnung eingeschaltet. Diesen können Sie mit Ihrem Handy aus der Ferne abfragen.

Aber bringen wir doch hier mal den PC ins Spiel. Ihrem PC haben Sie eine neu erworbene ISDN-Hybrid-Karte eingebaut. Diese ISDN-Karte ist auch an die Telefonanlage angeschlossen. Starten Sie nun auf dem PC eine spezielle Anrufbeantwortersoftware (z. B. Winanruf), so können Sie Ihren PC als digitalen Anrufbeantworter laufen lassen. Diese Software reagiert auf unterschiedliche Rufnummern mit einem unterschiedlichen Anrufbeantwortertext. Sie können sich somit einen Anrufbeantorter sparen. Ruft jemand auf der Geschäftsnummer an, hört er beispielsweise den Text, daß Sie zur Zeit im Außendienst tätig sind, man aber eine Nachricht aber hinterlassen kann. Kommt ein Anruf auf Ihrer Privatrufnummer, dann wird ein anderer Text abgespielt. Die Software kann so eingestellt werden, daß Ihr PC auf Wunsch eine bestimmte Rufnummer wählt (z. B. die Ihres Handys) und Ihnen dadurch signalisiert, daß jemand auf den Anrufbeantworter gesprochen hat. Und wenn Ihr PC schon einmal eingeschaltet ist, dann kann er auch gleich noch, wenn die entsprechende Software läuft, einkommende Faxe entgegennehmen. Das alte, analoge Faxgerät ist so eingestellt, daß es erst nach dem fünften Klingeln anspringt. Die Faxsoftware ist schneller, sie nimmt sofort den Faxanruf entgegen.

Wenn Sie dann von Ihrem Außendiensttermin wieder zurück sind, können Sie schnell noch eine Runde mit Ihrem PC im Internet surfen oder ein Serienfax vorbereiten, daß Sie dann an 100 Kunden zum gebührengünstigen Mondscheintarif zeitversetzt senden.

Die Kosten in der Übersicht

ISDN-Lösung für Freiberufler	Kosten bei Selbstmontage
Euro-ISDN-Anschluß	100 DM
ISDN-TK-Anlage mit internem S_0-Bus und acht analogen Anschlußmöglichkeiten	1.400 DM
analoges Telefon	80 DM
schnurloses Telefon	300 DM
Modem	200 DM
Anrufbeantworter	100 DM
Fax/Telefon-Kombigerät	650 DM
ISDN-Telefon	200 – 600 DM
ISDN-Karte incl. Software	130 bis 180 DM
vier IAE- oder UAE-Anschlußdosen	4 x 10 DM = 40 DM
fünf TAE-Dosen	5 x 10 DM = 50 DM
50 m Telefonkabel 2x2	25 DM
Kleinmaterial	10 DM
Gesamtkosten	**3.285 – 3.835 DM**

Weiterführende Informationen zu diesem Thema finden Sie ab Seite 329.

3.4   ISDN für kleinere Firmen (Netzwerk etc.)

Sie haben eine kleine Firma mit acht Mitarbeitern und einen hohen Bedarf an zu führenden Telefonaten. Eine ISDN-Telefonanlage sorgt dafür, daß jeder schnell und komfortabel seinen Gesprächspartner über ein modernes ISDN- oder normales analoges Telefon erreicht. Ihre Wahl, eine Telefonanlage zu kaufen, bei der die Möglichkeit besteht, 200 Rufnummern unter einer entsprechenden Kurzwahlnummer zu speichern, erleichtert Ihren Mitarbeitern das Telefonieren ungemein. Die endlose Tipperei von Telefonnummern der Kunden im In- und Ausland hat ein Ende.

Jeder Mitarbeiter hat ein Telefon und einen PC mit Netzwerkanbindung an seinem Arbeitsplatz. Da Ihre Firma sich schon immer vor der Konkurrenz die neuesten Informationen besorgt, hat ein Mitarbeiter in der Firma die Aufgabe, sich diese Daten täglich aus dem Internet zu holen und sie dann für alle auf dem Netzwerkserver abzulegen. Außerdem besteht häufig die Notwendigkeit, daß Mitarbeiter Faxe versenden müssen. Ankommende Faxe werden an einer zentralen Stelle verwaltet. Für dieses Szenario bietet es sich an, den vorhandenen Netzwerkserver mit einer leistungsfähigen (aktiven) ISDN-Karte auszustatten. Über diese ISDN-Karte, die an den internen S_0-Bus der Telefonanlage angeschlossen wird, kann dann neben dem Faxverkehr auch eine Verbindung ins Internet hergestellt werden. Die im LAN befindlichen PCs werden für diesen Zweck mit einer entsprechenden Client-Software ausgestattet. Auf dem Netzwerkserver läuft eine dazu passende Server-Software. Durch diese Konstellation wird also nur eine einzige ISDN-Karte im Server benötigt, die indirekt für alle PC-Anwender nutzbar ist. Diese Ressourcenteilung ermöglicht eine kostengünstige Nutzung der modernen Online-Dienste.

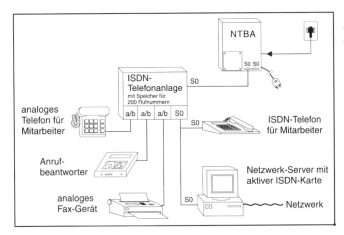

ISDN-Konfiguration einer kleinen Firma

Die Kosten in der Übersicht

ISDN für kleine Firmen	Kosten bei Selbstmontage
Euro-ISDN-Anschluß	100 DM (200 DM)
ISDN-TK-Anlage mit internem S_0-Bus und acht analogen Anschlußmöglichkeiten	1.400 DM
acht analoge Telefone	8 x 80 DM = 640 DM
Anrufbeantworter	100 DM
Faxgerät für Normalpapier	1.100 DM
ein Komfort-ISDN-Telefon	400 DM
aktive ISDN-Karte	1.000 DM
zwei IAE- oder UAE-Anschlußdosen	2 x 10 DM = 20 DM
acht TAE-Dosen	8 x 10 DM = 80 DM
50 m Telefonkabel 2x2	25 DM
Kleinmaterial	10 DM
Gesamtkosten	**4.875 DM (4.975DM)**

Die Kosten für die Fax- und Internet-Software kommen noch hinzu.

3.5 Wie geht es weiter in diesem Buch?

Haben Sie den NTBA installiert, besitzen ein ISDN-Telefon und wollen nun Ihren PC ISDN-tauglich machen, dann lesen Sie einfach an dieser Stelle weiter. In den nächsten Kapiteln erfahren Sie neben dem erfolgreichen Einbau einer entsprechenden ISDN-Karte alles, um mit Ihrem PC per ISDN im Internet zu surfen, Verbindungen mit anderen Rechnern aufzunehmen, Dateien zu versenden oder gar entfernte Computer fernzusteuern.

Benötigen Sie dagegen speziellere Informationen zum Anschluß weiterer ISDN-Geräte via a/b-Wandler oder Telefonanlagen, beschäftigen Sie sich in diesem Fall besser zunächst mit den Kapiteln 11 bis 13. Hier werden Ihnen ebenfalls Kaufentscheidungen für ISDN-Telefone für den Einstieg und weitere nützliche Geräte gegeben.

3.6 Weitere FAQs

▸ FAQ TK-Anlage und ISDN-PC-Karte am NTBA?

Wollen Sie neben einer ISDN-PC-Karte und einer ISDN-TK-Anlage noch weitere ISDN-Endgeräte anschließen, benötigen Sie zusätzliche ISDN-Anschlußdosen, die Sie mit der TK-Anlage verbinden können.

▸ FAQ Wie realisiere ich in einer WG mit 4 Personen, die alle ein eigenes Telefon und per eigenem Rechner ins Internet wollen, den ISDN-Anschluß? Zusätzlich soll übrigens noch ein gemeinschaftliches Fax angeschlossen werden.

Notwendig ist zunächst eine TK-Anlage, beispielsweise die Speed Dragon von Hagenuk (siehe Seite 375), in Verbindung mit ISDN-Anschluß für 299 DM zu haben. Dann ist auch schon der NTBA dabei. Weiterhin sind vier separate TAE-Dosen (siehe Seite 283ff.) und Kabel für die (analogen) Telefone sowie eine ISDN-Mehrfachsteckerleiste für die ISDN-PC-Karten erforderlich, neben den Telefonen und den ISDN-PC-Karten natürlich. Jeder Mitbewohner sollte eine eigene MSN haben, das Fax auch. Die zusätzlichen zwei MSNs (Nr. 4 und Nr. 5) kosten pro Monat 5 DM. Damit die Gebühren auch auseinandergehalten werden, bestellt man sich noch einen Einzelverbindungsnachweis getrennt nach MSN (einmalige Gebühr von 19 DM, dann gratis).

4. Machen Sie Ihren PC ISDN-tauglich – ISDN-Karten für den PC

Wegweiser zu diesem Kapitel	
Seite	**Hier erhalten Sie Informationen zum Thema ...**
57	Typen von ISDN-PC-Karten
60	Grundlegendes zum Einbau von ISDN-Karten
65	Einbau der FRITZ!Card
72	Problembehebung bei der FRITZ!Card
75	Einbau der TELES-Karte
82	Problembehebung bei TELES-Karten
85	Aktive Karten
87	PCMCIA-Karten für Notebooks und Laptops

Die Liste der neuen Telefonfunktionen, die dank ISDN möglich sind, ist schon beeindruckend. Aber ein wenig mehr als nur komfortables Telefonieren hat ISDN schon zu bieten. So tun sich in der Welt der Datenübertragung, insbesondere aufgrund der Geschwindigkeit und der Sicherheit von ISDN, vielfältige Einsatzgebiete auf: Internet-Surfing, Remote Network Access (das Zugreifen auf entfernte Rechnernetze), Remote Control (der Fernzugriff auf andere Computer) und Euro File-Transfer sind da nur einige Schlagworte. Im einzelnen ermöglicht ISDN die folgenden (teils verbesserten, teils neuen) Möglichkeiten:

- Dateitransfer
- Faxversand und -empfang
- Internet- und Online-Zugriff mit Höchstgeschwindigkeit
- Mailbox-Zugang
- Anrufbeantworter
- Remote Control und Remote Network Access (Zugriff auf entfernte Rechner)
- Telefonie-Funktionen (z. B. Rufnummernanzeige am PC, Wahlhilfe)
- Bildtelefonie und Videokonferenzen

53

4.1 Die Grundlagen –
So kommt Ihr PC ans digitale Netz

So richtig Spaß macht das Kommunikationsnetz ISDN doch erst, wenn es auch mit dem Kommunikationsmedium Computer verbunden werden kann. Natürlich können Sie diese Verbindung auch im althergebrachten, analogen Telefonnetz schon eingehen, indem Sie ein Modem einsetzen. Dessen Geschwindigkeit sind allerdings Grenzen gesetzt, und die Zuverlässigkeit dieser Art der Datenübertragung läßt auch zu wünschen übrig. Im ISDN sieht das anders aus. Der Verbindungsauf- und -abbau wird blitzschnell realisiert (das schier ewige Warten auf das Ende des Handshakes zwischen den Modems entfällt), die Daten bewegen sich wesentlich schneller und sicherer über die Leitungen. Mit durchgetretenem Gaspedal (wenn es der Zugang denn erlaubt) auf die Datenautobahn, um in bisher nicht gekanntem Tempo Daten auszutauschen oder online zu surfen (siehe Seite 207ff.), ist von daher auch ein wichtiger Beweggrund bei der Entscheidung für ISDN. Weiterhin kann der PC dafür sorgen, daß die Zahl der Endgeräte wie Fax oder Anrufbeantworter durch den Einsatz entsprechender Softwareprodukte reduziert wird.

Welche ISDN-Geräte sind denn alternativ durch Software realisierbar?

Per Software können Sie Anrufbeantworter und Faxgeräte realisieren.

Um die Möglichkeiten, die ISDN bietet, auch mit dem Computer ausnutzen zu können, muß natürlich die entsprechende Software vorhanden sein. Zusätzlich muß eine Verbindung hergestellt werden zwischen dem PC und dem ISDN-Anschlußkasten (bzw. einer Telefonanlage). Dazu stehen Ihnen wie bereits gesagt verschiedene Lösungen zur Verfügung. Die Variante, Steckkarten als Verbindungsmedium zwischen PC und ISDN einzusetzen, soll im folgenden genauer beleuchtet werden. Damit Sie die Möglichkeiten, die ISDN bietet, auch mit dem Computer ausnutzen können, muß zunächst eine Verbindung zwischen dem PC und dem ISDN-Anschlußkasten (bzw. einer Telefonanlage) hergestellt werden. Neben dem obligatorischen Telefonkabel ist dafür ein weiteres Gerät nötig. Bei dieser Hardwarekomponente kann es sich natürlich weiterhin um ein analoges Modem handeln, das dann über ein Telefonanlage oder einen a/b-Wandler an das ISDN angeschlossen wird. Allerdings berauben Sie sich so selbst der Vorteile des digitalen Netzes. Um die Verbindung zwischen PC und Netz wirklich ISDN-konform zu gestalten, bleiben Ihnen die folgenden Varianten:

- Verwendung einer ISDN-Karte.
- Einsatz eines sog. Terminaladapter.
- Verwendung eines ISDN-Modems (extern oder intern).
- Verwendung einer externen PCMCIA-Karte, die vor allem im Notebook-Bereich ihren Einsatz findet.

Zusätzlich zu dem ISDN-Adapter brauchen Sie noch die entsprechende Software, mit deren Hilfe Sie die oben genannten Funktionen realisieren können. Viele Hardwarehersteller liefern zusammen mit den ISDN-Karten auch Softwarepakete aus, die die meisten Kommunikationsformen abdecken. Dazu gibt es noch eine Vielzahl spezieller ISDN-Anwendungen. Damit die Anwendungen auf die ISDN-Karten zugreifen können, wird eine Anwendungsschnittstelle benötigt. Für ISDN-Applikationen gibt es mittlerweile eine weitgehend standardisierte Schnittstelle, die CAPI (siehe unten).

ISDN-Karten

ISDN-Karten werden, wie andere Steckkarten auch, als Erweiterung in den Rechner eingebaut. Sie stellen die preisgünstigste Variante dar, den PC mit ISDN zu verbinden. Karten gibt es als aktive oder passive Adapter. Aktive Karten verfügen über einen eigenen Prozessor, während sich passive Karten für die Verrichtung ihrer Aufgaben des Rechner-Prozessors bedienen.

*Eine typische passive Karte
(die Datahighway von 1&1)*

Aktive und passive ISDN-Karten werden in diesem Kapitel ausführlich besprochen.

Externe ISDN-Adapter

Externe ISDN-Adapter, sog. Terminaladapter, werden über die serielle bzw. parallele Schnittstelle an den Computer angeschlossen. Herkömmliche Schnittstellen sind, was die Übertragungsraten angeht, maximal in der Lage, 115.200 Bit/s zu übertragen. Für die herkömmliche Übertragungsweise (1 Kanal, 1 Richtung) reicht das noch aus. Aber schon bei Kanalbündelung (128.000 Bit/s) kann der externe Adapter keine hundertprozentige Leistung mehr bringen und bei einer geballten Maximaldatenladung von 256.000 Bit/s (Kanalbündelung plus zwei Richtungen) können die Externen schon lange nicht mehr mitreden. Abhilfe könnten da sog. High-Speed-Schnittstellen mit einer Transferrate von nahezu 1 MByte/s leisten.

*Der externe
Terminaladapter TL V.34
von ELSA*

Hybride ISDN-Modems

Bei diesen auch als Hybrid-Karten bezeichneten Geräten handelt es sich um ISDN-Karten, auf denen zusätzlich noch ein Modemchipsatz untergebracht ist. Sie können also sowohl mit dem digitalen als auch analogen Telefonnetz in Verbindung treten.

*Die Hybrid-Karte PCFpro von ELSA mit
V.34-Chipsatz*

PCMCIA-ISDN-Karten

Diese scheckkartengroßen, in erster Linie im Laptop-Bereich eingesetzten Karten, werden über einen freien PCMCIA-Steckplatz in den Computer geschoben. Diese kleinen externen ISDN-Karten entsprechen alle einem bestimmten Standard (**Pe**rsonal **C**omputer **M**emory **C**ard **I**nternational **A**ssociation). Mehr über die ISDN-PCMCIA-Karten erfahren Sie ab Seite 87.

*ISDN-Modem im Scheckkartenformat
(von AVM)*

DataBox Speed Viper von Hagenuk

Für 299 DM erhalten Sie von Hagenuk einen ISDN-Adapter, der im Gegensatz zu internen ISDN-Karten über die serielle Schnittstelle (wie die große Schwester Speed Dragon, siehe Kapitel 13.4) mit dem PC verbunden wird. Mit dem PC kann die DataBox Speed Viper neben den üblichen digitalen Anrufbeantworter- und Faxfunktionen auch als Mailbox für Faxe, Daten und Anrufe sowie zum Internet-Zugang eingesetzt werden. Die Datenübertragung per Eurofile-Transfer ist natürlich ebenso möglich und wird mit der mitgelieferten Software RVS-COM (siehe Kapitel 5.5) attraktiv gelöst. Der Datendurchsatz ist aufgrund der hohen Rechenleistung des 32-Bit-Chipsatzes mit einer aktiven ISDN-Karte zu vergleichen. Alternativ kann das Gerät über AT-Befehle als gewöhnliches Modem betrieben werden. Im Gegensatz zur großen Schwester Speed Dragon verfügt die Speed Viper aber über keine Telefonanlagenfunktionalität.

Der Unterschied zwischen passiven, aktiven und semiaktiven Karten

Grundsätzlich lassen sich bei den ISDN-Karten oder ISDN-Adaptern, drei Typen unterscheiden. Das Unterscheidungsmerkmal ist dabei, ob die Arbeit einer Karte durch einen zusätzlichen Prozessor unterstützt oder diese Arbeit dem Hauptprozessor des angeschlossenen Rechners überlassen wird.

Passive Karten

Die einfachste Variante stellen passive Karten dar. Sie sorgen einfach nur für die elektrische Anpassung von PC und ISDN. Passive Karten sehen, was ihre Ausstattung mit Chips angeht, sehr spärlich aus und sind entsprechend preiswert (schon ab 140 DM erhältlich). Die gesamte Protokollarbeit oder die Komprimierung von Daten wird an den Hauptprozessor des Computers, mit dem die Karte verbunden ist, delegiert. Für die meisten Anwendungsbereiche reichen passive Karten vollständig aus. Neuere Computergenerationen mit schnellen 486er-Prozessoren oder Pentium-Rechner kommen mit dieser Zusatzbelastung problemlos zurecht.

Aktive Karten

Für den Einsatz eines Rechners als Server, z. B. als Faxserver unter Verwendung von ISDN oder für das gleichzeitige Ausführen von mehreren ISDN-Anwendungen wird der ISDN-Karte mehr abverlangt. Diese Funktionen, wie z. B. auch der Faxversand im Hintergrund, sollen möglichst ohne Verzögerung ablaufen. Bei übergroßer Inanspruchnahme der Ressourcen des Hauptprozessors durch die ISDN-Karte kann es bei passiven Karten unter solchen Umständen zu Problemen kommen. Ein Nachteil der passiven Karten ist der Speicherbedarf, den Kartentreiber für passive Karten haben. Da der PC hier die Protokollarbeit für D- und B-Kanäle übernehmen muß, benötigt er auch die entsprechende Treibersoftware. Daß dies auf Kosten des Arbeitsspeichers geht, ist verständlich.

Aus diesem Grund werden für solche Einsatzgebiete aktive Karten verwendet. Diese Karten verfügen über einen eigenen Prozessor und meist über eine bestimmte Art von Speicher, die beide die Arbeit des PC-Prozessors erheblich erleichtern. Zudem sind die meisten aktiven Karten in der Lage, Daten im Rahmen der Übertragung zu komprimieren oder zu verschlüsseln. Gerade die Datenkomprimierung aber kann, wenn die Kommunikationspartner unterschiedliche Karten verwenden, problematisch werden. In solchen Fällen ist es oft sinnvoller, die zu verschickenden Dateien auf der Festplatte zu komprimieren und dann in dieser Form zu verschicken, ohne auf das Komprimierungsprotokoll der Karte zurückzugreifen.

Neben der auch von passiven Karten durchgeführten reinen physikalischen Übertragung von Bits, übernehmen aktive Karten auch Aufgaben der Datensicherung, beispielsweise das Erkennen und Beheben von Übertragungsfehlern sowie Aufbau, Aufrechterhaltung und Abbau der Verbindung. Diese Aufgaben werden bei passiven Karten vom Prozessor des Rechners übernommen. Die im Vergleich zu passiven Karten erheblich teureren aktiven Karten werden in erster Linie in Fax- oder Kommunikationsservern, für die Koppelung räumlich entfernter lokaler Netze oder für die Einbindung von Einzelrechnern in entfernte Netzwerke verwendet.

Bei der Bauform herrscht eine große Einheitlichkeit: ISA ist immer noch der Standard. PCI-Bus-Lösungen befinden sich in der Entwicklung. Für normale passive und aktive Karten reicht die ISA-Bus-Schnittstelle meistens noch vollkommen aus. In Zukunft ist allerdings schon mit verstärktem Aufkommen von PCI-Karten zu rechnen. PCI stellt mit einer Übertragungsrate von 100 MByte pro Sekunde (32-Bit-Version) das Bussystem der Zukunft dar und wird zunehmend auf den Motherboards vertreten sein.

Semiaktive Karten

Als dritte Variante gibt es im Bereich der ISDN-Karten noch sog. semiaktive Karten, die zwar nicht über einen eigenen leistungsfähigen Prozessor, dafür aber über einen sog. **D**igital-**S**ignal-**P**rozessor (DSP) verfügen, der gerade bei der Verbindung von ISDN-Karten mit analogen Gegenstellen eine wichtige Bedeutung hat, da er die digitale Darstellung analoger Signale – z. B. bei der Fax- oder Modememulation – vorbeugend berechnet. Gerade in diesem Bereich, bei der Versendung von Faxen an Geräte der Gruppe 3, an normale analoge Faxe also, wird die Leistungsfähigkeit der Karte durch die Faxmodulation mittels einer ISDN-Software doch sehr stark gemindert. Semiaktive Karten erzielen für diesen speziellen Einsatzbereich bessere Übertragungsleistungen.

FAQ Wie kann ich mit meinem PC am günstigsten in die ISDN-Datenwelt eintauchen?

Mit einer passiven ISDN-Karte für ca. 140 DM und der entsprechenden Software (wird fast immer mitgeliefert) können Sie ohne Einschränkungen in die ISDN-Datenwelt eintauchen.

ISDN-Karten – Nur im Verbund sind sie stark

Für die Verwendung von ISDN-Karten als Anschlußmöglichkeit des Computers an das digitale Telefonnetz gilt das gleiche wie für andere ISDN-Verbindungen: Optimal können die Vorteile des Netzes nur genutzt werden, wenn beide Seiten der Kommunikation über die gleiche oder zumindest eine dem gleichen Standard entsprechende Ausstattung verfügen. Wenn Sie also Daten zwischen zwei PCs austauschen wollen, geht die Post nur dann richtig ab, wenn beide angeschlossenen PCs eine ISDN-konforme Anbindung ans Netz, entweder über ISDN-Karte, ISDN-Terminaladapter oder ISDN-Modem haben. Ist dies nicht der Fall, z. B. wenn Sie Daten mit einer Gegenstelle austauschen, die nur über ein analoges Modem verfügt, oder wenn Sie eine Mailbox anwählen, die nur einen analogen Zugang hat, sehen Sie mit reinen ISDN-Karten relativ alt aus. Lösungsmöglichkeiten bieten hier auch die bereits angesprochenen ISDN-Modems oder der Einsatz guter, alter, analoger Modems, die über eine Nebenstellenanlage oder einen a/b-Wandler an das Telefonnetz angeschlossen werden.

Ohne die richtige Software läuft bei ISDN-Karten gar nichts

Bei aller Beschäftigung mit ISDN-Karten darf nicht vergessen werden, daß es sich dabei lediglich um Hardware handelt, die für sich allein gesehen dem Benutzer überhaupt noch nichts bringt. Erst die Software ist es, die aus dem leblosen Stück Platine ein funktionsfähiges Kommunikationsmedium macht. Viele Hardwarehersteller bieten im Paket mit denen von ihnen vertriebenen Karten auch Kommunikationsprogramme an. Diese Bundle-Software umfaßt meist Programme zum Faxversand, zur Anrufbeantwortersimulation, zum Zugriff auf T-Online (Btx), zum Dateitransfer sowie Terminalprogramme.

Ausgewählte Bundle-Software wird ab Seite 99 detailliert dargestellt. Allerdings stellt diese Software, die in den meisten Fällen gut auf eine Zusammenarbeit mit der Karte abgestimmt ist, nicht immer die optimale Lösung für die Kommunikationswünsche des Benutzers dar. Von daher kommt der Beurteilung der Verträglichkeit der ISDN-Karten mit unterschiedlicher Software einige Bedeutung zu. Eine wichtige Rolle spielt auch die Treibersoftware der Karten. Die Treiber sorgen für die richtige Verständigung zwischen Karte, Computer und der eingesetzten Software und müssen im Rahmen des Karteneinbaus ebenfalls installiert werden.

4.2 Generelle Kaufempfehlungen – Wie Sie die richtige Karte finden

Bei der Beurteilung von Karten und ihrer Leistungsfähigkeit stehen die nachfolgend aufgelisteten Punkte im Vordergrund. Achten Sie beim Betrieb unter Windows 95 außerdem auf die Netzwerkeinbindung über das Acotec-Protokoll oder eine vergleichbare Mini-Port- bzw. CAPI-Port-Lösung (wie weiter unten ausführlicher beschrieben). Mit folgender Checkliste können Sie sich vor Fehlkäufen schützen:

- Welcher Art ist die Karte (passiv, aktiv), welchen Typ brauchen Sie?
- Welche CAPI-Unterstützung (siehe Seite 97) liegt vor (1.1, 2.0 oder dual)? Sind für Windows 95 virtuelle 32-Bit-Treiber vorhanden, für Windows NT evtl. welche in der Entwicklung?
- Wie ist die Verträglichkeit mit dem DFÜ-Netzwerk von Windows 95 (wird das Acotec-Protokoll, das MS-ISDN-Add-on oder eine alternative CAPI-Port-Lösung angeboten)? Details finden Sie auf den Seiten 169ff.
- Wie ist die Bundle-Software beschaffen (Umfang, Qualität)? Unterstützt die Software den analogen Fax-Empfang mit 9.600 bps (was die Hardware meistens kann)?
- Kompatibilität mit DFÜ- und speziellen ISDN-Programmen (T-Online, ISDN für Windows 95 etc.)?
- Ist das Handbuch verständlich und umfangreich genug?
- Wie sieht es mit dem technischen Support und seinen Kosten aus?
- Ist der Kaufpreis angemessen?
- Wie wird die Karte konfiguriert (über Jumper/Schalter oder Software)?

FAQ   Was ist denn nun wichtig bei einer ISDN-Karte?

Für die meisten Zwecke reicht eine passive ISDN-Karte mit der CAPI 2.0 für ca. 150 bis 180 DM aus. Bei diesen Karten (beispielsweise FRITZ!Card oder TELES) sind die entsprechende Software (inklusive analogem Fax) sowie die Anbindungsmöglichkeit für das DFÜ-Netzwerk von Windows 95 standardmäßig enthalten.

4.3   Allgemeines zum Einbau von ISDN-Karten – Über Ressourcen, Speicher, Jumper, DIP-Schalter & Co.

Karte auspacken, Computergehäuse aufschrauben, Karte einstecken, Gehäuse wieder schließen, Telefonkabel rein und schon liegt einem die ISDN-Welt zu Füßen: Sie könnte so schön sein, die Installation einer neuen ISDN-Karte. Aber leider ist dieses Szenario – mit Ausnahme weniger Karten (z. B. PCMCIA und Creatix PnP) – auch in Zeiten des vielgerühmten Plug & Play noch weit von der Realität entfernt.

Worauf Sie achten müssen, wenn Sie eine ISDN-Karte installieren

Neben den üblichen gesundheitsfördernden Maßnahmen wie Netzstecker raus vor dem Öffnen des Computergehäuses, sollten Sie sich vor dem Installationsversuch noch einige Gedanken machen, die vorsorglich Ihre Psyche schützen sollen. Der Einbau einer ISDN-Karte kann nämlich bei mangelnden Präventivmaßnahmen schnell zu einem großen Ärgernis werden.

Freier Steckplatz – 8 oder 16 Bit?

Zunächst einmal muß für den Neuankömmling überhaupt ein Platz im Rechner vorhanden sein. Sie benötigen also einen freien Steckplatz, der dem Typ Ihrer Karte (ISA oder PCI) entspricht. Steckplätze können für 8- oder 16-Bit-Karten ausgerichtet sein. Wenn Sie nur eine 8-Bit-Karte verwenden, können Sie allerdings später bei der Vergabe der Interrupts (siehe unten) Schwierigkeiten bekommen, da Ihnen nur acht Möglichkeiten zur Verfügung stehen. Wenn Sie eine 16-Bit-Karte ergattert haben, sollten Sie auch zusehen, daß diese in einen 16-Bit-Steckplatz kommt. Ansonsten beschneiden sie die Möglichkeiten der Karte und der Ressourcenverwertung. Wenn also noch Platz da ist, freuen Sie sich. Wenn die Platzkarten Ihres PC-Gehäuses vergeben sein sollten, müssen Sie eine externe Lösung in Form eines ISDN-Terminaladapters oder einer PCMCIA-Karte wählen.

Ressourcenverwertung

Jede Hardwarekomponente, egal ob Maus, Soundkarte oder auch ISDN-Karte, greift bei der Verrichtung ihrer Arbeit auf die Ressourcen des Gastrechners zu. Sie benutzt dessen Prozessorleistung und den Arbeitsspeicher. Bei der Installation einer Karte werden in der Regel vier Parameter abgefragt.

- Interrupt
- I/O-Adresse
- Hauptspeicheradresse
- DMA-Kanal

Die Angabe der ersten beiden Parameter ist bei der Installation einer ISDN-Karte unerläßlich. Die letzten beiden Angaben werden nicht bei jeder Karte benötigt. Wie die Parameter der Karte eingestellt werden, ist wie gesagt von Produkt zu Produkt verschieden. Entweder werden sie mit Hilfe einer Konfigurationssoftware oder über sog. DIP-Schalter oder Jumper direkt an der Karte eingestellt.

Über diese Schalter werden bei der ELSA PCFpro die Systemressourcen für die Karte eingestellt

Bei der Verwendung der Ressourcen durch die Hardwarekomponenten des Rechners gilt es, Konflikte zu vermeiden. Diese können entstehen, weil die peripheren Geräte, die an einen PC angeschlossen sind, alle den gleichen Datenweg verwenden, um Informationen an den Arbeitsspeicher zu senden. Diese Datenschiene wird als Bus bezeichnet. Zugang zu Arbeitsspeicher und Mikroprozessor soll aber jeweils nur ein Gerät haben.

Was ist ein Interrupt?

Um dem Prozessor zu signalisieren, daß sie ihn benötigen, verwenden angeschlossenen Geräte einen sog. Interrupt. Zwei Adapter (Karten) bzw. externe Geräte, die an die Zentraleinheit angeschlossen sind, dürfen nicht das gleiche Signal (Interrupt) verwenden, um die Aufmerksamkeit des Prozessors zu erbitten.

Was ist eine E/A-Adresse?

Weiterhin kann es bei der Installation einer Karte nötig sein, eine sog. E/A-Adresse anzugeben. Dieser auch als I/O-Basisadresse bezeichnete Wert definiert den Speicherbereich, der von der Erweiterungskarte verwendet wird, um über die Treiber mit einem Anwendungsprogramm zu kommunizieren.

Was ist ein DMA-Kanal?

Der DMA-Kanal – DMA steht für **D**irect **M**emory **A**ccess (direkter Hauptspeicherzugriff) – wird verwendet, um Daten direkt von einer Erweiterungskarte an den empfangsbereiten Prozessor zu übermitteln. Die Übertragung läuft dabei auf speziellen auf der Hauptplatine untergebrachten Leitungen. Der DMA-Kanal – es gibt nur einen, der aber durch Identifizierungsnummern mehreren Gerät zugeteilt werden kann – kann jeweils nur von einem Gerät zur gleichen Zeit verwendet werden.

Was ist die Hauptspeicheradresse?

In diesem Teil des Arbeitsspeichers werden die Daten, die von einer Einsteckkarte zum Prozessor geschickt werden, zwischengepuffert.

Welche Ressourcen von einer ISDN-Karte belegt werden, muß also zur Vermeidung von Hardwarekonflikten dem Rechner im Laufe der Installation einer Karte mitgeteilt werden. Das kann manuell direkt auf der zu installierenden Karte geschehen, z. B. durch Umstecken eines sog. Jumpers, einer Art Überbrückungsschalter, oder auch mit Hilfe der Installationssoftware erfolgen.

Interrupts und Basisadressen – Welche sind schon vergeben?

Da die Anzahl der zu vergebenden Basisadressen und Interrupts beschränkt ist, sollten Sie sich vor Einbau der Karte über die Verteilung der Basisadressen und Interrupts in Ihrem Rechner informieren. In Windows 95 erfahren Sie, was noch frei ist, über die Systemsteuerung.

① Öffnen Sie dazu das *Start*-Menü von Windows 95 und wählen Sie im Menü *Einstellungen* den Befehl *Systemsteuerung*.

② Klicken Sie im Dialogfeld *Systemsteuerung* auf das Symbol *System*. Daraufhin wird das Dialogfeld *Eigenschaften für System* geöffnet.

③ Wählen Sie in diesem den Registerreiter *Geräte-Manager*.

Der Geräte-Manager in Windows 95

FAQ
Welche Interrupts und welche Basisadressen kann ich für die ISDN-Karte verwenden?

Wenn Sie in der Karteikarte *Geräte-Manager* den Eintrag *Computer* markieren und auf die Schaltfläche *Drucken* klicken, werden die Informationen über die Ressourcenbelegung im Überblick ausgedruckt. Die im Ausdruck angezeigten Interrupts und Basisadressen können nicht für die ISDN-Karte verwendet werden, da Sie von anderen Hardwarekomponenten benutzt werden. Wählen Sie also eine Interruptnummer und eine Basisadresse aus, die nicht im Ausdruck angeführt sind. Alternativ können Sie auch über das Anklicken der Schaltfläche *Eigenschaften* die Interruptnummern und Basisadressen aller angeschlossenen Geräte einzeln erfahren.

Wenn Sie den Eintrag *Computer* markieren und auf die Schaltfläche *Eigenschaften* klicken, werden die verwendeten Systemressourcen angezeigt.

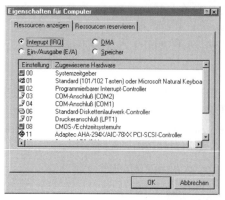

Belegung der Systemressourcen

Im obigen Bild erkennen Sie beispielsweise, daß die Interrupts 5, 9 und 10 noch zur Verfügung stehen.

Jede Karte kommt mit bestimmten Voreinstellungen, was die oben genannten Parameter betrifft. Möglicherweise können Sie diese komplett übernehmen, in anderen Fällen kann eine Veränderung der Standardwerte notwendig werden. Konsultieren Sie dazu neben den Systemeigenschaften auch das Handbuch der Karte.

So läuft die Installation von ISDN-Karten prinzipiell ab

Jede Karte wird natürlich, was Ihre Installation angeht, im Detail unterschiedliche Vorgehensweisen erforderlich machen. Grundsätzlich läuft die Installation einer ISDN-Karte aber wie folgt ab:

Soll ich erst die Karte einbauen oder erst die Treiber installieren?

Schauen Sie dazu auf jeden Fall in der entsprechenden Bedienungsanleitung nach. Manche Kartenhersteller empfehlen zunächst die Installation der Treibersoftware, nach der Sie dann die einzustellenden Interrupts und Adressen erfahren. Diese müssen oft per Jumper vor dem Einbau auf der ISDN-Karte eingestellt werden.

① Ziehen Sie den Netzstecker des PCs sowie evtl. angeschlossener Geräte.

② Öffnen Sie die Abdeckung des Rechners.

③ Wählen Sie den benötigten Steckplatz und entfernen Sie die Abdeckleiste.

④ Entfernen Sie die Karte aus der Schutzfolie. Fassen Sie vorher mal an ein Heizungs-rohr, um die Karte vor eventuellen statischen Entladungen zu schützen.

⑤ Verändern Sie, falls notwendig, Parametereinstellungen auf der Karte (z. B. den E/A-Bereich).

⑥ Stecken Sie die Karte in den Erweiterungssteckplatz ein und schrauben Sie sie fest.

⑦ Für ganz Optimistische kommt als nächster Schritt das Schließen des Rechners. Eher Skeptische überspringen dies und warten erst einmal auf einen erfolgreichen Test.

⑧ Verbinden Sie die Karte über ein Kabel mit der ISDN-Anschlußdose.

⑨ Stecken Sie den Netzstecker des PCs wieder ein.

⑩ Starten Sie die Installation der Kartentreiber.

4.4 Die FRITZ!Card von AVM – Die Rundum-sorglos-Lösung

AVM (*http://www.avm.de*) ist einer der größten Hersteller von ISDN-Karten. Die Produkte werden europaweit vertrieben. Die Firma ist durch ihre qualitativ hochwer-tigen Produkte und gute Softwareunterstützung bekannt. Als Beispiel für eine gelun-gene passive 32-Bit-ISDN-Karte soll die sogenannte FRITZ!Card dienen, die früher (und im Ausland) A1 genannt wurde. Sie finden in diesem Buch außerdem auch noch eine Vorstellung der aktiven B1-Karte von AVM (siehe Seite 85), die insbe-sondere für Server und Windows NT-Rechner interessant ist.

Der Lieferumfang

Die FRITZ!Card wird mit einem umfangreichen Angebot an Treibern und Software-programmen, dem sogenannten FRITZ!32, ausgeliefert. Dazu gehören unter anderem eine Anrufbeantwortersoftware, ein Faxprogramm, ein Btx-Decoder, ein Dateitrans-fer- sowie ein Terminalprogramm. Weitere Treiber oder Updates können Sie jeder-zeit und meist kostenlos vom AVM-ISDN-Support-Server (keine 0190-Nummer) oder dem AVM-Internet-Server herunterladen (Adressen siehe im Anhang). Die FRITZ!32-Software überzeugt v. a. durch leichte Bedienung und dem leistungsfähi-gen EFT(Eurofile-Transfer)-Programm. Interessant ist FRITZ!32 auch für Windows NT 4.0-Nutzer, da es in Kombination mit der AVM B1-Karte eine bereits jetzt lauf-fähige Lösung ist. Die Treiber-Unterstützung der FRITZ!Card ist sehr reichhaltig und ausgereift. AVM liefert die Karte mit einer DualCAPI (also Version 1.1 und 2.0, siehe Seite 97) aus, so daß Sie nahezu alle ISDN-Programme problemlos betreiben können. Das sowohl nationales als auch Euro-ISDN unterstützt wird, ist fast schon selbstverständlich.

Was ist die CAPI?

Die Abkürzung steht für den englischen Ausdruck **C**ommon **A**pplication **P**rogramming **I**nterface. Zu Deutsch bedeutet dies so viel wie einheitliche Anwendungsschnittstelle. Die CAPI sorgt dafür, daß sich ein Computerprogramm und Ihre ISDN-Karte überhaupt verstehen können. Damit diese Verständigung nicht für jede ISDN-Karte unterschiedlich abläuft, wurde eine Standardisierung dieser Software-Hardware-Schnittstelle eingeführt.

Um auch das DFÜ-Netzwerk und den MSN-Online-Dienst von Windows 95 nutzen zu können, hat AVM den sehr leistungsfähigen, vielseitigen CAPI-Port (siehe Seite 170) entwickelt.

Die Installation der FRITZ!Card

Die Grundinstallation der FRITZ!Card ist einfach und fast schon Plug & Play. Im folgenden Kapitel werden erst einmal der Einbau der Karte sowie die Treiber-Installation beschrieben. Anschließend erfahren Sie dann, wie Sie den CAPI-Port-Treiber für DFÜ-Netzwerk & Co installieren. Wie Sie die mitgelieferte Allround-Software FRITZ!32 einsetzen, wird ab Seite 99 beschrieben.

Ich habe bereits die FRITZ!Card installiert. Ein entsprechender Eintrag ist im Geräte-Manager vorhanden. Jetzt möchte ich einen Treiber-Update durchführen. Läuft das auch über den Hardware-Assistenten?

Nein, für ein Update reicht ein Doppelklick auf die Datei *Setup.exe* im Ordner *Cardware* auf der Treiberdiskette.

Bevor es losgeht, erst noch ein Überblick der Installation. Das Handbuch empfiehlt, als erstes die Treiber zu installieren, ohne die Karte einzubauen. Ganz Siegessichere und Eilige können aber auch wie gewohnt anders herum verfahren. Die von AVM vorgeschlagene Reihenfolge vermeidet allerdings Probleme. Nun aber die Übersicht:

- Sie installieren eine neue Hardwarekomponente mit Hilfe des Hardware-Assistenten von Windows 95 (ohne die Karte vorher einzubauen).
- Wenn nötig, müssen Sie den E/A-Adreßbereich auf der Karte per Jumper verändern.
- Im dritten Schritt bauen Sie die Karte in einen freien 16-Bit-Steckplatz ein.
- Danach wird die FRITZ!Card mit dem ISDN-Bus verbunden.
- Die Kartentreiber werden installiert.
- Die CAPI-Port-Treiber werden installiert.
- Die FRITZ!32-Software wird installiert.

Eine neue Hardwarekomponente anmelden

(1) Die Karten-Treiber werden über den Hardware-Assistenten installiert. Rufen Sie dazu den Assistenten *Hardware* in der Systemsteuerung von Windows 95 auf.

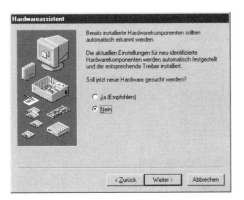

(2) Wählen Sie die Option *Nein* auf die Frage *Soll jetzt neue Hardware gesucht werden*, denn die Karte wird nicht automatisch erkannt, sondern von Ihnen per Hand eingebunden.

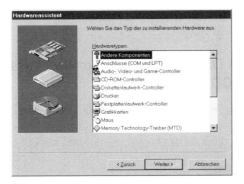

(3) Unter *Hardwaretypen* wählen Sie den Eintrag *Andere Komponenten*.

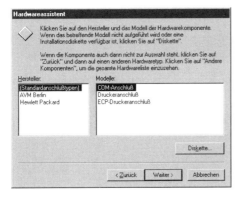

④ Klicken Sie im nächsten Dialogfeld auf die Schaltfläche *Diskette*.

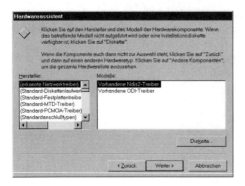

⑤ Klicken Sie nun auf die Schaltfläche *Durchsuchen*.

Tip
Wo befindet sich die Datei Fsetup.inf für Windows 95 auf der FRITZ!Card-CD?

Wechseln Sie in den Ordner *Cardware/Fritzcrd/Windows.95*

⑥ Wählen Sie Installationsdatei für die Treiber (*Fsetup.inf*) aus und klicken Sie auf *OK*.

⑦ Bestätigen Sie die Auswahl mit *OK*.

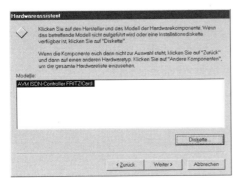

⑧ Klicken Sie auf *Weiter*, um mit der Installation fortzufahren.

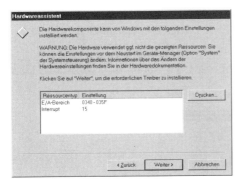

⑨ Das Installationsprogramm weist der Karte E/A-Bereich sowie Interrupt zu. Notieren Sie sich den E/A-Bereich. Diesen müssen Sie noch auf der Karte über die Jumperposition einstellen bzw. überprüfen. Wenn Sie unbedingt einen anderen E/A-Bereich verwenden wollen, können Sie dies später über die Gerätesteuerung ändern. Bestätigen Sie dann die Meldung mit *Weiter*.

⑩ Damit ist die Installation abgeschlossen. Klicken Sie noch einmal auf *Weiter*.

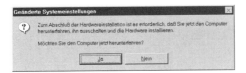

⑪ Starten Sie abschließend Ihren Rechner neu, um die Änderungen wirksam zu machen.

⑫ Danach schalten Sie den Rechner komplett ab und bauen die Karte ein.

Der Einbau der FRITZ!-Karte

① Ändern Sie ggf. die Jumperposition auf der Karte, damit Sie dem E/A-Bereich aus der Installation entspricht. Für die möglichen Jumperpositionen konsultieren Sie das Handbuch der Karte.

② Bauen Sie dann die Karte in einen freien Steckplatz ein.

③ Verbinden Sie die Karte über das mitgelieferte Kabel mit dem S_0-Bus des NTBAs.

④ Schalten Sie Ihren Computer an.

Treiber installieren

Nachdem Sie die Karte eingebaut haben, installieren Sie im nächsten Schritt die Treibersoftware, die die CAPI-Schnittstelle bereitstellt.

① Beim Neustart von Windows 95 begrüßt Sie direkt das Setup-Programm. Klicken Sie auf *Weiter*. Sie können die Installation jederzeit über die Schaltfläche *Verlassen* abbrechen.

② Wählen Sie im darauf folgenden Fenster die Option *Installation* und klicken Sie auf *Weiter*.

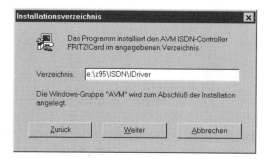

③ Im nächsten Fenster geben Sie das Verzeichnis an, in dem der Kartentreiber installiert werden soll. Sind Ihre Angaben komplett, klicken Sie auf die Schaltfläche *Weiter*.

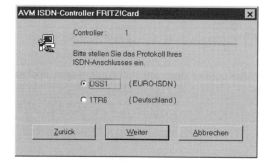

Welches D-Kanal-Protokoll hat mein ISDN-Anschluß?

Normalerweise verwendet Ihr ISDN-Anschluß das moderne Euro-ISDN-Protokoll, also DSS1. Sind Sie nicht sicher, schauen Sie einfach auf dem Antragformular der Telekom nach.

④ Bestimmen Sie als nächstes das D-Kanal-Protokoll Ihres Anschlusses (1TR6 für das nationale ISDN oder DSS1 für Euro-ISDN). Klicken Sie auf den gewünschten Protokolltyp und anschließend auf *Weiter*.

⑤ Die Installationsroutine kopiert nun alle Dateien in das angegebene Verzeichnis. Der Treiber wird in der Registrierungsdatei eingetragen, so daß die Karte beim Starten von Windows 95 automatisch aktiviert wird. Beim Verlassen von Windows 95 wird die Karte automatisch deaktiviert.

⑥ Nach erfolgreichem Abschluß der Installation werden Sie aufgefordert, Windows 95 neu zu starten. Bestätigen Sie diese Aufforderung mit *OK*.

Nach dem Neustart von Windows 95 enthält das *Start*-Menü im Menüpunkt *Programme* einen neuen Ordner mit dem Namen *AVM*. In diesem Ordner befinden sich die Dateien *FRITZ!Card Readme*, *FRITZ!Card Setup*, *FRITZ!Card Test* und ein Verweis zur AVM Internet-Homepage.

Die Karte ist im
Geräte-Manager eingetragen

Im Geräte-Manager wurde zudem die FRITZ!Card als neue Hardwarekomponente aufgenommen.

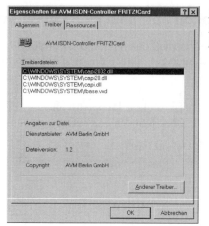

Die Eigenschaften der ISDN-Karte

Unter *Treiber* sehen Sie die CAPIs , die Ihnen zur Verfügung stehen.

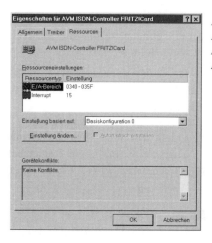

Hier erhalten Sie Informationen zu Ressourcen und Interrupts

Unter *Ressourcen* können Sie sich über die Belegung des Interrupts und des E/A-Bereichs der Karte informieren.

Problembehebung nach der Installation

 Im Geräte-Manager steht vor dem Eintrag meiner FRITZ!Card ein gelbes Ausrufezeichen.

Es liegt eine Hardwarekonflikt vor. Die ISDN-Karte und ein weiteres, wahrscheinlich nachträglich installiertes Gerät greifen auf die gleichen Ressourcen (Interrupt bzw. E/A-Bereich) zu. Weisen Sie einer der Konfliktparteien einfach andere (freie) Ressourcen zu.

Wenn nun aber der Interrupt nicht stimmt, werden Sie vielleicht noch fragen? Also, wenn die Karte problemlos läuft, stimmt auch der voreingestellte Interrupt. Sollten aber Konflikte auftauchen, werden Sie beim Starten von Windows durch entsprechende Meldungen darauf hingewiesen werden.

Wie überprüfe ich am einfachsten die Funktion meiner FRITZ!Card?

Um die Funktionsfähigkeit der Karte zu überprüfen, steht in der neuen Programmgruppe AVM das Testprogramm FRITZ!Card Test zur Verfügung. Starten Sie dieses zur Überprüfung der Kartenfunktionalität. Achten Sie darauf, daß Sie nach dem Test Windows 95 neu starten müssen!

In einem Problemfall müssen Sie nur den Geräte-Manager von Windows starten (über *Eigenschaften* im Kontextmenü des Arbeitsplatzes oder über das Symbol *System* in der Systemsteuerung von Windows 95). Aktivieren Sie das Register *Geräte-Manager* und werfen Sie einen Blick auf die Liste der installierten Hardwarekomponenten. Die FRITZ!Card sollte direkt als zweiter Eintrag von oben vorliegen. Liegt ein Konflikt vor, wird dies durch ein gelbes Ausrufezeichen oder ein rotes Kreuz gekennzeichnet. Wenn Sie den Schalter *Eigenschaften* wählen, können Sie im erscheinenden Register *Ressourcen* die Voreinstellungen ändern (Schalter *Einstellung ändern*).

Änderungen des E/A-Bereichs müssen direkt auf der Karte vorgenommen werden

Bedenken Sie bitte, daß Sie bei Änderungen am E/A-Bereich den entsprechenden Jumper auf der Karten-Platine umändern müssen. Den IRQ können Sie dagegen hier rein softwaremäßig umstellen, wobei Windows 95 Sie auf eventuelle Konflikte mit anderen Karten aufmerksam macht.

Die Dokumentation der FRITZ!Card schweigt sich übrigens über die verwendbaren Interrupts aus. Sie können aber mindestens die bekannte Palette von IRQ 2 (bzw. 9), 5, 7, 10, 12 und 15 verwenden.

Neue Treiber für die FRITZ!Card

Die aktuellen Treiber für die FRITZ!-Karte finden Sie auf dem AVM Data Call Center. (030-39 98 43 00, via ISDN) mit FRITZ!data oder Connect. Die aktuellen Treiber sind zudem im Internet unter *http://www.avm.de* zu finden.

Wenn Sie Windows 95 nun neu starten, ist die Karte endgültig betriebsbereit. Danach brauchen Sie nur noch wie ab Seite 99 beschrieben die FRITZ!-Software (oder eine andere, beliebige ISDN-Software) zu installieren. Da AVM eine DualCAPI verwendet, können Sie Programme für CAPI 1.1 und CAPI 2.0 gleichzeitig einsetzen. Software, die direkt auf die CAPI-Schnittstelle aufsetzt (z. B. FRITZ!data), kann parallel zu einer bestehenden DFÜ-Verbindung den zweiten B-Kanal für eigene Zwecke nutzen. Die Zuweisung der B-Kanäle erfolgt dabei automatisch durch die CAPI. Wie Sie die FRITZ!Card für das DFÜ-Netzwerk von Windows 95 fit machen, erfahren Sie in Kapitel 6.

FAQ | Nach dem Einbau der FRITZ!-Karte erscheint beim Neustart von Windows einer dieser häßlichen *Blue Screens*. Eine Fehlermeldung bezüglich einer falschen I/O-Adresse wird angezeigt.

Der Hardware-Assistent weist im ersten Gang der Installation der AVM-Karte einen E/A-Bereich (oder Englisch I/O-Bereich) zu. Diesen müssen Sie exakt so auf der Karte einstellen. Das läuft über vier Jumper-Stecker. Die E/A-Bereiche und die dazugehörigen Jumper-Positionen entnehmen Sie dem Handbuch. Stellen Sie unbedingt die richtige Adresse ein, ehe Sie die Karte einbauen.

FAQ | Meine FRITZ!Card hat einen Ressourcenkonflikt mit der Soundkarte.

Da die FRITZ!-Karte standardmäßig auf den Interrupt 5 eingestellt ist, den sehr oft auch Soundkarten benutzen, kann es schon zu Problemen kommen. Weisen Sie der ISDN-Karte über den Geräte-Manager einen anderen Interrupt zu. Sollte die Karte auf IRQ beharren, sollten Sie versuchen, die Soundkarte aus dem Geräte-Manager zu entfernen, sie auszubauen, und erst nach erfolgreicher Installation der ISDN-Karte über den Hardware-Assistenten danach zu installieren. Die Soundkarte sucht sich dann einen freien Interrupt.

FAQ | Ich möchte meine FRITZ!Card deinstallieren und dabei sichergehen, daß auch alle Einträge in der Windows-Registrierung entfernt werden.

Auf der FRITZ!-CD finden Sie im Verzeichnis *Tools* ein Programm mit der Bezeichnung Clearreg. Starten Sie dieses, um die Einträge zu entfernen.

FAQ | Nach dem erfolgreichen Durchlauf des Testprogramms für die FRITZ!Card, wollte ich T-Online starten, bekam aber die Meldung „Es steht kein Common-ISDN-Api zur Verfügung".

Nach Durchführung des Tests wird die CAPI entladen und steht erst nach einem Rechnerneustart wieder zur Verfügung.

4.5 TELES-Karten und kompatible – Weitverbreitet, aber nicht ohne Tücken

Aus der Berliner ISDN-Schmiede von TELES kommen einige interessante ISDN-Produkte. Insbesondere die passive Karte S_0 16.3 ist stark auf dem Markt vertreten. Zusammen mit den neuen Treibern (Version 3.23) erweist sie sich als äußerst kompatibel und wird durch die gelungene Modememulation zum Schreckgespenst der analogen Datenübertragung.

 Soll ich alte TELES-Treiber vor einer Neuinstallation entfernen?

Ehe die Installation der Karte und der dazugehörigen Treiber erläutert wird, sei aus begründetem Anlaß die Deinstallation alter Treiberversion angesprochen, falls Sie einen TELES-Treiber schon einmal installiert haben. Denn die TELES-Treiber nisten sich sehr tief in Ihrem System ein und werden so manchmal zu Zeitbomben. Die Deinstallation wird ab Seite 80 besprochen. Achten Sie zusätzlich auch auf die Tips und Tricks am Ende dieses Unterkapitels.

In diesen Schritten läuft die Installation ab

① Bei der Installation steht Ihnen der Hardware-Assistent zur Seite. Rufen Sie diesen über *Start/Einstellungen/Systemsteuerung/Hardware* auf.

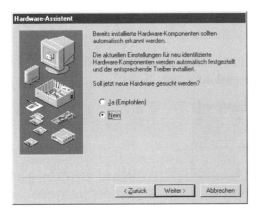

② Klicken Sie im zuerst erscheinenden Dialogfeld auf *Weiter*. Wählen Sie dann im nächsten Dialogfeld die Option *Nein*, um die automatische Hardwareerkennung zu deaktivieren.

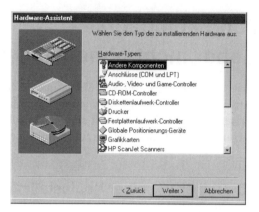

③ Wählen Sie unter *Hardware-Typen* den Eintrag *Andere Komponenten* aus.

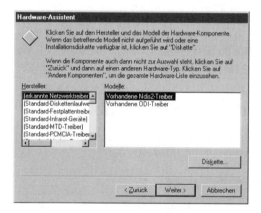

④ Im nächsten Dialogfeld klicken Sie auf die Schaltfläche *Diskette*, um den Kartentreiber (bzw. eine aktuelle Treiberversion) zu installieren.

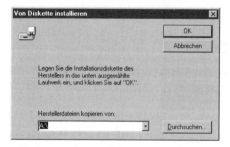

⑤ Klicken Sie auf *Durchsuchen*.

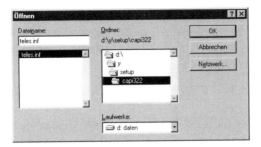

Tip
Wo befindet sich die Datei Teles.inf auf der CD?

Auf der OnlinePowerPack-CD befindet sich diese Datei im Ordner
Deutsch\Win95\Capi_3.23!

⑥ Wählen Sie Laufwerk, Ordner und die Installationsdatei (*Teles.inf*) aus. Klicken Sie
dann zweimal auf *OK*.

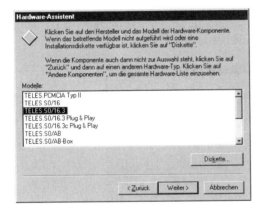

⑦ Wählen Sie in der Liste der Modelle die Karte *Teles.S0/16.3* aus. Klicken Sie auf
Weiter.

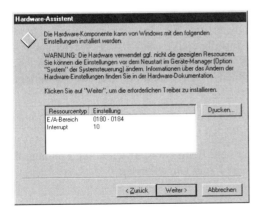

⑧ Der Hardware-Assistent weist der Karte einen freien Interrupt automatisch zu. Die Einstellung des E/A-Bereichs haben Sie ja ggf. zu Beginn der Karteninstallation per Hand vorgenommen (vgl. Handbuch der Karte). Der Hardware-Assistent erkennt die Ressourcenvergabe ebenfalls automatisch.

⑨ Das Treiber-Installationsprogramm wird dann automatisch gestartet. Klicken Sie auf *Weiter.*

⑩ Wählen Sie ein Zielverzeichnis für die CAPI-Datei aus. Sie können ein neues Verzeichnis angeben. Dieses wird automatisch erstellt. Das Setup-Programm akzeptiert dabei keine Unterstriche (Underscores).

⑪ Sie müssen nun dem Installationsprogramm das D-Kanal-Protokoll Ihres ISDN-Anschlusses mitteilen (in der Regel ist dies das Euro-ISDN-Protokol DSS1). Geben Sie außerdem Ihre Rufnummer für den Zugriff auf die Karte ein. Diese benötigen Sie z. B. für den File Transfer, oder um Ihren Rechner als DFÜ-Server einsetzen zu können. An dieser Stelle können Sie auch bestimmen, ob der ISDN-Monitor von TELES in der Task-Leiste eingeblendet wird.

⑫ Wenn Sie die ISDN-Karte über eine Nebenstellenanlage anschließen und bei der Anlage die automatische Amtsholung nicht aktiviert ist, müssen Sie an dieser Stelle auch noch unter *Amtsholung* die notwendige Ziffer (z. B. 0 oder 9) eingeben.

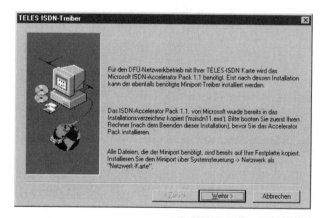

⑬ Abschließend erscheint ein Hinweis, wie Sie nach der Treiberinstallation fortfahren sollen. Dabei geht es um die Installation des MS ISDN Accelerator Pack und des NDIS WAN Miniport-Treibers, die ab Seite 175 ausführlich beschrieben werden. Die entsprechenden Installationen müssen (und sollten) Sie zu diesem Zeitpunkt noch nicht durchführen.

⑭ Als nächstes müssen Sie Windows neu starten, damit alle Karteninformationen registriert werden. Klicken Sie auf *Beenden.*

⑮ Starten Sie dann Ihren Rechner neu. Beim Neustart wird eine Meldung über das erfolgreiche Laden der neuen Treiber kurz eingeblendet.

Automatische Einbindung der virtuellen Modems TELES.VCOMM

Nach dieser Installation sind automatisch die virtuellen Modems TELES.VCOMM auf Ihrem Rechner installiert. Weitere Informationen dazu erhalten Sie ab Seite 170.

Im System-Tray der Windows-Task-Leiste finden Sie zudem ein neues Symbol.

Zugriff auf den ISDN-Monitor über den System-Tray

Die unter dem Schriftzug *TELES* aufgeführten zwei grünen Kästchen geben über den aktuellen Status der B-Kanäle Aufschluß. Sobald eine Belegung eines Kanals erfolgt, leuchtet eine der Leuchtanzeigen rot auf. Durch einen Doppelklick auf das Symbol können Sie sich Informationen über eine bestehende Verbindung – angewählte Rufnummer, Dauer der Verbindung, angefallene Gebühren (nur bei Freischaltung der Gebührenübermittlung während des Gesprächs, siehe Seite 32 ff.) – anzeigen lassen.

Der ISDN-Monitor liefert detaillierte Informationen

 Ich möchte vor dem Anruf wissen, wer es ist!

Der TELES-Monitor eignet sich übrigens auch für die Anzeige von Rufnummern, falls Sie schon vor dem Abheben wissen möchten, was Sie erwartet.

Was die Treiberinstallation verändert

Rufen Sie nach dem Neustart von Windows die Systemsteuerung auf, um zu sehen, welche Veränderungen die Neuinstallation des Treibers bewirkt hat.

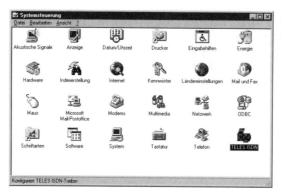

Die TELES-Karte ist über die Systemsteuerung einstellbar

Sie sehen, daß als neuer Eintrag in der Systemsteuerung ein Symbol für die TELES-Karte eingebunden wurde. Über dieses können Sie Eigenschaften des Anschlusses einstellen. Durch einen Doppelklick rufen Sie das Dialogfeld *Einstellungen* der Karte auf.

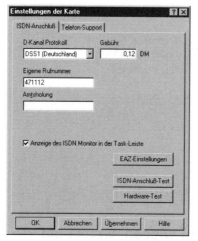

Detaillierte Einstellungsmöglichkeiten für die TELES-Karte

Hier können Sie die ISDN-Einstellungen nachträglich verändern.

 Beim Treiber-Update müssen zunächst alte Treiber entfernt werden

Wenn Sie bereits eine Karte mit Treibern installiert haben und letztere nur durch eine neue Version ersetzen möchten, müssen Sie zunächst die Karte aus dem Geräte-Manager von Windows 95 entfernen, da die Installation ansonsten nicht durchgeführt werden kann.

Warnung bezüglich alter Treiberversionen

So entfernen Sie den alten Treiber aus dem Geräte-Manager:

(1) Rufen Sie zunächst den Geräte-Manager auf. Klicken Sie dazu mit der rechten Maustaste auf dem Windows-Desktop auf das Symbol *Arbeitsplatz* und wählen Sie in dem erscheinenden Kontextmenü den Eintrag *Eigenschaften*.

(2) Holen Sie die Registerkarte *Geräte-Manager* in den Vordergrund. Klicken Sie dann einmal auf das Pluszeichen vor dem Eintrag *TELES ISDN-Karten*, um den Inhalt dieser Gruppe (d. h. die aktuelle Karte) anzeigen zu lassen. Markieren Sie dann den Eintrag *TELES.SO/16.3* und klicken Sie auf die Schaltfläche *Entfernen*.

(3) Eine Meldung erscheint, die sich nach der Aufrichtigkeit Ihres Löschwunsches erkundigt. Bestätigen Sie diese mit *OK*.

(4) Der aktuelle TELES-Treiber wird dann deinstalliert.

(5) Überprüfen Sie danach im Geräte-Manager noch, ob unter *Modem* noch weitere TELES-Modems angezeigt werden. Löschen Sie diese gegebenenfalls.

(6) Um die Deinstallation wirksam zu machen, müssen Sie Ihren Rechner neu starten.

FAQ **Wo erhalte ich die neuesten TELES-Treiber?**

Die Treiber finden Sie zunächst einmal auf der im Lieferumfang der Karte enthaltenen Installations-CD-ROM. Die jeweils aktuellen Treiber kriegen Sie außerdem vom TELES-Server (0190-511822). Das kostet allerdings einiges (1,20 DM pro Minute). Immerhin ist das noch billiger als die Service-Hotline von TELES. Für die dürfen Sie nämlich 3,60 DM pro Minute auf den Tisch legen.

Troubleshooting für TELES-Karten

Probleme beim Deinstallieren von ISDN-Karten

Um ISDN-Karten und ihre Treiber richtig zu deinstallieren, reicht es oft nicht aus, die Karte einfach nur aus der Netzwerkumgebung zu entfernen. Zusätzlich muß dann evtl. noch ein weiterer Deinstallationsbefehl gegeben werden. Dieser befindet sich im *System*-Verzeichnis von Windows und wird in Abhängigkeit der verwendeten Karte mit *T_deinst.exe* (TELES-Karten), *N_deinst.exe* (Niccy-Karte von Dr. Neuhaus), *C_deinst.exe* (Creatix) und *H_deinst.exe* (1&1 Datahighway) aufgerufen. Nach Ausführen des Befehls und einem Neustart von Windows sollten keine Fehlermeldungen mehr erscheinen.

Probleme mit alten Treibern

Ehe Sie neue Treiber für Ihre TELES-Karte installieren können, müssen die alten Treiber erst komplett deinstalliert werden. Das läuft in den meisten Fällen über den Geräte-Manager, wobei es bei einigen Treibern zu Problemen kommen kann. Das Deinstallationsprogramm hängt sich in einigen Fällen auf. Schließen Sie es in solchen Fällen mit der Tastenkombination [Strg]+[Alt]+[Entf] und wiederholen Sie das Entfernen der Karte und der zusätzlichen virtuellen Modems.

Probleme mit alten Treibern, die Zweite

Ganz alte Treiberversionen von TELES löschen Sie normalerweise mit dem Befehl *T_deinst.exe* im Windows-Systemverzeichnis. Allerdings läuft diese Deinstallation nicht immer ganz sauber ab. Die Treiber hinterlassen nämlich in wichtigen *ini*-Dateien (*System.ini, Win.ini*) ihre Spuren und sind auch in der Registrierungsdatei zu finden. Wenn ihnen also die (harmlosen) Fehlermeldungen beim Windows-Start auf den Geist gehen, können Sie die Referenzen auf den alten Treiber in den angesprochen Dateien löschen. Suchen Sie in der Registrierungsdatei (*Start/Ausführen/Regedit.exe*) nach den Dateinamen, zu denen Fehlermeldungen eingeblendet werden. Tun Sie das gleiche in den angesprochenen *ini*-Dateien. Dort können Sie die Pfadangaben löschen oder durch ein Semikolon am Anfang der Zeile deaktivieren. Ähnliches gilt für den Fall, daß Sie noch eine alte Softwareversion von TELES installiert haben, die partout nicht einsehen will, daß der Treiber gelöscht ist. Verweise auch auf diese Dateien können Sie in der Datei *System.ini* deaktivieren. Rufen Sie zusätzlich noch die *Regedit* auf und säubern Sie Einträge mit *css* und *teles*.

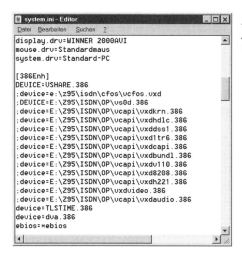

Durch ein Semikolon am Anfang der Zeile wird der Verweis unwirksam

Treiber über den Geräte-Manager aktualisieren funktioniert nicht

Wenn Sie die TELES-Karte bereits mit einem Treiber installiert haben und diesen nur aktualisieren möchten, werden Sie wahrscheinlich überlegen, ob das nicht auch im Geräte-Manager geschehen kann. Denn da gibt es unter den Eigenschaften (Treiber) der Karte die Schaltfläche *Aktualisieren*. Eine gute Idee; aber vergessen Sie's. Es funktioniert nicht. Zum Aktualisieren des Treibers, müssen Sie erst die Karte aus dem Geräte-Manager rausschmeißen und dann den Treiber wie oben beschrieben neu installieren.

Hardwarekonflikt nach Karteninstallation läßt sich nicht beheben

Wenn Sie nach der Installation im der Systemsteuerung einen Hardwarekonflikt mit einem zuvor bereits installierten Gerät und der neuen ISDN-Karte feststellen, weisen Sie der ISDN-Karte über den Geräte-Manager einen neuen Interrupt zu. Sollte die Zuweisung nicht funktionieren und sich die Karte bei wiederholten Installationsversuchen immer wieder denselben Interrupt belegt haben, können Sie diesen Interrupt im Rechner-BIOS sperren (not available). Danach müßte sich die Karte einen anderen freien Interrupt suchen.

Wenn Interrupt-Konflikt bestehen bleibt, erst Treiber installieren, dann Karte einbauen

Immer wieder kann es nach dem Einbau von ISDN-Karten zu Hardwarekonflikten kommen. Oftmals gibt es Probleme mit der Soundkarte. Sollten Sie einmal mit der Installation überhaupt nicht zurechtkommen, entfernen Sie sowohl die ISDN-Karte als auch die Soundkarte aus dem Rechner. Weisen Sie dann der ISDN-Karte – noch nicht einbauen – über den Hardware-Assistenten einen festen Interrupt zu. Bauen Sie danach nur die ISDN-Karte wieder ein. Starten Sie Ihren Rechner neu. Bauen Sie erst dann die Soundkarte wieder ein.

Nach Installation einer älteren Software ohne 32-Bit-CAPI (ab 3.2x) sind die VCOMM-Treiber nicht mehr ansprechbar.

Durch die Softwareinstallation (z. B. TELES.COM) wird in der *System.ini* ein *Comm.drv* oder ein *Wincomm.drv* eingetragen. Dieser wird dann anstelle des *Comm.drv* von Win95 geladen. Es können dann nur noch 16-Bit-Applikationen wie Tullicom auf der geladenen WinCom-SW aufsetzen. Deaktvieren Sie in der *System.ini* den Eintrag für den *Comm.drv* bzw. den *Wincomm.drv* (Semikolon an Anfang der Zeile setzen).

TELES 16.3 PnP wird nicht erkannt

Es kann sein, daß Windows 95 der Karte Ressourcen zugewiesen hat, die bereits von einer anderen Anwendung benutzt werden. Trotzdem sollten Sie zunächst überprüfen, ob Sie wirklich die PnP-Version der Karte haben (Aufkleber oder Prägung auf dem ISDN-Board). Sie müssen dann die Karte im Geräte-Manager manuell konfigurieren. Öffnen Sie dazu im Geräte-Manager unter *TELES ISDN Karten* die Eigenschaften für die TELES.S0/16.3 PnP-Karte. Dort wählen Sie den Ordner *Ressourcen* aus. Über die Basiskonfiguration *0001* können andere Werte für Interrupt und IO-Adressen gewählt werden.

Die TELES 16.3 PnP-Karte wird nicht automatisch von Windows 95 erkannt

Die Treiber (Version 3.23) werden problemlos installiert, aber die Karte kann nicht angesprochen werden. Im Geräte-Manager ist die Karte zwar eingetragen, es fehlt aber die Anzeigeoption für die Ressourcen, und der Hardwaretest schlägt fehl.

Eventuell wurde schon einmal versucht, die Karte zu installieren, als diese von Windows 95 erkannt wurde. Diese Installation wurde allerdings nicht ordnungsgemäß bis zum Ende durchgeführt. Entfernen Sie die CAPI 3.23 aus dem Geräte-Manager. Überprüfen Sie in der *Regedit*, ob der Eintrag *HKEY_LOCAL_MACHINE/enum/ISAPNP/TAG** vorhanden ist. Ist dies der Fall, entfernen Sie alle *TAG*-Einträge. Starten Sie dann Windows 95 neu.

Probleme mit TELES GDI-Treiber

Bei der Installation der Karte ändern die TELES-Treiber auch den GDI-Eintrag in der *System.ini*.

Der ursprüngliche GDI-Eintrag in der System.ini

Das kann zu Problemen führen. Ändern Sie deshalb lieber den Eintrag wie in der folgenden Abbildung gezeigt.

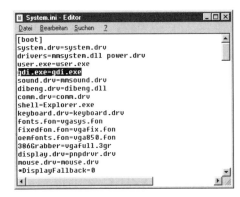

Der veränderte GDI-Eintrag in der System.ini

4.6 Aktive ISDN-Karten

 Zu welchem Zweck braucht man aktive Karten?

Wenn Sie die Karte für Anwendungen einsetzen wollen, bei den die Rechner-CPU schon sehr stark gefordert ist, sollten Sie lieber auf eine aktive Karte (mit eigenem Prozessor) zurückgreifen. Die Leistungsfähigkeit der aktiven Karte hängt von ihrem Prozessor ab.

Eine typische aktive Karte – Die B1-Karte von AVM

Aktive Karten verfügen, wie bereits gesagt, über einen eigenen Prozessor. Sie zeichnen sich durch hohe Leistungsfähigkeit aus und können zahlreiche Aufgaben verrichten, ohne dabei den Prozessor des Rechners zusätzlich zu belasten. Aktive Karten finden daher ihren Platz oft in Rechnern, die als Fax- oder Kommunikationsserver eingerichtet sind.

Als Beispiel für eine typische aktive Karte, soll hier die bekannte B1 von AVM dienen. Sie kostet je nach Anbieter zwischen 1.500 bis 2.000 DM und wird von AVM mit einem umfangreichen Software- und Treiberangebot für verschiedene Betriebssysteme unterstützt. Unter anderem befinden sich gerade auch Treiber für Windows NT 4.0 in Bearbeitung. Schon jetzt haben Sie mit der Kombination aus der B1 und der Software FRITZ!32 eine lauffähige und leistungsfähige ISDN-Lösung für Windows NT. Eine Unterstützung für Novell Netware, DOS und Windows in allen übrigen Versionen ist natürlich auch selbstverständlich. AVM bietet außerdem leistungsstarke ISDN-Netzwerkprogramme an (Netware Connect und Netways ISDN).

Voll aktiv! Die B1 von AVM

Einbau der aktiven Karte

Was die Ressourcen-Zuweisung angeht, ist die AVM-Karte standardmäßig auf eine bestimmte E/A-Adresse und einen Interupt eingestellt. Dieser wird aber oftmals von Soundkarten verwendet, so daß Sie sich im Geräte-Manager (siehe Seite 60ff.) davon überzeugen sollten, ob der IRQ wirklich frei ist. Die Kartentreiber unterstützen CAPI und werden als virtuelle Treiber ohne Inanspruchnahme des DOS-Speichers installiert.

Installation der B1-Treibersoftware

Nach dem Einbau der Karte in den Rechner, der wie für ISA-Karten üblich verläuft, müssen Sie als nächstes die Treibersoftware installieren. Um dies zu tun, gehen Sie wie folgt vor:

(1) Legen Sie die Diskette mit der Aufschrift „AVM ISDN-Controller B1, Installation Microsoft Windows" in das Diskettenlaufwerk ein.

(2) Wählen Sie im *Start*-Menü den Befehl *Ausführen* und geben Sie „a:\setup" bzw. „b:\setup" ein und klicken Sie auf *OK*. Dadurch wird die Installation gestartet. Das Setup-Programm läuft interaktiv ab. Folgen Sie einfach den Anweisungen auf dem Bildschirm.

③ Im Laufe der Installation müssen Sie das Zielverzeichnis für die Software bestimmen. Standardmäßig wird die Treibersoftware im Verzeichnis *C:\driver* installiert. Sie können aber auch ein anderes Zielverzeichnis festlegen.

④ Wählen Sie im nächsten Schritt das Protokoll Ihres ISDN-Anschlusses (Euro-ISDN oder nationales ISDN) aus.

⑤ Sie werden dann gefragt, ob Sie den Controller, also die Karte bei jedem Start von Microsoft Windows automatisch aktivieren wollen. Diese Anfrage sollten Sie mit *Ja* bestätigen. Dann wird in der Programmgruppe *Autostart* ein Symbol mit dem Namen *B1 laden* erstellt und bei jedem Neustart von Microsoft Windows der Controller neu mit dem Treiber geladen.

Hardwareeinstellungen ändern

Um die Einstellungen für die E/A-Adresse und den IRQ nachträglich zu verändern (z. B. wenn die Standardeinstellungen zu einem Hardwarekonflikt führen), starten Sie durch einen Doppelklick auf das Symbol *B1 Setup* die Setup-Prozedur. Dann können Sie sowohl die E/A-Adresse als auch den Interrupt, die der Controller belegen soll, einstellen.

4.7 Mit ISDN unterwegs – PC-Card-Lösungen für Notebooks

Der zutiefst menschliche Wunsch nach Mobilität, nach geographischer und geistiger Flexibilität also, scheint im Zeitalter der Telekommunikation seiner Erfüllung einen gehörigen Schritt näher gekommen sein. Begriffe wie Mobilfunk, Pager, Remote Access, Tele-Working usw. zeugen vom Triumph der Technologie über die Geographie. Der moderne Mensch wird somit – eine entsprechende technische Ausstattung vorausgesetzt – zum informatorischen Pfadfinder. Mann und Frau sind im Zeitalter der Datenhighways „semper paratus", allzeit bereit, Nachrichten telekommunikativ entgegenzunehmen. Nervende Mobilfunkanrufe in überfüllten Restaurants, der Scall-Piep beim Rendezvous oder das Anklopfen während eines wichtigen Telefonats sind (weniger wünschenswerte) Auswüchse dieser Entwicklung. Die Möglichkeiten des familien- und umweltfreundlichen Tele-Working stellen die (positive) andere Seite der Medaille dar. Letztendlich obliegt die Verantwortung für den Umgang mit den modernen Mitteln der computergestützten Telekommunikation dem Menschen selbst. Er oder sie entscheidet, wie die Technik einzusetzen ist. Ob das Handy beispielsweise zur technologischen Selbstdarstellung oder zum Abschluß eines gelungenen Deals verwendet wird, liegt in der Verantwortung des Einzelnen. Den verantwortungsvollen und überlegten Umgang mit der Technologie vorausgesetzt, bietet auch ISDN dem modernen Nomaden eine Vielzahl von vorteilhaften Funktionen.

Mit ISDN on the road

Wenn Sie einmal die Vorteile des digitalen Netzwerks ISDN kennengelernt haben, werden Sie sich wohl nicht mehr so schnell davon trennen wollen. Zu zahlreich sind die Dienste, zu überzeugend die Argumente für das neue Telekommunikationsnetz.

Die verschiedenen Arten mobiler Kommunikation

Was aber, wenn Sie viel unterwegs sind und trotzdem stets in Verbindung mit der Datenwelt bleiben wollen? Nun, für solche Fälle werden Sie sicherlich ein Notebook haben – dazu gesellt sich dann ein externes Modem, das Sie über die serielle Schnittstelle des Notebooks oder – fortschrittlich, fortschrittlich – über den PCMCIA-Steckplatz des Notebooks anschließen und dann mit einer sich im Raum befindlichen Telefonleitung verbinden.

Ob PCMCIA-Karte oder externes Modem – Sie werden bei dieser Art der mobilen Kommunikation immer auf die Möglichkeiten analoger Datenübertragung beschränkt bleiben. Das heißt, mit den Leistungsgrenzen des V 34.bis-Protokolls ist das Ende der Fahnenstange bei der Datentransferrate erreicht. In Bits ausgedrückt, werden Sie analog also maximal 28.800 Zeichen pro Sekunde übertragen können. Das sieht, verglichen mit den 64.000 Bit/s bei ISDN, doch etwas mickrig aus.

Vielleicht gehören Sie auch zu den Mobilfunkern der harten Art, die auch Daten mit Hilfe eines Notebooks und Handys übertragen. Auch das ist mit analogen PCMCIA-Karten machbar, allerdings werden Sie auf diese Art und Weise pro Sekunde nicht mehr als 9.600 Bit übertragen können. Wenn Sie jetzt noch die schier unendliche Zeit berücksichtigen, die ein analoger Verbindungsaufbau in Anspruch nimmt, sehen Sie die Zeit und das Geld vor Ihren Augen dahinschwinden.

Hier erhalten Sie die Übersicht – Notebook & Co. mit ISDN-Anschluß

Sie können natürlich auch unterwegs von den Möglichkeiten des ISDN Gebrauch machen. Dabei läßt sich zwischen zwei Stadien der Mobilität (und deren Leistungsfähigkeit) unterscheiden:

- Eingeschränkte ISDN-Mobilität mit voller Leistungsfähigkeit: Sie verwenden einen externen ISDN-Adapter (z. B. in Form einer PCMCIA-Karte) oder einen Pocket-Adapter mit normalen S_0-Anschluß. Dabei sind Sie darauf angewiesen, daß im Gebäude (z. B. im Hotel oder in einer Niederlassung), in dem Sie arbeiten wollen, ein ISDN-Anschluß vorhanden ist. Ist dies der Fall, können Sie die Leistungsmerkmale und vor allem die Geschwindigkeitsvorteile dieses Anschlusses komplett nutzen.

- Volle ISDN-Mobilität bei eingeschränkter Leistungsfähigkeit: Sie verwenden auf Reisen zusammmen mit Ihrem Notebook noch ein D-Netz-Handy, mit dessen Hilfe

Sie mittels einer PCMCIA-Karte aus dem digitalen D-Netz eine ISDN-Verbindung aufnehmen. Das können Sie zwar nicht mit dem vollen ISDN-Tempo von 64.000 Bit/s machen, sondern meist nur mit 9.600 Bit/s, aber dafür wirkt sich, gerade beim Fernzugriff auf einen Server – der schnelle Verbindungsaufbau im ISDN sehr positiv und kostengünstig aus. Sie haben dabei die Möglichkeit, eine virtuelle Standleitung zwischen dem Notebook und dem angewählten Server zu etablieren, d. h., nur für den eigentlichen Vorgang der Datenübertragung wird die Verbindung aufgebaut.

Das brauchen Sie für ISDN-Mobilität

Wenn Sie häufig unterwegs sind und z. B. mit dem Zentralcomputer Ihres Unternehmens oft große Datenmengen austauschen müssen, sind Sie mit einer ISDN-Verbindung gut bedient, da sich hier die ISDN-Vorteile – u. a. hohe Geschwindigkeit, große Stabilität und schneller Verbindungsaufbau – besonders von der Leistungsfähigkeit analoger Lösungen abheben.

Neben den ISDN-Anschlüssen, die auf beiden Seiten der ISDN-Verbindung vorhanden sein müssen, benötigen Sie für eine Datenübertragung über ISDN eine entsprechende Adapterkarte, die die Verbindung zwischen Ihrem Computer und dem ISDN-Anschluß herstellt. Diese Adapterkarte kann z. B. als Erweiterungskarte in einem freien Steckplatz in Ihrem Computergehäuse installiert sein. Auch ein externer ISDN-Adapter kann die physikalische Verbindung zwischen Rechner und Netz herstellen.

Für die mobile Kommunikation mit einem Notebook sind diese beiden Lösung allerdings aus Platzgründen nicht optimal. Die Erweiterungskarte paßt nicht in das Notebook, die externen Adapter nicht unbedingt in jeden Aktenkoffer. Zusätzlich benötigt letzterer eine separate Stromversorgung.

PCMCIA-Karten – Klein, aber oho

Eine platzsparende Möglichkeit, die Funktionen eines Notebooks zu erweitern, stellen sog. PCMCIA-Karten dar (neuerdings auch einfach PC-Cards genannt). Dabei handelt es sich um scheckkartengroße Erweiterungskarten, die sich als Speicherkarte, Netzwerkkarte oder Modem verwenden lassen. Diese Karten entsprechen alle einem bestimmten Standard, dem Sie auch Ihren kryptischen Namen verdanken (**P**ersonal **C**omputer **M**emory **C**ard **I**nternational **A**ssociation).

PCMCIA-Karten bzw. PC-Cards gibt es in drei Bauarten, wobei die Höhe der Karte das Unterscheidungskriterium ist:

- *Typ I:* Karten dieses Typs haben eine Bauhöhe von 3,3 mm und werden in erster Linie für die Speichererweiterung verwendet.

- *Typ II:* Dieser Typ kennzeichnet Karten, die 5 mm hoch sind und die vor allem als Faxmodems, Netzwerkkarten oder ISDN-Adapter eingesetzt werden.
- *Typ III:* Karten dieses Typs haben eine Bauhöhe von 10,5 mm und dienen meist als Miniaturfestplatten.

PCMCIA-Karten werden über einen PCMCIA-Steckplatz mit einem Notebook verbunden. Die meisten dieser Steckplätze sind so gestaltet, daß Sie entweder zwei Karten des Typs II oder eine Karte des Typs III (die Steckleisten der beiden Kartentypen sind identisch) aufnehmen können.

Aktiv, semiaktiv und passiv – Drei Arten von PCMCIA-Karten

Neben der Bauhöhe lassen sich PCMCIA-Karten noch danach unterscheiden, wieviel Arbeit sie bei der Ausübung ihrer Funktion, z. B. der Datenübertragung übernehmen. Dementsprechend werden drei Typen unterschieden:

- Aktive Karten verfügen über einen eigenen Prozessor, der den Prozessor des Notebooks dadurch erheblich entlastet; diese Karten sind entsprechend teuer.
- Passive Karten überlassen dem Prozessor des Rechners die gesamte anfallende Rechenarbeit und sorgen selbst nur für die physikalische ISDN-Anbindung.
- Semiaktive Karten verfügen über einen Prozessor mit eingeschränkter Leistungsfähigkeit. Sie entlasten den Hauptprozessor in erster Linie durch das Puffern von Daten.

PCMCIA-Karten unter Windows 95 installieren – Das läuft fast von allein

Die Installation einer PCMCIA-Karte unter Windows 95 läuft problemlos ab. Der Plug & Play-Mechanismus des Betriebsprogramms erkennt eine in den PCMCIA-Steckplatz eingesteckte Karte und zeigt dies dem Benutzer durch eine entsprechende Bildschirmmeldung an. Sie werden dann aufgefordert, die neue Hardwarekomponente zu installieren.

Ein weiterer Vorteil des automatischen Erkennens der PCMCIA-Karten durch das Programm besteht darin, daß sich PCMCIA-Karten aus einem Rechner entfernen und durch andere Karten ersetzen lassen, ohne daß das System beendet werden muß.

PCMCIA-Modems für mobiles ISDN – Ein Überblick

Hersteller	Modell	Preis	CAPI 1.1	CAPI 2.0	NDIS-Miniport
AVM	FRITZ!Card PCMCIA	598,- DM	x	x	x
AVM	PCMCIA A	782,- DM	x	x	x
AVM	PCMCIA B (aktive Karte)	1.932,- DM	x	x	x
Dr. Neuhaus	Niccy Card 2000 plus	690,- DM	x	x	x
Eicon-Diehl	Diva PCM (aktive Karte mit Faxchip)	1.357,- DM	x	x	x
ELSA	Microlink ISDN/MC	698,- DM	x	x	x
IMK	I-Link	713,- DM	x	x	x
Sedlbaur	Speedstart	999,- DM	x	x	x
Storm	Strotos (für Mac-Powerbooks)	1.698,- DM			x
TELES	S0/PCMCIA	648,- DM	x	x	x
Xircom	CreditCard ISDN	998,- DM	x	x	x

Typische PCMCIA-ISDN-Karte von AVM (FRITZ!Card)

Bei der im folgenden vorzustellenden ISDN-Karte im PCMCIA-Format handelt es sich um eine passive Karte des Typs II der Berliner Firma AVM. Auf der Karte selbst befindet sich also kein Prozessor. Die Rechenarbeit muß der Prozessor des angeschlossenen Computers übernehmen. Zusammen mit der Karte wird das Kommunikationspaket FRITZ! geliefert.

ISDN-mobil mit der PCMCIA-Karte von AVM

So funktioniert die neue Karte

Die Karte wird einfach in einen freien PCMCIA-Steckplatz des Typs II Ihres Notebooks gesteckt. Durch die Plug & Play-Fähigkeit wird die Karte vom System automatisch als neue Hardwarekomponente erkannt. Die Card und Socket Services des PCMCIA-Standards sorgen dann automatisch für die richtige Konfiguration der Karte. Die Verbindung von Karte zu ISDN-Anschluß erfolgt über die S_0-Schnittstelle des mitgelieferten, vier Meter (!) langen Kabels. Bei der Treibersoftware der PCMCIA-Karte handelt es sich um einen sog. bilingualen Treiber, der die Anwendungsschnittstelle CAPI sowohl in der Version 1.1 als auch in der Version 2.0 unterstützt.

Software inbegriffen

Das mitgelieferte Softwarepaket FRITZ! setzt sich aus den folgenden vier Teilprogrammen zusammen:

- FRITZ!data: zur Datenübertragung und dem Zugriff auf zentrale Datenbestände
- FRITZ!fax: zum Versenden und Empfangen von Faxnachrichten der Gruppe 3
- FRITZ!com: als Terminalprogramm
- FRITZ!btx: als Btx-Decoder mit KIT-Unterstützung

Diese Programme können sowohl von Diskette als auch von CD-ROM installiert werden. Auf der CD-ROM befinden sich zusätzlich noch die T-Online-Software und das Internet-Programm Netscape Navigator.

Voraussetzung für die Installation der FRITZ!Card PCMCIA

Um die FRITZ!Card PCMCIA zu verwenden, benötigt Ihr Notebook einen PCMCIA-Slot des Typs II oder III. Für die Installation der Treiber und der Kommunikationssoftware benötigen Sie neben einer Festplatte ein 3.5-Zoll-Diskettenlaufwerk. Wollen Sie noch die Programme, die sich auf der CD-ROM befinden, installieren, brauchen Sie zusätzlich noch ein internes oder externes CD-ROM-Laufwerk.

So installieren Sie die PCMCIA-Karte

Die Installation der FRITZ!Card PCMCIA läuft denkbar einfach ab. Schalten Sie Ihr Notebook ein, packen Sie die Karte und die mitgelieferten Disketten und ggf. die CD-ROM aus und gehen Sie wie folgt vor:

Anschluß der Karte an das ISDN

Zunächst einmal müssen Sie die Karte über ein Kabel mit der ISDN-Anschlußdose oder einer Nebenstellenanlagen verbinden. Nehmen Sie dazu die Karte und legen Sie sie mit der Beschriftung nach oben vor sich, so daß Sie sie lesen können.

*FRITZ!Card
PCMCIA, Draufsicht*

An der linken Seite der Karte befindet sich die 68polige Anschlußleiste, die später in den Notebook-Steckplatz eingesteckt wird. An der rechten Seite finden Sie die Anschlußbuchse für das ISDN-Kabel. Verbinden Sie jetzt das ISDN-Kabel über diese Buchse mit der Karte. Der Stecker kann nur auf eine Weise, nämlich wenn der Pfeil auf dem Stecker nach oben zeigt, in die Kartenbuchse eingesteckt werden. Das geht ohne großen Kraftaufwand. Schließen Sie als nächstes das ISDN-Kabel über den Westernstecker an der ISDN-Dose an.

Rein damit – Die PCMCIA-Karte kommt in das Notebook

Stecken Sie nun die Karte in den dafür vorgesehenen Steckplatz des Notebooks. Schieben Sie die Karte mit der Beschriftung nach oben und der Steckleiste voran in den Steckplatz. Schieben Sie die Karte am Stecker so weit in den Schacht, bis sie einrastet.

Achtung Lassen Sie beim Entfernen der Karte Vorsicht walten

Wenn Sie die Karte wieder aus dem Einsteckplatz entfernen wollen, ziehen Sie nicht am Stecker oder am Kabel. Verwenden Sie statt dessen die Auswurftaste des Steckplatzes an Ihrem Notebook.

Installation der Kartentreiber

Kurz nach dem Einstecken der Karte in den PCMCIA-Steckplatz sehen Sie die Auswirkungen von Plug & Play auf dem Bildschirm. Es erscheint eine Meldung, die Ihnen mitteilt, daß eine neue Hardwarekomponente (nämlich die FRITZ!Card PCMCIA) gefunden wurde, und die Sie auffordert, die entsprechenden Hardwaretreiber zu installieren.

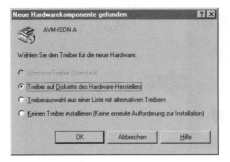

① Die Option *Treiber auf Diskette des Hardwareherstellers* ist bereits eingestellt. Legen Sie als nächstes die Diskette mit der Bezeichnung „FRITZ!Card PCMCIA Installation für Windows 95" in das Diskettenlaufwerk ein. Von dieser sollen die benötigten Treiber geholt werden. Das Dialogfeld *Von Diskette installieren* erscheint.

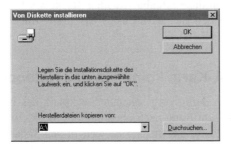

② Falls Ihr 3,5-Zoll-Diskettenlaufwerk eine andere Laufwerksbezeichnung als A hat, ändern Sie den Inhalt der Zeile *Herstellerdateien kopieren* entsprechend ab. Klicken Sie auf *OK*. Die Treiberdateien werden dann von der Diskette auf die Festplatte kopiert. Nach Beendigung des Kopiervorgangs legt Ihnen das Installationsprogramm einen Neustart des Computers nahe.

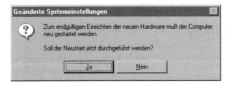

③ Entfernen Sie die Installationsdiskette aus dem Laufwerk und bestätigen Sie die Meldung durch einen Klick auf *OK*.

 ISDN-Treiber installieren

Nach dem Neustart von Windows 95 begrüßt Sie automatisch das Setup-Programm für die Installation der Kartensoftware.

④ Klicken Sie auf *Weiter*, um die Installation azu starten.

⑤ Lassen Sie sich von dem dann erscheinenden Dialogfeld nicht verwirren. Die Installation muß schon noch durchgeführt werden. Behalten Sie die Markierung der Option *Installation* bei und klicken Sie auf *Weiter*. Als nächstes müssen Sie den Ordner
bestimmen, in dem die Treiberdateien installiert werden sollen.

⑥ Standardmäßig wird das Verzeichnis *C:\Driver* vorgeschlagen. Sie können natürlich
auch ein anderes Verzeichnis bestimmen. Geben Sie in diesem Fall die Pfadangabe
für das neue Verzeichnis direkt in die entsprechende Zeile ein. Klicken Sie danach
auf *Weiter*. In dem nun erscheinenden Dialogfeld müssen Sie angeben, welchem
Standard Ihr ISDN-Anschluß entspricht.

 Welchen ISDN-Standard hat mein Anschluß?

Normalerweise ist das Euro-ISDN (DSS1). Schauen Sie zur Sicherheit in Ihrem
Telekom-Antragsformular nach!

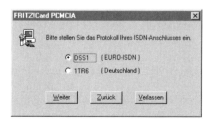

⑦ Markieren Sie die entsprechende Option – standardmäßig ist der Euro-ISDN-Anschluß mit dem Protokoll DSS1 ausgewählt – und klicken Sie auf *Weiter*. Abschließend erscheint eine Meldung, die den erfolgreichen Abschluß der Installation bekannt gibt.

⑧ Nun muß Windows neu gestartet werden, damit die Treibersoftware aktiviert werden kann. Klicken Sie dazu auf *OK*. Die Treiber werden in der Registrierungsdatei von Windows 95 eingetragen. Der PCMCIA-Controller wird so automatisch beim Start von Windows 95 aktiviert, und nach Beendigung wieder deaktiviert. In Windows wurde ein neuer Ordner mit dem Namen *AVM* erstellt. Ebenso wurde im *Start*-Menü unter Programme die Programmgruppe AVM eingerichtet.

Danke, das war's – So deinstallieren Sie die PCMCIA-Karte

Sollten Sie die FRITZ!-PCMCIA-Karte einmal nicht mehr benötigen, können Sie sie wie folgt deinstallieren: Legen Sie die Installationsdiskette in das Diskettenlaufwerk ein. Wählen Sie im *Start*-Menü den Eintrag *Ausführen* und geben Sie in die Zeile *Öffnen* „a:\setup" ein. Bestätigen Sie die Eingabe mit *OK*. Daraufhin wird das Setup-Programm gestartet. Bestätigen Sie die erste Einblendung mit *Weiter*. Markieren Sie dann die Option *Deinstallation* und klicken Sie auf *Weiter*. Bestätigen Sie das Löschen der Programmdateien mit *Weiter*. Die erfolgte Deinstallation wird durch eine Meldung angezeigt. Starten Sie abschließend Windows neu, um den PCMCIA-Controller zu deaktivieren. Die Installation der FRITZ!-Software wird auf Seite 99 beschrieben.

5. Faxmaschine, Anrufbeantworter und Dateitransfer – Ihr PC wird zum Allroundtalent

ISDN-Karten und andere Geräte, mit deren Hilfe Sie sich in die Welt der digitalen Datenkommunikation stürzen, werden oftmals von einem Softwarepaket begleitet, das die wichtigsten ISDN-Kommunikationsformen abdeckt. Einige Exemplare dieser sogenannten Bundle-Software sollen im folgenden vorgestellt werden. Exemplarisch werden Ihnen an den Programmen, die bei einer AVM FRITZ!Card mitgeliefert werden, die prinzipiellen Funktionen von Anrufbeantworter-, Fax-, Terminal- und Dateitransferprogrammen erläutert.

Wegweiser zu diesem Kapitel	
Seite	**Hier erhalten Sie Informationen zum Thema ...**
97	Die CAPI – Der Treiber, der ISDN-Software erst laufen läßt
99	Installation der FRITZ!card-Software
103	Benutzung des Datentransferprogramms FRITZ!data
112	Benutzung des Faxprogramms FRITZ!fax
116	Benutzung des Terminalprogramms FRITZ!com
119	Benutzung des Anrufbeantworterprogramms FRITZ!vox
124	Installation der TELES-Kartensoftware
126	Vorstellung der Anrufbeantwortersoftware WinAnruf
140	Exchange/Outlook um ISDN-Funktionen erweitern
157	ISDN-Anrufmonitore & Co.

5.1 Die Anwendungsschnittstelle – Alles CAPI oder was?

CAPI – dieses Akronym ist Ihnen nun schon einige Male über den Weg gelaufen. Die Abkürzung steht für den englischen Ausdruck Common Application Programming Interface. Zu Deutsch bedeutet dies so viel wie Einheitliche Anwendungsschnittstelle. Und zu gut Deutsch heißt das, daß die CAPI (genauer gesagt die drei Buchstaben A, P und I) dafür sorgt, daß sich ein Computerprogramm und Ihr ISDN-

Adapter überhaupt verstehen können. Und damit diese Verständigung nicht für jede ISDN-Karte unterschiedlich abläuft, wurde noch unter Hinzunahme des C (Common) eine Standardisierung dieser Software-Hardware-Schnittstelle eingeführt.

Für Interessierte: Die CAPI besteht dabei aus zwei Schichten. Die eine steht dabei der Hardware nahe und sorgt für die Verständigung zwischen ISDN-Karte und der Rechnerhardware. Diese Schicht wird als MAC bezeichnet, wobei die Abkürzung für **M**edia **A**ccess **C**ontroller (Hardwaregerätetreiber) steht. Die zweite Schicht der CAPI (die streng genommen wieder in kleinere Funktionseinheiten zerfällt) sorgt dann für die Anbindung der Karte an das Betriebssystem.

Und was macht die CAPI so?

Gemeinsam sorgen die beiden Schichten der CAPI für den Austausch von Information zwischen der Anwendungssoftware und dem ISDN-Adapter. Die CAPI spielt dabei quasi die Rolle eines Postboten zwischen ISDN-Software und ISDN-Karten. Konkret übernimmt sie dabei Funktionen, wie z. B. Verbindungsauf- und abbau, die Steuerung der B-Kanäle, oder koordiniert Multitaskingprozesse im ISDN.

FAQ Muß ich mich um die CAPI kümmern?

Es reicht, wenn Sie wissen, daß es die CAPI gibt und wozu diese prinzipiell notwendig ist. Die CAPI wird standardmäßig bei einer ISDN-Karteninstallation installiert, mehr brauchen Sie sich (für den Augenblick) auch nicht darum zu kümmern.

FAQ Welche Version der CAPI ist notwendig?

Die Version 1.1 ist für das nationale ISDN- (1TR6) und die Version 2.0 (und höher) für das Euro-ISDN-Protokoll zuständig. Letzteres dürfte Sie wohl ausschließlich interessieren!

FAQ Welchen Anschluß besitze ich?

Normalerweise haben Sie einen Euro-ISDN-Anschluß. Zur Sicherheit überprüfen Sie das in Ihrem Telekom-Antragsformular.

Aus zwei mach' eins – Die DualCAPI

CAPI 1.1 und CAPI 2.0 sind untereinander nicht kompatibel, soll heißen, Programme, die sich der CAPI 1.1 als Schnittstelle zur Karte bedienen, werden mit ISDN-Adaptern, die die CAPI 2.0 unterstützen, nicht funktionieren, umgekehrt gilt das gleiche. Zudem dürfen nicht gleichzeitig zwei unterschiedliche CAPI-Versionen (die normalerweise beim Start von Windows automatisch geladen werden) auf dem Rechner laufen.

Eine DualCAPI ist ein Treiber, der dem Benutzer beide CAPI-Standards (1.1 und 2.0) gleichzeitig zur Verfügung stellt. Da die Verdrängung der älteren, auf den nationalen ISDN-Standard ausgerichteten CAPI 1.1 durch die Euro-ISDN-spezifische CAPI 2.0 ebenso langsam wie fließend vonstatten geht, wird die Notwendigkeit, sowohl Programme zu benutzen, die CAPI 1.1 benötigen, als auch Programme, die nur mit der 2.0 arbeiten, durchaus häufig vorkommen. Zwei CAPI unterschiedlichen Typs gleichzeitig auf dem Rechner zu installieren und damit parallel zu arbeiten, ist nicht möglich. Die DualCAPI stellt sich dem System gegenüber aber nur wie eine CAPI dar und wird von daher akzeptiert. Somit ist das parallele Arbeiten mit Programmen, die unterschiedliche CAPI-Standards unterstützen, machbar.

5.2 Typische Bundle-Software Nr. 1 – FRITZ!32 von AVM

Die FRITZ!Card wird mit dem Software-Bundle FRITZ! vertrieben. Darin sind die wichtigsten Kommunikationsapplikationen (Faxen, Dateitransfer, Btx, Terminalprogramm) enthalten. Die Programm-Module von FRITZ! im Überblick:

- FRITZ!fax: Versenden und Empfangen von Faxen direkt am PC. Der Faxtreiber steht Ihnen als weiterer Drucker zur Verfügung.
- FRITZ!data: Datenübertragung per ISDN. Eine gute Eurofile-Transfer-Lösung.
- FRITZ!vox: Anrufbeantworter für den PC. Der digitale Telefonbuttler.
- FRITZ!com: Zugriff auf ISDN-Mailboxen.
- FRITZ!btx: Der ISDN-Decoder für T-Online. Da sind Sie mit dem Orignal vom rosa Riesen aber besser gestellt.

Die Installation ist problemlos. In ihrem Verlauf können bereits die wichtigsten Konfigurationsangaben gemacht werden. Diese können natürlich auch modulweise jederzeit abgeändert werden. Die Benutzerführung ist für alle Programme einheitlich gestaltet. Besonders der Dateitransfer (FRITZ!data) weiß zu überzeugen.

So holen Sie FRITZ! auf Ihren Rechner

1. Um FRITZ! zu installieren, öffnen Sie die Systemsteuerung und doppelklicken auf *Software*. Klicken Sie auf der Registerkarte *Installieren/Deinstallieren* auf die Schaltfläche *Installieren*. Legen Sie die erste Installationsdiskette (FRITZ!, Installation, Disk 1) in das Laufwerk ein und klicken Sie auf *Weiter*. Bestätigen Sie die von Windows vorgegebene Befehlszeile für das Installationsprogramm mit der Schaltfläche *Fertigstellen*.

2. Bestätigen Sie den Begrüßungsbildschirm mit *Weiter*.

③ Ändern Sie ggf. das Installationsverzeichnis für die Software und klicken Sie auf *Weiter*.

④ Geben Sie nun eine Programmgruppe für die neue Software an. Am besten übernehmen Sie den Vorschlag des Installationsprogramms.

⑤ Sie haben grundsätzlich die Möglichkeit, FRITZ! auf zwei verschiedene Arten zu installieren:

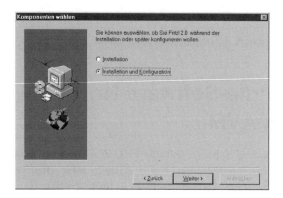

- *Installation*: Hierbei werden die einzelnen Module von FRITZ! in das angegebene Verzeichnis kopiert. Alle Konfigurationsparameter (z. B. Ihre Zugangsdaten für Btx oder Ihre Faxnummer) müssen Sie dann nachträglich über die einzelnen Module eingeben.

- *Installation mit Konfiguration*: Bei dieser Installationsvariante können Sie die einzelnen Programme (wie z. B. FRITZ!fax) schon bei der Installation auf Ihrem Rechner konfigurieren. Sie können z. B. angeben, welche Ihrer ISDN-Rufnummer für das Faxprogramm verwendet werden soll, oder Sie können weitere Angaben über die von Ihnen verwendeten Dienste machen.

- Entscheiden Sie sich am besten für die Installation mit gleichzeitiger Konfiguration. Damit erledigen Sie alles in einem Gang.

⑥ Sollten Sie Ihre ISDN-Karte über eine Nebenstellenanlage betreiben und an dieser noch keine automatische Amtsholung eingestellt haben, müssen Sie an dieser Stelle die Ziffer für die Amtsholung eingeben, damit die von FRITZ!32 durchgeführten Wahlvorgänge problemlos ablaufen.

Ist Ihre Karte direkt an den NTBA angeschlossen, oder wird die Amtsholung von der TK-Anlage automatisch realisiert, ignorieren Sie diese Meldung einfach und klicken auf *Weiter*.

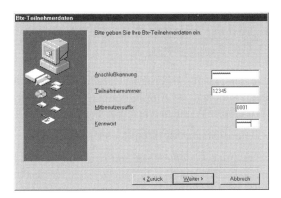

⑦ Als nächstes werden Sie aufgefordert, Ihre Btx-Teilnehmerdaten einzugeben, damit FRITZ!btx sie verwenden kann. Diese Mühe können Sie sich aber auch sparen, den der direkte Zugriffe auf T-Online über den T-Online-Decoder ist da wesentlich komfortabler. Klicken Sie auf *Weiter*, um mit der Konfiguration fortzufahren.

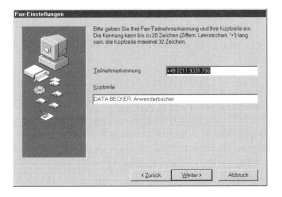

⑧ An dieser Stelle können Sie veranlassen, daß auf Faxen, die von Ihnen mit FRITZ!fax versendet werden, Ihre Fax-Teilnehmerkennung (die Nummer Ihres Faxes) und eine von Ihnen frei formulierbare Kopfzeile erscheinen. Füllen Sie diese Zeilen aus und klicken Sie auf *Weiter*.

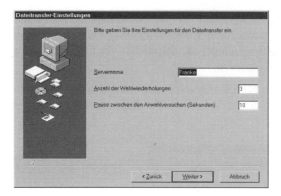

⑨ Schließlich konfigurieren Sie den Datentransfer mit FRITZ!data. Geben Sie zunächst einen Servernamen ein. Legen Sie dann die Anzahl der Wiederholungsversuche und die Dauer der Pause zwischen diesen Versuchen fest. Klicken Sie dann auf *Weiter*.

⑩ Daraufhin werden die Installationsdateien auf Ihren Rechner übertragen.

⑪ Nun haben Sie die Möglichkeit, eine *Readme*-Datei mit weiteren Informationen zum installierten Programm zu erhalten. Wenn Sie dies nicht möchten, deaktivieren Sie das Kontrollkästchen und klicken auf *Weiter*.

Die Informationsdatei finden Sie unter dem Namen *Readme.doc* jederzeit im Verzeichnis, in dem Sie FRITZ!32 installiert haben.

⑫ Bestätigen Sie die abschließende Meldung mit *OK* (als 32-Bit-Programm wird nur die 2.0-Version der CAPI unterstützt).

⑬ In der Programmgruppe *Fritz!* sehen Sie die neuen FRITZ!32-Funktionen inklusive der bereits angesprochenen Informationsdatei. Über das *Start*-Menü können Sie die Programme aufrufen. Was es mit diesen im einzelnen auf sich hat, wird im folgenden Kapitel erklärt.

Einige Worte zur ISDN-Dienstekennung

Neben den schon ausgiebig behandelten Vorteilen von ISDN, unterscheidet sich ISDN gegenüber dem analogen Telefonnetz zusätzlich durch die sogenannte Dienstekennung. Mit einem ISDN-Standard- oder -Komfortanschluß erhalten Sie von der Telekom drei Rufnummern zugewiesen (falls Sie nicht noch mehr beantragen). Wenn Sie aber eine Vielzahl von Geräten verwenden wollen, können die Nummern schnell knapp werden. Eine MSN ist meist von einem Faxgerät belegt. Bleiben also noch zwei Nummern.

Eine Möglichkeit, das meiste aus den Ihnen zugeteilten Nummern herauszuholen, besteht darin, die Funktion der Dienstekennung auszunutzen. So können Sie eine Rufnummer an zwei Endgeräte verteilen, die auf unterschiedliche Dienstekennungen reagieren, z. B. Datenübertragung und Telefonanruf. Mit jedem Anruf aus dem ISDN geht über den D-Kanal eine Mitteilung ein, um welche Kommunikationsart (um welchen Dienst) es sich bei dem eingehenden Anruf handelt. Bei einer doppelt vergebenen Rufnummer antwortet nur das Endgerät, das für diesen Dienst zuständig ist. Bei einem Datenanruf würde also eine ISDN-Karte reagieren. Ein mit der gleichen Rufnummer ausgestattetes Telefon würde sich aufgrund der Dienstekennung nicht angesprochen fühlen und folglich stumm bleiben. Wenn beide Endgeräte für einen Anruf zuständig sind, wird das schnellere den Anruf annehmen.

FAQ Ist die ISDN-Karte das ISDN-Endgerät?

Nein, nicht die ISDN-Karte, sondern die ISDN-Software (FRITZ!fax, FRITZ!data, ...) stellt das ISDN-Endgerät dar. Möchten Sie also beispielsweise mit der FRITZ!Card Faxe und Daten empfangen, brauchen Sie FRITZ!fax und FRITZ!data keine verschiedenen MSNs zuweisen. Bei der Verwendung der FRITZ!Card als Fax- und Anrufbeantwortermodul (FRITZ!fax und FRITZ!vox) müssen Sie diesen beiden Anwendungen dagegen unterschiedliche MSNs zuweisen, da beide dieselbe Dienstekennung (Sprache) verwenden. Bei jeder FRITZ!-Software können Sie über den Menüpunkt *Einstellungen* die Konfiguration der MSNs vornehmen.

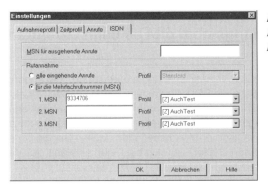

Hier stellen Sie bei FRITZ!vox die MSNs ein

FRITZ!data – Kinderleichter Dateitransfer

Das Programm FRITZ!data ermöglicht Ihnen den schnellen und komfortablen Datenaustausch mit einem anderen Rechner, der natürlich ebenfalls über einen ISDN-Anschluß verfügen und ein entsprechendes Programm gestartet haben muß.

FAQ Muß mein Verbindungspartner ebenfalls über das Programm FRITZ!data verfügen?

Das kann natürlich nicht schaden, ist aber nicht zwingend notwendig. Die beiden Programme müssen sich lediglich über das zu verwendende Protokoll (siehe unten) einigen.

Starten Sie das Programm, sehen Sie zunächst im linken Fenster den Inhalt Ihrer lokalen Festplatte. Das rechte Fenster präsentiert das FRITZ!-Logo. Erst nachdem eine

Verbindung zu einem anderen Rechner aufgebaut wurde, erscheint in diesem rechten Teil die Anzeige der externen Dateien und Ordner.

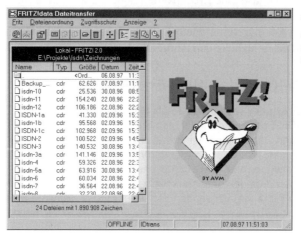

Hier könnten Sie wie gewohnt in einen gewünschten Ordner navigieren

Welche Übertragungsmodi gibt es beim Datentransfer eigentlich?

Beim Datentransfer gibt es immer zwei Seiten; die eine sendet, die andere empfängt. Dementsprechend gibt es in FRITZ!data zwei Betriebsmodi: Der aktive Modus ermöglicht es Ihnen, sich auf einem entfernten Rechner einzuwählen und von diesem Dateien zu übertragen oder auf ihm Verzeichnisse zu erzeugen, zu löschen usw. Wenn Sie sich im Server-Modus befinden, stellen Sie die Dateien auf Ihrem Rechner einem externen Nutzer, der sich bei Ihnen einwählt, zur Verfügung.

Wollen Sie das Laufwerk ändern, wählen Sie den Befehl *Laufwerk wechseln* im Kontextmenü des Dateifensters. Alternativ klicken Sie auf das entsprechende Symbol in der Symbolleiste oder drücken Sie die Taste F4.

Wählen Sie hier das gewünschte Laufwerk aus

Konfiguration

Bevor Sie FRITZ!data einsetzen, müssen Sie es konfigurieren. Wählen Sie dazu den Befehl *Fritz!/Einstellungen*. Interessant sind hier die Registerseiten *Fritz!data* und *Nebenstelle*. Auf der Registerseite *FRITZ!data* können Sie die Zeiteinstellung vornehmen, nach der die Verbindung abgebaut werden soll, wenn keine Datenübertragung mehr stattfindet. Starten Sie beispielsweise eine Datenübertragung, die einige Minuten dauern wird, und entfernen Sie sich von Ihrem Rechner (der Abwasch muß ja auch irgendwann mal gemacht werden), müssen Sie so nicht dauernd auf die Uhr gucken, um schnell wieder am Rechner zu sein, damit Sie die Verbindung manuell nach der Datenübertragung trennen können.

Hier stellen Sie unter anderem die Anzahl der Wahlwiederholungen ein

Befindet sich Ihre ISDN-PC-Karte an einer Nebenstelle, können Sie hier die Ziffer(n) für eine Amtsholung eingeben, falls Sie dies zuvor noch nicht getan haben.

Wichtig für den Nebenstellenbetrieb

Verbindungsaufbau zu einem anderen Rechner

Um zu einem externen Rechner eine Verbindung aufzubauen, drücken Sie die `F2`-Taste oder klicken auf die entsprechende Schaltfläche.

In dem daraufhin erscheinenden Fenster geben Sie die Rufnummer des externen Rechners, Ihre Benutzerkennung, Ihr Paßwort und das Übertragungsprotokoll an.

Verbindungsaufbaudialog

FAQ Wie melde ich mich bei meinem Verbindungspartner an?

Erlaubt Ihr Verbindungspartner den Zugang zu seinen Dateien nur über eine Benutzer-kennung und ein Paßwort, müssen Sie dieses natürlich zuvor erfragen. Andernfalls lassen Sie die beiden Felder einfach leer!

Die Übertragungsprotokolle IDTrans und Eurofile

Einigen Sie sich über das zu verwendende Übertragungsprotokoll mit Ihrem Verbindungspartner, die beiden Einstellungen müssen identisch sein, damit eine Datenübertragung funktionieren kann. Nur mit dem Übertragungsprotokoll IDTrans können Sie erweiterte Leistungsmerkmale, wie Kanalbündelung, Verzeichniswechsel und Datenkompression, nutzen. Die Oberfläche zur Datenübertragung unterscheidet sich bei den beiden Protokollen nicht! Beim IDTrans-Protokoll stehen Ihnen folgende Funktionen zur Verfügung, die beim Eurofile-Protokoll nicht möglich sind: Sie können externe Ordner und Dateien löschen, das externe Laufwerk wechseln und neue externe Ordner anlegen. Zudem ist der 2-Kanal-Datentransfer sowie die Datenkompression möglich.

FAQ Was hat es mit dem 2-Kanaltransfer auf sich?

Aktivieren Sie die Option *2-Kanaltransfer*, werden beide B-Kanäle Ihres ISDN-Anschlusses genutzt, die Datenübertragung kann also doppelt so schnell erfolgen. Bedenken Sie aber, daß somit auch doppelte Gebühren entstehen, da die Telekom nun für jeden Verbindungskanal Gebühren berechnet. Der Preis bleibt also gleich, nur die Dauer verringert sich!

Nun endlich wird gewählt

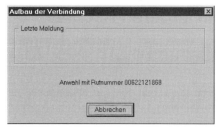

Die Verbindung wird aufgebaut

Ist die Verbindung aufgebaut, erscheint in der rechten Hälfte des Fensters ein Listenfeld mit dem Inhalt der vom Verbindungspartner freigegebenen Ordner.

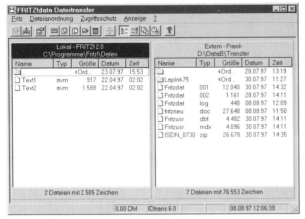

Oberfläche mit lokaler und externer Dateiansicht

FAQ   Welche Dateien stehen mir zur Verfügung?

Ihnen stehen nur die Ordner und Dateien zur Verfügung, die Ihr Verbindungspartner zuvor freigegeben hat. Anhand des Server-Modus wird dies gleich noch näher erläutert werden.

Sie sind nun in der Lage, externe Dateien auf Ihren Rechner zu kopieren. Markieren Sie dazu eine oder mehrere externe Dateien und wählen Sie anschließend im Kontextmenü des Dateifensters den Befehl *Bewegen*.

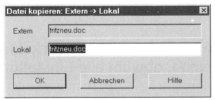

Eine Datei soll kopiert werden

Nach Wahl von *OK* wird der Kopiervorgang gestartet.

107

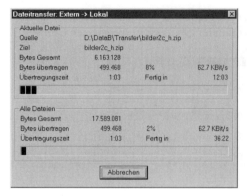

Eine Datei von mehreren wird kopiert

Sie erhalten hier laufende Informationen über den Kopiervorgang, beispielsweise wieviel Prozent der Datei schon übertragen wurden und wieviel Zeit der Vorgang insgesamt benötigen wird.

 Kann ich auch Dateien auf den Server kopieren?

Ja, das ist möglich. Markieren Sie dazu einfach die betreffenden Dateien auf Ihrem Rechner und bewegen Sie diese über den Befehl *Bewegen* des Kontextmenüs dann auf den Server.

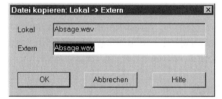

Diesmal kopieren Sie auf den Server

 Bei der Anwahl eines FRITZ!-Servers kommt keine ISDN-Verbindung zustande, obwohl alle Einstellung korrekt sind.

Möglicherweise hat Ihr Gegenüber einen Anrufmonitor parallel geöffnet. Das kann zu Problemen führen. Der Server sollte deshalb für den Verbindungsaufbau den Anrufmonitor deaktivieren.

 Der Versuch, eine Verbindung mit FRITZ!data aufzubauen, scheitert. Auf Server-Seite erscheint die Meldung, daß der Anruf von einer anderen Anwendung angenommen wurde.

Wahrscheinlich haben Sie im DFÜ-Netzwerk noch die Anrufannahme für die ISDN-Karte (d. h. ein virtuelles Modem) aktiviert. Schauen Sie im *DFÜ-Netzwerk* unter *Verbindungen/DFÜ-Server* nach und deaktivieren Sie die Anrufannahme.

Wohin werden die übertragenen Dateien kopiert?

In den Ordner, der im lokalen Ordnerlistenfeld sichtbar ist.

 Telefonkosten

Nach Beendigung sollten Sie nicht vergessen, die Verbindung auch wieder abzu-brechen.

FRITZ!data im Server-Modus

Möchte ein Verbindungspartner Daten von Ihrem Rechner herunterladen und sich dazu bei Ihnen einwählen, müssen Sie den Server-Modus aktivieren. Bevor Sie Ihren Computer in den Server-Modus schalten, müssen Sie eine evtl. noch bestehende Verbindung abbauen. Um den Server-Modus zu aktivieren, öffnen Sie das Menü *Fritz* und wählen Sie den Befehl *Server-Modus*. Alternativ können Sie auf das *Server*-Symbol in der Symbolleiste klicken.

So schützen Sie Ihre Daten

Damit der Benutzer, der sich auf Ihrem Rechner einwählt, keinen Zugang zu all Ihren Daten hat, können Sie Ihre Daten vor unberechtigtem Zugriff schützen. Dazu können Sie Ihren Gästen Benutzerkennung, Paßwort, bestimmte Zugriffsrechte sowie Zugriffszeiten zuweisen. Benutzer, die in dieser Zugriffsschutzdatenbank keine Zugangsberechtigung zugewiesen haben, erhalten keinen Zugriff auf Ihren Rechner. Um die Zugriffsschutzdatenbank zu öffnen, wählen Sie im Menü *Zugriffsschutz* die Funktion *Bearbeiten*.

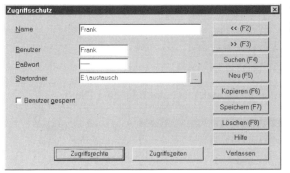

Vergeben Sie Zugangsberechtigungen

Hier können Sie verschiedenen Benutzern Benutzerkennungen und Paßwörter zuordnen. Mit *Neu* löschen Sie die Inhalte der Eingabefelder zur Neueingabe; haben Sie die Angaben gemacht, fügen Sie den Eintrag über *Anfügen* der Datenbank hinzu. Mit den Schaltflächen << und >> blättern Sie zwischen den einzelnen Datensätzen. Über *Suchen* wird Ihnen eine Liste aller Einträge angeboten.

Überblick über alle autorisierten Benutzer

Neben der Festlegung dieser Benutzerangaben ist ferner die Zuteilung eines Startordners immens wichtig und unerläßlich. Mit diesem Ordner legen Sie fest, auf welche Daten der Benutzer zugreifen darf. Der Name Startordner signalisiert schon, daß es sich bei dem angegebenen Ordner um den übergeordneten Ordner handelt. Alle weiteren Unterordner sind damit für den Benutzer ebenfalls frei zugänglich. Den Startordner legen Sie leicht über die Schaltfläche neben dem betreffenden Eingabefeld fest.

Wählen Sie hier den gewünschten Startordner aus

Haben Sie den Startordner festgelegt, erscheint folgender Dialog.

Standardmäßig sind keine Rechte vergeben

Sie können für den Startordner festlegen, ob der Benutzer Dateien nur lesen, also herunterladen, darf oder ob er zusätzlich auch berechtigt ist, Dateien auf Ihren Rechner zu kopieren und Ordner zu erstellen und auch zu löschen. Wählen Sie dazu die Schaltfläche *Zugriffsrechte*.

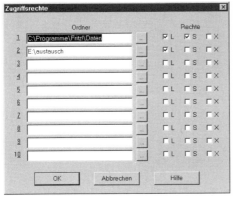

Legen Sie fest, ob der Benutzer lesen oder auch schreiben darf

Dieser Dialog bietet Ihnen ferner die Möglichkeit, weitere Ordner anzugeben, auf die der Benutzer zugreifen kann. Haken Sie beimem Ordner das Kästchen *L* ab, erhält der Benutzer nur Leserechte, bei Aktivierung des Kästchens *S*, darf dieser auch Dateien auf Ihren Rechner kopieren. Bei Auswahl des Kästchens *X* hat der Benutzer die Möglichkeit, innerhalb des Startordners (das ist Ihr Ordner auf Ihrer Festplatte!!) Ordner zu erstellen oder auch zu löschen.

Was sind denn hier sinnvolle Einstellungen?

Beschränken Sie die Rechte eines Benutzers besser nur auf die Möglichkeiten, daß dieser Dateien von Ihrem und auf seinen Rechner kopieren kann.

Den Zugang zu Ihrem Rechner können Sie außerdem über die Schaltfläche *Zugriffszeiten* zeitlich regeln.

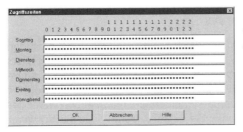

Vergeben Sie für jede Stunde der Woche Ihren individuellen Anrufbeantworterspruch

Hier können Sie für jede Stunde der Woche den Zugriff verwehren. Markieren Sie dazu die Sternchen der gewünschten Stunden und drücken Sie dann die (Leertaste). Standardmäßig sind keine Zeiten ausgeschlossen, also alle Sternchen vorhanden.

Nun kann es endlich losgehen. Nachdem Sie FRITZ!data in den Server-Modus geschaltet haben, präsentiert sich Ihnen die folgende Oberfläche.

Warten auf einen Anruf ...

Das Programm erwartet nun den Anruf der Gegenseite. In der angezeigten Liste erhalten Sie Informationen über alle ausgeführten Aktionen, beispielsweise ob ein Anruf erfolgt. Lädt ein angemeldeter Benutzer Datei(en) von Ihrem Rechner herunter, sehen Sie auch dies.

Da hat sich jemand bei Ihnen eingewählt

Tip ▪ Ein Hintergrund-Server

FRITZ!data kann im Server-Modus auch im Hintergrund betrieben werden. Wollen Sie es jemanden ermöglichen, sich zu einer beliebigen Zeit auf Ihren Rechner einzuwählen und die von Ihnen freigegebenen Daten herunterzuladen, stellen Sie FRITZ!data einfach in den Server-Modus und verkleinern Sie das Fenster auf Symbolgröße. In der Task-Leiste werden Ihnen zudem Informationen über den Verbindungsstatus angezeigt. So können Sie zwischendurch ruhig mal schwimmen oder einkaufen gehen und müssen nicht die ganze Zeit aufpassen.

Das Faxmodul FRITZ!fax

Mit FRITZ!fax können Sie aus einer Textverarbeitung oder einer anderen Anwendung heraus Faxe verschicken. Das Modul wird auf Ihrem Rechner wie ein zusätzlicher Drucker behandelt. Über die Druck-Funktion Ihrer Textverarbeitung können Sie FRITZ! als Drucker auswählen. Innerhalb einer Druckerauswahl wählen Sie dazu *Fritzfax Drucker* aus.

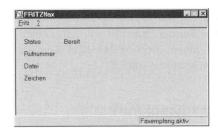

Eine unspektakuläre Oberfläche für das Faxprogramm

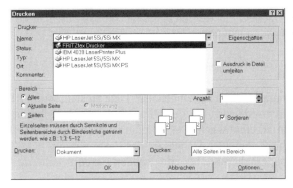

Der FRITZ!fax-Drucker im Druckerauswahldialog

FAQ   Wie spreche ich den FRITZ!fax-Drucker an?

Damit Faxe verschickt oder empfangen werden können, muß FRITZ!fax vorher gestartet werden.

Konfiguration

Bevor Sie die Fax-Funktion einsetzen, müssen Sie noch einige Angaben machen. Rufen Sie dazu im Menü *Fritz* die Funktion *Einstellungen* auf.

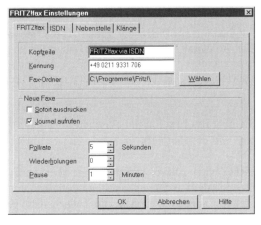

Sorgen Sie dafür, daß eingehende Faxe automatisch angezeigt werden

Hier empfiehlt es sich die Markierung von *Journal aufrufen* zu aktivieren, damit eingehende Faxe direkt per angezeigtem Journal gemeldet werden. Ferner können Sie hier das Faxprogramm konfigurieren, indem Sie Angaben über Kopfzeile und Kennung, die auf jedem versendeten Fax erscheinen, treffen.

Wie wird mein PC zur Faxmaschine?

Wollen Sie alle eingehenden Faxe schwarz auf weiß vor sich haben, aktivieren Sie *Sofort ausdrucken*. In diesem Fall werden eingehende Faxe automatisch auf den angeschlossenen Drucker ausgegeben.

Faxe empfangen

Um in Hintergrund empfangsbereit für eingehende Faxe zu sein, muß FRITZ!fax gestartet sein. Am besten verkleinern Sie das Dialogfeld auf Symbolgröße. Die Faxe werden so im Hintergrund empfangen. Der Empfang einer neuen Faxnachricht wird Ihnen auf dem Bildschirm gemeldet. Haben Sie das Faxprogramm in voller Fenstergröße auf dem Desktop, erhalten Sie bei eingehenden Faxen detaillierte Informationen.

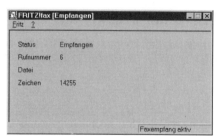

Ein Fax wird empfangen

Hat mein Prozessor genug Power?

Bei passiven ISDN-Karten übernimmt der Prozessor Ihres PCs die Rechenleistung, auch zum Faxtransfer. Ab einem 486/66-Prozessor haben Sie keine Probleme, Faxe mit 9.600 Bit/s problemlos zu übertragen. Zur Steigerung der Übertragungsrate auf 14.400 Bit/s sollten Sie schon über mindestens einen P120-Prozessor verfügen.

Empfangene Faxe können Sie über das Fax-Journal einsehen (manuell rufen Sie dies über den Menübefehl *Fritz/Journal abrufen auf*).

Mit Hilfe des Programms FRITZ!view (dieses aktivieren Sie über die Funktion *Anzeigen* im Fax-Journal) können Sie die Faxdateien bearbeiten. Sie können Seiten drehen, sie in der Originaldarstellung anzeigen, Text in die Zwischenablage von Windows kopieren, die Faxe ausdrucken, als Dateien abspeichern, Faxe erneut versenden oder weiterleiten.

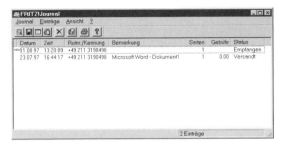

Im Journal erhalten Sie alle Informationen zu ein- und ausgehenden Faxen

Faxe versenden

Haben Sie Ihr Dokument z. B. im Textverarbeitungsprogramm erstellt, wählen Sie nach Aktivierung des Druck-Befehls *FRITZ!fax* als Drucker aus.

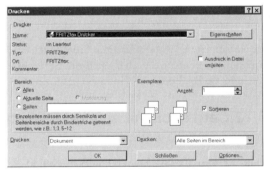

Auswahl des Fax-Druckers

Nach dem Druckbefehl erscheint ein Fenster, in dem Sie die Rufnummer des Empfängers manuell eintragen oder aus dem Adreßbuch auswählen können.

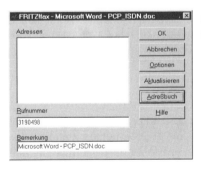

Die Angabe der Rufnummer ist natürlich notwendig

Über die Schaltfläche *Optionen* können Sie veranlassen, daß das Fax zu einem späteren (günstigeren) Zeitpunkt abgesendet wird.

*Nachts ist es vielleicht ein
bißchen billiger*

Das gesendete Fax erscheint im Druckerfenster wie ein ausgedrucktes Dokument.

*Hier haben Sie einen
Überblick über den Status
des Faxauftrags*

Sie können auch Serienfaxe verschicken. Dazu markieren Sie einfach mehrere Empfänger. Um Serienfaxe zu erstellen, können Sie aber auch die Serienbrief-Funktion des Textverarbeitungsprogramms (z. B. Word für Windows) benutzen.

 Kann ich die FRITZ!Card auch mit anderer Faxsoftware benutzen?

Ja, wenn die entsprechende Software für den Betrieb mit ISDN-Karten geeignet ist.

 Wie kann ich Faxe bei ausgeschaltetem PC empfangen?

Sie benötigen zusätzliche eine Hardware (Faxwächter), die zwischen Ihren PC und den ISDN-Anschluß geschaltet wird. Bei einem eingehenden Anruf kann dann Ihr PC eingeschaltet werden. Zu diesem Zweck muß das Faxprogramm natürlich automatisch gestartet werden (Autostart-Gruppe bei Windows 95).

Das Terminalprogramm FRITZ!com

Mit FRITZ!com steht Ihnen im Rahmen des FRITZ!-Bundles ein Terminalprogramm zur Verfügung, mit dem Sie z. B. auf eine ISDN-Mailbox zugreifen können, aber auch mit einem Gegenüber, der ebenfalls über ein ISDN-Terminalprogramm verfügt, kommunizieren können!

 Verständigungsprobleme

Bevor Sie mit FRITZ!com eine Verbindung zu einer ISDN-Mailbox aufbauen, informieren Sie sich über die von der Mailbox verwendeten Protokolle und B-Kanal-Setups. Die meisten ISDN-Mailboxen arbeiten mit dem X.75-Protokoll, einige mit V.110. Für beide Protokolle gibt es in FRITZ!com voreingestellte Konfigurationen.

Konfiguration von FRITZ!com

① Auch FRITZ!com muß vor dem Einsatz konfiguriert werden. Starten Sie das Programm und rufen Sie im Menü *Terminal* den Befehl *Einstellungen* auf.

Über die einzelnen Register nehmen Sie die Einstellungen für FRITZ!com vor.

② *Verbindung*: Hier geben Sie die Rufnummer sowie den Wunsch nach Wahlwiederholung bei besetzter Leitung ein. Zudem können Sie die hier die maximale Dauer einer Verbindung festlegen.

③ *ISDN-B-Kanal*: Über diese Registerkarte wählen Sie das grundsätzlich zu verwendende B-Kanal-Protokoll aus. Dieses können Sie später für die einzelnen Verbindungen noch anpassen. Das B-Kanal-Setup können Sie entweder bei der Anwahl manuell auswählen oder über das Adreßbuch fest mit einem Adressaten verbinden.

④ *Dateitransfer*: Hier legen Sie das Transfer-Protokoll für die Datenübertragung fest –
zur Auswahl stehen *Xmodem*, *Xmodem 1k* und *Zmodem*. Außerdem können Sie hier
Ihr Download-Verzeichnis festlegen

Des weiteren können Sie das Programm für den Betrieb an einer Nebenstelle konfigurieren und die Art der Cursorsteuerung festlegen..

Verbindungsaufbau

Um mit FRITZ!com Verbindungen zu einer Mailbox aufzubauen, drücken Sie die
F2-Taste oder klicken auf das entsprechende Symbol in der Symbolleiste.

*Die Angabe der Rufnummer ist
wieder einmal unumgänglich*

In dem erscheinenden Anwahlfenster tragen Sie die Rufnummer der Gegenstelle und
das geeignete B-Kanal-Setup ein. Über die Schaltfläche *Adressen* können Sie auch
einen Eintrag aus dem Adreßbuch auswählen.

Per Adreßbuch geht es schneller

Während die Verbindung zur Mailbox besteht, stehen Ihnen unter anderem folgende Funktionen zur Verfügung. Diese werden über Symbole und/oder Menüeinträge aufgerufen. Auf diese Weise können Sie Dateien an den Verbindungspartner versenden bzw. Dateien von diesem empfangen. Sie haben auch die Möglichkeit, in den sog. Chat-Modus zu wechseln. Dann können Sie sich am Bildschirm mit Ihrem Gegenüber unterhalten. Die Tastatureingaben werden jeweils in separaten Dialogfenster eingeblendet. Zudem stehen Funktionen zum Protokollieren einer Verbindung (Sitzung mitschneiden) und zum Kopieren von Bildschirminhalten in die Zwischenablage zur Verfügung.

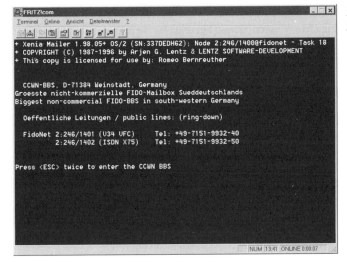

Die Verbindung zur Mailbox ist hergestellt

Das Anrufbeantworterprogramm FRITZ!vox

Mit Hilfe dieses Programms haben Sie die Möglichkeit aus Ihrem PC einen leistungsstarken und komfortablen Antwortbeantworter zu machen. Sie können beispielsweise Anrufe mit vom Wochentag und/oder der Uhrzeit abhängigen Anrufbeantwortertexten empfangen und diese Nachrichten an ein ISDN-Telefon weiterleiten und einiges mehr.

Bei diesem Programm nehmen die Einstellungen eine wichtige Rolle ein. Öffnen Sie *Einstellungen* über den Menübefehl *Vox/Einstellungen*.

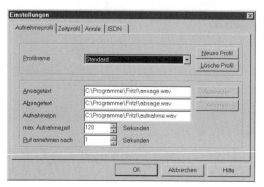

Festlegung der
Anrufbeantwortertexte

Hier legen Sie die Anrufbeantwortertexte fest. Standardmäßig sind drei Wave-Dateien zu diesem Zweck vorhanden. Damit Sie in diese Dateien mal kurz reinhören können, klicken Sie mit der Maus in das entsprechende Eingabefeld und wählen dann die Schaltfläche *Anhören*. Mit Hilfe der Schaltfläche *Auswählen* ordnen Sie neue Wave-Dateien zu. Eine Kombination von Ansage-, Absagetext, Aufnahmeton, Angabe der maximalen Aufnahmezeit und der Angabe der Anzahl an Klingelzeichen vor dem Abnehmen wird Aufnahmeprofil genannt! Die Zuordnung von verschiedenen An- oder Absagetexten macht vor allem hinsichtlich unterschiedlicher Aufnahmeprofile Sinn. Sie können somit beispielsweise ein geschäftliches oder auch ein privates Aufnahmeprofil mit verschiedenen Ansagetexten aber auch Wartezeichen erstellen.

Achtung   Benutzen Sie das richtige Format

Wave-Dateien, die als Ansagetexte abgespielt werden sollen, müssen im Format 11 kHz, mono, 8 Bit vorliegen. Erzeugen Sie also Ihre eigenen Ansagetexte beispielsweise mit dem Audiorecorder von Windows 95, müssen Sie das Format *Telefonqualität* einstellen, das genau diese Einstellungen beinhaltet!

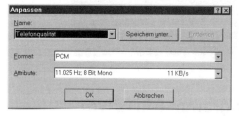

Formateinstellungen beim
Audiorecorder von Windows 95

Wählen Sie *Neues Profil*, können Sie eine neue Kombination an An- und Absagetexten erstellen.

Wählen Sie anschließend Wave-Dateien für die An- und Absagetexte aus. Hier wird ein Aufnahmeprofil übrigens sinnigerweise als Ansageprofil bezeichnet.

Jedes Ansageprofil benötigt einen Namen

Zeitgesteuerte Anrufannahme

Aufnahmeprofile sind für die zeitgesteuerte Regelung verschiedener Ansagetexte Ihres Anrufbeantworters von großem Nutzen. Vielleicht möchten Sie Samstag nachmittags einen anderen Ansagetext erschallen lassen als Montag morgens? Wählen Sie dazu die Registerseite *Zeitprofil* und erstellen Sie ein neues Profil oder bearbeiten Sie das bestehende.

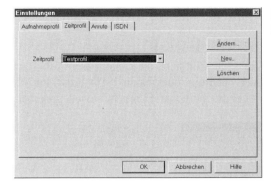

Die Verwaltung von Zeitprofilen

Wählen Sie nun *Ändern*

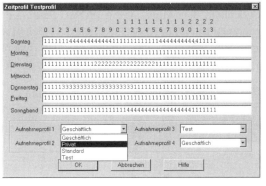

Hier legen Sie ein Zeitprofil fest

Hier können Sie nun vier Aufnahmeprofilen entsprechende zuvor erstellte Aufnahmeprofile aus der Liste der verfügbaren zuordnen. Die Ziffern 1 bis 4 in der obigen Tabelle repräsentieren das betreffende Aufnahmeprofil. Wollen Sie beispielsweise, daß Sonntag zwischen 8 und 14 Uhr der Spruch „Hallo Mutter, ruf doch bitte gegen 16 Uhr an, wenn ich wach bin!" ertönt, markieren Sie dazu in der obersten Zeile die

Ziffern zwischen 8 und 14 und tippen dann „3", falls sich der besagte Spruch im Aufnahmeprofil 3 befindet.

Eingegangene Anrufe

Eingegangene Anrufe werden als Listeneintrag angezeigt.

Jeder eingehende Anruf wird in die Liste aufgenommen

Hier erkennen Sie neben Datum und Zeit auch die Dauer des Anrufs sowie die Rufnummer (falls der Teilnehmer ebenfalls über einen ISDN-Anschluß verfügt). Per Doppelklick wird der Anruf über die Soundkarte Ihres PCs wiedergegeben.

Der eingehende Anruf wird über die Soundkarte ausgegeben

Alternativ besteht die Möglichkeit, den Anruf an ein ISDN-Telefon weiterzuleiten und die Nachricht dort wiederzugeben. Dazu müssen Sie auf der Registerseite *Anrufe* die Option *Telefon mit Rufnr.* aktivieren und die Nummer des betreffenden Apparats eingeben.

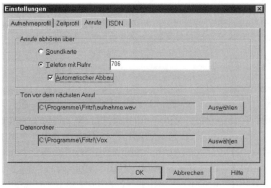

Wollen Sie die Anrufe lieber direkt per Telefon abhören?

Nun baut FRITZ!vox bei eingegangene Anrufen und deren Aktivierung die Verbindung zur angegebenen Rufnummer auf und spielt die Anrufe ab. Wenn Sie hier nur die interne Rufnummer des Apparats eintragen, entstehen an einer Nebenstellenanlage keine Gebühren. Am Basisanschluß fallen jedoch Gebühren an, wenn eine Verbindung von einer MSN des Anschlusses zu einer anderen aufgebaut wird. Um die Verbindung nach dem Abspielen aller Nachrichten sofort wieder abzubauen, aktivieren Sie *Automatischer Abbau*.

5.3 Typische Bundle-Software Nr. 2 – OnlinePowerPack

Mit TELES.ONLINE wird die ISDN-Karte von einem typischen ISDN-Bundle begleitet. Das Kommunikationspaket enthält alle Anwendungen, die Sie für den Einstieg in die ISDN-DFÜ benötigen.

Der Funktionsumfang

Der Funktionsumfang des PowerPack ist äußerst üppig. Das wären zum einen die klassischen ISDN-Kommunikationsprogramme für File-Transfer, Anrufbeantworter, Faxen sowie Btx- und CompuServe-Zugang. Dazu stehen noch einige interessante Multimedia-Anwendungen zur Verfügung. Im einzelnen hat das PowerPack die folgenden Module zu bieten:

- TELES.FIX, ein Programm zum Versenden von Dateien nach dem Eurofile-Transfer-Standard. Damit nutzen Sie die volle ISDN-Geschwindigkeit von 64.000 Bit/s aus. Durch Kanalbündelung kann diese Übertragungsrate sogar noch verdoppelt werden. Und wenn das immer noch nicht reicht, steht eine Datenkompression nach V.42bis zur Verfügung. Der Zugriffsschutz kann über eine Paßwort geregelt werden.
- TELES.FAX zum Versenden und Empfangen von Faxen der Gruppe 3. Der Faxtreiber wird als zusätzlicher Drucker in Ihre Windows-Anwendungen integriert. Über die Funktion QuickFax können Sie zudem kurze Dokumente (nicht mehr als eine Seite lang) direkt aus dem Faxprogramm heraus versenden. Des weiteren wird das Fax-Polling unterstützt (einfach die entsprechende Schaltfläche im Fax-Fenster anklicken und Telefonnummer eingeben).
- TELES.WinBTX, nomen est omen, ein Btx-Decoder für ISDN. Mit dem T-Online-Decoder werden Sie aber wahrscheinlich glücklicher werden.
- TELES.PAGER: Über den Pager können Sie frei formulierbare Nachrichten an SMS-Systeme (Textnachrichten an Funktelefone) versenden.
- TELES.MCC: Das Multimedia Control Center vereinigt Ton-, Bild- und Datenübertragung in einer Applikation. MCC stellt eine Wahlhilfe mit Notiz-Funktion und einen Anrufbeantworter zur Verfügung. Gleichzeitig bildet das MCC die

Grundlage für Videokonferenzen nach H.320, für das noch weitere Komponenten notwenig sind. Zum Thema Videokonferenzen sind auch das Modul TELES.VISION-Starter und TELES.WYSIWIS, ein Programm zum Application Sharing zu erwähnen.

- TELES.ISDN-Geräte-Manager: Wenn Sie mit weiterer Hardware von TELES arbeiten (z. B. mit TELES.FON oder einer Nebenstellenanlage), können Sie all diese Geräte mit dem Geräte-Manager verwalten.

- TELES-Sekretär: Ein Sekretär, der Ihnen in Ihrer Abwesenheit den Empfang von Anrufen, Faxen und E-Mails abnimmt und diese auch weiterleiten kann. Die E-Mails können Sie sich übrigens ebenso wie die Nachrichten auf dem Anrufbeantworter über Fernabfrage am Telefon von TELES-Sekretär vorlesen lassen.

Installation von TELES.OnlinePowerPack

Um die Bundle-Software zu installieren, gehen Sie wie folgt vor:

① Legen Sie die CD-ROM ein und starten Sie das Setup-Programm durch einen Doppelklick auf die Datei *Cdinstall.exe*.

② Bestätigen Sie den Begrüßungsbildschirm und die Lizenbestimmungen (Lizenzvertrag abschließen) und fahren Sie mit der Installation fort.

③ Geben Sie zunächst die Lizenzdaten ein. Klicken Sie auf *Hinzufügen* und auf *Weiter*.

④ Die Programmdaten werden nun auf Ihren Rechner kopiert. Das nimmt einige Zeit in Anspruch.

⑤ Starten Sie abschließend Ihren Rechner neu.

⑥ Nach dem Neustart werden Sie gefragt, ob Sie die Karten-Treiber installieren wollen. Sehr wahrscheinlich haben Sie dies bereits getan. Klicken Sie dann auf *Nein*. Wenn Sie mit *Ja* bestätigen, wird die Treiberinstallation gestartet.

Grundlegenden Module – ISDN-Einstellungen, Journal und Telefonbuch

Die ISDN-Einstellungen, das Journal und das Telefonbuch sind zentrale Module, die für alle TELES-Bundle-Programme eingesetzt werden können. Deshalb sollten Sie sich diese Funktionen vor Verwendung der Kommunikationsprogramme einmal genauer anschauen.

ISDN-Einstellungen

Den Befehl *ISDN-Einstellungen* finden Sie im Menü *Einstellung* der Anwendungen *FIX* und *FAX*.

Grundeinstellungen für
TELES-Programme

Hier können Sie einige grundsätzliche ISDN-Einstellungen vornehmen.

Das Feld *Amtsholung* brauchen Sie nur auszufüllen, wenn Sie Ihren PC über eine Nebenstellenanlage an ISDN angeschlossen haben, und auch dann nur, wenn bei der Nebenstellenanlage keine automatische Amtsholung eingestellt ist.

Die *eigene Vorwahl* ist, sofern Sie sie bei der Installation der Software für den Rückruftest angegeben haben, bereits eingetragen. Wenn nicht holen Sie dies (ohne die einleitende Null) nach. Bei Anrufen innerhalb des Ortsbereichs wird die Vorwahl vom Programm ignoriert. Sie können Adressen so der Vollständigkeit halber ohne Probleme mitsamt der Vorwahl eingeben, auch wenn diese mit der Ihrigen identisch ist. So bleibt das Telefonbuch auch bei einem Ortswechsel intakt.

Des weiteren finden Sie die Einheitengebühren (0,12 DM). Die Gebühreninformationen werden später in der Statuszeile am unteren Bildschirmrand angezeigt.

Im unteren Bereich, der die PowerPack-Anwendungen auflistet, können Sie bestimmen, ob das jeweilige Programme Anrufe (Dateiübertragungen oder Faxe) annehmen soll. Das läuft über die Schaltfläche *Ja/Nein*. Dazu müssen Sie die Rufnummer(n) angeben, auf die das Programm reagieren soll. Doppelklicken Sie dazu auf die gewünschte Anwendung. Sie können z. B. auch bei den Applikationen FIX und FAX die gleiche Rufnummer angeben, da die Dienstekennung von ISDN (siehe Seite 102/334) den Anruf an die zuständige Stelle (das zuständige Programm) automatisch weiterleitet.

Diese Grundeinstellungen sollten Sie vor Start der einzelnen Anwendungen vornehmen.

Das Journal

Die Programme zum Faxen, File-Transfer und zum Einsatz des PCs als Anrufbeantworter halten alle Übertragungen in einem gemeinsamen Journal, einer Art Logbuch, fest, das Sie in den Anwendungen über das Menü *Journal* aufrufen können. Daraufhin erschient das Dialogfeld *Online-Journal*. Die Anzeige umfaßt Rufnummer, Datum und Uhrzeit, Statusmeldungen sowie die angefallenen Gebühren. Die in dem Journal angezeigten Informationen können Sie abspeichern und später (z. B. zur Kostenrechnung) wiederverwenden. Um die Eintragungen dieses Logbuchs abzuspeichern, klicken Sie einfach auf die Schaltfläche *Speichern*. Wählen Sie dann einen Dateinamen für Ihr Journal und bestätigen Sie mit *OK*. Die Datei kann dann später in einem Textverarbeitungsprogramm weiterverarbeitet und z. B. ausgedruckt werden. Um das Journal zu schließen, klicken Sie auf die Schaltfläche *Zurück*.

Das Telefonbuch

Im elektronischen Telefonbuch können Sie die Namen und ISDN-Nummern Ihrer Kommunikationspartner speichern. Klicken Sie im Hauptdialog auf die Schaltfläche *Telefonbuch*, um sich den Inhalt des Telefonbuchs anzeigen zu lassen. Eine Suchhilfe erleichtert das Auffinden von Einträgen. Geben Sie einfach den Anfangsbuchstaben des gesuchten Namens ein. Der Markierungsbalken steht sofort auf dem ersten Eintrag, der mit diesem Buchstaben beginnt. Die Eingabe von neuen Telefonnummern erfolgt über das Dialogfeld *Telefonbuch*. In die Eingabefelder können Sie Angaben wie *Name*, *Firma*, *Ort*, *Rufnummer* und *Paßwort* eintragen. Klicken Sie auf *Eintragen*, um neue Daten aufzunehmen. Zu jedem Eintrag müssen mindestens der Name und die Rufnummer existieren. Über den Menüpunkt *Eintrag ändern* können Sie Einträge des Telefonbuchs bearbeiten. Die Schaltfläche *Entfernen* dient zum Löschen eines ganzen Eintrags.

5.4 PC-Anrufbeantworter mit allen Finessen – WinAnruf 2.0 Professionell

Neben kartenspezifischer Software befinden sich des weiteren spezielle, komfortablere Programmlösungen auf dem Markt. Das Programm WinAnruf ermöglicht es Ihnen, Ihren PC zum ISDN-Anrufbeantworter umzuwandeln. Den herkömmlichen Anrufbeantwortern ist diese Lösung, was Qualität und Leistungsfähigkeit angeht, weit überlegen. Die Aufzeichnung der Anrufe erfolgt digital, d. h., eine schlechte Aufnahmequalität mit Rauschen und Knistern ist passé. Sie haben das Gefühl, direkt mit dem Anrufer zu sprechen, so überzeugend ist die Qualität. Hinterlassene Nachrichten können Sie über die Soundkarte oder über ein ISDN-Telefon abhören.

Die Professional-Version, die bis zu zehn MSNs unterstützt, kostet 149 DM. Die nur eine MSN unterstützende Standardversion ist für 49 DM zu haben. Info: Volker Garske, +49-211-99920104.

Die wichtigsten Funktionen im Überblick

WinAnruf bietet eine Vielzahl von Funktionen, die teilweise wie die Leistungsmerkmale einer kleinen TK-Anlage anmuten. Im folgenden sollen einige kurz beschrieben werden. Ein konkretes Anwendungsbeispiel für die Software wird weiter
unten beschrieben. Für eine detaillierte Beschreibung der einzelnen Funktionen sei
auf die Programmdokumentation verwiesen.

Ansagen à la carte

WinAnruf erlaubt Ihnen, Ansagetexte so flexibel wie möglich zu gestalten. Konkret
heißt das, daß Sie bis zu zehn Rufnummern Ihres ISDN-Anschlusses verwenden und
für jede Rufnummer ein anderes Antwortverhalten programmieren können. Sie können das Programm so einstellen, daß zu unterschiedlichen Zeiten verschiedene Ansagen oder Klingelzeiten oder sogar verschiedene Rufweiterleitungen durchgeführt
werden. Es können bis zu 16 verschiedene Antwortverhalten für jede einzelne Rufnummer eingestellt werden.

Rufweiterleitung

WinAnruf kann ankommende Anrufe auf dem zweiten B-Kanal Ihres ISDN-
Anschlusses zu einem von Ihnen frei definierbaren Anschluß weiterleiten. Dadurch
sparen Sie zum Teil erheblich Kosten, denn diese Weiterleitung verursacht Ihnen lediglich die Kosten für eine normale Telefonverbindung, im Gegensatz zu den höheren Kosten, die eine von der Telekommunikationsgesellschaft weitergeleitete Verbindung kostet.

Anrufsignalisierung

WinAnruf sorgt dafür, daß Sie stets erreichbar sind. Wenn neue Nachrichten von einem Anrufer aufgesprochen werden, kann WinAnruf Sie anrufen und Ihnen die
Möglichkeit einer Fernabfrage bieten. Sie können sich aber auch eine Scall-
Nachricht schicken, einen Eurosignal-Empfänger anpiepen oder ein SMS-Nachricht
an Ihr Handy übermitteln lassen.

Fernabfrage und Fernkonfiguration

WinAnruf kann von jedem Telefon der Welt aus mit Hilfe von Signaltönen (DTMF-
Tönen) abgefragt werden. Jede hinterlassene Nachricht wird mit Datum- und Uhr-
zeitinformation abgespielt. Sie können sich zwischen den Nachrichten vor- und zu-
rückbewegen und gezielt einzelne Nachrichten löschen oder archivieren. Weiterhin
können Sie aus der Ferne den An- und Absagetext neu aufnehmen, die Klingelzeiten
und Aufnahmelänge einstellen und zusätzlich angeben, wie WinAnruf Ihnen aufgenommene Nachrichten signalisiert. Es ist sogar möglich, eine Rufweiterleitung aus
der Ferne zu konfigurieren. Dies bedeutet, daß Sie so die absolute Kontrolle über Ihren ISDN-Anschluß und eine maximale Erreichbarkeit erzielen können.

WinAnruf als Voice-Mailbox

WinAnruf bietet weiterhin eine einfache Voice-Mailbox. Benutzer dieser Mailbox können den Anrufbeantworter anrufen und wie bei der Fernabfrage eine spezielle Nummer eingeben. Sie können dann alle für sie hinterlegten Nachrichten abhören und selbst Nachrichten an andere Benutzer verschicken. Zusätzlich kann WinAnruf so konfiguriert werden, daß beim Ablegen einer Nachricht für einen Benutzer ein bestimmter Telefonanschluß angeklingelt wird, um diesem Benutzer anzuzeigen, daß Nachrichten für ihn bereitliegen.

Anruffilter – Hör mal, wer da anruft

Das ISDN überträgt die Rufnummer des Anrufers. Doch in den seltensten Fällen sieht man auf das Display seines Telefons, bevor man den Hörer abnimmt. WinAnruf kann beim Eintreffen eines Rufs mit einer bekannten Rufnummer eine spezielle akustische Signalisierung über die Soundkarte Ihres Computers ausgeben und diesen Anrufer sogar mit einer individuellen Ansage begrüßen. Sie wissen direkt, wer Sie anruft (z. B. Herr Meier ruft an). Sie können auch für einen speziellen Anrufer eine spezielle Rufweiterleitung einrichten. Zum Beispiel ist es so möglich, daß alle Anrufe durch den Anrufbeantworter bedient werden, nur Ihre Freunde werden zu Ihrem Urlaubsort weitergeleitet. Filter definieren Sie über das Menü *Einstellungen*, Befehl *Filter*.

Scheduler – Ihr persönlicher Weckservice

WinAnruf besitzt einen sog. Scheduler, mit dem Sie zeit- und bedienungsabhängig verschiedene Aktionen durchführen lassen können. Zum Beispiel können Sie morgens um sechs Uhr einen Telefonanschluß anrufen lassen und dorthin eine spezielle Ansage übermitteln oder Ihre Festplatte auf einen bestimmten Füllstand überprüfen lassen, und bei Erreichen dieses Levels wird automatisch ein Anklingelruf durchgeführt. Diese speziellen Funktionen werden als Jobs bezeichnet und entsprechend über das Programm *Jobs* in der Programmgruppe von WinAnruf eingerichtet.

Eingegangene Nachrichten exportieren

WinAnruf kann die eingegangenen Nachrichten in eine *wav*- bzw. *voc*-Datei exportieren und Ihnen so die Weiterverarbeitung der Nachrichten gestatten.

Ansageeditor

Was nützt so viel Technik, wenn Ihr Ansagetext (also Ihre Visitenkarte) schlecht gestaltet wurde? WinAnruf verfügt über ein Programm (Ansageeditor), mit dem Ansagedateien erstellt und sehr komfortabel überarbeitet werden können. Damit können Sie Textpassagen einer Ansage herausnehmen oder zusätzliche Informationen einspielen.

WinAnruf.Telefon

Bei Verwendung einer TELES-Karte können Sie WinAnruf auch als Wahlhilfe einsetzen und die Karte eine gewünschte Nummer anwählen lassen.

Journal

Alle WinAnruf-Aktivitäten werden mit Zeit- und Gebührenangaben in einer Art Logbuch festgehalten.

Die Installation –
So kriegen Sie den Anrufbeantworter in den PC

Die Programmdateien werden auf drei Installationsdisketten ausgeliefert. Das Installationsprogramm wird über die Datei *Setup.exe* aufgerufen. Stellen Sie zuvor die Lizenznummer der Software fest.

① Legen Sie dann die erste Diskette in das Diskettenlaufwerk ein, öffnen Sie das *Start*-Menü, klicken Sie auf *Ausführen* und geben Sie dann – in Abhängigkeit von der Laufwerkbezeichnung des Diskettenlaufwerks (hier A:) – „a:\setup" ein.

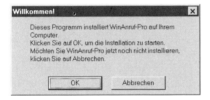

② Bestätigen Sie die Begrüßung mit *OK*.

③ Geben Sie als nächstes die Lizenznummer ein. Klicken Sie dann auf *OK*.

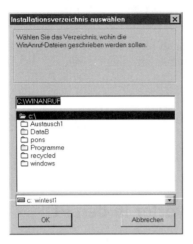

④ Wählen Sie als nächstes das Verzeichnis aus, in dem die Software installiert werden soll. Die Standardeinstellung ist *C:\Winanruf*. Bestätigen Sie Ihre Wahl mit *OK*.

⑤ Die Dateien der ersten Diskette werden dann in das zuvor angegebene Verzeichnis kopiert. Sie werden danach aufgefordert, die zweite und zum Abschluß die dritte Installationsdiskette einzulegen. Tun Sie dies und klicken Sie auf *OK*.

⑥ Das Ende der Installation wird Ihnen angezeigt.

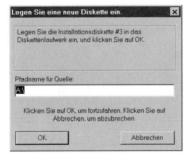

⑦ Bestätigen Sie die Meldung mit *OK*.

⑧ Auf Ihrem Rechner ist nun eine neue Programmgruppe mit der Bezeichnung WinAnruf Pro 2.0 eingerichtet worden.

⑨ Starten Sie abschließend Ihren Rechner neu.

WinAnruf konfigurieren

Bevor Sie WinAnruf einsetzen können, müssen Sie das Programm mit einigen grundsätzlichen Informationen versorgen. Dies tun Sie über das Programm WinAnruf-Setup, das Sie in der WinAnruf-Programmgruppe finden.

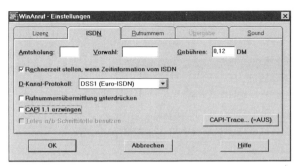

Grundlegende Einstellungen

Die Konfiguration besteht im Ausfüllen der dargestellten Registerkarten. Die Lizenzinformationen haben Sie bereits während der Installation eingegeben. Die ISDN-Einstellungen müssen Sie als erstes vornehmen. Im einzelnen bedeuten die Felder folgendes:

- *Amtsholung:* Falls Ihre ISDN-Karte an eine TK-Anlage angeschlossen ist und dort nicht die automatischen Amtsholung programmiert ist, müssen Sie hier die Zahl für die Amtsholung (meist 0) eingeben.
- *Vorwahl:* Geben Sie hier die Ortskennzahl Ihres Anschlusses ein.
- *Gebühren:* Zur Gebührenauswertung wird hier der Preis für eine Gebühreneinheit (0,12 DM) eingegeben.
- *Rechnerzeit stellen, wenn Zeitinformation vom ISDN:* Mit jeder Verbindung werden im ISDN auch Zeitinformationen übermittelt. Wenn Sie diese Option aktivieren, wird die interne Uhr Ihres Rechners nach diesen Zeitimpulsen gestellt.
- *D-Kanal-Protokoll:* Hier bestimmen Sie die Art Ihres ISDN-Anschlusses (Euro-ISDN oder nationales ISDN). Normalerweise ist dies immer Euro-ISDN!
- *Rufnummernübermittlung unterdrücken:* Wenn Sie diese Option wählen, wird bei jeder von WinAnruf aufgebauten Verbindung Ihre Rufnummer beim Zielteilnehmer nicht angezeigt. Dies setzt aber voraus, daß Sie das entsprechende Leistungsmerkmal bei der Telekom beantragt haben. Und das Ganze funktioniert auch nur mit CAPI 2.0.
- *CAPI 1.1 erzwingen:* Diese Funktion ist dann wichtig, wenn Sie einige Sonderfunktionen von WinAnruf nutzen wollen, die nur im Zusammenspiel mit der TELES-Karte erhältlich sind. Wenn Sie diese Funktion aktivieren, wird WinAnruf immer auf das CAPI 1.1 aufsetzen, unabhängig davon, ob – wie bei der dualen CAPI – auch eine CAPI 2.0 vorhanden ist.
- *TELES-a/b-Schnittstelle benutzen:* Diese Option ist nur relevant, wenn Sie die a/b-Schnittstelle einer TELES.S₀/AB-Karte mit WinAnruf benutzen möchten. Sie haben dann z. B. die Möglichkeit, Ihre Sounddateien über ein Analogtelefon aufzunehmen bzw. wiederzugeben oder über ein Analogtelefon Gespräche zu führen.
- *CAPI-Trace:* Diese Funktion, die durch ein Paßwort geschützt wird, erstellt ein Logbuch über die Zugriffe auf die CAPI und kann bei Problemen vom Systemadministrator zu Hilfe gezogen werden.

Nachdem Sie die ISDN-Informationen eingegeben haben, klicken Sie auf *Rufnummern*.

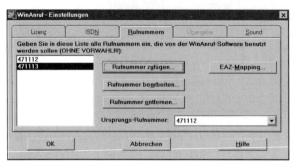

Auf welche Rufnummern soll der Anrufbeantworter reagieren

Hier geben Sie die Rufnummern an, auf die WinAnruf reagieren soll. Um eine Nummer aufzunehmen, klicken Sie auf *Rufnummer zufügen*. Geben Sie dann die Telefonnummer (ohne Vorwahl) ein und drücken Sie die [Enter]-Taste, um die Eingabe zu speichern. Fügen Sie, falls gewünscht noch weitere Rufnummern ein.

In das Feld *Ursprungs-Rufnummer* geben Sie die Nummer an, die übermittelt werden soll, wenn Sie mit WinAnruf einen Anruf machen. Über den Pfeil am Ende des Felds können Sie die zu übermittelnde Rufnummer aus den zuvor eingeben Telefonnummern auswählen.

Die Funktion *EAZ-Mapping* können Sie getrost ignorieren. Wenn Sie lediglich CAPI 1.1 benutzen und einen Euro-ISDN-Anschluß haben, sorgt WinAnruf automatisch für ein entsprechendes EAZ-Mapping.

Klicken Sie als nächstes auf den Registerreiter *Übergabe*. Diese ist allerdings nur verfügbar, wenn Sie eine TELES-Karte verwenden.

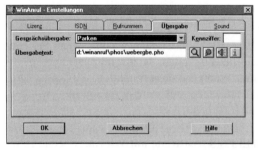

Sichern Sie sich die Möglichkeit, in Gespräche reinzugehen

Das Problem bei Anrufbeantwortern ist oft, daß sie mächtig schnell anspringen. Bei den meisten Anrufbeantwortern können Sie aber das Gespräch durch Abheben des Hörers noch an sich reißen. Bei WinAnruf ist dies auch möglich, allerdings wird das Ganze als Geräteübergabe getarnt.

Wenn Sie also die Möglichkeit haben möchten, WinAnruf einen Anruf wegzunehmen, sollten Sie hier die Standardeinstellungen *Keine* abändern. Wenn Ihr ISDN-Anschluß nach dem Euro-ISDN-Protokoll läuft (und das tun die meisten) bleibt Ihnen nur eine Möglichkeit.

Sie wählen im Feld *Gesprächsübergabe* die Option *Parken* (die anderen beiden Optionen stehen nur beim 1TR6-Protokoll des nationalen ISDN zur Verfügung). Durch das Parken wird ein Anruf in der Vermittlungsstelle der Telekom eingefroren. Über ein ISDN-Telefon können Sie die Funktion dann wieder entparken.

Für das Entparken der Verbindung am Telefon brauchen Sie einen Code, eine Kennziffer. Diese wird im gleichnamigen Feld eingetragen.

Weiterhin bestimmen Sie im Feld *Übergabetext* einen Ansagetext, den der Anrufer, dessen Verbindung gehalten wird, vorgespielt bekommt, bis Sie den Anruf wieder entparken. Dazu haben Sie drei Minuten Zeit.

Über die neben der Zeile *Übergabetext* dargestellten Symbole können Sie nach einer anderen Datei suchen, die Sie als Ansagetext verwenden wollen, eine neue Ansage aufzeichnen, den aktuellen Text abspielen und Informationen über die aktuelle Datei (Größe, Länge des Textes) abfragen. Zum Aufnehmen und Abspielen, benötigen Sie natürlich die entsprechenden Ausstattung (Soundkarte, Lautsprecher, Mikro).

Klicken Sie als nächstes auf den Registerreiter *Sound*.

Womit sollen die Texte abgehört werden?

- Unter *Aufnahmegerät* und *Ausgabegerät* bestimmen Sie, welches Gerät für Aufnahmen bzw. Ausgaben benutzt werden soll. Alle in Ihren Computer verfügbaren Soundkarten werden hier aufgelistet, zusätzlich können Sie ein Telefon verwenden, das über eine normale Telefonverbindung als Soundgerät genutzt werden kann. So können Sie WinAnruf auch ohne Soundkarte benutzen, indem Sie als Soundgerät *Telefon* wählen.
- Wenn Sie *Telefon* wählen, müssen Sie in der Gruppe *Telefon-Parameter* die Rufnummer des Telefons angeben. Das heißt auch, daß Sie dafür sorgen können, daß Sie WinAnruf an einem beliebigen Telefon (z. B. im Auto) anruft und die aufgenommene Nachricht abspielt. Um die Telefonkosten in Grenzen zu halten, kön-

nen Sie unter *Automatisch auflegen* ein Zeitintervall angeben, nach dem die Verbindung automatisch getrennt wird.

• Mit der Option *Soundausgabe verhindern* bestimmen Sie einen Zeitraum, in dem keine Soundausgabe (Mithören bzw. Abspielen einer Datei) stattfinden soll.

Nachdem Sie alle notwendigen Einstellungen vorgenommen haben, klicken Sie auf *OK*, um die Einrichtung zu beenden.

So funktioniert der AB –
Die Feineinstellungen des Anrufbeantworters

WinAnruf ist jetzt startbereit. Allerdings stehen Ihnen noch zahlreiche Funktionen zur Verfügung, die Sie bisher noch nicht eingerichtet haben. Um das Optimum aus Ihrem digitalen Anrufbutler herauszuholen, müssen Sie noch Feinabstimmungen vornehmen.

① Starten Sie zunächst den Anrufbeantworter (*Start/Programme/WinAnruf/Anrufbeantworter*). Die Oberfläche des AB wird angezeigt.

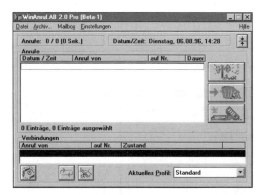

② Öffnen Sie das Menü *Einstellungen* und klicken Sie auf *Rufnummern*.

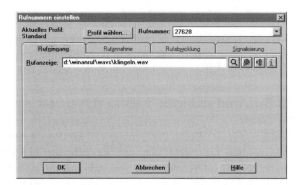

③ Die angezeigten Registerkarten gehen Sie jetzt der Reihe nach durch. Über die Schaltfläche *Profil wählen* können Sie unterschiedliche Konfigurationen festhalten. Geben Sie außerdem unter *Rufnummer*, die Telefonnummer an, die auf eingehende Anrufe reagieren soll. Für jede einzelne Rufnummer können Sie ein unterschiedliches Anrufverhalten festlegen.

Die Registerkarte Rufeingang

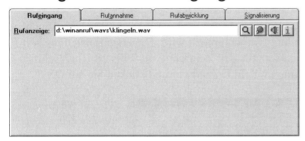

So soll ein eingehender Ruf signalisiert werden

Unter *Rufanzeige* legen Sie die Sounddatei fest, mit der ein eingehender Ruf signalisiert werden soll. Dabei können Sie aus einer Liste vorrätige *wav*-Dateien auswählen (über das *Lupen*-Symbol) oder eine eigene Datei aufzeichnen (über das *Mikro*-Symbol). Wenn Sie das Feld freilassen, werden einkommende Rufe nicht angezeigt.

Die Registerkarte Rufannahme

Diese Registerkarte ist ganz entscheidend für die Funktionsvielfalt der AB-Software. Viele interessante Funktionen stellen Sie hier ein. Sie können mit WinAnruf, das Anrufverhalten des AB sehr flexibel einstellen. So können Sie z. B. festlegen, an welchen Tagen zu welcher Uhrzeit wie geantwortet werden soll. So können Sie z. B. für ein Büro bestimmen, daß während der Geschäftszeiten, Anrufe auf ein anderes Telefon weitergeleitet werden, so daß Sie stets erreichbar sind. Für Zeiten, in denen Sie Ihre Ruhe haben wollen, können Sie den Anrufbeantworter aktivieren und diesen mit einer entsprechende Nachricht füttern.

Beispiel für eine flexible Rufannahme

Die Einstellung der Rufannahme soll an einem konkreten Beispiel illustriert werden: Ein freiberuflicher Autor betreibt ein kleines Büro, das von 9 bis 18 Uhr besetzt ist, und möchte ein flexibles Beantwortungssystem einrichten. Zwischen 12 und 13 Uhr ist Mittagspause. Am Wochenende ist geschlossen. Die Ansagen sollen diesen Tatsachen Rechnung tragen. Dadurch ergeben sich drei Zeitscheiben, für die jeweils ein unterschiedliches Anrufverhalten programmiert werden soll. Beginnen Sie damit diese Zeitscheiben einzurichten. Standardmäßig ist die Zeitscheibe alle Tage, alle Zeiten eingerichtet. Dies ist die Basislösung. Ändern Sie zunächst die Standardeinstellung ab. Markieren Sie sie dazu und klicken Sie auf *Bearbeiten*.

Zu jeder Zeit ein anderer
Anrufbeantwortertext

Deaktivieren Sie die Optionen *Samstag* und *Sonntag*, da für das Wochenende später eine separate Einstellung vorgenommen wird. Die erste Einstellung soll für alle Wochentage gelten, und zwar für den Zeitraum von 9 bis 18 Uhr. Nehmen Sie die entsprechende Einstellung im Feld *Uhrzeit* vor und klicken Sie auf *OK*.

Wie soll WinAnruf zu
welchen Zeiten reagieren?

Nachdem die Zeiten geklärt sind, legen Sie fest, wie WinAnruf zu diesen Zeiten (werktags zwischen 9 und 18 Uhr) reagieren soll. Sie werden zunächst davon ausgehen, daß der Autor in dieser Zeit im Büro zu erreichen ist. Ist er außer Haus, wäre es natürlich trotzdem gut, erreichbar zu sein. Dafür hat er ein Handy. Daher macht es Sinn, einkommende Anrufe in dieser Zeit auf das Handy umleiten zu lassen. Wenn dies nicht funktionieren sollte, muß nach einiger Zeit der AB anspringen, damit die Nachricht nicht verloren geht.

Um eine diesem Szenario entsprechende Einstellung vorzunehmen, gehen Sie wie folgt vor: Klicken Sie im Feld *Anrufverhalten* auf die Option *Anrufweiterleitung und Anrufbeantworter*. Das bedeutet, der Anruf wird zunächst weitergeleitet. Klappt die Verbindung nicht, springt der Anrufbeantworter an. Geben Sie dann unter *Zielnummer* die Rufnummer des Telefons an, an das der Ruf weitergeleitet werden soll.

Als nächstes bestimmen Sie, wie lange das Telefon klingeln soll, ehe WinAnruf auf den Anruf reagiert. Die Zeit wird in Sekunden angegeben und nicht abhängig davon, wie oft das Telefon klingelt. Sie sehen, daß Sie zwei Zeiten eintragen können. Das spielt nicht für das Weiterleiten von Anrufen, sondern für eine Fernabfrage der Nachrichten eine Rolle. Die Idee dabei ist, Ihnen Geld zu sparen. Sind Nachrichten vorhanden, reagiert WinAnruf z. B. nach zehn Sekunden auf Ihren Anruf. Tut es das nach dieser Zeit nicht, wissen Sie, daß keine Nachricht vorhanden ist, und Sie können auflegen, ohne daß Gebühren anfallen. Also sollten Sie immer die Stoppuhr dabei haben.

Gestalten Sie aber den Zeitraum der zwei Klingelvarianten nicht zu groß. Für einen Anrufer macht es ja keinen Unterschied, ob für Sie bereits Nachrichten vorhanden sind. Er soll ja eine Nachricht hinterlassen, egal ob WinAnruf nach dem ersten oder dem zweiten Sekundenwert reagiert. Gleichzeitig sollten Sie sich genug Zeit lassen, um einen Anruf an einem Telefon anzunehmen, ohne gleich einen Sprint im Kampf gegen den Anrufbeantworter hinlegen zu müssen.

Weiterhin geben Sie dann den Text einer Ansage ein, die abgespielt werden soll, wenn die Rufumleitung nicht komplettiert werden konnte („Hallo, bin gerade nicht da ..."). Dazu wählen Sie im Feld *Ansage* die Datei aus, die Ihren Ansagetext enthält. Sie können auch hier eine neue Ansage aufzeichnen (Klick aufs Mikrofon).

Das Feld *Keine Aufnahme* dient dazu, ausschließlich reine Informationsansagen über WinAnruf abspielen zu lassen. Dies tun Sie, wenn Sie selbst zwar eine Nachricht hinterlassen wollen (z. B. „Sie rufen außerhalb unserer Geschäftszeiten an ..."), aber keine Nachrichten aufzeichnen wollen. Den Anrufern bleibt dann nichts anderes übrig, als zu einer anderen Zeit anzurufen (oder es ganz sein zu lassen). Zu dieser Funktion gehört auch der Eintrag *Ansage wiederholen*. Ist die Option aktiviert, wird nach dem ersten Abspielen der Info-Ansage diese noch einmal wiederholt. Ansonsten legt WinAnruf direkt auf.

DTMF-Erkennung: Wenn Sie diese Option aktivieren, ist es möglich, über ein Tonwahl-Telefon einen Code einzugeben, mit dem beispielsweise eine Fernabfrage gestartet oder der Zugang zu einer Mailbox freigegeben wird.

Rufnummernfilter verwenden: Diese Funktion basiert auf der Tatsache, daß im ISDN die Rufnummern des Anrufenden an den Angerufenen übermittelt werden. Dies steht nur zur Verfügung, wenn der andere Teilnehmer auch über ISDN verfügt (bzw. bei Anschluß an eine digitale Vermittlungsstelle diese Funktion zusätzlich beantragt hat). Über diese Funktion können Sie bestimmen, daß WinAnruf nur auf Anrufe reagiert, deren Rufnummer in einer Liste gespeichert ist. Wie Sie eine solche Liste einrichten, können Sie weiter unten nachlesen. Auf diese Weise haben Sie die Möglichkeit, ganz individuelle Nachrichten zu hinterlassen.

Mittagspause einplanen

Im obigen Beispiel ist nun das Anrufverhalten für die Geschäftszeiten eingerichtet. Jetzt muß aber noch die Mittagspause (oder andere Zeiten) bedacht werden, in der keine Weiterleitung stattfinden soll, sondern der Anrufbeantworter mit einer entsprechenden Nachricht (z. B. „Bin ab 13 Uhr wieder zu erreichen.") reagieren soll. Dazu ist eine zweite Zeitscheibe nötig. Klicken Sie dazu auf die Schaltfläche *Zufügen* und richten Sie die Mittagspause entsprechend der Abbildung ein.

Auch die Mittagspause ist wichtig

Bestätigen Sie mit *OK*. Wählen Sie dann unter *Anrufverhalten* die Option *Anrufbeantworter* aus. Legen Sie die *Klingeldauer* fest und bestimmen Sie unter *Ansage* die Datei mit dem relevanten Ansagetext.

Am Wochende keine Anrufe

Letztlich muß für das Beispiel noch die anruffreie Zeit des Wochenendes (falls gewünscht) eingestellt werden. Dazu legen Sie die Zeitscheibe *sa, so, alle Zeiten* fest und wählen einen entsprechenden Ansagetext (evtl. als reinen Informationstext ohne Aufnahme). Damit wären die Einrichtung des Programms und die Anpassung an die terminlichen Begebenheiten abgeschlossen.

Nach dem Piep haben Sie drei Minuten Zeit ...

Über die Registerkarte *Rufabwicklung* legen Sie fest, wieviel Zeit einem Anrufer für eine Nachricht erhält. Da Sounddateien einen erheblichen Speicherbedarf (eine Minute kostet ca. 0,5 MByte) haben, sollten Sie hier die Zeit unbedingt limitieren. Über die Karteikarte *Signalisierung* können Sie bestimmen, wie Sie von einer eingegangenen Nachricht in Kenntnis gesetzt werden wollen.

Zeit ist Geld. Beschränken Sie die maximale Aufnahmezeit

Dazu stehen Ihnen verschiedene Optionen zur Verfügung:

- *Anklingeln:* WinAnruf wählt einen Anschluß an. Dieser klingelt dann so lange, wie Sie dies festlegen.
- *Rückruf:* WinAnruf ruft einen Anschluß an und wartet, bis Sie sich melden. Dann können Sie eine Fernabfrage durchführen.

- *Euro-Signal:* WinAnruf piept einen Euro-Signal-Empfänger an.
- *Scall-Anruf:* WinAnruf schickt eine Ziffernfolge auf einen Scall-Empfänger (z. B. die Rufnummer des Anrufers, der die Nachricht hinterlassen hat).

Für jede einzelne Optionen müssen Sie dann noch weitere Angaben machen. Lesen Sie ggf. in der gut gemachten Online-Hilfe des Programms nach.

Wenn Sie alle Einstellungen vorgenommen haben, klicken Sie auf *OK*. Sie kehren wieder in das Hauptfenster des Anrufbeantworters zurück.

Mal hören, was los war – Fernabfrage

Die Funktion der Fernabfrage ermöglicht Ihnen, von einem entfernten Telefon die Nachrichten auf Ihrem PC-Anrufbeantworter abzuhören. Weiterhin können Sie per Fernabfrage das Anrufverhalten einer Rufnummer verändern oder den Raum, in dem Ihr PC steht, abhören. Die Fernabfrage-Funktion aktivieren Sie, indem Sie im Menü *Einstellungen* den Befehl *Abfragecodes* wählen. Daraufhin erscheint das folgende Dialogfeld:

Ermöglichen Sie die Fernabfrage

Klicken Sie auf *Zufügen*, um die Fernabfrage zu konfigurieren.

Sie benötigen dazu einen Abfragecode

Tragen Sie einen Abfragecode ein (den Sie später über ein Tonwahl-Telefon einge-ben) und aktivieren Sie unter *Eigenschaften* durch einen Doppelklick die Telefon-

139

nummern und Funktionen, die Sie für die Fernabfrage freischalten wollen. Bestätigen Sie die Einstellungen mit *OK*. Wählen Sie *Schließen*, um zum Hauptfenster zurückzukehren.

5.5 Alles in einem – Exchange/Outlook-Anbindung aller wichtigen ISDN-Funktionen

Die vorgestellte Bundle-Software bietet, wie Sie gesehen haben, für die einzelnen Kommunikationsformen des ISDN sehr unterschiedliche Lösungsformen an. Im schlimmsten Fall haben Sie für den Einsatz des PCs als Anrufbeantworter, Fax und E-Mail-Programm drei separate Applikationen auf dem Rechner. Wenn Sie jetzt noch zusätzliche Lösungen für den Dateitransfer, den Zugang zum Internet oder den Einsatz analoger DFÜ-Programme suchen, herrscht auf Ihrem Rechner bald ein ganz schönes Getummel, in dem Sie es schwer haben werden, den Überblick zu behalten.

Die im folgenden vorgestellten Programme helfen Ihnen ein wenig bei der Aufräumarbeit, da Sie für die wichtigen Funktionen E-Mail, Fax, Datenübertragung und Anrufbeantworter nicht eigene Programm-Module anbieten, sondern das in Windows 95 bereits vorhandene Kommunikationsprogramm Microsoft Exchange bzw. Outlook verwenden.

Acotecs ISDN for Windows 95 – Einfach und vollintegriert

ISDN für Windows 95 ist ein Kommunikationspaket, das die DFÜ-Leistungsmerkmale des Betriebssystems Windows 95 gewinnbringend ergänzt. Benutzer müssen sich nicht auf eine neue Oberfläche einstellen, sondern arbeiten im gewohnten Umfeld weiter – jetzt aber mit allen Vorteilen von ISDN. Über MS-Exchange/Outlook als Schaltzentrale für ein- und ausgehende Kommunikation kann der gesamte Informationsaustausch, also Fax, Eurofile-Transfer und eingehende Anrufe, via ISDN erfolgen. Dabei kann der Versand von Dokumenten aus jeder beliebigen Windows 95-Anwendung heraus erfolgen.

▶ *Tip* **Demoversion**

Sie erhalten die Software von der Firma Acotec (*http://www.acotec.com*). Eine Testversion, die 14 Tage lang gültig ist, erhalten Sie auf dem Acotec-Server. Wie Sie an dessen Ordner und Dateien gelangen ist, ab Seite 192 ausführlich beschrieben.

Die Funktionen Faxen, Anrufbeantworter und Eurofile-Transfer nutzten das in Windows 95 integrierte Kommunikationsprogramm Exchange/Outlook aus. Einkommende Faxe, Anrufe oder Dateien werden in Exchange abgelegt und können von dort aufgerufen werden. Das Versenden von Faxen und Dateien via Eurofile-Transfer kann von Exchange aus, im Explorer (mit Hilfe der rechten Maustaste) und per Drag & Drop erledigt werden.

Mit Hilfe von ISDN for Windows 95 können Sie alle wichtigen ISDN-Funktionen wie EFT, Fax und Anrufbeantworter direkt in Microsoft Exchange nutzen

Achtung Voraussetzungen für ISDN for Windows 95

ISDN for Windows 95 ist hardwareunabhängig und kann mit allen ISDN-Karten eingesetzt werden, für die der Kartenhersteller Windows 95-konforme Treiber nach dem CAPI 2.0-Standard bereit stellt. Über einen 486er-Prozessor mit mindestens 16 MByte RAM sollte Ihr Rechner in diesem Zusammenhang schon verfügen. Für die Anrufbeantworterfunktionen ist das Vorhandensein einer Soundkarte und die Installation des Audiorecorders von Windows 95 erforderlich. Ferner muß natürlich wahlweise Exchange oder Outlook auf dem betreffenden PC installiert sein. Ganz wichtig ist die Installation des DFÜ-Netzwerks von Windows 95. Ist das DFÜ-Netzwerk auf Ihrem Rechner noch nicht installiert, holen Sie dies zunächst nach. Infos dazu erhalten Sie ab Seite 172.

FAQ Was sind die Vor- bzw. Nachteile eines solchen Kommunikationpakets gegenüber den Einzellösungen?

Ein klarer Vorteil ist die schon angesprochene Zusammenfassung aller Funktionen in ein Programm bzw. in das Betriebssystem. So wird beispielsweise die Funktion *Senden an* um einige ISDN-Funktionen erweitert, die das Kopieren von Dateien aus dem Windows-Explorer heraus ermöglicht, wie Sie es von ganz normalen Kopiervorgängen gewohnt sind. Der Vorteil, daß nicht mehrere Programme in den Arbeitsspeicher geladen werden müssen, wird aber durch den Umstand relativiert, daß solche Kommunikationsprogramme ebenfalls an die Ressourcen des Betriebssystems gehen.

ISDN for Windows 95 installieren

ISDN für Windows 95 installieren Sie Windows-konform über die Systemsteuerung. Gehen Sie dazu wie folgt vor:

① Öffnen Sie die Systemsteuerung (*Start/Einstellungen/Systemsteuerung*) und doppelklicken Sie auf das Symbol *Software*.

② Legen Sie die Diskette bzw. CD-ROM mit dem Setup-Programm für ISDN für Windows 95 in das entsprechende Laufwerk ein. Auf der Registerkarte *Installieren/Deinstallieren* klicken Sie auf *Installieren*. Bestätigen Sie den ersten Bildschirm mit *Weiter*. Geben Sie das Laufwerk an, in dem sich die Installationsdiskette (bzw. CD) befindet, und klicken Sie auf *OK*. Das Installationsprogramm sucht sich dann die benötigte Datei. Wird diese nicht gefunden, müssen Sie sich selbst auf die Suche machen. Klicken Sie auf die Schaltfläche *Durchsuchen*, finden Sie die Datei und doppelklicken Sie auf sie. Bestätigen Sie den Setup-Befehl mit *Weiter*. Das Setup-Programm wird dann aufgerufen. Nach kurzer Zeit erscheint der Begrüßungsbildschirm auf dem Fenster, den Sie schnell über *Weiter* quittieren können. Dann erschient das Fenster *Registrierung*.

③ Geben Sie Benutzernamen und Firmennamen ein, klicken Sie auf *Weiter* und bestätigen Sie den Benutzernamen erneut.

④ Geben Sie als nächstes die Seriennummer und das Kennwort Ihrer Software ein. Klicken Sie auf *Weiter*.

⑤ Danach haben Sie die Möglichkeit, einzelne Komponenten der Software zur Installation auszuwählen. Standardmäßig sind alle Komponenten zur Installation markiert. Um eine Funktion zu deaktivieren, klicken Sie sie einfach an. Wenn Sie Ihre Auswahl getroffen haben, klicken Sie auf *Weiter*.

⑥ Danach werden noch das Zielverzeichnis für die Programmdateien und die Programmgruppe abgefragt. Sie können die jeweils standardmäßige Einstellung verwenden oder eigene Angaben machen. Klicken Sie danach auf *Weiter*.

⑦ Nun geht es schon an die Konfiguration von ISDN for Windows 95. Zunächst müssen Sie die MSNs (die Rufnummern) für die einzelnen Dienste festlegen. Achten Sie dabei darauf, daß für Anrufbeantworter und Fax verschiedene Nummern vergeben werden, da diese Funktionen mit Hilfe über die gleiche Dienstekennung (siehe Seite 102/334) verfügen. Ein solcher Rufnummernkonflikt wird Ihnen in diesem Fall mitgeteilt. Da der Eurofile-Transfer eine andere Dienstekennung besitzt, kann der Funktion Eurofile-Transfer ruhigen Gewissens eine der schon oben vergebenen Nummern zugewiesen werden.

⑧ Geben Sie hier Ihre Absenderdaten für Faxe an.

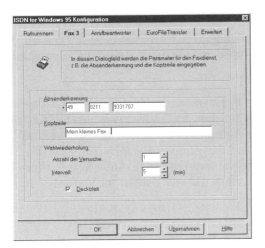

143

⑨ Auf den Registerseiten *EuroFileTransfer* und *Erweitert* können Sie die Voreinstellungen belassen. Der Registerseite *Anrufbeantworter* wird weiter unten noch mehr Bedeutung beigemessen.

⑩ Abschließend werden Sie einmal mehr mit der Aufforderung zu einem Neustart von Windows konfrontiert, der Sie unbedingt nachkommen sollten.

⑪ Werfen Sie nach dem Neustart mal einen Blick auf die in Exchange bzw. Outlook integrierten Dienste. Wählen Sie dazu den Menübefehl *Extras/Dienste* des betreffenden Programms.

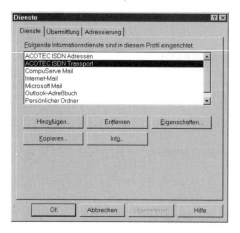

Durch die Installation sind die entsprechenden Dienste innerhalb von Exchange bzw. Outlook eingerichtet worden, die die eingangs beschriebene Funktionalität ermöglicht.

Der Anrufbeantworter

Starten Sie zunächst das Programm ISDN for Windows 95 Systemkonfiguration aus der betreffenden Programmgruppe und wechseln Sie auf die Registerseite *Anrufbeantworter*.

Erst jetzt haben Sie auf dieser Registerseite die Möglichkeit, den Ansagetext des Anrufbeantworters zu verändern, während der Installation ist dies nicht möglich. Ferner stellen Sie hier die maximale Aufnahmezeit für einen Anrufer sowie die Anzahl der Klingelzeichen vor Aktivierung des Anrufbeantworters ein. Über die Schaltfläche *Durchsuchen* können Sie beliebige *wav*-Dateien als Ansagetext festlegen. Im Ordner *Media* stehen Ihnen fürs erste schon mal vier Dateien zur Verfügung. Hören Sie sich diese Dateien doch einfach mal an.

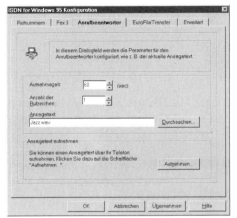

Hier können Sie den Ansagetext verändern

Womit erstelle ich eigene wav-Dateien?

Benutzen Sie das Programm Audiorecorder, das bei Windows 95 standardmäßig enthalten ist. Sie finden es in der Programmgruppe *Zubehör/Multimedia*.

Alternativ können Sie den Ansgagetext auch mit Hilfe Ihres Telefons aufnehmen. Befolgen Sie dazu die Anweisungen, die Ihnen nach Anklicken der Schaltfläche *Aufnehmen* gegeben werden.

Eingehende Anrufe

Was müssen Sie tun, um Anrufe zu empfangen? Nichts! Sagen wir besser, fast nichts. Nach der erfolgreichen Installation und dem Neustart von Windows, werden automatisch der Voice-Server und der Telematik-Server gestartet. Dies erkennen Sie an den beiden betreffenden Symbolen im System-Tray von Windows 95.

 *Der Voice-Server wird im System-Tray angezeigt*

Der Voice-Server ist für den Anrufbeantworter zuständig. Jeder eingehende Anruf (mit der entsprechenden Nummer) wird nun automatisch mit dem zuvor eingestellten Ansagetext begrüßt.

Wie erkenne ich einen eingehenden Anruf?

Das Telefonsymbol im System-Tray ist bei einem eingehenden Anruf animiert dargestellt!

Nachdem der Anrufer eine Nachricht hinterlassen hat, wird Ihnen diese durch Exchange oder Outlook – das entsprechende Programm muß natürlich zuvor gestartet worden sein – präsentiert. Haben Sie beispielsweise die Anzeige einer Hinweisnachricht für eingehende Nachrichten eingestellt, wird Ihnen der Anruf folgendermaßen signalisiert.

145

Mitteilung von Outlook, daß neue Nachrichten vorliegen

Unabhängig davon werden eingehende Nachrichten zusätzlich durch ein Briefsymbol im System-Tray signalisiert. In Exchange/Outlook präsentiert sich der Anruf dann wie folgt.

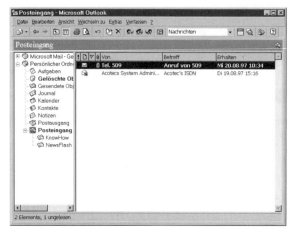

Der Anruf wird im Posteingang hinterlegt

Wie gewohnt gelangen Sie per Doppelklick an den Anruf.

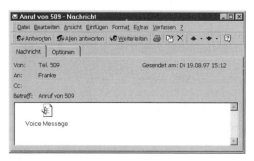

Öffnen Sie die Nachricht, um an die Sounddatei zu gelangen

Die Nachricht ist hier in Form einer *wav*-Datei abgelegt worden, die Sie nun bequem anhören können.

FAQ Wie speicherintensiv sind Anrufe?

Pro Minute belegt ein eingehender Anruf ca. 0,5 MByte. Nicht mehr benötigte Anrufe sollten Sie also von Zeit zu Zeit wieder löschen.

Die Faxmaschine

Eingehende Faxe werden genau wie eingehende Anrufe behandelt, nur ist hierzu der Telematik-Server zuständig. Auch hier erhalten Sie eine entsprechende Nachricht von Exchange bzw. Outlook.

 Was ist bei Anrufbeantworter und Fax zu beachten?

Für diese Funktionen müssen in den Einstellungen verschiedene Rufnummern angegeben werden, da Fax und Anrufbeantworter beide auf die Dienstekennung Sprache reagieren. Wollen Sie dagegen nur eine der beiden Funktionen benutzen, ergibt sich die Problemtik natürlich nicht.

Wie schalte ich den Telematik- oder den Voice-Server aus?

Wählen Sie im Kontextmenü des entsprechenden System-Tray-Symbols den Befehl *Beenden*. Die Server sind dann wieder über die Einträge in der Programmgruppe ISDN for Windows 95 aktivierbar.

Faxe aus Anwendungen versenden

Um Faxe zu versenden, muß natürlich der Telematik-Server aktiv sein. Sie haben hier nun mehrere Möglichkeiten, ein Fax zu verschicken.

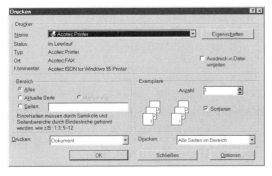
Zum Faxen benötigen Sie den Acotec-Printer

Wollen Sie ein Textdokument, das Sie beispielsweise mit Word erstellt haben, faxen, wählen Sie den Befehl *Drucken* Ihrer Textverarbeitung und im anschließenden Druckauswahldialog den Drucker *Acotec Printer* aus.

Ist dies geschehen, erscheint der folgende Dialog, in dem Sie die anzuwählende Faxnummer angegeben können.

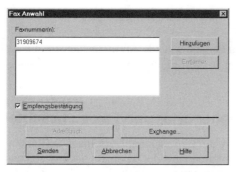

Die Angabe der Rufnummer ist natürlich notwendig

Über *Senden* wird Ihr Fax verschickt, das Senden wird ebenfalls durch Animation des betreffenden Symbols im System-Tray angezeigt. Sofern Sie Ihr Adreßbuch über Einträge verfügt, können Sie natürlich auch eine Faxnummer aus dem Adreßbuch laden. Diese Einstellungen werden innerhalb von Exchange bzw. Outlook verwaltet.

Faxversand per Drag & Drop

Eine weitere Variante zur Versendung von Faxen besteht in der Möglichkeit, zu faxende Dateien per Drag & Drop auf das bei der Installation auf dem Desktop angelegte Symbol für die Faxanwahl zu ziehen.

Nutzen Sie den Desktop zum Faxversand

Durch diesen Vorgang wird ebenfalls der Faxvorgang gestartet.

Faxversand über die Funktion Senden an

Eine weitere Möglichkeit zum Faxversand wird Ihnen über die Funktion *Senden an* des Kontextmenüs einer Datei im Explorer gegeben.

Per Kontextmenü des Explorers können ebenfalls Faxe versendet werden

Wählen Sie den Befehl *ISDN for Windows 95 Fax-Anwahl* für die betreffende Datei – und los geht's.

Faxversand aus Exchange/Outlook

Wollen Sie eine in Exchange/Outlook erstellte Nachricht als Fax verschicken, wählen Sie dazu die Funktion *Senden* des Nachrichteneditors. Die Besonderheit hierbei ist, daß Sie die Faxnummer in eckigen Klammern mit vorangestelltem eingeben müssen. Wollen Sie zum Beispiel die Rufnummer 1234567 anwählen, muß folgendes im Feld *AN*: eingegeben werden: „[fx3:1234567]". Einfacher geht es da natürlich, wenn Sie einen Adreßbucheintrag erstellen und dort schon den Dienst festlegen. Wählen Sie dazu als Eintragstyp *ACOTECT ISDN Adresse* aus:

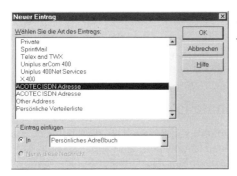

Ein eigener Adreßtyp für Faxe

Geben Sie anschließend den Namen, die Rufnummer und den betreffenden Dienst an.

FAQ Benutzung des Adreßbuchs von Exchange/Outlook

ISDN for Windows 95 greift beim Versenden von Faxen oder Dateien auf das detaillierte und übersichtliche Adreßbuch von MS-Exchange zu. Tragen Sie hier oft benutzte Rufnummern zur einfachen Handhabung ein.

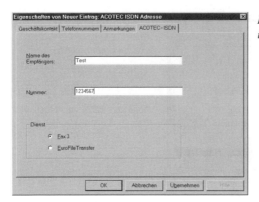

*Die Angabe des Dienstes
ist wichtig*

Eurofile-Transfer – Dateien versenden

Auch hier stehen Ihnen einige Varianten zur Verfügung. Die einfachste besteht darin, daß Sie eine Datei aus dem Explorer, aus einem Ordner oder dem Desktop auf das Symbol für den Eurofile-Transfer auf dem Desktop ziehen.

*Auch Dateien können über den
Desktop versendet werden*

Dabei wird der für diesen Vorgang notwendige Eurofile-Transfer-Server automatisch gestartet. Ein weiteres Symbol im System-Tray gibt Ihnen darüber Auskunft. Anschließend erscheint der Dialog, der Sie zur Rufnummereingabe auffordert.

FAQ Was macht die Gegenstelle?

Der Rechner, an den Sie die Datei(en) schicken wollen, muß natürlich Eurofile-Transfer-empfangsbereit sein. Dazu ist entweder eine separate Software oder aber auch ISDN for Windows 95 mit aktivem Eurofile-Transfer-Server notwendig.

Alternativ besteht auch hier die Möglichkeit, Dateien per *Senden an*-Befehl aus dem Explorer heraus zu verschicken. In diesem Fall muß aber auf jeden Fall zuvor der Eurofile-Transfer-Server gestartet werden. Dies erledigen Sie über den entsprechenden Eintrag in der Programmgruppe ISDN for Windows 95.

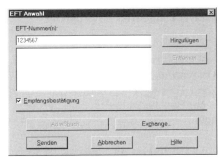

Die Angabe der Rufnummer ist
natürlich notwendig

 ## Wie teste ich den Versand von Dateien per Eurofile-Transfer?

Sie können beim Eurofile-Transfer gleichzeitig senden und empfangen, da für den Eurofile-Transfer zwei Kanäle zur Verfügung stehen. Als Test können Sie daher an den eigenen Rechner eine Datei senden.

Ebenfalls können Sie aus Exchange/Outlook Dateien per Eurofile-Transfer versenden. Auch hier empfiehlt sich das Anlegen von Adreßbucheinträgen des betreffenden Eurofile-Transfer-Formats.

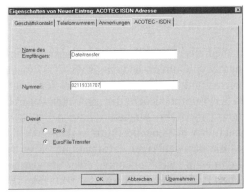

Die Angabe des Dienstes
für den Eurofile-Transfer

Andernfalls müssen Sie Rufnummern im Feld *AN*: in der folgenden Form angeben: „[eft:Nummer]", zum Beispiel „[eft:123456]".

Dateien per Eurofile-Transfer empfangen

Bei gestartetem Eurofile-Transfer-Server können Dateien im Hintergrund empfangen werden. Die eingegangenen Dateien werden wie gewohnt in Exchange/Outlook angezeigt und stehen dort zur weiteren Verarbeitung zur Vefügung.

Sicherheitsprobleme beim Eurofile-Transfer-Datenempfang

Beachten Sie, daß bei gestartetem Eurofile-Transfer-Server jeder Benutzer eines EFT-Programms sich über das ISDN-Netz auf Ihren Rechner einwählen und auf das Public-Verzeichnis zugreifen kann. Dieses Verzeichnis wird im Konfigurationsdialog von ISDN for Windows 95 in der Registerkarte *EuroFileTransfer* im Dialogfeld *Public Verzeichnis* eingetragen.

FAQ **Was hat es mit dem Acotec-ISDN-Modem auf sich, das ich in der Systemsteuerung unter Modems gefunden habe?**

Bei der Installation von ISDN for Windows 95 wird das ISDN-Modem automatisch mitinstalliert. Das ISDN-Modem ist ein Software-Modem, das, vergleichbar einem Fossil-Treiber, AT-Befehle versteht und in CAPI 2.0-Funktionsaufrufe umsetzt. Um Mißverständnissen vorzubeugen: Das ISDN-Modem ist keine Emulation eines analogen Modems (d. h., es pfeift nicht). Man kann demzufolge damit keine Verbindung zu Nicht-ISDN-Mailboxen aufbauen und es nicht mit für analoge Modems geeigneten Tools testen.

5.6   RVS-Com

Bei RVS-COM handelt es sich ebenfalls um ein Kommunikationsprogramm, das sich der Funktionalität von Exchange bzw. Outlook bedient. RVS-COM unterstützt eine Vielzahl von ISDN-Einsatzgebieten und kann sogar mit PC-Telefonie aufwarten. So können beispielspielsweise aus den Telefonbüchern der genannten Programme direkt Verbindungen aufgebaut werden. Umgekehrt fungieren diese Adreßbücher als Anrufmonitor, wobei die Telefonnummer eingehender Rufe in dem jeweiligen Adreßbuch nachgeschlagen wird und die dazugehörigen Informationen über den Anrufer angezeigt werden. RVS-COM gibt es in zwei Versionen: einer Standardausgabe (ca. 350 DM) und einer umfangreichen Professional-Version (ca. 800 DM). Die Software unterstützt alle gängigen ISDN-Kommunikationsformen. Unter anderem werden die folgenden Funktionen unterstützt:

Fax-Funktion

Windows 95 bietet ja mit dem Programm mit Microsoft Fax bereits eine interne Faxlösung an. Ankommende und zu versendende Faxe werden in dem ebenfalls standardmäßig in Windows 95 vorhandenen Programm Microsoft Exchange/Outlook verwaltet. Über Exchange können Sie empfangene Faxe auch betrachten. Die Faxe werden als Symbole dargestellt. Durch einen Doppelklick können Sie geöffnet werden. Um Faxe direkt aus Anwendungen (z. B. Word) zu versenden, steht Ihnen ein Druckertreiber zur Verfügung. Welche Rolle spielt dabei nun RVS-COM? RVS-COM sorgt dafür, daß Sie nun auch Faxe per ISDN verschicken bzw. und empfangen können. Das Empfangen von Faxen kann auch im CommCenter von RVS-COM geschehen.

E-Mails

Für E-Mails gilt das gleiche wie für Faxe. Auch die Verwaltung elektronischer Nachrichten wird in Exchange/Outlook abgewickelt. Ebenso kann eine E-Mail über den Befehl *Datei/Senden* direkt aus vielen Anwendung heraus (z. B. Word) verschickt werden. Weiterhin besteht die Möglichkeit, Mails oder Faxe aus dem Explorer heraus (rechte Maustaste und *Senden an* anklicken) zu verschicken, wobei an die E-Mails auch Dateien angehängt werden können. Eine weitere Option im Zusammenhang mit E-Mail ist, daß Sie aus Ihrem Computer (der dazu ständig empfangsbereit sein muß) ein eigenes Mailbox-System machen. Dazu richten Sie für jeden Teilnehmer in Exchange ein eigenes Postfach ein. Wenn Sie dieses System starten, werden automatisch Ihre neuen E-Mails angezeigt und Ihre zu versendenden E-Mails an die anderen Teilnehmer verschickt.

Allzeit bereit –
Die universelle Empfangsbereitschaft von RVS-COM

Das CommCenter ist eine Art allzeit bereite Empfangszentrale für die einkommende Kommunikation. In Abhängigkeit der von Ihnen vorgenommenen Einstellungen kann das CommCenter alle Arten von Anrufen entgegennehmen und weiterverarbeiten. Die gilt für Faxe, E-Mails, gesprochenen Nachrichten etc. Das CommCenter kann ständig im Hintergrund laufen. Sie können es auch in die Autostart-Gruppe von Windows kopieren, so daß es mit Start von Windows automatisch aufgerufen wird.

Dateitransfer mit RVS-COM

Für die Funktion des Eurofile-Transfers bietet RVS-COM das Programmelement TransferMaster. Dessen Explorer-ähnliche Oberfläche erlaubt es, die Dateien des PCs, mit dem Sie über EFT verbunden sind, in einem eigenen Fenster darzustellen. Dann können Sie die benötigten Dateien einfach per Drag & Drop verschieben. Eine interessante Option bietet RVS-COM, wenn es darum geht, den Transfer von Dateien zu automatisieren. Dazu können nämlich Skripts angelegt werden, die vorgegebene Dateien von einem Rechner auf einen anderen Rechner übertragen (z. B. für regelmäßige Updates oder Backups von Daten).

Fernwartung von Windows-PCs mit RVS-COM

Mit Hilfe der Fernwartungsfunktion von RVS-COM können Sie von Ihrem Rechner aus einen entfernten Rechner bedienen.

5.7 ISDN for Windows 95 Professional – IPro, die Luxuslösung von Acotec

Zusätzlich zu der bereits vorgestellten Einsteigerlösung liefert Acotec noch eine High-End-Ausgabe Ihrer ISDN-Kommunikationssoftware. ISDN for Windows 95 Pro (iPro). iPro sieht sich zunächst als Netzwerklösung für den Einsatz unter Windows 95 und Windows NT. Die Funktionalität des Programms steht aber auch auf Einzelplatzrechnern zur Verfügung. Während normalerweise ISDN-Netzwerklösungen darin bestanden, Fax-Server zur Verfügung zu stellen oder LAN-Kopplungen zu realisieren, erweitert iPro die Funktionen auch auf andere Kommunikationsformen. So wird die Möglichkeit unter Exchange Faxe, E-Mails und Anrufe aufzuzeichnen im gesamten Netz erhältlich. iPro arbeitet mit passiven Karten und CAPI 2.0 zusammen. Die Netzwerkversion mit fünf Clients kostet 2.000 DM, die Einzelplatzvariante 300 DM.

Das kann iPro

Die folgenden Module (die Online-Möglichkeiten werden hier außer acht gelassen, sind aber vorhanden) stehen Ihnen mit iPro zur Verfügung:

Eurofile-Transfer

Die eingehenden Dateien werden in einem dafür vorgesehenen Verzeichnis abgelegt und automatisch auf Viren überprüft (das Antiviren-Programm Mc Affee liegt bei). Was die Sicherheitsaspekte angeht, so können Sie einzelne Zugriffsrechte (Benutzername plus Paßwort) festlegen. Die Möglichkeiten der Datenkompression und der Kanalbündelung sind ebenso gegeben wie die Short Hold-Funktion. Dabei wird eine brachliegende Verbindung so lange unterbrochen, bis erneut Daten verschickt werden sollen. Durch den schnellen Verbindungsaufbau steht Ihnen so quasi eine Standleitung zur Verfügung.

Faxen (G3 und G4)

Faxverbindungen werden zunächst immer mit dem Standard G4 (ISDN-Fax) aufgebaut. Erst, wenn sich erweist, daß die Gegenstelle kein ISDN-Fax ist (was leider noch sehr, sehr häufig der Fall ist), wird eine G3-Verbindung verwendet. Und mit dieser schafft iPro immerhin noch eine Übertragungsrate von 14.400 Bit/s.

Faxe können im Hintergrund gesendet und empfangen werden. Ein zeitversetztes Senden ist möglich. Die Arbeit wird durch ein Adreßbuch, Kurzwahl und Verteiler zusätzlich erleichtert.

Anrufbeantworter

Der digitale Anrufbeantworter kann von einem Telefon aus besprochen und abgehört werden. Sie brauchen also keine Soundkarte. Eine Fernabfrage ist auch möglich. Die Ansagetexte können auf bestimmte Rufnummern abgestimmt werden. Anrufe werden in Exchange gespeichert.

Gebührenauswertung

iPro führt Buch über die aufgebauten Verbindungen und stellt diese Informationen in einem Journal zur Verfügung. Dazu zählt auch eine detaillierte Gebührenauswertung.

5.8 ISDN-Komplettlösung fürs lokale Netzwerk – Ositron ICS

Die Einrichtung eines kompletten ISDN-Kommunikationsservers in einem lokalen Netzwerk (LAN) stellt für ISDN-Hard- und Software eine echte Herausforderung dar. Lange Zeit war die Netzwerkfunktionalität auf das Einrichten eines mit einer aktiven Karte ausgestatteten Faxservers beschränkt. Dabei bleiben die anderen ISDN-typischen Kommunikationsformen wie Eurofile-Transfer sowie Internet- und Online-Zugang auf der Strecke. Um diese Dienste zu nutzen, braucht normalerweise jeder LAN-Client eine eigene ISDN-Karte.

ISDN-Netzwerklösung:
Ositron ICS

Ositron ICS bietet nun eine Möglichkeit, ohne diese zusätzlichen Hardwareinvestitionen ISDN im Netz zu nutzen. Zentral für diese Fähigkeiten ist eine virtuelle CAPI, die dafür sorgt, daß sich jeder Rechner des Netzes so verhält, als verfüge er selbst über eine ISDN-Karte.

Im besten Fall reduziert ICS die Zahl der ISDN-Karten auf eine (für den Kommunikationsserver) und eine CAPI. Jeder Client im Netz erhält darüber hinaus einen virtuellen CAPI-Treiber, den VCAPI- oder VAPI-Treiber. Er kann auf jedem Client des Netzwerks geladen werden.

Der Preis der Software liegt bei ca. 1.000 DM für einen B-Kanal. Jeder weitere B-Kanal (max. können 16 unterstützt werden) schlägt mit 200 DM zu Buche.

Das leistet Ositron ICS

Ositron ICS bietet die komplette Palette von ISDN-Komunikationsmöglichkeiten. Besonders interessant ist dabei, daß alle Anwendungen unter ein und derselben Oberfläche gesteuert werden.

Die folgenden ISDN-Funktionen werden von ICS unterstützt:

- Telefax Gruppe 3
- Telefax Gruppe 4
- Teletex
- Telex
- File-Transfer
- Eurofile-Transfer EFT
- EDIFACT-File-Transfer
- T-Online CEPT
- T-Online VT100
- X/Y/Z-Modem VT100
- TWIST-File-Transfer

Darüber hinaus werden die folgenden Zusatzfunktionen angeboten:

- Infobox
- Abrufen/Bereitstellen
- Remote Access auf einen externen Rechner
- Zugriffsschutz für Fernzugriff auf Ihren Rechner
- Einrichten von Daueraufträgen und Hotlinks
- Terminversand von Dokumenten und Dateien
- Speicherung von Auftragsvorlagen
- Verschlüsselung von Daten

5.9 Nützliche ISDN-Software – Anrufmonitore und Busüberwachung

Im Sharewarebereich tut sich in punkto ISDN so einiges. Es lohnt sich also immer, die entsprechende Rubriken zu diesem Thema im Auge zu haben. In diesem Buch sollen exemplarisch drei sehr nützliche Sharewareanwendungen vorgestellt werden. Dabei handelt es sich zum einen um zwei sog. Anrufmonitore, die die Rufnummern-übermittlung von ISDN nutzen und die Rufnummer sowie den damit zusammenhängenden Namen am Bildschirm anzeigen. Auf diese Weise kompensieren Sie das Nichtvorhandensein eines ISDN-Telefons. Zum anderen stellen wir eine Shareware vor, die sich positiv auf Ihre Finanzlage auswirken könnte.

Der kleine Lauschangriff – ISDN-Anrufmonitor

Der ISDN-Anrufmonitor wird von Joerg Heuer hergestellt und ist unter anderem über das Internet (*http://www.fun.de*) oder über eine analoge Mailbox (0721-9682144, UserId 'FUN') erhältlich.

Das kann der Anrufmonitor

Dieses Sharewareprogramm bietet u. a. folgende Funktionen:

- Anzeige der einkommenden Rufnummer mit Dienstekennung, Uhrzeit und Datum.
- Anzeige eines zur Rufnummer gespeicherten Namens.
- Ausführen einer individuellen Sounddatei für ausgewählte Rufnummern.
- Zusammenarbeit mit D-Info 3.0, um unbekannte Rufnummern ausfindig zu machen.
- Abwimmeln bestimmter Rufnummern (ständiges Besetztzeichen).

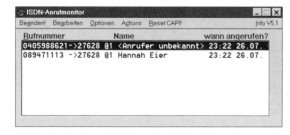

Eingehend Anrufe können mit Rufnummer, Dienstekennung, Datum und Uhrzeit angezeigt werden

So läuft das Programm

Der Anrufmonitor stellt sich Ihnen nach Empfang als komprimierte Datei vor. Ein Installationsprogramm gibt es nicht. Dekomprimieren Sie einfach die Datei in ein leeres Verzeichnis und rufen Sie das Programm über die Datei *Isdnmoni.exe* auf.

*Welche Sprache hätten
Sie denn gern?*

Ein Sprachenschalter läßt Ihnen die Wahl zwischen einer deutschen und einer englischen Benutzerführung. Klicken Sie eine der Optionen an.

*Verwenden Sie am
besten die CAPI 2.0*

Bestätigen Sie die nachfolgende Meldung mit *Ja*, um die CAPI 2.0 zu verwenden.

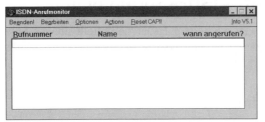

So schaut's aus

Dann präsentiert sich Ihnen die noch leblose Oberfläche des Anrufmonitors. Das Programm ist aber jetzt schon startbereit. Die Nummer eines Anrufers, sofern dieser sich digital (ISDN oder Handy) mit Ihnen in Verbindung setzt, würde bereits angezeigt.

Im Menü *Optionen* können Sie jetzt noch einige sinnvolle Anpassungen vornehmen. Rufen Sie zunächst den Punkt *Allgemeine Optionen* auf.

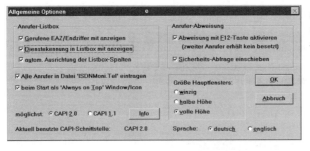

*Die allgemeinen
Einstellungen des
Anrufmonitors*

Die Listbox ist das Fenster, in dem ankommende Anrufe angezeigt werden. In diesem Dialogfeld können Sie das Erscheinungsbild der Listbox, d. h. die Art der Informationen, die in der Box angezeigt werden, bestimmen. Aktivieren Sie zusätzlich zu den bestehenden Angaben noch die Option *Dienstekennung in Listbox mit anzeigen*. Die Dienstekennung (siehe Seite 102/334) gibt Ihnen Aufschluß über den Typ des Anrufs.

Eine weitere wichtige Funktion, die Sie im Menü *Optionen* aktivieren, ist die Zusammenarbeit zwischen dem Anrufmonitor und der Adreß-CD-ROM D-Info 3.0 (diese Funktion erhöht den Preis der Shareware von 38 auf 49 DM).

Um die Zusammenarbeit zu konfigurieren, klicken Sie im Menü *Optionen* auf den Eintrag *Verbindung zu D-Info 3.0*.

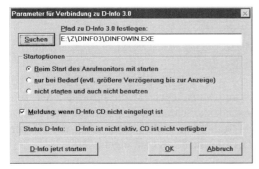

So wird die Zusammenarbeit mit D-Info vorbereitet

Über die Schaltfläche *Suchen* legen Sie die Startdatei für D-Info 3.0 fest. Des weiteren können Sie bestimmen, ob D-Info stets zusammen mit dem Anrufmonitor gestartet werden soll oder Sie das Programm nur bei Bedarf nutzen wollen. In diesem Fall, wählen Sie die zweite Option und starten D-Info über die Schaltfläche *D-Info starten*, wenn Sie es benötigen. Bestätigen Sie Ihre Angaben mit *OK*.

Die weiteren Einstellungen im Menü *Optionen* sind nicht weiter relevant und können so beibehalten werden.

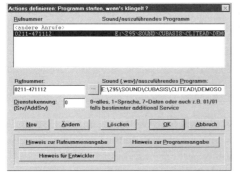

Jede Nummer kriegt Ihren eigenen Sound

Im Menü *Actions* können Sie über den Befehl *Programmstart* den Rufnummern eine individuelle Erkennungsmelodie in Form einer *wav*-Datei zuordnen (z. B. die Schicksalsmelodie, wenn mal wieder das Finanzamt klingelt).

Sehr wichtig für die tägliche Arbeit ist das Menü *Bearbeiten*. Über den Befehl *Gesamte Rufnummern-zu-Namen-Liste* nehmen Sie die Zuordnung von Telefonnummer und Anrufer vor.

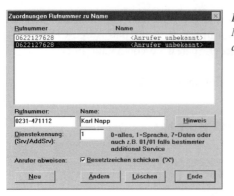

Die Zuweisung mit der Möglichkeit, Anrufer abzuwimmeln

Über die Einträge *Rufnummer* und *Name* legen Sie die Informationen zu den einzelnen Rufnummern fest. Ein besonderes Schmankerl stellt der Eintrag *Anrufer abweisen* dar. Wenn Sie dieses Kontrollkästchen aktivieren, erhält der Anrufer stets ein Besetztzeichen zugewiesen. Der Einsatz erfolgt auf eigene Gefahr.

Die Zuordnung der Rufnummern kann durch Einsatz eines Sternchens (*) auch gruppenweise erfolgen. Anrufe aus Firmen beispielsweise, in denen alle Anrufer den gleichen Rufnummernstamm haben, können so unter einem Eintrag zusammengefaßt werden.

Durch Einsatz eines Platzhalters kann eine Anrufergruppe zu einem Namen zugeordnet werden

Über den Menüpunkt *Bearbeiten* können Sie Anrufe, die in der Listbox festgehalten werden, nachträglich bearbeiten, um so eine Rufnummer-Name-Zuweisung vorzunehmen oder Notizen festzuhalten.

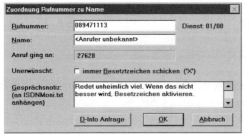

Erfaßte Rufnummern können nachträglich bearbeitet werden

An dieser Stelle haben Sie auch die Möglichkeit, D-Info zu starten, um nicht erkannte Rufnummern zu klären.

Registrierung

Die Shareversion ist kostenlos, die Vollversion erhalten Sie durch Online-Registrierung und Key-Download über das Shareware-Key-System der FUN Kommunikationssysteme GmbH über T-Online. Rufen Sie die Seite *66000101#* auf. Als Produkt-Key geben Sie „1210" ein. Wenn Sie die Zusammenarbeit mit D-Info nutzen möchten, geben Sie den Code „1290" ein. Nach dem Gebühreneinzug können Sie den Zugriffschlüssel (*Isdnmoni.key*) herunterladen. Kopieren Sie die transferierte Key-Datei in das Verzeichnis, in dem sich bereits die *Isdnmoni.exe*-Datei befindet.

Schlüssel bei CompuServe

Auch über CompuServe können Sie den Schlüssel erhalten. Wählen Sie *GO SWREG*, als ID geben Sie „13032" ein (ohne D-Info-Support). Der Preis beträgt 29$ (denken Sie an den hohen Dollar-Kurs!). Sie erhalten dann den Key per E-Mail zugeschickt.

Das kann Snoopy

Auch bei Snoopy handelt es sich um einen Anrufmonitor, der sich jedoch im Vergleich zu der zuvor vorgestellten Shareware auf eine reine Zuweisung von Rufnummern und Anrufernamen beschränkt. Nach dem Dekomprieren der Datei wird das Programm durch einen Doppelklick auf die Datei *Snoop32.exe* gestartet. Eingehende Anrufe werden sofort aufgezeichnet.

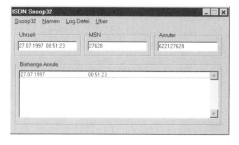

Schön übersichtlich, der Snoopy-Monitor

Durch einen Doppelklick auf einen Anruf oder über das Menü *Namen* kann die Zuweisung von Anrufer und Rufnummer vorgenommen werden.

Nummer-Name-Zuweisung in Snoopy

Scotty, beam me up

Das Programm Scotty von der Berliner Firma Acotec (*http://www.acotec.de*) hilft Ihnen, die Kosten beim Internet-Surfen zu reduzieren, indem beim Lesen langer Dokumente die Verbindung zum Provider so lange unterbrochen wird, bis Sie ein neues Dokument anfordern. Der Verbindungsaufbau läuft ja mit ISDN recht flott. Mit Scotty haben Sie jederzeit eine transparente Verbindung ins Internet. Sie sehen, mit welcher Adresse wie viele Daten ausgetauscht werden. Das Programm basiert auf CAPI 2.0 und wird als Netzwerkkarte installiert. Die Datenübertragung erfolgt ausschließlich über das Protokoll PPP.

Scotty können Sie bei BSS Online (*http://www.bssonline.de*) für 59 DM bestellen. Der Versand erfolgt per E-Mail. Sie können Scotty auch von der Acotec-Website herunterladen und sich anschließend bei BSS Online registrieren lassen. Dort erhalten Sie dann Seriennummer und Key.

 Voraussetzungen für Scotty

Damit Sie Scotty einsetzen könnne, muß Ihr Internet-Provider einige Bedingungen erfüllen: PPP-Zugang, kein Login-Skript, B-Kanal Protokoll X.75 oder HDLC, PAP/CHAP, mit/ohne Rufnummeridentifizierung.

Besorgen Sie sich zusätzlich die IP-Adresse und die Adresse des IP-Gateways von Ihrem Provider. Scotty wird über die Netzwerkumgebung installiert. Gehen Sie dazu wie folgt vor:

① Klicken Sie auf *Hinzufügen*.

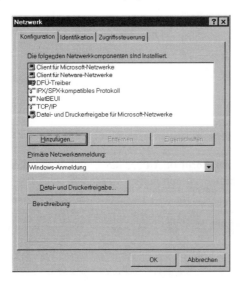

② Markieren Sie den Eintrag *Netzwerkkarte* und klicken Sie auf *Hinzufügen*.

③ Klicken Sie auf *Diskette*.

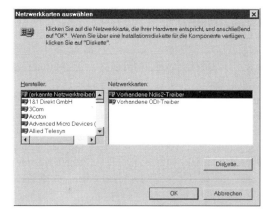

④ Klicken Sie auf *OK*.

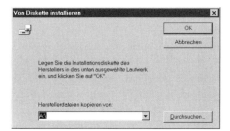

⑤ Suchen Sie die angezeigte Installationsdatei (enthalten in der heruntergeladenen Scotty-Datei). Klicken Sie auf *OK*.

⑥ Klicken Sie erneut auf *OK*, um mit der Installation fortzufahren.

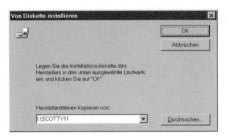

⑦ Die richtige Karte ist ausgewählt. Klicken Sie auf *OK*.

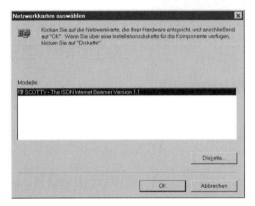

⑧ Die neuen Einträge werden in der Netzwerkumgebung angezeigt. Klicken Sie auf *OK*.

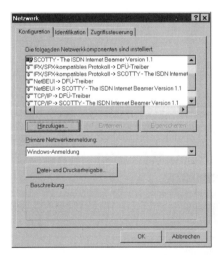

⑨ Es werden jetzt noch einige Informationen von der Windows 95-CD benötigt. Legen Sie diese ein und bestätigen Sie mit *OK*.

⑩ Suchen Sie ggf. den Pfad für die CD-ROM.

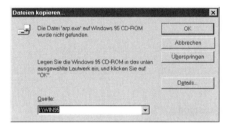

⑪ Die Dateien werden kopiert.

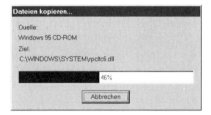

⑫ Behalten Sie evtl. schon vorhandene und aktuellere Dateien bei.

⑬ Jetzt ist noch ein Neustart fällig.

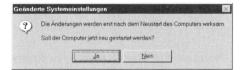

⑭ Nach dem Neustart wird die Registrierung erforderlich. Tragen Sie die Daten ein und bestätigen Sie mit *OK*.

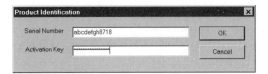

Wenn Sie sich übrigens fragen, wohin die Programmdateien von Scotty installiert wurden, schauen Sie mal unter *C:\Scotty* nach.

Scotty konfigurieren

Nach Installation, Neustart und Registrierung startet automatisch der Konfigurationsdialog des Programms.

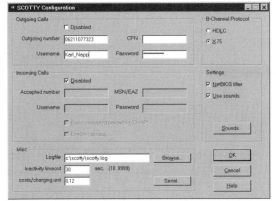

Hier konfigurieren Sie Scotty

Die folgenden Einstellungen müssen Sie vornehmen:

Outgoing Calls

- *Disable*: Durch Aktivieren dieser Option sperren Sie alle ausgehenden Rufe.
- *Outgoing number*: Die Rufnummer Ihres Internet-Providers.
- *CPN*: (**C**alling **P**arty **N**umber) Tragen Sie hier die Nummer ein, anhand derer Sie beim Anwählen des Internet-Providers identifiziert werden. In der Regel muß dieses Feld nicht ausgefüllt werden.
- *Username*: Der Benutzername, den Ihr Provider Ihnen zugewiesen hat.
- *Password*: Zugangspaßwort für Ihren Internet-Provider.

B-Channel Protocol

An dieser Stelle wählen Sie das Protokoll aus, über das Sie Ihren Internet-Provider anwählen. Die weiteren Einstellungen können Sie beibehalten. Wenn Sie deren genaue Bedeutung interessiert, klicken Sie auf die Schaltfläche *Help*. Die Konfiguration kann nachträglich über die Datei *IRconfig* im Scotty-Verzeichnis aufgerufen werden. Nach der Installation nistet sich ein rotes Lämpchen in der rechten unteren Ecke Ihres Rechners (System-Tray) ein. Durch einen Doppelklick auf dieses erscheint der eigentliche Verbindungsmonitor.

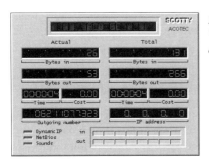

Hier wird der Verbindungsstatus angezeigt

Internet-Verbindung einrichten

Je nachdem, ob Sie für Ihren Internet-Zugang feste oder dynamische IP-Adressen verwenden (Provider fragen), gibt es zwei Varianten für das Einrichten einer Internet-Verbindung:

Installation bei Verwendung von dynamischen IP-Adressen

Um eine Verbindung unter Einsatz dynamischer IP-Adressen herzustellen, gehen Sie wie folgt vor:

1. Aktivieren Sie in der Programmgruppe *Systemsteuerung* den Programmpunkt *Netzwerk*. Holen Sie das Register *Konfiguration* in den Vordergrund.

2. Klicken Sie auf *Hinzufügen*.

3. Wählen Sie in der Liste den Eintrag *Netzwerkkarte* aus und klicken Sie auf *Hinzufügen*. Das Fenster *Netzwerkkarten auswählen* wird geöffnet.

4. Klicken Sie auf *Diskette*. Das Fenster mit dem Titel *Von Diskette installieren* wird geöffnet. Geben Sie im Feld *Herstellerdateien kopieren von* das Verzeichnis an, in das Sie Scotty entpackt haben. Bestätigen Sie Ihre Angaben mit *OK*.

5. Verlassen Sie das Netzwerkfenster mit *OK* und starten Sie den Rechner neu.

6. Nach dem Neustart des Rechners erscheint der Konfigurationsdialog. Wenn Sie diesen ausgefüllt und Ihre Angaben bestätigt haben, ist Scotty aktiviert. Dieses erkennen Sie daran, daß unten in Ihrer Task-Leiste ein rotes Lämpchen leuchtet. Doppelklicken Sie auf das Symbol, um detaillierte Informationen zum aktuellen Verbindungsstatus zu bekommen.

Installation bei Verwendung von festen IP-Adressen:

Um eine Verbindung unter Einsatz fester IP-Adressen herzustellen, gehen Sie wie folgt vor:

1. Aktivieren Sie in der Programmgruppe *Systemsteuerung* den Programmpunkt *Netzwerk*. Holen Sie das Register *Konfiguration* in den Vordergrund.

2. Klicken Sie auf *Hinzufügen*.

3. Wählen Sie in der Liste den Eintrag *Netzwerkkarte* aus und klicken Sie auf *Hinzufügen*. Das Fenster *Netzwerkkarten auswählen* wird geöffnet.

4. Klicken Sie auf *Diskette*. Das Fenster mit dem Titel *Von Diskette installieren* wird geöffnet. Geben Sie im Feld *Herstellerdateien kopieren von* das Verzeichnis an, in das Sie Scotty entpackt haben. Bestätigen Sie Ihre Angaben mit *OK*.

5. Sie befinden sich nun wieder in dem Fenster *Netzwerk*.

6. Wählen Sie auf dem Register *Konfiguration* in der Liste die Netzwerkkomponente *TCP/IP -> SCOTTY – The ISDN Internet Beamer* aus und klicken Sie auf *Eigenschaften*.

7. Wählen Sie unter *IP-Adresse* die Option *IP-Adresse festlegen*. In das Feld *IP-Adresse* tragen Sie Ihre feste IP-Adresse ein, die Sie von Ihrem Internet-Provider bekommen haben.

8. Wechseln Sie zum Register *Gateway*.

9. Für die erforderliche Gateway-Adresse benutzen Sie Ihre feste IP-Adresse und ersetzen den letzten Wert nach dem Punkt durch den Wert 1. (Zum Beispiel: IP Adresse: 129.79.8.122, Gateway: 129.79.8.1, Subnet Mask: 255.255.255.0). Klicken Sie dann auf *Hinzufügen*.

10. Wechseln Sie zum Register *DNS-Konfiguration*.

11. Wählen Sie die Option *DNS aktivieren* aus. Tragen Sie Ihren Hostnamen und die Domäne Ihres Internet-Providers in die entsprechenden Felder ein. Die Domäne und der Hostname steht auf dem Anmeldeformular Ihres Providers. Tragen Sie im Abschnitt *Suchreihenfolge für DNS-Server* die IP-Adresse des DNS-Servers ein. Die IP-Adresse des DNS-Servers finden Sie ebenfalls auf dem Anmeldeformular Ihres Providers. Klicken Sie dann auf *Hinzufügen*.

12. Beenden Sie die TCP/IP-Konfiguration mit *OK*.

13. Verlassen Sie das Netzwerkfenster mit *OK* und starten Sie den Rechner neu.

14. Nach dem Neustart des Rechners erscheint der Konfigurationsdialog. Wenn Sie diesen ausgefüllt und Ihre Angaben bestätigt haben, ist Scotty aktiviert. Dieses erkennen Sie daran, daß unten in Ihrer Task-Leiste ein rotes Lämpchen leuchtet. Doppelklicken Sie auf das Symbol, um detaillierte Informationen zum aktuellen Verbindungsstatus zu bekommen.

6. Verbindungsmöglichkeiten nach außen – Alles rund ums DFÜ-Netzwerk

Das Zusammenspiel zwischen ISDN und dem Betriebssystem Windows 95 läuft in vielen Bereichen schon sehr erfreulich. Man könnte fast sagen „ISDN wird unter Windows 95 erst so richtig schön". Mit den bereits vorgestellten Softwarelösungen, die auf dem CAPI-Treiber aufbauen (siehe Seite 97), sind Sie in der Lage, Daten per Eurofile-Transfer-Protokoll zu übertragen, Faxe zu versenden oder zu empfangen, Terminal-Funktionen auszuführen sowie Anrufbeantworter zu simulieren.

Wollen Sie nun aber eine weiteren Schritt in die große weite Welt hinaus wagen, benötigen Sie neben dem CAPI-Treiber weitere Treiber. Beispielsweise zur funktionstüchtigen ISDN-Verbindung mit einem Internet-Provider Ihrer Wahl – von der im nächsten Kapitel noch ausführlich die Rede sein wird – benötigen Sie diese(n) weiteren Treiber, aber auch, wenn Sie mit Hilfe der ISDN-Karte Ihren PC über die Telefonleitung mit einem anderen Rechner zu einem (Mini-)Netzwerk verbinden wollen, wozu Sie in diesem Kapitel noch ausführlich Informationen erhalten werden.

Wegweiser zu diesem Kapitel	
Seite	**Hier erhalten Sie Informationen zum Thema ...**
170	Was sind virtuelle Modems?
172	DFÜ-Netzwerk von Windows 95 einrichten
175	ISDN Accelerator Pack von Microsoft
179	CAPI-Port-Installation
184	TELES.VCOMM-Installation
185	NDIS-WAN-Treiber mit TELES-Karten
188	NDIS-WAN-Treiber mit der FRITZ!Card
192	Netzwerkanbindung an einen entfernten Rechner
200	Bereitstellung des eigenen Rechners als Server

6.1 Die Schnittstelle nach draußen – Von virtuellen Modems und ähnlichen Fabeltieren

Nun ist so eine CAPI beziehungsweise DualCAPI samt der mitgelieferten Bundle-Software ja eine feine Sache. Für die Verwendung weiterer Komunikationsprogramme ist der CAPI-Treiber aber nicht mehr ausreichend. Sie benötigen weitere Treiber.

Durch diese speziellen Treiber werden Ihnen die sogenannten virtuellen Modems für die Einwahl zur Verfügung gestellt. Besonders gängige Einstellungen für Online-Dienste und Internet sind dort bereits vorkonfiguriert. Jetzt aber beginnt das große Verwirrspiel, da sich die verschiedenen Hersteller einmal mehr nicht auf einen gemeinsamen Standard einigen konnten.

Der CAPI-Port von AVM

AVM verwendet für seine FRITZ!-Karten einen sog. CAPI-Port-Treiber. Dieser erzeugt in der Systemsteuerung von Windows 95 insgesamt sechs virtuelle Modems. Diese stehen dann im DFÜ-Netzwerk für jedes DFÜ-Programm zur Verfügung. Besonders gängige Einstellungen für Online-Dienste und Internet sind bereits vorkonfiguriert. Sie benötigen diese virtuellen Modems beispielsweise, um sich per ISDN mit einem Internet-Provider zu verbinden oder eine DFÜ-Netzwerkverbindung zu einem anderen Rechner herzustellen. Aber auch zur Benutzung des Windows 95-Programms HyperTerminal (siehe Seite 268), mit dem Sie auf Mailboxen zugreifen können, sind diese virtuellen Modems notwendig.

TELES.VCOMM

TELES bietet unter dem Namen TELES.VCOMM ebenfalls eine Sammlung virtueller Modems an, die automatisch mit der Installation des TELES-Treibers (siehe Seite 75) eingerichtet werden. Auch hier finden Sie vorkonfigurierte Einstellungen für wichtige ISDN-Applikationen (siehe CAPI-Port).

NDIS-WAN-Miniport

Des weiteren gibt es die von Microsoft favorisierte NDIS-WAN-Miniport-Lösung. Durch den NDIS WAN Miniport-Treiber wird Ihre ISDN-Karte als gewöhnliche Netzwerkkarte behandelt, die aber nicht nur innerhalb eines LANs, sondern auch in einem WAN einsetzbar ist. Windows 95 kann die meisten ISDN-Karten wie Netzwerkadapter behandeln, so daß diese über die Netzwerkumgebung von Windows 95 installiert werden können. Den so installierten Karten stehen dann die Netzwerkprotokolle zur Verfügung, die bestimmte Netzwerkfunktionen erst ermöglichen. Alle

Windows 95-Programme, die etwas mit Netzwerkverbindungen zu tun haben, können somit auf die ISDN-Karte zugreifen.

Microsoft geht hier einen Weg, bei dem nicht der CAPI-Treiber verwendet wird. Der CAPI-Treiber ist eine europäische Lösung, Microsoft etabliert mit dem NDIS-WAN-Miniport einen internationalen Standard.

Die Funktionalität ist aber beim CAPI-Port und auch beim TELES.VCOMM umfangreicher, da dort mehr Protokolle unterstützt werden. Alle Funktionen, die mit dem NDIS-WAN-Miniport realisiert werden können, sind ebenfalls mit dem CAPI-Port und dem TELES.VCOMM möglich. Die Installation des NDIS WAN Miniport-Treibers ist unter Windows 95 demnach nicht zwingend. Bei Windows NT hingegen ist der CAPI-Port nicht einsetzbar. Hier muß der NDIS WAN Miniport-Treiber benutzt werden!

FAQ Was ist NDIS?

Der NDIS-Treiber stellt eine amerikanische Konkurrenz oder, besser gesagt, eine Ergänzung zum europäischen CAPI-Protokoll dar. Ausgehend von der Tasache, daß ISDN in den USA weniger für klassische Telefonfunktionen wie Telefonie und Faxen, sondern eher als Verbindungsmedium zwischen Rechnernetzen bzw. als Zugangsmedium zum Internet eingesetzt wird, läßt sich die Eigenheit des NDIS-Ansatzes verstehen. NDIS (**N**etwork **D**evice **I**nterface **S**pecification) definiert eine standardisierte Schnittstelle für Netzwerkkarten. Dieser Ansatz sieht also auch ISDN-Karten als Netzwerkkarten an. So können ISDN-Karten über das Protokoll NDISWAN an das DFÜ-Netzwerk gebunden werden und stehen dann auch für DFÜ-Netzwerkverbindungen zur Verfügung.

FAQ Was ist LAN?

LAN steht für **L**ocal **A**rea **N**etworking und ermöglicht die Netzwerkverbindungen in kleine Entfernungen (z. B. hausinterne Netzwerke)!

FAQ Was ist WAN?

WAN steht für **W**ide **A**rea **N**etworking und ermöglicht die Netzwerkverbindungen beliebiger Entfernungen!

FAQ Was soll ich denn jetzt alles installieren?

Ist das DFÜ-Netzwerk noch nicht auf Ihrem Rechner (siehe unten) installieren Sie dieses zunächst. Anschließend sollten Sie das MS ISDN Accelerator Pack auf Ihren Rechner bringen.
Für Besitzer der FRITZ!Card: Installieren Sie dann den CAPI-Port-Treiber.
Für Besitzer von TELES-Karten: Die TELES.VCOMM-Treiber werden automatisch bei der Karteninstallation eingerichtet.

171

Die Installation des NDIS WAN Miniport-Treibers ist optional und bringt Ihnen erst einmal nicht viel, außer daß Sie nun eine virtuelle Netzwerkkarte zur Verfügung haben.

Das DFÜ-Netzwerk von Windows 95

Zur Verbindung mit der Außenwelt in Form von Netzwerkanbindungen oder einem Internet-Zugang ist das DFÜ-Netzwerk von Windows 95 verantwortlich. Es dient zum Verbindungsaufbau zu einem anderen Rechner (vornehmlich) über die Telefonleitung (egal ob mit einem herkömmlichen Modem oder per ISDN). Für verschiedene Verbindungsmöglichkeiten können Sie im DFÜ-Netzwerk entsprechende Einträge mit den betreffenden Konfigurationen (Rufnummer, Paßwörter, Protokolle etc.) erstellen.

ISDN Accelerator Pack

Nach und nach öffnet sich auch Microsoft dem ISDN-Bereich und versucht diesem seinen eigenen Stempel aufzudrücken. Ausdruck dafür ist auch das Microsoft ISDN Accelerator Pack (aktuelle Version 1.1). Das Accelerator Pack verfolgt zwei grundlegende Ziele. Erstens erweitert es das DFÜ-Netzwerk um ISDN-relevante Funktionen, und zweitens ermöglicht es die Installation des sogenannten NDIS WAN Miniport-Treibers, der die Einbindung von ISDN-Karten als Netzwerkkarten in das DFÜ-Netzwerk ermöglicht. Das Accelerator Pack bringt weiterhin den Vorteil, daß jetzt auch Kanalbündelung möglich ist.

DFÜ-Netzwerk installieren

Falls das DFÜ-Netzwerk auf Ihrem Rechner schon installiert ist, können Sie diesen Abschnitt getrost überspringen. Ob das DFÜ-Netzwerk auf Ihrem Rechner installiert ist, überprüfen Sie im Explorer.

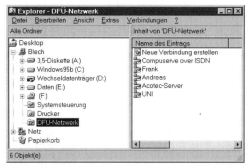

Kontrollieren Sie im Explorer, ob das DFÜ-Netzwerk installiert ist

Ist der Eintrag *DFÜ-Netzwerk* nicht zu sehen, sollten Sie die betreffende Installation nun nachholen.

① Aktivieren Sie dazu zunächst in der Systemsteuerung von Windows 95 den Eintrag *Software* und wechseln Sie anschließend auf die Registerseite *Windows-Setup*.

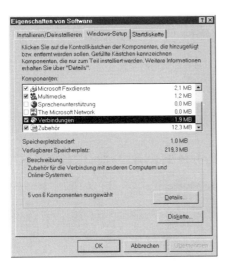

② Markieren Sie nun den Listeneintrag *Verbindungen* und klicken Sie danach auf *Details*.

③ In diesem Dialog markieren Sie den Eintrag *DFÜ-Netzwerk*. Nach zweimaliger Wahl von *OK* werden Sie aufgefordert, die Windows 95-CD einzulegen, und schon bald ist das DFÜ-Netzwerk auf Ihrem Rechner.

TCP/IP-Protokoll installieren

Für Verbindungen ins Internet müssen Sie das DFÜ-Netzwerk um das TCP/IP-Protokoll ergänzen.

① Aktivieren Sie dazu zunächst in der Systemsteuerung von Windows 95 den Eintrag *Netzwerk*. Klicken Sie nun auf *Hinzufügen* und im anschließend erscheinenden Dialog auf *Protokoll* und ebenfalls auf *Hinzufügen*.

② Im folgenden Dialog wählen Sie *Microsoft* und anschließend *TCP/IP* aus.

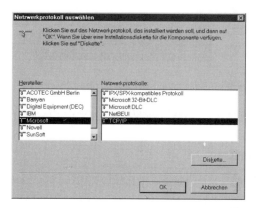

③ Nun müssen Sie lediglich noch zweimal auf *OK* klicken, damit ist auch diese Installation beendet.

TCP/IP-Bindung

Damit Sie mit Hilfe des DFÜ-Netzwerks und Ihrer ISDN-Karte eine Verbindung zum Internet herstellen können, muß der DFÜ-Treiber an das TCP/IP-Protokoll gebunden werden. Das geht ganz einfach.

① Aktivieren Sie dazu zunächst wieder den Eintrag *Netzwerk* in der Systemsteuerung.

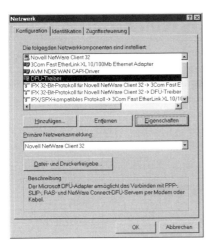

② Markieren Sie dort den Eintrag *DFÜ-Treiber* und wählen Sie dann *Eigenschaften*.

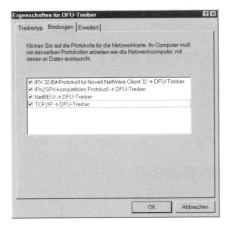

③ Stellen Sie hier sicher, daß der Eintrag *TCP/IP->DFÜ-Treiber* angekreuzt ist.

Microsoft ISDN Accelerator Pack installieren

Voraussetzung für die Installation des Accelerator Pack ist, daß das DFÜ-Netzwerk bereits auf Ihrem Rechner installiert ist. Ansonsten benötigen Sie lediglich die Datei *Demsisdn11.exe*. Das Accelerator Pack wird von verschiedenen Kartenherstellern (z. B. TELES) als Zugabe geliefert. Weitere Möglichkeiten, an das Accelerator Pack zu kommen, bietet das Internet.

Wie komme ich an das MS ISDN Accelerator Pack?

Laden Sie die Datei *Demsisdn.exe* von folgender Web-Seite : *http://www.microsoft. com/ windows/software/localize/gerisdn.htm*. Bei TELES-Karten befindet sich das Accelerator Pack schon auf der beiliegenden CD und wurde bei der Karteninstallation auf Ihre Festplatte kopiert. Gegebenenfalls erhalten Sie im Internet aber eine aktuellere Version.

① Das Installationsprogramm wird durch einen Doppelklick auf die Datei *Demsisdn11.exe* gestartet.

② Klicken Sie auf *Ja*, um die Installation zu beginnen.

③ Bestätigen Sie den Lizenzvertrag mit *Ja*.

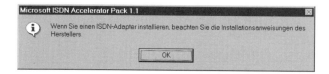

④ Bestätigen Sie den Hinweis für die Karteninstallation mit *OK*.

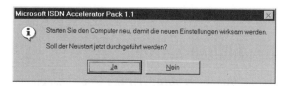

⑤ Damit ist die Installation abgeschlossen. Starten Sie Ihren Rechner neu.

DFÜ-Netzwerk im neuen Look

Öffnen Sie nun das DFÜ-Netzwerk und lassen Sie sich die Eigenschaften einer beliebigen Verbindung anzeigen. Falls Sie noch keine erstellt haben, klicken Sie auf *Neue Verbindung erstellen* und geben dann einen Namen und auf der nächsten Seite eine Telefonnummer an. Öffnen Sie anschließend das Kontextmenü dieser neu erstellten Verbindung und wählen Sie dort den Befehl *Eigenschaften*.

*Das neue DFÜ-Netzwerk –
mehr als nur neuer Wein in
alten Schläuchen*

Nach dem Neustart präsentiert sich das DFÜ-Netzwerk in einem neuen Outfit. Statt einem sind nun drei Register zu sehen, die die im Zusammenhang mit dem DFÜ-Netzwerk relevanten Informationen festhalten. Das Register *Einstellungen* ist dabei ebenso unverändert wie die Einstellungen für die Servertypen, die ja bisher erst über eine Schaltfläche aufgerufen werden mußten.

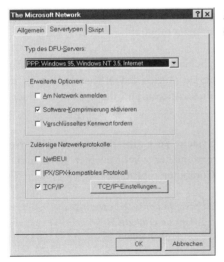

*Die Servertypen erhalten
ein eigenes Register*

Achtung **Windows 95b**

Sind Sie stolzer Besitzer der Windows 95b-Version, hat sich am Outfit nichts geändert, da dort die entsprechenden Verbesserungen schon integriert sind.

Neu ist das dritte Register *Skript*. Er ersetzt die bisher zusätzlich zu installierende DFÜ-Skriptverwaltung (bisher im Menü *Programme/Zubehör*).

177

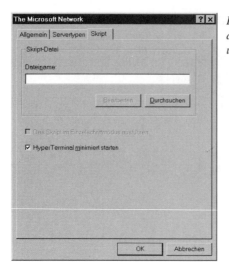

Die Skriptverwaltung ist nun direkt im DFÜ-Netzwerk untergebracht

Über *Durchsuchen* können die Skripte nun direkt jedem Eintrag zugewiesen werden. Skripte dienen ja generell dazu, Einwahlprozeduren zu Online-Diensten (z. B. T-Online oder CompuServe) zu automatisieren und Anmeldeprozeduren in den Verbindungsaufbau zu integrieren. Dadurch können Sie beispielsweise Ihre E-Mails in CompuServe über eine DFÜ-Netzwerkverbindung mit Hilfe von MS-Exchange einsehen, ohne die Zugangssoftware von CompuServe zu benutzen. Während die Skriptsprache beim alten DFÜ-Netzwerk nur Provider mit dem Protokoll PAP unterstützten, sind nun auch PPP-Verbindungen möglich.

Eine echte Neuerung stellt die Möglichkeit dar, über die Schaltfläche *Einstellungen* (Register *Allgemein*) zusätzliche Geräte (sprich ISDN-Kanäle, die an das entsprechende Protokoll gebunden sind) hinzuzufügen und diese dann zu einer Kanalbündelung einzusetzen.

Neu ist auch das Symbol, das im System-Tray eine bestehende DFÜ-Netzwerkverbindung darstellt. Statt der bisher verwendeten zwei Leuchten (grün und rot) werden jetzt zwei miteinander verbundene Computer angezeigt.

Die Integration zusätzlicher Geräte ermöglicht die Kanalbündelung

Installation des CAPI-Port-Treibers der FRITZ!Card

Die Installation des CAPI-Port-Treibers stellt Ihnen bei der FRITZ!Card die eben angeführten virtuellen Modems zur Verfügung. Wenn Sie bereits eine frühere Variante des von ISDN-CAPI-Port-Treibers von AVM auf Ihrem Rechner installiert haben, deinstallieren Sie diesen zunächst (siehe unten).

 ## Wo erhalte ich den CAPI-Port-Treiber?

Der CAPI-Port-Treiber befinden sich auf der FRITZ!-CD. Aktuelle Versionen können Sie vom Support- bzw. Internet-Server von AVM runterladen (*www.avm.de*).

Der CAPI-Port-Treiber ist leicht installiert.

① Die Karten-Treiber werden über den Hardware-Assistenten installiert. Rufen Sie dazu den Assistenten in der Systemsteuerung (*Start/Einstellungen/Systemsteuerung*) von Windows 95 auf.

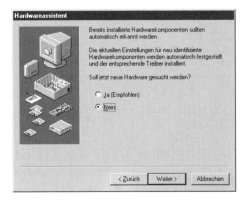

② Wählen Sie die Option *Nein* auf die Frage *Soll jetzt neue Hardware gesucht werden*, denn die Karte wird nicht automatisch erkannt, sondern von Ihnen per Hand eingebunden.

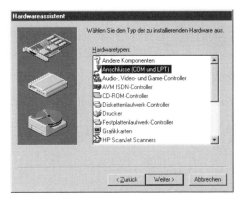

③ Unter *Hardwaretypen* wählen Sie den Eintrag *Anschlüsse (COM und LPT)*.

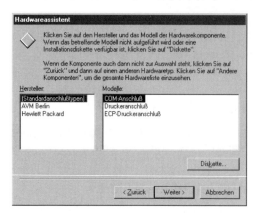

④ Klicken Sie im nächsten Dialogfeld auf die Schaltfläche *Diskette*.

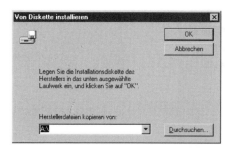

⑤ Klicken Sie nun auf die Schaltfläche *Durchsuchen*.

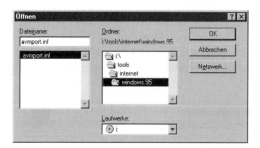

FAQ **Wo finde ich die Datei Avmport.inf?**

Diese befindet sich im Ordner *Tools\Internet\Windows.95* auf der FRITZ!Card-CD.

⑥ Wählen Sie die Installationsdatei (*Avmport.inf*) aus und klicken Sie zweimal auf *OK*.

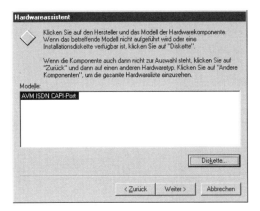

⑦ Bestätigen Sie die Auswahl des Treibers mit *Weiter*.

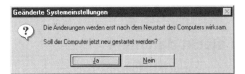

⑧ Damit ist die Treiberinstallation abgeschlossen. Klicken Sie auf *Ja*, um den Rechner neu zu starten.

⑨ Nach dem Neustart von Windows können Sie im Geräte-Manager (rechte Maustaste auf *Arbeitsplatz*, dann *Eigenschaften/Geräte-Manager*) die Veränderungen sehen. Unter *Anschlüsse* finden Sie die CAPI-Port-Treiber.

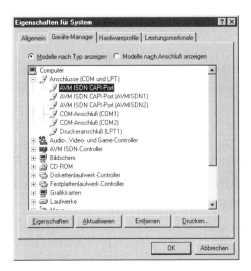

⑩ Unter *Modems* finden Sie sechs virtuelle Modems, über die Sie per ISDN auf verschiedene Anwendungen zugreifen können.

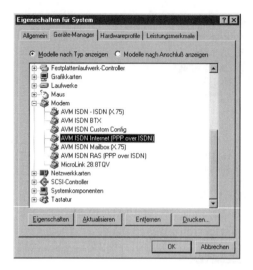

Virtuelle Modems: Was steckt dahinter?

„Warum eigentlich brauche ich sechs virtuelle Modems", werden Sie vielleicht fragen. Nun, die Antwort ist recht einfach: Es gibt derzeit viel zu viele Übertragungs- und Einwahl-Protokolle, als daß man mit einer universellen Grundeinstellung arbeiten könnte. AVM hat aus diesem Grund für die sechs wichtigsten Verfahren vorkonfigurierte Einstellungen geschaffen:

- *AVM ISDN (RAS over ISDN):* Zum Aufbau einer Netzwerkverbindung mit ISDN zu Windows 95- oder Windows NT-Rechnern (z. B. über das DFÜ-Netzwerk).
- *AVM ISDN Mailbox (X.75):* Zur Einwahl in ISDN-Mailboxen, die meist mit dem Protokoll X.75 arbeiten.
- *AVM ISDN Internet (PPP over ISDN):* Meist verwendetes Protokoll von Internet-Providern (auch beim MSN-Online-Dienst oder der neuen T-Online-Version).
- *AVM ISDN – ISDN (X.75):* Für Internet-Provider, die mit X.75 statt HDLC arbeiten.
- *AVM ISDN BTX:* Für den Zugriff auf Btx.
- *AVM ISDN Custom Config:* Dieses Modem dient als Basiskonfiguration für eigene Modifikationen (z. B. bei der Einwahl in CompuServe, siehe Seite 223).

> **FAQ** **Ist mit dem ISDN-CAPI-Port-Treiber von AVM der Zugriff auf analoge Mailboxen möglich ?**
>
> Nein. Der ISDN-CAPI-Port-Treiber von AVM dient nur der Kommunikation zu reinen ISDN-Gegenstellen. Diese können z. B. Router, ISDN-Controller anderer Hersteller, Btx-Knoten der Telekom und externe ISDN-Terminaladapter sein.

CAPI-Port-Treiber deinstallieren

Wenn Sie bereits eine frühere Variante des ISDN-CAPI-Port-Treibers von AVM auf Ihrem Rechner installiert haben (z. B. aus einer Beta-Release), löschen Sie vor der Installation der neuen Version folgende Einträge im Geräte-Manager der System-steuerung von Windows 95:

Zugriff über den Geräte-Manager

in der Gruppe *Anschlüsse (COM und LPT)* die Einträge:

- *AVM ISDN CAPI-Port*
- *AVM ISDN CAPI-Port (AVMISDN1)*
- *AVM ISDN CAPI-Port (AVMISDN2)*

Auch die Modems werden im Geräte-Manager verwaltet

in der Gruppe *Modem* die Einträge:

- *AVM CAPI-Modem (RAS)*
- *AVM CAPI-Modem (X.75)*

- *AVM CAPI-Modem (HDLC) INTERNET*
- *AVM CAPI-Modem (X.75) INTERNET*
- sowie alle anderen Einträge früherer Versionen des ISDN-CAPI-Port-Treibers von AVM

Virtuelle Modems – So werden sie mit TELES realisiert

Bei der Installation der CAPI-Treiber für die TELES.S0/16.3-Karte werden die virtuellen Modems automatisch erzeugt, Sie benötigen dazu also keine separate Installationsroutine. Die Veränderung wird deutlich, wenn Sie in der Systemsteuerung auf den Eintrag *Modem* doppelklicken.

Hier finden Sie einige neue Modems

Auch die Veränderungen im Geräte-Manager sind interessant. Öffnen Sie den Geräte-Manager und wählen Sie die Option *Modelle nach Anschluß anzeigen*. Hier sehen Sie noch einmal die neuen Modems im Überblick.

Jede Menge Modems

Über die Schaltfläche *Eigenschaften* können die einzelnen Modemkonfigurationen abgeändert werden.

NDIS WAN Miniport-Treiber bei TELES-Karten installieren

Der NDIS WAN Miniport-Treiber kann sowohl auf TELES-Treibern als auch auf AVM-Treibern aufsetzen. Mit Hilfe dieses Treibers wird Ihre ISDN-Karte vom Betriebssystem als Netzwerkkarte behandelt und ermöglicht Ihnen somit die Netzwerkanbindung an andere Rechner über die Telefonleitung.

Bei den Treibern der TELES-Karte ist der NDIS WAN Miniport-Treiber bereits dabei.

Was ist zur Installation des NDIS-WAN-Treibers erforderlich?

Sie müssen zuvor das MS ISDN Accelerator Pack 1.1 installiert haben!

(1) Klicken Sie dazu nacheinander auf *Start/Einstellungen/Systemsteuerung/Netzwerk*.

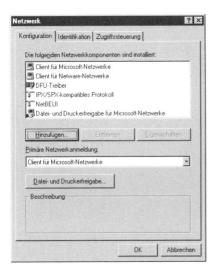

(2) Klicken Sie im Dialogfeld *Netzwerk* auf *Hinzufügen*.

③ Markieren Sie den Eintrag *Netzwerkkarte* und klicken Sie auf *Hinzufügen*.

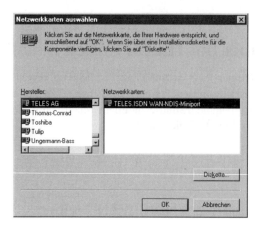

④ Wählen Sie im Dialogfeld *Netzwerkkarten auswählen* unter *Hersteller* den Eintrag *TELES AG*. Der Eintrag *TELES.ISDN WAN-NDIS-Miniport* ist bereits markiert.

⑤ Klicken Sie nun auf *OK*.

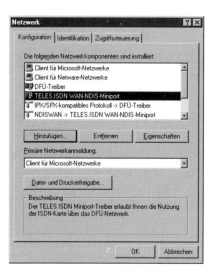

⑥ Damit haben Sie den Grundstein gelegt, die TELES-Karte auch für DFÜ-Netzwerkverbindungen (mit Kanalbündelung) zu verwenden.

⑦ Schließen Sie jetzt den Netzwerkdialog, indem Sie auf *OK* klicken.

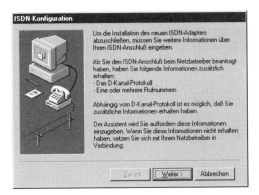

⑧ Automatisch wird nun die Konfiguration der Karte gestartet.

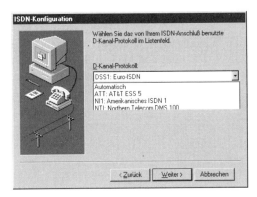

⑨ Wählen Sie als *D-Kanal-Protokoll* die Option *DSS1: EURO-ISDN* aus.

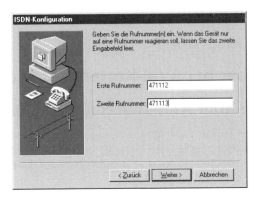

⑩ Im nächsten Schritt geben Sie Ihre Rufnummern für die Karte (ohne Vorwahl) ein. Klicken Sie auf *Weiter*.

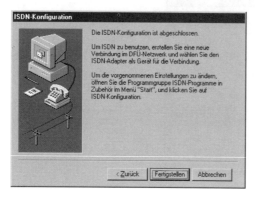

⑪ Damit ist die Konfiguration des Endgeräts abgeschlossen. Bestätigen Sie dies mit *Fertigstellen*.

⑫ Sie werden nun aufgefordert, die Windows 95-CD einzulegen. Geben Sie Laufwerk und Unterverzeichnis (z. B: „G:\Win95") ein und klicken Sie auf *OK*. Eventuell erscheinende Meldungen über das Beibehalten von Dateien bestätigen Sie mit *Ja*.

⑬ Bestätigen Sie die Aufforderung des Neustarts mit *Ja*. Der Rechner wird daraufhin neu gebootet.

Ihnen steht nun eine virtuelle Netzwerkkarte zur Verfügung, mit der Sie beide ISDN-Kanäle nutzen können.

NDIS WAN Miniport-Treiber bei AVM-Karten installieren

Wo erhalte ich den NDIS WAN-Treiber für AVM-Karten?

Im Internet können Sie diesen Treiber von folgender Adresse herunterladen: *ftp://ftp.avm.de/programs/ndiswan.95*. Die Datei befindet sich ebenfalls auf dem AVM-Server im Verzeichnis *\programs\ndiswan.95\deutsch*, mit dem Sie sich über FRITZ!data (030/39984300) verbinden können.

Was ist zur Installation des NDIS-WAN-Treibers erforderlich?

Sie müssen zuvor das MS ISDN Accelerator Pack 1.1 installiert haben!

① Öffnen Sie zur Installation zunächst die Systemsteuerung und klicken Sie dann auf *Netzwerk*.

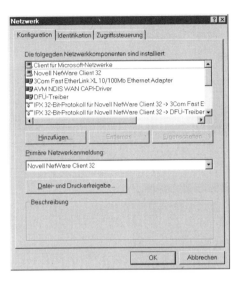

② Wählen Sie nun *Hinzufügen*.

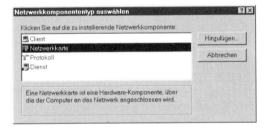

③ Wählen Sie hier *Netzwerkkarte* aus.

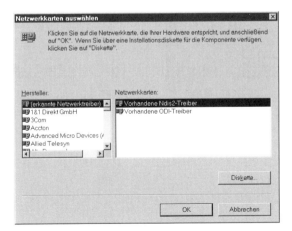

④ Im nächsten Schritt entscheiden Sie sich für *Diskette*.

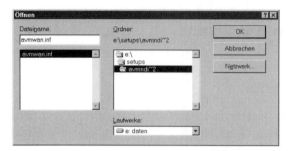

⑤ Wählen Sie hier die Datei *Avmwan.inf* aus dem betreffenden Ordner aus.

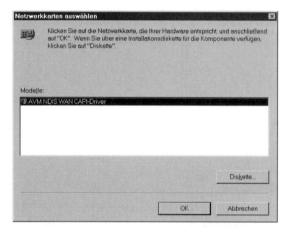

⑥ Entscheiden Sie sich jetzt für *OK* und schließen Sie im nächsten Schritt das Netzwerkfenster über *OK*.

⑦ Weiter geht es mit *Weiter*.

⑧ Die Voreinstellung *Automatisch* können Sie hier belassen.

⑨ Geben Sie hier lediglich Ihre Rufnummer in das erste Feld ein.

⑩ Nun ist es Zeit, die Installation abzuschließen. Wählen Sie daher *Fertigstellen*.

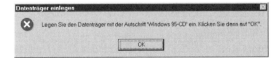

Ganz ohne die Windows 95-CD kann es natürlich (wie immer) nicht funktionieren. Legen Sie diese daher in Ihr CD-ROM-Laufwerk ein und bestätigen Sie mit *OK*. Anschließend muß der Rechner zur erfolgreichen Übernahme aller neuen Einstellungen neu gestartet werden. Ihnen steht nun eine virtuelle Netzwerkkarte zur Verfügung, mit der Sie beide ISDN-Kanäle nutzen können.

6.2 Das DFÜ-Netzwerk – Netzwerkanbindung per Telefonleitung

Mit Hilfe des DFÜ-Netzwerks können Sie nun nach den langen Vorarbeiten endlich eine Verbindung über ISDN zu einem anderen Rechner aufbauen. Dabei kann es sich um einen einzelnen Computer oder einen Rechner, der in ein Netz eingebunden ist, handeln. So können Sie beispielsweise von zu Hause aus auf Ihren Firmenrechner zugreifen oder sich ins Internet einwählen (siehe Seite 207). Auf Ihrem Computer können Sie sich dann das Verzeichnis, auf das Sie auf dem entfernten Rechner Zugriff haben, als separates Laufwerk anzeigen lassen. So können Sie beispielsweise Dateien einfach per Drag & Drop kopieren, obwohl sich der betreffende Ordner auf einem ganz anderen Rechner befindet.

6.3 So richten Sie Ihren Rechner als DFÜ-Client ein

In einem Netzwerk kann ein Computer zwei Positionen einnehmen. Zum einem kann er auf einen anderen Rechner zugreifen und sich dessen Ressourcen (dabei kann es sich um Dateien oder auch um einen an diesem Rechner angeschlossenen Drucker handeln) zunutze machen. Bedient sich also ein Rechner bei einem anderen Rechner, wird er als Client bezeichnet. Zum anderen kann Ihr Rechner auch als Anbieter von Ressourcen auftreten. Ist dies der Fall, wird er im Netzwerk zu einem sog. Server.

Im folgenden soll gezeigt werden, wie Sie mit dem DFÜ-Netzwerk als Client auf einen anderen Windows 95-Rechner zugreifen und wie Sie Ihren Rechner als Server einrichten.

Um mit Hilfe des DFÜ-Netzwerks per ISDN von Ihrem Rechner aus auf einen anderen Computer zuzugreifen, brauchen Sie zunächst die folgenden Informationen über den Rechner, auf den Sie zugreifen:

- Kennwort für den Zugriff auf das DFÜ-Netzwerk (falls vorhanden).
- Computername des Servers (wichtig!).
- Freigabename des Ordners, auf den Sie Zugriff haben sollen (falls vorhanden; können im Explorer festgelegt werden (rechte Maustaste, *Freigabe*).

- Mögliche Kennwörter für den Schreib- und/oder Lesezugriff (falls vorhanden; werden auch im Explorer bestimmt).

 Der Computername ist immens wichtig

> In jedem Fall werden Sie den Computernamen benötigen, den Ihnen Ihr Verbindungspartner zwingenderweise mitteilen muß.

Über diesen Namen finden Sie dann die freigegebenen Verzeichnisse des Host-Rechners. Der Rest ist abhängig von der jeweiligen Rechnerkonfiguration. Wo genau sich diese Informationen befinden, wird weiter unten bei den Erläuterungen über die Einrichtung eines DFÜ-Servers gezeigt.

So stellen Sie eine Verbindung mit der FRITZ!Card zu einem Server her

Ehe Sie eine Verbindung zu einem anderen Rechner herstellen können, müssen Sie eine neue DFÜ-Verbindung definieren. In diesem Beispiel greifen Sie im folgenden auf den Server der Firma Acotec zu.

① Öffnen Sie dazu zunächst das DFÜ-Netzwerk, indem Sie nacheinander auf *Arbeitsplatz* und *DFÜ-Netzwerk* doppelklicken. Doppelklicken Sie dann auf *Neue Verbindung erstellen*.

② Geben Sie der Verbindung einen Namen (vielleicht „Acotec-Server") und wählen Sie unter *Wählen Sie ein Modem* den Eintrag *AVM ISDN RAS (PPP over ISDN)* für den Zugang aus.

 Virtuelle Modems

> Hier bedienen Sie sich des virtuellen Modems *AVM ISDN RAS (PPP over ISDN)*. Alternativ können Sie, wenn Sie den NDIS WAN Miniport-Treiber installiert haben, die virtuelle Netzwerkkarte über *AVM NDIS WAN Line 1* oder *AVM NDIS WAN Line 2* für diese Verbindung nutzen.

③ Klicken Sie dann auf die Schaltfläche *Weiter*.

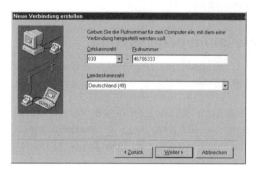

④ Geben Sie als nächstes die Rufnummer (030) 46706333 an. Klicken Sie dann auf *Weiter*. Bestätigen Sie anschließend die neue Verbindung, indem Sie auf *Fertigstellen* klicken. Die neue Verbindung wird nun im Fenster *DFÜ-Netzwerk* dargestellt.

So legen Sie ein Verbindungsprotokoll fest

Nachdem Sie die neue Verbindung erstellt und die für die Kontaktaufnahme notwendigen Einstellungen vorgenommen haben, müssen Sie jetzt noch das Protokoll festlegen, nach dem die beiden zu verbindenden Computer miteinander kommunizieren sollen.

① Klicken Sie dazu mit der rechten Maustaste auf das neue Verbindungssymbol und wählen Sie aus dem erscheinenden Menü den Eintrag *Eigenschaften*. Klicken Sie dann auf den Registerreiter *Servertyp*.

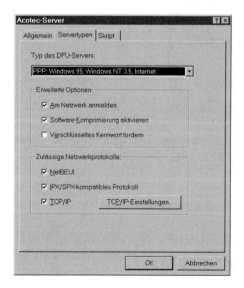

(2) Bestimmen Sie den Typ des Servers, auf den Sie zugreifen wollen.

(3) Für den Acotec-Server können Sie alle Voreinstellungen belassen. In den einzelnen Fällen müssen Sie sich über das verwendete Protokoll des entsprechenden Servers natürlich informieren.

(4) Im Feld *Zulässige Netzwerkprotokolle* aktivieren Sie *NetBEUI*, wenn Sie auf ein Microsoft-Netzwerk zugreifen wollen (dies gilt auch für die Verbindung mit einem einzelnen Windows 95-PC zu). Das IPX-Protokoll sollten Sie für Novell-Netzwerke verwenden, und TCP/IP dient zur Einwahl in Internet-Server. Auch hier können Sie die Voreinstellungen belassen.

(5) Klicken Sie abschließend zweimal auf *OK*, um die Verbindungskonfiguration zu schließen.

(6) Sie befinden sich jetzt wieder im Fenster DFÜ-Netzwerk.

Verbindung herstellen

(1) Jetzt ist die Verbindung startbereit. Um sie herzustellen, doppelklicken Sie auf das Verbindungssymbol. Daraufhin erscheint das Dialogfeld *Verbinden mit*.

(2) Geben Sie hier den Benutzernamen „Gast" und das Kennwort „password" für den Zugriff auf das entfernte DFÜ-Netzwerk ein. Fragen Sie in anderen Fällen Ihr Gegenüber nach der betreffenden Zugangsberechtigung. Überprüfen Sie noch einmal die Rufnummer und klicken Sie auf *Verbinden*.

Tip ▸ **Bei Wahlproblemen geben Sie die komplette Nummer ein**

Bei der Einwahl mit dem DFÜ-Netzwerk kommt es immer wieder mal zu Problemen. Das Programm verhaspelt sich schon mal mit der korrekten Vorwahl. Um dies zu verhindern, wird häufig empfohlen, die komplette Telefonnummer inklusive Vorwahl in das Feld der Haupt-Nummer einzutragen und die Option *Landes- und Ortskennzahl verwenden* zu deaktivieren.

③ Die Verbindung zu dem Server ist nun hergestellt. Per Doppelklick auf das Symbol im System-Tray der Task-Leiste erhalten Sie weitere Informationen.

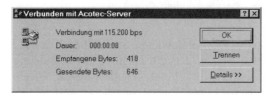

Sie haben jetzt zwei Möglichkeiten, die freigegebenen Ressourcen auf Ihrem Rechner anzuzeigen.

Computer suchen

Die einfachere Variante besteht darin, daß Sie nach dem Computer und den freigegebenen Ressourcen suchen.

① Klicken Sie auf *Start/Suchen/Computer*.

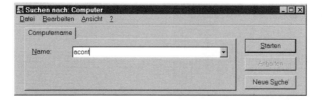

② Geben Sie den Namen des Computers – in diesem Fall „acont" – ein und klicken Sie auf *Starten*. Das Freigabeverzeichnis des entfernten Computers wird daraufhin angezeigt.

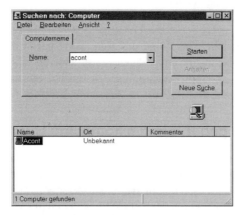

③ Per Doppelklick auf den Eintrag gelangen Sie nach erneuter Eingabe des Paßworts zu den freigegebenen Ordnern.

④ Aus diesem können Sie sich jetzt bedienen und beispielsweise Dateien oder ganze Ordner per Drag & Drop kopieren.

Laufwerk in Explorer einbinden

Nachdem die Verbindung zum angewählten Rechner steht, können Sie alternativ zu dem gerade beschriebenen Suchvorgang auch den Explorer verwenden, um den fremden Rechner mit seinem freigegebenen Ordner als virtuelles Laufwerk auf Ihrem Rechner darzustellen.

① Starten Sie zunächst den Explorer (*Start/Programme/Explorer*). Klicken Sie dann im Menü *Extras* auf den Befehl *Netzlaufwerk verbinden*.

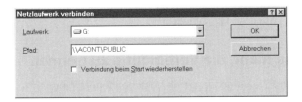

② Wählen Sie eine Laufwerksbezeichnung aus, die Sie dem anderen Rechner zuweisen wollen. In dem Feld *Pfad* geben Sie zunächst zwei Backslash-Zeichen (\\) ein. Darauf folgt der Name des angewählten Computers (der steht dort in der Netzwerkumgebung auf der Registerkarte *Identifikation*). Dann folgt ein Backslash und dann der Freigabename des Ordners auf dem entfernten Rechner. In diesem Fall lautet der vollständige Eintrag *ACONT\PUBLIC*, um in den Ordner *Public* zu gelangen. Bestätigen Sie dies Angaben mit *OK*. Wurden für den Ordner noch weitere Kennwörter festgelegt (z. B. für Schreibzugriff), werden diese noch abgefragt.

③ Das Feld *Verbindung beim Start wiederherstellen* gibt an, ob jedes Mal beim Starten von Windows zu diesem Ordner verbunden werden soll. Wenn Sie diesen Ordner nicht häufig verwenden, deaktivieren Sie das Kontrollkästchen. Dies beschleunigt den Start von Windows.

④ Dann erscheint der freigegebene Ordner unter der zuvor angegebenen Laufwerksbezeichnung innerhalb des Explorers.

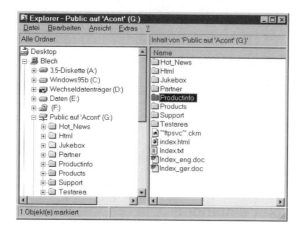

Tip Demoversion von ISDN for Windows 95

Nun können Sie äußerst bequem in den Acotec-Verzeichnissen stöbern und sich auch eine Demoversion des oben genannten Programms auf Ihre Festplatte kopieren. Sie finden das Programm im Unterordner *\Products\i95v122deutsch*.

Jetzt können Sie Dateien aus dem Ordner auf Ihre Festplatte kopieren. Sie können dortige Dateien auch löschen oder Dateien von Ihrem Rechner in den Ordner kopieren, sofern Sie die Berechtigung dazu haben.

Achtung Vergessen Sie nicht, die Verbindung zu trennen

Es passiert schnell, daß Sie vergessen, eine bestehenden Verbindung zu trennen. Das kann dann teuer werden. Zum Beenden der Verbindung klicken Sie im Dialogfeld *Verbinden mit* auf *Trennen*. Das Dialogfeld rufen Sie durch einen Doppelklick auf das DFÜ-Symbol im System-Tray auf.

DFÜ-Netzwerk sinnvoll nutzen – Zugriff auf den TELES-Server

Auch TELES bietet Kunden die Möglichkeit über den TELES-Server für 12 Pfennig pro Minute (zzgl. Telefongebühren) über Ihren Rechner ins Internet zu gehen. Diese Netzwerkverbindung wird beim Einrichten der TELES-Karte automatisch aufgebaut.

Eine neue Verbindung im DFÜ-Netzwerk

① Öffnen Sie das DFÜ-Netzwerk. Sollte die Verbindung noch nicht eingetragen sein, erstellen Sie eine neue. Klicken Sie dann mit der rechten Maustaste auf die Verbindung und dann auf *Eigenschaften*.

② Geben Sie – falls noch notwendig – die Telefonnummer „0190511822" ein und wählen Sie als Gerät den Eintrag *TELES Miniport – 1.B Kanal*. Klicken Sie dann auf den Registerreiter *Servertypen*.

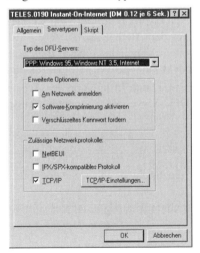

③ Überprüfen Sie ggf. die Einstellungen in diesem Dialog. Klicken Sie dann zweimal auf *OK*, um zum DFÜ-Netzwerkfenster zurückzukehren. Durch einen Doppelklick auf das Verbindungssymbol stellen Sie die Verbindung her. Danach können Sie einen Internet-Browser aufrufen. Denken Sie aber an die Kosten!

6.4 So richten Sie Ihren Rechner als DFÜ-Server ein

Nachdem das DFÜ-Netzwerk installiert ist, besitzen Sie erst einmal nur die Möglichkeit die Rolle eines DFÜ-Clients einzunehmen. Knackpunkt ist die Datei *Rnaserv.dll*, die sich zu diesem Zweck im Windows-Systemverzeichnis befinden muß. Es gibt wieder einmal mehrere Möglichkeiten, dies zu bewerkstelligen:

- Sie installieren diese Funktionalität mit Hilfe des Plus!-Pack von Microsoft. (Kostet Geld und muß nicht sein.)

- Angeblich und offiziell gibt es den DFÜ-Server nur auf dem Microsoft Plus!-Paket zu Windows 95. Dort finden Sie im Setup dann auch einen komfortablen Menüpunkt zum Installieren. Aber lassen Sie sich jetzt bloß nicht nur für diese Datei breitschlagen, das Plus!-Paket zu kaufen. Denn auf den meisten Windows 95-CDs ist diese Datei ebenfalls vorhanden, allerdings gut versteckt entweder in der Datei *Win95_06.cab* (Windows 95a) oder in der Datei *Win95_09.cab* (Windows 95b). Alles was Sie nun noch brauchen, ist das im Verzeichnis *\Win95* auf der Windows 95-CD vorhandene DOS-Programm Extract. Kopieren Sie sich die DFÜ-Server-Datei nun einfach mit dem Befehl *extract /e /l c:\Windows\System Rnaserv.dll* in Ihr Windows-System-Verzeichnis. Nach dem nächsten Start des DFÜ-Netzwerks wird der Menüpunkt *DFÜ-Server* automatisch eingebaut.

- Die dritte Möglichkeit ist die einfachste: Durch Installation des Accelerator Pack von Microsoft wird automatisch die DFÜ-Server-Funktionalität mitinstalliert.

DFÜ-Netzwerk vorbereiten

Um Ihren Rechner dann als DFÜ-Server einzurichten, gehen Sie wie folgt vor:

① Klicken Sie auf dem Desktop mit der rechten Maustaste auf das Symbol *Netzwerkumgebung*.

② Wählen Sie in dem erscheinenden Kontextmenü den Eintrag *Eigenschaften*.

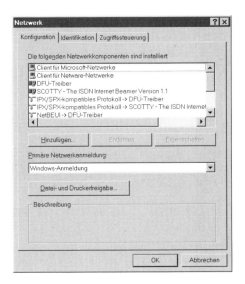

Sie müssen zunächst grundsätzlich die Freigabe von Dateien (oder anderer Ressourcen) festlegen. Klicken Sie dazu auf die Schaltfläche *Datei- und Druckerfreigabe*. Das gleichnamige Dialogfeld erscheint.

So ermöglichen Sie eine Freigabe einzelner Verzeichnisse

Bei Dateien werden grundsätzlich Ordner (Verzeichnisse) für den fremden Zugriff freigeben. Wenn Sie einen oder mehrere Ihrer Ordner freigeben wollen, markieren Sie das Kästchen vor dem Eintrag *Andere Benutzer sollen auf meine Dateien zugreifen können*. Wenn Sie zusätzlich andere Benutzer auf den an Ihrem Rechner angeschlossenen Drucker zugreifen lassen wollen (Ihr Rechner würde damit zum Drucker-Server), markieren Sie auch die zweite Option des Dialogfelds.

Bestätigen Sie die Einstellungen mit *OK*.

Computernamen festlegen

Externe Benutzer müssen bei der Einwahl in Ihr DFÜ-Netzwerk u. a. den Namen Ihres Computers angeben. Diesen legen Sie in der Netzwerkumgebung über die Karteikarte *Identifikation* fest.

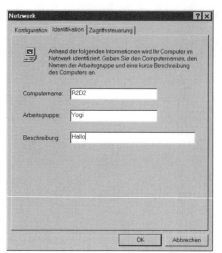

Der Computername wird später zur Einbindung eines entfernten Rechners benötigt

① Vergeben Sie zusätzlich zu dem Computernamen (der wird später zur Einbindung des freigegebenen Ordners in den Explorer des Clients benötigt) noch einen Namen für die Arbeitsgruppe und evtl. eine kurze Erläuterung zu dem Rechner.

② Klicken Sie dann im Dialogfeld *Netzwerk* auf den dritten Registerreiter. Dieser hat die Bezeichnung *Zugriffssteuerung*.

③ Hier muß die Option *Zugriffssteuerung auf Freigabeebene* gewählt sein. Diese Freigabeprozedur definieren Sie später noch genauer. Dann können Sie bestimmen, welche(n) Ordner Sie öffentlich zugänglich machen wollen.

④ Klicken Sie anschließend auf *OK*, damit die Einstellungen wirksam werden, und schließen Sie die Netzwerkumgebung.

⑤ Jetzt ist noch ein Neustart des Rechners notwendig. Bestätigen Sie die entsprechende Anfrage mit *Ja*.

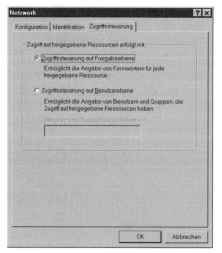

Hier regeln Sie den Zugriff auf Ihren Rechner

⑥ Möglicherweise werden Sie noch aufgefordert die Windows 95-CD einzulegen, da noch einige Dateien zur Datenfreigabe benötigt werden, die bisher noch nicht installiert waren. Folgen Sie in diesem Fall den Anweisungen auf dem Bildschirm.

Ordner freigeben

Nachdem Sie innerhalb des DFÜ-Netzwerks Ihren Rechner als Server eingerichtet und die Freigabe von Dateien grundsätzlich ermöglicht haben, müssen Sie als nächstes festlegen, auf welche Ordner Ihres Rechners externe Benutzer (also die Anrufer) zugreifen dürfen. Denn Sie wollen ja sicherlich vermeiden, daß sich ein Anrufer auf Ihrer Festplatte frei herumtreiben darf.

Mit dem Explorer oder einem anderen Datei-Manager sollten Sie sich einen Ordner anlegen, den Sie für den Austausch von Daten verwenden. Vergeben Sie möglichst einen sprechenden Namen (z. B. „Austausch" oder „Transfer"). In diesen legen Sie dann die Dateien ab, die Sie externen Benutzern zur Verfügung stellen wollen. Andersherum legen Ihre Clients in dieses Verzeichnis (das auch Unterverzeichnisse haben kann) Dateien für Sie ab.

Dieser Ordner muß dann aber noch freigegeben, also für den Zugriff geöffnet werden. Klicken Sie dazu mit der rechten Maustaste auf den neuen Ordner und wählen Sie den Befehl *Freigabe.*

Geben Sie dem Ordner einen Freigabenamen. Dieser muß später gemeinsam mit dem Computernamen zum Einbinden des entfernten Ordners in den eigenen Datei-Manager angegeben werden. Sie können weiterhin einen Kommentar eingeben. Legen Sie auch noch den Zugriffstyp fest. Sie können bestimmen, ob Sie den Ordner grundsätzlich oder nur nach Eingabe eines Kennworts freigeben. Für beide Fälle können Sie festlegen, ob es sich bei der Zugriffsmöglichkeit auf den Rechner, um Schreibrechte und/oder Leserechte handelt. Wenn Sie nur Leserechte vergeben, können nur Daten von Ihrem Ordner heruntergeladen werden. Erteilen Sie dem externen Benutzer auch Schreibrechte, kann dieser auch Dateien in Ihrem Ordner ablegen.

Hier regeln Sie den Zugriff auf den freigegebenen Ordner

Sie können auch grundsätzlich auf Kennwörter verzichten, allerdings erhöht sich so die Gefahr eines unbefugten Zugriffs auf Ihren Rechner.

Wenn Sie Ihre Angaben eingetragen haben, klicken Sie auf *OK*. Sie werden dann ggf. aufgefordert, die zuvor eingetragenen Kennwörter zu bestätigen. Tun Sie dies und klicken Sie auf *OK*.

Im Explorer wird der freigegebene Ordner durch eine Hand gekennzeichnet. Alle Unterverzeichnisse dieses Ordner sind ebenfalls freigegeben.

DFÜ-Server einrichten

Als nächstes müssen Sie im DFÜ-Netzwerk noch Ihren DFÜ-Server konfigurieren.

① Öffnen Sie dazu den Arbeitsplatz und doppelklicken Sie auf das Symbol *DFÜ-Netzwerk*.

② Wählen Sie im Menü *Verbindungen* den Eintrag *DFÜ-Server*.

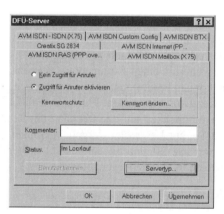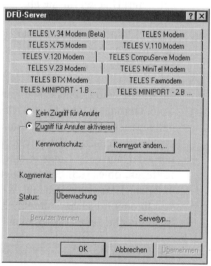

③ Je nach eingesetzter Karte und Minport-Verwendung stehen Ihnen verschiedene virtuelle Modems zur Verfügung.

 Welches virtuelle Modem benutze ich am besten bei einer FRITZ!Card?

Wählen Sie für AVM-CAPI-Port-Unterstützung das Modem *AVM ISDN RAS (PPP over ISDN)*.

Welches virtuelle Modem benutze ich am besten bei einer TELES-Karte?

Bei TELES verwenden Sie *Teles Miniport-1. B Kanal.*

④ Markieren Sie anschließend die Option *Zugriff für Anrufer aktivieren.* Über die Schaltfläche *Kennwort ändern* können Sie für den Zugriff auf Ihren Rechner ein Kennwort bestimmen bzw. ein bereits bestehendes Kennwort verändern. Dieses Kennwort muß vom Anrufer später zur Anmeldung im Netzwerk angegeben werden. Das Kennwort ist nicht zwingend notwendig.

⑤ Drittens klicken Sie auf die Schaltfläche *Servertyp.*

⑥ Wählen Sie für Typ des DFÜ-Servers die Einstellung *PPP: Windows 95, Windows NT, Internet.* Unter *Erweiterte Optionen* aktivieren Sie die Option *Softwarekomprimierung aktivieren* und deaktivieren die Option *Verschlüsseltes Kennwort fordern.*

⑦ Bestätigen Sie Ihre Angaben mit *OK* und schließen Sie das Dialogfeld.

Anrufe annehmen

Damit hätten Sie Ihren Server richtig eingerichtet. Was die eingehenden Anrufe angeht, so reagiert das DFÜ-Netzwerk, genauer gesagt die ISDN-Karte, auf jede Ihrer Rufnummern, immer vorausgesetzt, der ankommende Anruf ist ein Datenanruf.

Ist Ihre Karte an eine TK-Anlage mit internem S_0-Bus angeschlossen, können Sie der Karte über die Programmierung der Anlage eine feste Rufnummer zuordnen.

Die symbolische Darstellung eines Modems am rechten Ende der Windows-Task-Leiste, dem sog. System-Tray, zeigt Ihnen an, daß ein Zugriff auf Ihren freigegebenen Ordner erfolgt. Den Transfer von Dateien können Sie unmittelbar im Explorer miterleben. Um den Transfer noch zu beschleunigen, können Sie die Dateien im freigegebenen Verzeichnis noch komprimieren.

7. Per ISDN ins Internet – Einwahl für Internet und Online-Dienste

Es gibt ein Land, da fließen zwar nicht Milch und Honig, dafür aber Daten, und das so paradiesisch zahlreich und schnell, daß so mancher cybernautische Computerbenutzer ins Schwärmen gerät und Teil sein will. Dort, im sagenumwobenen Internet, fließen die Daten im ständigen Netzverkehr. Um sich in diesen Fluß einzureihen, benötigen Sie einen Zugang zum Netz aus Kabeln, Funkwellen und Computern. Diesen Zugang stellen Ihnen zum einen Online-Dienst, wie CompuServe, America Online oder T-Online, als Teil des eigenen Angebots und zum anderen sog. Provider, also Firmen, die selbst mit Ihren Computern schon Teil des Internets sind, zur Verfügung. Über diese Türöffner, egal ob Online-Dienste oder Internet-Provider, kommen Sie also ins Internet. Dazu müssen Sie zunächst mit dem Computer des Türöffners Kontakt aufnehmen. Das geht meist über Modem, wodurch der Zugangsgeschwindigkeit, also der zulässigen Höchstgeschwindigkeit des Autobahnzubringers, natürliche Grenzen gesetzt sind.

Der superschnelle Zugang zum Internet oder zu Online-Diensten ist einer der großen Vorteile von ISDN. Allerdings ist die Art des Zugangs noch lange nicht vereinheitlicht. Je nach verwendeter ISDN-Karte und Online-Dienst/Internet-Provider müssen Sie eine unterschiedliche Konfiguration für den Cyberspace-Ausflug verwenden. Im folgenden wird Ihnen gezeigt, wie Sie mit den weitest verbreiteten ISDN-Karten, FRITZ!Card (AVM) und S0 16.3 (TELES), problemlos in die Online-Welt gelangen. Im einzelnen werden Einwahlprozeduren für T-Online, CompuServe, AOL, MSN und die Direkteinwahl bei einem Internet-Provider mit Hilfe des DFÜ-Netzwerks gezeigt.

Wegweiser zu diesem Kapitel	
Seite	**Hier erhalten Sie Informationen zum Thema ...**
208	Einwahl in T-Online
211	Einwahl in AOL
217	Einwahl in CompuServe mit Version 2.x
219	Einwahl in CompuServe mit Version 3.0x und TELES-Karte
223	Einwahl in CompuServe mit Version 3.0x und FRITZ!Card
229	Einwahl in MSN mit der FRITZ!Card
232	Einwahl in MSN mit TELES-Karten
235	Einwahl bei einem anderen Internet-Provider

7.1 Einwahl in T-Online mit direkter CAPI-Schnittstelle

Als T-Online-Kunde werden Sie wahrscheinlich schon die neueste Software (Version 2.0) per CD-ROM erhalten haben. Und mit dieser können Sie in den Genuß der tiefgreifenden Neuerungen kommen, die Deutschlands größter Online-Dienst in den letzten Monaten vollzogen hat. Der Benutzer wählt sich in Zukunft per PPP direkt in ein Telekom-eigenes Hochgeschwindigkeitsnetz mit direktem Zugang ins Internet ein. Die umständliche Einwahlmethode über ein besonderes Gateway entfällt. T-Online und das Internet können künftig parallel verwendet werden. Durch Eingabe einer WWW-Adresse in ein Adreßfeld in T-Online können Sie auch Internet-Dokumente aus dem T-Online-Decoder heraus aufrufen.

Was ist denn PPP?

Das PPP (**P**oint to **P**oint **P**rotocol) ist ein modernes Protokoll, also eine Art Kommunikationsvereinbarung, zum Anschluß eines Computers an das Internet. Im Vergleich zum SLIP (**S**erial **L**ine **I**nternet **P**rotocol) zeichnet es sich durch höhere Sicherheit und Leistungsfähigkeit aus.

Wo erhalte ich Infos und neue Software?

Die neue Software können Sie auch von der Homepage der Telekom (*http://www.telekom.de*) herunterladen. Interessante Informationen hält zudem die Newsgroup *t-online zugang.ppp* bereit.

Die neuen Zugänge haben eine neue Telefonnummer. Bundesweit sind sie zum Ortstarif unter 0191011 zu erreichen. Anfänglich gibt es immer noch einige Zugangsprobleme, die sich aber im Laufe der Zeit erledigen sollten. Der Geschwindigkeitsvorteil und der größere Komfort, der auch durch ein neues Homcbanking-Modul und die Verfügbarkeit zweier Internet-Browser (Netscape Gold und Internet Explorer) deutlich gemacht wird, zeigen, daß sich die Umstellungen durchaus gelohnt haben. Für den Internet-Zugriff mit der neuen Software und veränderten Zugriffsnummer gilt eine neue Gebührenstruktur. Werktags von 8 bis 18 Uhr zahlen Sie 0,08 DM pro Minute. Zu allen anderen Zeiten zahlen Sie 0,05 DM pro Minute.

Die neue T-Online-Software installieren

Um die neuen Möglichkeiten des T-Online-Dienstes auch so richtig ausnutzen zu können, sollten Sie zunächst die neueste Version der Zugangssoftware (2.0) installieren. Beachten Sie dabei, daß die Installation je nach gewählter Variante bis zu 60 MByte Festplattenspeicher benötigt. Wenn Sie die neue T-Online-CD griffbereit haben, legen Sie sie ein. Um die Inhalte der CD ansehen zu können, benötigen Sie den Movie Player. Sollte dieser noch nicht auf Ihrem Rechner verfügbar sein, müssen Sie ihn zunächst installieren. Legen Sie danach erneut die CD ein. Nach dem Start der Demonstration klicken Sie auf die Schaltfläche *T-Online-Software auf der Festplatte installieren*. Sie können das Installationsprogramm auch direkt starten, indem Sie die Datei *T-online.exe* aufrufen. Bestätigen Sie als nächstes den Lizenzvertrag.

FAQ   Wird die alte T-Online-Software unbrauchbar?

Die neue Software wird in ein eigenes Verzeichnis installiert. Die alte Zugriffssoftware bleibt somit funktionsfähig.

Wählen Sie ein Verzeichnis aus und klicken Sie auf *Weiter*. Bestimmen Sie als nächstes die zu installierenden Komponenten. Neben der T-Online-Software können Sie noch ein E-Mail- und ein Homebanking-Modul installieren. Insbesondere letzteres sollten Sie einmal ausprobieren. Zusätzlich können Sie einen Internet-Browser (Internet Explorer oder Netscape) installieren. Sie können an dieser Stelle nur einen Browser auswählen. Wollen Sie beide installieren, müssen Sie später die Installation für den zweiten Browser nachholen.

Als nächstes haben Sie die praktische Möglichkeit, Ihre persönlichen Einstellungen und die Zugangsdaten der alten T-Online-Version zu übernehmen. Zur Sicherheit wird zu einem späteren Zeitpunkt Ihr Paßwort abgefragt. Bestätigen Sie die Angabe mit *Ja*, wenn Sie die alten Daten übernehmen wollen.

Bestätigen Sie das Erstellen einer neuen Programmgruppe. Überprüfen Sie dann noch einmal Ihre Einstellungen und schließen Sie die Installation mit *Beenden* ab.

So läuft die ISDN-Einwahl in T-Online

Die Konfiguration des T-Online-Decoders ist denkbar einfach.

① Starten Sie den T-Online-Decoder und wählen Sie im Menü *Einstellungen* den Befehl *Grundeinstellungen*.

② Wählen Sie die Option *Automatisch konfigurieren*.

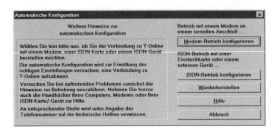

③ Klicken Sie dann auf die Schaltfläche *ISDN-Betrieb konfigurieren*.

④ Der Decoder überprüft nun Ihren Rechner nach CAPI-Schnittstellen und meldet, welche CAPI er gefunden hat.

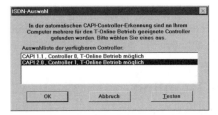

⑤ Wenn Sie (wie in diesem Fall) eine DualCAPI (siehe Seite 97) geladen haben, wäh-len Sie normalerweise die Version 2.0 aus und bestätigen Sie mit *OK*. Im Anschluß wird automatisch eine Testverbindung zu T-Online aufgebaut.

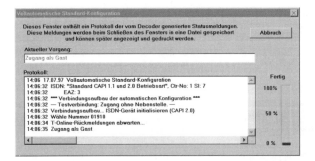

⑥ Danach können Sie Ihre privaten Zugangsdaten eingeben (*Einstellungen/Grundein-stellungen/Zugangsdaten*) und loslegen.

T-Online-Zugang mit externen ISDN-Adaptern

Externe ISDN-Adapter funktionieren meist wie ein gewöhnliches Modem mit AT-Befehlen. Sie benötigen deshalb keine CAPI. Bei der ISDN-Konfiguration unter T-Online wird allerdings eine CAPI verlangt. Um dies zu umgehen, installieren Sie den ISDN-Adapter einfach als Modem (Modemkonfiguration). Die Geschwindigkeit läßt sich dann immer noch ausnutzen.

7.2 Einwahl in AOL mit cFos (AOL ISDN)

Unter den Online-Anbietern ist America Online (AOL) weltweit der größte. In Deutschland ist das kunterbunte Unterhaltungsangebot mittlerweile recht gut im Geschäft. Und auch was ISDN angeht, haben die AOLer nach einigen Startschwierigkeiten kräftig nachgezogen. Sämtliche Zugangsknoten sind inzwischen X.75-kompatibel (Rufnummern siehe Tabelle).

 Was ist X.75?

> Beim X.75-Protokoll handelt es sich um eine der vielen Vereinbarungen (Protokolle), um Übertragungen zwischen zwei ISDN-Geräten zu regeln.

AOL verwendet für den ISDN-Zugang einen eigenen Fossil-Treiber, der sich in einem zusätzlich zur Zugangssoftware zu installierenden Programm (AOL ISDN) versteckt. Der Fossil-Treiber stellt dem Anwender einen virtuellen COM-Port zur Verfügung, über den die Software mit dem digitalen Netz kommuniziert. Durch diesen AOL-eigenen Treiber wird Ihr eigener Rechner natürlich nicht gerade leichter. Außerdem verträgt sich der AOL-Treiber gar nicht mit anderen Fossil-Treibern, die auf die gleiche virtuelle Schnittstelle programmiert sind. Deshalb sollten Sie diesem Treiber eine individuelle Schnittstelle zuweisen, die von keiner anderen Software (z. B. CompuServe) verwendet wird. Ist dies nicht möglich, haben Sie immer noch die Möglichkeit, den AOL-Treiber zu entladen und bei Bedarf wieder zu aktiveren.

ISDN-Treiber und Zugangssoftware installieren

Besorgen Sie sich zunächst die neueste Zugangssoftware sowie das zusätzliche ISDN-Programm. Beide befinden sich auf der neuesten CD, die AOL-Mitgliedern zugesandt wurde. Natürlich kriegen Sie die Programme auch online. Unter dem Stichwort *ISDN* können Sie sich die benötigten Dateien herunter laden. Unter dem Kennwort *Dreinull* gibt's die aktuelle Zugangssoftware. Kopieren Sie die Dateien jeweils in ein leeres Verzeichnis und starten Sie die Installation einzeln über die Setup-Dateien.

Erst ISDN-Software, dann Zugangssoftware installieren

Bei der Installation des ISDN-Treibers und der neuen Zugangssoftware ist es entscheidend, daß Sie zuerst den ISDN-Treiber und danach die Zugangssoftware installieren.

Um die Programme von der CD zu installieren, gehen Sie wie folgt vor:

① Legen Sie die CD in das Laufwerk ein. Das Demonstrationsprogramm startet automatisch.

② Klicken Sie auf *AOL installieren*.

③ Klicken Sie zunächst auf *AOL ISDN installieren*. Die Zugangssoftware kommt später dran.

④ Bestätigen Sie den Lizenzvertrag mit *Weiter*.

⑤ Das Installationsprogramm sucht jetzt nach einer CAPI. Geben Sie das Laufwerk an, auf dem sich die CAPI versteckt. Wählen Sie am besten alle Laufwerke aus.

⑥ Die CAPIS werden abgefragt und Ihnen zur Auswahl angeboten. Verzichten Sie auf die automatische Erkennung der Treiber, da diese zu einem Absturz des Installationsvorgangs führen kann. Klicken Sie also auf *Nein*. Wählen Sie die System-CAPI (2.0) und klicken Sie auf *Verwende diese CAPI*.

⑦ Legen Sie nun einen virtuellen COM-Port fest. Diesen benötigen Sie später bei der Zugangskonfiguration. Versuchen Sie, Konflikte mit anderen COM-Port-Belegungen zu vermeiden.

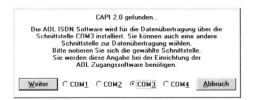

FAQ
Wie erhalte ich Auskunft über die bereits belegten virtuellen COM-Ports?

Innerhalb der Windows 95-Systemsteuerung finden Sie im Eintrag *Modem/Diagnose*, wie Ihre Schnittstellen, inkl. der virtuellen COM-Ports, belegt sind.

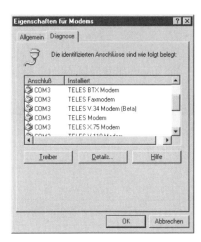

213

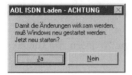

⑧ Starten Sie Windows neu.

AOL-Zugangssoftware installieren

Als nächstes müssen Sie die AOL-Zugangssoftware installieren.

① Legen Sie erneut die AOL-CD-ROM in das Laufwerk ein.

② Wählen Sie jetzt die Option *AOL Win95 installieren*.

③ Das Installationsprogramm sucht nach älteren AOL-Versionen. Diese Suche können Sie durch Anklicken der entsprechenden Schaltfläche überspringen.

④ Als nächstes haben Sie die Möglichkeit, sich einen AOL-Leitfaden ausdrucken zu lassen. Dies lohnt sich allerdings nur, wenn Sie bisher mit AOL noch keine Erfahrungen sammeln konnten. Klicken Sie auf *Weiter*.

⑤ Das Installationsprogramm sucht nun nach Modemeinstellungen (auch diese können Sie ggf. überspringen) und führt Sie schließlich zum Dialogfeld *Willkommen*.

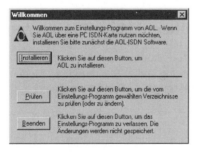

⑥ Über die Schaltfläche *Prüfen* können Sie die ausgewählten Installationsverzeichnisse ändern.

⑦ Klicken Sie auf die Schaltfläche *Installieren*, um das Setup einzuleiten. Die Programmdateien werden dann auf Ihren Rechner kopiert.

⑧ Zum Abschluß der Installation erscheint ein Dialogfeld, daß Sie am besten mit *OK* bestätigen. So können Sie AOL zukünftig direkt über das *Start*-Menü aufrufen.

⑨ In einem weiteren Schritt wird noch automatisch der Internet Explorer (Version 3.02) installiert.

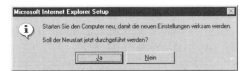

⑩ Die Änderungen werden wiederum erst nach einem Neustart wirksam. Bestätigen Sie von daher die abschließende Meldung mit *Ja*.

AOL-Zugangsdaten festlegen

① Rufen Sie nach dem Neustart die AOL-Zugangssoftware auf. Klicken Sie auf *Einstellungen*.

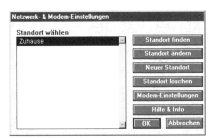

② Legen Sie zunächst die Modemeinstellungen fest. Klicken Sie dazu auf die Schaltfläche *Modem-Einstellungen*.

③ Bestimmen Sie zunächst die Schnittstelle (den virtuellen COM-Port), über die die ISDN-Datenübertragung ablaufen soll. Diese haben Sie während der Installation festgelegt (und hoffentlich noch nicht vergessen).

Danach bestimmen Sie den Typ des von Ihnen verwendeten Modems. AOL versteht darunter auch die ISDN-Karten.

AOL mit TELES- und AVM-Karten

④ Um auf AOL mit einer TELES-ISDN-Karte zuzugreifen, wählen Sie in der Liste der Modems den Eintrag *ISDN Teles CAPI (AOL-ISDN) X.75 64.000*. Ebenso gut funktioniert aber auch der Eintrag *ISDN (AOL-ISDN) X.75 64.000*. Für den Zugang mit der FRITZ!Card wählen Sie den Eintrag *ISDN AVM Fritz! Card X.75 64.000*. Auch hier funktioniert der Eintrag *ISDN (AOL-ISDN) X.75 64.000*. Sie werden auch für eine Reihe anderer ISDN-Karten einen Modemeintrag finden. Sollte Ihr Modem nicht eingetragen sein, wählen Sie *ISDN (AOL-ISDN) X.75 64.000*.

⑤ Klicken Sie auf *OK*.

⑥ Sie kehren daraufhin wieder in das Dialogfeld *Netzwerk- und Modem-Einstellungen*.

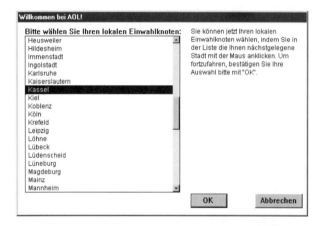

⑦ Wählen Sie nun einen Einwahlknoten aus. Alle Einwahlknoten sind ISDN-kompatibel (X.75). Klicken Sie dazu zunächst auf *Standort finden* und dann auf den Einwahlknoten Ihrer Wahl. Bestätigen Sie die Auswahl mit *OK*. Die Zugangsnummer wird daraufhin angezeigt. Sie können sich dann sofort bei AOL anmelden oder über *Abbrechen* zum Startfenster zurückkehren.

⑧ Klicken Sie dann auf *Anmelden*, um die neue ISDN-Verbindung zu testen. Sie werden feststellen, daß das Ganze im Vergleich zum Modemzugang doch ein wenig flotter abgeht.

AOL-Fossil-Treiber entladen

Der AOL-Fossil-Treiber kann zu Konflikten mit cFos-Treibern anderer Anwendungen führen (wenn beide auf die gleiche virtuelle Schnittstelle zugreifen). Deshalb kann es notwendig sein, daß Sie den Fossil-Treiber zeitweilig entladen.

Über den Befehl *AOL ISDN entladen* (Programmgruppe AOL ISDN) können Sie den Fossil-Treiber von AOL entladen. Befindet sich keine solche Programmgruppe im *Start*-Menü, finden Sie die notwendige Datei *Deinst.exe* im Installationsverzeichnis des AOL-ISDN-Moduls.

Fehlermeldungen beim AOL-Start

Kommt es beim Programmaufruf von AOL zu Fehlern, wurde möglicherweise der Fossil-Treiber nicht gefunden. Das kann passieren, wenn Sie beim Windows-Start die ⟨Umschalt⟩-Taste gedrückt haben, um die Autostart-Gruppe zu umgehen. Sie müssen Windows erneut starten.

7.3 Einwahl in CompuServe 2.x mit Fossil-Treiber

Wenn Sie noch mit WinCim 2.x arbeiten, müssen Sie einen Fossil-Treiber einsetzen, um per ISDN auf CompuServe zugreifen zu können. Voraussetzungen: CAPI und cFos müssen gestartet sein (dies geschieht in der Regel automatisch).

① Starten Sie nun den WinCim (über *Start/Programme/CompuServe*). Wählen Sie im Menü *Spezial* den Befehl *Grundeinstellungen*.

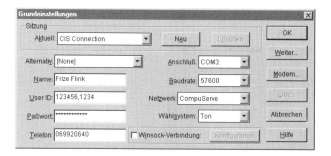

② Unter *Telefon* geben Sie die ISDN-Rufnummer für einen CompuServe-Einwahlknoten an (siehe Tabelle).

③ Unter *Anschluß* müssen Sie den COM-Port (= die virtuelle Schnittstelle) angeben, den Sie cFos zuvor zugewiesen haben (z. B. *COM 3*).

④ Die Option *Winsock* wählen Sie an, wenn Sie aus CompuServe heraus auch auf das Internet zugreifen wollen. CompuServe verwendet dazu den Internet-Browser Mosaic. Eine empfehlenswerte alternative für diese Art des Internet-Surfens stellt allerdings der Zugang zum Internet über CompuServe mit Hilfe des DFÜ-Netzwerks dar.

⑤ Klicken Sie dann auf *Modem*.

⑥ In der Liste *Modem* ist ja keine ISDN-Karte vorhanden. Deshalb ist es hier ist entscheidend, daß Sie per Hand einen Initialisierungsstring eingeben, auf den Ihre Karte reagiert. Dieser Initialisierungsstring lautet: „AT&FB1^M". Geben Sie ihn ein und klicken Sie auf *OK*.

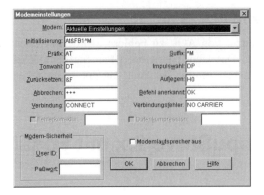

CompuServe zum Ortstarif und mit ISDN

Eine weitere Variante, CompuServe über ISDN zu besuchen, ist die, einen Umweg über den Datex-J-Dienst der Telekom zu gehen. Der Vorteil: Dieser Zugang steht zum Ortstarif über die Rufnummer 01910 zur Verfügung. Wollen Sie diesen Zugang wählen (der, was die Geschwindigkeit angeht, natürlich durch den Flaschenhals Datex-J teilweise stark gedrosselt wird), verändern Sie die Grundeinstellungen wie folgt:

① Unter *Rufnummer* geben Sie „01910" ein. Dann klicken Sie auf *Modem* und geben als Initialisierungsstring „AT&FB9^M" ein.

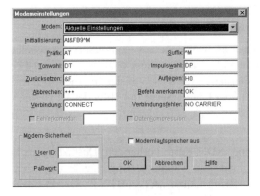

② Bestätigen Sie die Änderungen mit *OK*.

7.4 Einwahl in CompuServe 3.0x mit CAPI-Port und DFÜ-Netzwerk

Welche Nachricht möchten Sie zuerst hören? Die gute oder die schlechte? O.K., zuerst die gute: Mit einem ISDN-Zugang zu CompuServe über das DFÜ-Netzwerk nach Protokoll X.75 geht es ordentlich ab. Zudem können Sie 32-Bit-Programme wie Netscape oder Internet Explorer einsetzen. Die schlechte Nachricht oder besser die schlechten Nachrichten lauten: Erstens gibt es noch nicht allzuviele X.75-Zugänge (siehe Tabelle auf Seite 227 und zweitens ist der X.75-Zugang nicht der stabilste (Blinker-Motto: geht, geht nicht).

Die Installation von CS 3.02

Um per ISDN auf CompuServe zugreifen zu können, brauchen Sie einige Dinge, die Sie am besten vor der Installation parat haben:

- Die neueste Version der CompuServe-Zugangssoftware (CS 3.02) (ist u. a. auf der FRITZ!-CD vorhanden).
- Die ISDN-Rufnummer Ihres ISDN-Einwahlknotens und das dort verwendete Protokoll (siehe Tabelle auf Seite 227).
- Das DFÜ-Netzwerk muß auf Ihrem Rechner installiert sein (vgl. Seite 172).
- Weiterhin sollten Sie am besten auch, das MS ISDN Accelerator Pack installiert haben (siehe Seite 175). Die folgenden Abbildungen zeigen den Zugang zu CompuServe über das aktualisierte DFÜ-Netzwerk. Aber auch die alte Version funktioniert mit denselben Einstellungen.

Um dann die Zugangssoftware zu installieren und einzurichten, gehen Sie wie folgt vor:

① Starten Sie das Setup-Programm der Zugangssoftware.

② Wählen Sie die Installationsvariante *Benutzerdefiniert*.

③ Wählen Sie die Option *DFÜ-Netzwerk installieren*. Dadurch wird eine neue Netzwerkverbindung eingerichtet, über die Sie auf den CompuServe-Rechner zugreifen.

 Muß ich bei der Installation von CompuServe 3.0x eigentlich das DFÜ-Netzwerk mit installieren?

Die Formulierung ist ein wenig mißverständlich. Während des Setups wird kein neues DFÜ-Netzwerk installiert, sondern vielmehr das für den ISDN-Zugang unbedingt notwendige Protokoll CISPPP. Also müssen Sie die Option aktivieren.

④ Den nächsten Schritt, die Frage nach der Installation eines separaten cFos-Treibers (siehe Seite 261), können Sie überspringen.

Probleme mit dem cFos-Treiber von CompuServe in Verbindung mit einer Netzwerkkarte

In Verbindung mit einer Netzwerkkarte kann es mit dem cFos-Treiber von CompuServe zu Problemen kommen. Besitzer von AVM- oder TELES-Karten benötigen diesen Treiber nicht, da die virtuellen Modems der Kartenhersteller den CompuServe-Zugang auch ohne cFos ermöglichen.

⑤ Starten Sie den Computer nach Beendigung der Installation neu.

⑥ Im DFÜ-Netzwerk finden Sie eine neue Verbindung, über die der Zugang zu CompuServe realisiert wird. Die Einstellungen für den Zugang werden aber allesamt über die Zugangssoftware vorgenommen.

Neue CS-Verbindung mit TELES-Karten herstellen

① Starten Sie die Zugangssoftware und wählen Sie im Menü *Gehe zu* den Befehl *Einstellungen* aus.

② Geben Sie die Zugangsdaten ein. Als *Netzwerk* wählen Sie *CompuServe*. Unter *Verbindung* wählen Sie als *Winsock* den Eintrag *DFÜ-Netzwerk*. Unter *Verbindung über* wählen Sie *CS3 Connection*. Unter *Einwahlnummer* aktivieren Sie die Option *Einwahlnummer aus DFÜ-Netzwerk*.

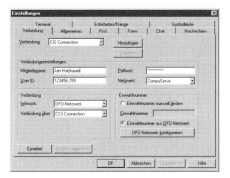

③ Klicken Sie als nächstes auf die Schaltfläche *DFÜ-Netzwerk konfigurieren.*

④ Unter *Rufnummer* muß die Zugangsnummer Ihres Einwahlknotens eingegeben werden. Diese Nummern und das für den Zugang verwendete Protokoll entnehmen Sie
der Tabelle auf Seite 227. Unter *Gerät* wählen Sie für TELES-Karten den Eintrag
TELES CompuServe Modem.

⑤ Klicken Sie dann auf die Schaltfläche *Konfigurieren.*

⑥ Unter *Anschluß* sehen Sie, über welche virtuelle Schnittstelle die Verbindung herge-stellt wird. Wenn Sie neben CompuServe noch andere Programme verwenden, die auf eine virtuelle Schnittstelle zugreifen, sollten Sie hier versuchen, Konflikte zu vermeiden. Wenn Sie beispielsweise unter AOL den COM-Port 3 verwenden, sollten Sie unter CompuServe den COM-Port 4 verwenden. Die Einstellungen nehmen Sie in der Systemsteuerung, Symbol *Modem* vor.

⑦ Klicken Sie dann auf das Register *Servertypen*.

⑧ Die Einstellungen auf diesem Register sind ganz entscheidend. Als Server-Typ muß der Eintrag *CISPPP: CIS Connection using CompuServe network* gewählt sein.

⑨ Aktivieren Sie unter *Zulässige Netzwerkprotokolle* den Eintrag *TCP/IP*. Wählen Sie zusätzlich die Optionen *Am Netzwerk anmelden* und *Softwarekomprimierung aktivie-ren* aus.

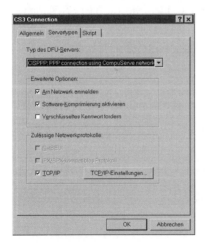

⑩ Die Verbindung funktioniert nun mit allen Protokollen, die von den Zugängen angeboten werden (X.75, V.110, V.120) über die virtuellen TELES-Modems.

⑪ Starten Sie die Zugangssoftware und klicken Sie auf *Start*, um eine Verbindung aufzubauen.

⑫ Sobald die Verbindung steht, können Sie CompuServe nutzen. Sie können auf der bestehenden Verbindung auch einen Internet-Browser oder andere 32-Bit-Internet-Applikationen starten.

 Ich verwende eine TELES-Karte (Treiber 3.21) für den Zugriff auf CompuServe, mit X.75 gelingt aber keine Verbindung?

Mit diesem Protokoll gibt es in der Version 3.21 noch Probleme. Stellen Sie entweder auf V.110 um oder besorgen Sie sich die Treiberversion 3.23 von TELES.

Und so funktioniert das gleiche mit AVM

Die Konfiguration des Zugangs zu AVM ist dadurch ein wenig komplizierter, daß die DFÜ-Netzwerkverbindung in Abhängigkeit des vom Einwahlknoten unterstützten Zugangsprotokolls variiert. Informationen darüber, welches Protokoll Ihr Einwahlknoten verwendet, erhalten Sie unter *GO ZUGANG*. In der Realität zeigt sich der X.75-Zugang noch sehr instabil, während der etwas langsamere Zugriff nach V.120 wesentlich verläßlicher ist. Manchmal muß man sich aber auch mit V.110 zufrieden geben.

Im folgenden werden alle drei Zugangsvarianten vorgestellt. Am besten ist, Sie legen sie für jede Zugangsart eine eigene DFÜ-Netzwerkverbindung an und wählen sie bei den CompuServe-Einstellungen aus.

Anlegen von DFÜ-Verbindungen

Klicken Sie dazu jeweils im DFÜ-Netzwerkordner auf *Neue Verbindung erstellen*, legen Sie dann die entsprechenden Spezifikationen (Telefonnummer und virtuelles Modem) unter einem aussagekräftigen Namen ab.

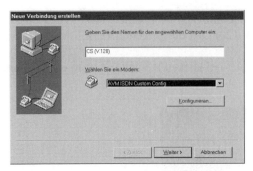

Die Grundeinstellungen für die neue Verbindung

Nach dem dies geschehen ist, nehmen Sie die eigentlichen Einstellungen vor, indem Sie im Kontextmenü des jeweiligen Eintrags *Einstellungen* auswählen.

DFÜ-Netzwerkverbindung für X.75

Der schnellste, aber auch instabilste Zugang zum Einwahlrechner läuft nach dem Protokoll X.75 ab. Dazu können Sie als virtuelles Modem entweder *AVM ISDN – ISDN X.75* oder *AVM ISDN – Mailbox X.75* auswählen. Dadurch werden die richtigen Initialisierungsstrings automatisch eingetragen.

Als Server-Typ muß der Eintrag *CISPPP: CIS Connection using CompuServe network* gewählt sein. Aktivieren Sie unter *Zulässige Netzwerkprotokolle* den Eintrag *TCP/IP*. Wählen Sie zusätzlich die Optionen *Am Netzwerk anmelden* und *Softwarekomprimierung aktivieren* aus.

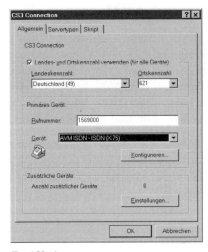 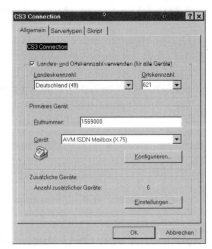

Zwei Varianten ...   *... ein Ergebnis*

DFÜ-Netzwerkverbindung für V.110

① Geben Sie die Einwahlnummer ein.

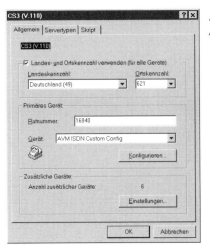

Ein benutzerdefiniertes Modem für den CS-Zugang

② Wählen Sie das Modem *AVM ISDN Custom Config* aus. Klicken Sie dann auf *Konfigurieren*. Wählen Sie dann *Einstellungen* und *Erweitert* und geben Sie unter *Weitere Einstellungen* den folgenden Initialisierungsstring ein:

```
AT S31=2; S35=38400; S51=0
```

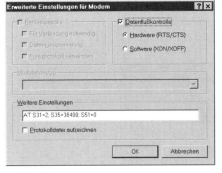

Der richtige String für V.110

③ Schließen Sie dann die Konfiguration der Verbindung.

④ Als Server-Typ muß auch hier der Eintrag *CISPPP: CIS Connection using CompuServe network* gewählt sein. Aktivieren Sie unter *Zulässige Netzwerkprotokolle* den Eintrag *TCP/IP*. Wählen Sie zusätzlich die Optionen *Am Netzwerk anmelden* und *Softwarekomprimierung aktivieren* aus.

DFÜ-Netzwerkverbindung für V.120

Für eine Verbindung nach V.120 verwenden Sie die gleichen Einstellungen wie bei der V.110-Variante. Als Initialisierungsstring geben Sie dann aber das folgende ein:

```
AT S31=7; S51=0
```

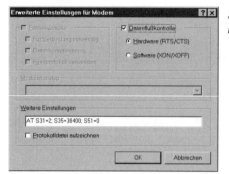

So funktioniert's nach V.120

CompuServe 3.x mit cFos

Eine weitere Anwahlalternative für CompuServe läuft unter Verwendung eines Fossil-Treibers. Dies ist sehr ähnlich wie bei AOL. Dies ist insbesondere wichtig, wenn Sie keine DFÜ-Netzwerkverbindung herstellen können, da Ihnen die Mini- und CAPI-Port-Treiber (siehe Seite 170) fehlen. Installieren Sie die Zugangssoftware mit cFos. Durch den Treiber stehen Ihnen virtuelle Schnittstellen zur Verfügung. Bestimmen Sie, welche virtuelle Schnittstelle verwendet werden soll. Bei den Einstellungen wählen Sie dann für die Verbindung *Standard-Winsock* und als Schnittstelle die zuvor festgelegte virtuelle Schnittstelle (z. B. *COM 3*).

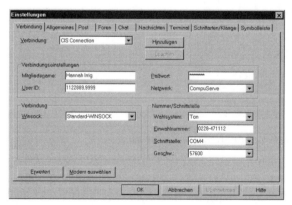

CS-Einwahl über cFos

Der Zugang

① Haben Sie sich für eine Variante entschieden, starten Sie nun die Zugangssoftware von CompuServe und wählen dann im Menü *Gehe zu* den Befehl *Einstellungen* aus.

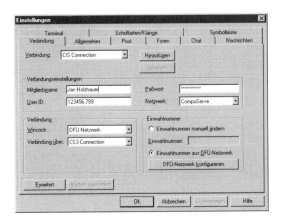

② Geben Sie die Zugangsdaten ein. Als *Netzwerk* wählen Sie *CompuServe*. Unter *Verbindung* wählen Sie als *Winsock* den Eintrag *DFÜ-Netzwerk*. Unter *Verbindung über* wählen Sie in Abhängigkeit des zu verwendenden Protokolls einen der neu erstellten Einträge. Unter *Einwahlnummer* aktivieren Sie die Option *Einwahlnummer aus DFÜ-Netzwerk*.

 Ich bekomme über das DFÜ-Netzwerk keine Verbindung zu einem Einwahlknoten von CompuServe?

Überprüfen Sie zunächst die Einwahlnummer. Ferner stellen Sie sicher, daß der Einwahlknoten das von Ihnen im CAPI-Port-Treiber konfigurierte Protokoll (V.110, V.120 oder X.75) unterstützt.

CompuServe – Die Zugangsrufnummern im Überblick

Ort	Zugang	Vorwahl	Telefonnummer	Geschwindigkeit/Protokoll
Berlin		030	69 1000	33.600
Berlin	ISDN	030	69 0820	V.110/V.120/X.75
Dortmund		0231	446 1032	33.600
Dortmund	ISDN	0231	4 4950	V.110/V.120/X.75
Dresden		0351	880 0000	33.600
Dresden	ISDN	0351	8 8270	V.110/V.120/X.75
Düsseldorf		0211	479 2424	33.600
Düsseldorf	ISDN	0211	9 4260	V.110/V.120/X.75
Frankfurt		069	7399 8611	33.600
Frankfurt	ISDN	069	7399 8612	V.110/V.120/X.75
Hamburg		040	691 3666	33.600
Hamburg	ISDN	040	61 1410	V.110/V.120/X.75
Hannover		0511	724 2909	33.600

Ort	Zugang	Vorwahl	Telefonnummer	Geschwindigkeit/Protokoll
Hannover	ISDN	0511	7 2600	V.110/V.120/X.75
Karlsruhe		0721	85 9818	33.600
Karlsruhe	ISDN	0721	9 8010	V.110/V.120/X.75
Köln		0221	240 6202	33.600
Köln	ISDN	0221	92 4350	V.110/V.120/X.75
Mannheim		0621	156 9000	33.600
Mannheim	ISDN	0621	1 6840	V.110/V.120/X.75
München		089	6655 9393	33.600
München	ISDN	089	6150 0140	V.110/V.120/X.75
Nürnberg		0911	51 91 500	33.600
Nürnberg	ISDN	0911	9 5120	V.110/V.120/X.75
Stuttgart		0711	45 0080	33.600
Stuttgart	ISDN	0711	1 6740	V.110/V.120/X.75

7.5 Einwahl in MSN per DFÜ-Netzwerk

Das Microsoft Network ist auf dem besten Wege, sich nach einem zögerlichen Start zu einer festen Größe im Bereich der Online-Dienste zu etablieren. Gerade die einfache Bedienung (die Oberfläche ist an das Aussehen des Explorers aus Windows 95 angepaßt) erhöht den Surf-Spaß. MSN bietet redaktionell aufbereitete Informationen und zugleich die Möglichkeit, die MSN-Welt zu verlassen und im Internet zu surfen.

Und mit ISDN verschaffen Sie sich auch noch den wichtigste aller Vorteile: Jede Menge Tempo! Da MSN für die ISDN-Verbindung das X.75-Protokoll verwendet, kommen Sie in den Genuß einer Übertragungsgeschwindigkeit von 64.000 Bit/s, die auch durch netzinterne Probleme nicht maßgeblich gedrosselt wird. Kurz: MSN geht ab wie Schmidts berüchtigte Katze.

Voraussetzungen

Um so richtig im Cyberspace herumflitzen zu können, benötigen Sie einige Dinge:

- Sie brauchen eine neue Version von MSN (1.2 oder neuer). In dieser sind bereits die neuesten Telefonnummern für den ISDN-Zugang enthalten. Die neueste MSN-Version können Sie sich von MSN direkt holen, vorausgesetzt, Sie haben Ihr Modem noch nicht auf den Elektroschrottplatz gebracht. Denn zumindest einmal brauchen Sie es noch, nämlich, um sich im MSN ein letztes Mal analog einzuloggen. Beachten Sie: Die erstmalige Anmeldung zu MSN geht nur über Modem! Als Ausweg können Sie sich über das WWW anmelden (*http://signup. msn.com*).

- Weiterhin sollten Sie sich die neueste Version des Internet Explorer von Microsoft holen. Mit diesem können Sie dann die eine oder andere Runde im Internet surfen. MSN bietet zwar viele Informationen, die nichts mit dem Internet zu tun haben, aber so richtig Sinn macht das Ganze erst, wenn Sie aus MSN heraus ins World Wide Web wechseln können (es werden sehr viele Links zu Web-Seiten in MSN direkt angeboten).

- Wenn Sie basierend auf der MSN-Verbindung einen anderen Internet-Browser (z. B. Netscape) verwenden wollen, können Sie dies natürlich tun. Sie bauen einfach die Verbindung zu MSN auf und starten dann das Programm, z. B. Netscape.

 DFÜ-Netzwerk ist Voraussetzung

Zudem muß zwingenderweise das DFÜ-Netzwerk von Windows 95 installiert sein.

MSN-Zugriff über DFÜ-Netzwerk konfigurieren

Im folgenden wird der Zugang zu MSN mit den Karten FRITZ!Card (AVM) und S0 16.3 (TELES) gezeigt. Beachten Sie bitte, daß die oben genannten Vorbedingungen erfüllt sind.

Rein ins Netz mit AVM

① Klicken Sie mit der rechten Maustaste auf das MSN-Symbol auf dem Desktop.

② Klicken Sie dann im Dialogfeld *Verbindungseinstellungen* auf die Schaltfläche *Zugriffsnummer*.

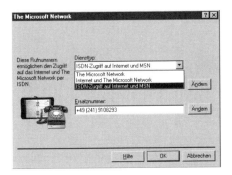

③ Wählen Sie unter *Diensttyp* den Eintrag *ISDN-Zugriff auf Internet und MSN*.

④ Bestimmen Sie als nächstes die Rufnummer des Einwahlknotens, über den Sie auf MSN zugreifen wollen. Über die Schaltfläche *Ändern* können Sie sich eine Liste der Standorte und Zugangsrufnummern anzeigen lassen.

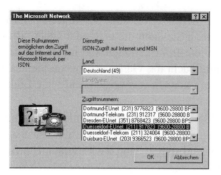

⑤ Wählen Sie eine Rufnummer und eine Ersatz-Rufnummer (für den Fall, daß die erste Nummer nicht ereichbar ist) und klicken Sie dann auf *OK*.

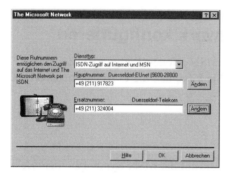

⑥ Klicken Sie erneut auf *OK*, um zum Dialogfeld *Verbindungseinstellungen* zurückzukehren.

⑦ Unter *Verbinden über:* wählen Sie den Eintrag *AVM ISDN Internet (PPP over ISDN)*. Klicken Sie dann auf *OK*.

⑧ Starten Sie nun MSN durch einen Klick auf das entsprechende Symbol auf dem Desktop.

⑨ Nach kurzer Zeit erscheint die MSN-Übersicht.

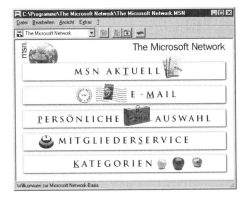

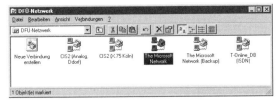

⑩ Im DFÜ-Netzwerk finden Sie zwei neue Verbindungen, je eine für die angegebenen Zugangsknoten.

⑪ Schauen Sie sich einmal die Verbindungseinstellungen an. So ergibt sich mehr Transparenz, wie die Verbindung zu MSN aufgebaut wird.

 Muß ich unbedingt die Zugriffssoftware von MSN starten?

Sie können die Verbindung zu MSN auch direkt aus dem DFÜ-Netzwerk aufbauen. Doppelklicken Sie dazu auf die Verbindung und starten Sie die Anwahl mit *OK*. Die bestehende Verbindung wird dann angezeigt. Jetzt können Sie einen Internet-Browser (Netscape oder Internet Explorer) starten, ohne über die Zugriffssoftware von MSN zu gehen.

Einmal MSN und zurück mit TELES – Sogar mit Kanalbündelung

Wenn Sie mit einer ISDN-Karte von TELES und den dazugehörigen Miniport-Treibern arbeiten, haben Sie auch die Möglichkeit der Kanalbündelung für den MSN-Zugriff.

Die Konfiguration des MSN-Zugangs sieht wie folgt aus:

① Klicken Sie mit der rechten Maustaste auf das MSN-Symbol auf dem Desktop.

② Klicken Sie dann im Dialogfeld *Verbindungseinstellungen* auf die Schaltfläche *Zugriffsnummer*.

③ Wählen Sie unter *Diensttyp* den Eintrag *ISDN-Zugriff auf Internet und MSN*.

④ Bestimmen Sie als nächstes die Rufnummer des Einwahlknotens, über den Sie auf MSN zugreifen wollen. Über die Schaltfläche *Ändern* können Sie sich eine Liste der Standorte und Zugangsrufnummern anzeigen lassen.

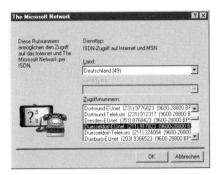

⑤ Wählen Sie eine Rufnummer und eine Backup-Rufnummer (für den Fall, daß die erste Numer nicht ereichbar ist) und klicken Sie dann auf *OK*.

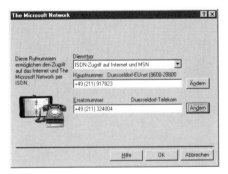

⑥ Klicken Sie erneut auf *OK*, um zum Dialogfeld *Verbindungseinstellungen* zurückzukehren.

⑦ Unter *Verbinden über:* wählen Sie den Eintrag *TELES MINIPORT – 1. B Kanal*. Klicken Sie dann auf *OK*. Damit ist die Verbindung startbereit.

⑧ Im DFÜ-Netzwerk finden Sie die neue Verbindung.

⑨ Um die Kanalbündelung vorzunehmen, klicken Sie auf die Schaltfläche *Einstellungen*.

⑩ Markieren Sie die Option *Zusätzliche Geräte benutzen* und klicken Sie auf *Hinzufügen*.

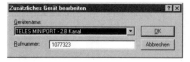

⑪ Wählen Sie unter *Gerätename* den zweiten Miniport-B-Kanal. Die Rufnummer bleibt unverändert. Klicken Sie auf *OK*.

⑫ Damit steht Ihnen ein zweiter Kanal für die MSN-Verbindung zur Verfügung. Wenn Sie nur einen Kanal benutzen wollen, deaktivieren Sie die Option *Zusätzliche Geräte benutzen*.

Anmelden bei MSN über das Internet

So gut die ISDN-Verbindung zu MSN läuft, so nervig ist die erste Anmeldung beim Online-Dienst, die nur über Modem läuft. Über die Internet-Seite *http://signup.msn. com* können Sie sich über das WWW anmelden und erhalten noch am Bildschirm die Zugangsdaten. Die Kreditkarte müssen Sie bereithalten. Die Anmeldung beginnt zunächst auf Englisch, aber nachdem Sie Ihr Herkunftsland eingegeben haben, erfolgt die weitere Benutzerführung auf Deutsch. Diese Art der MSN-Anmeldung läuft wesentlich schneller und problemloser.

7.6 Mit Internet-Providern direkt ins Netz

Wenn Sie nicht den Umweg über die Online-Dienste gehen wollen, um ins Internet zu kommen, können Sie sich an sog. Internet-Provider wenden. Diese Dienstleister bieten Ihnen einen direkten Zugang zum Netz der Netze. Immer mehr Provider bieten (teilweise gegen Aufpreis) auch ISDN-Zugänge an.

Mit dem DFÜ-Netzwerk können Sie sich dann per ISDN und mit 32 Bit ins Internet einwählen. Natürlich müssen Sie für diesen Zweck eine Verbindung zum Server des Providers (dem sog. PoP, **P**oint **o**f **P**resence) aufbauen.

Was steckt eigentlich hinter einer solchen 32-Bit-Verbindung zum Internet? Ganz einfach: Wenn ein Rechner sich mit dem Internet verbinden will, geschieht dies auf Grundlage des sogenannten TCP/IP-Protokolls (**T**ransmission **C**ommunication **P**rotocol/**I**nternet **P**rotocol). Dies wird unter Windows durch das Laden einer bestimmten *dll*-Datei erreicht, der sogenannten *Winsock.dll*. Und genau diese *Winsock.dll* muß jetzt in einer 32-Bit-Version für Windows 95 vorliegen.

Auch Sie müssen also über TCP/IP mit dem Internet verkuppelt werden, was in den allermeisten Fällen temporär und nicht permanent sein wird. Und temporär bedeutet wiederum über die Telefonleitung (per Modem oder ISDN). Eine stationäre Verbindung Ihres Rechners wird dagegen in der Regel über ein vorhandenes lokales Netzwerk realisiert, das wiederum an eine Standleitung zum Internet angeschlossen ist. Für Windows 95 ist das TCP/IP-Internet-Protokoll nichts anderes als eines von vielen Netzwerkprotokollen. Wenn Sie dies einmal verstanden haben, ist der Rest einfach. Wenn Sie bereits eine Netzwerkkarte z. B. für ein Ethernet in Ihrem Rechner haben (und der Netzwerkserver an das Internet angebunden ist), brauchen Sie in der Systemsteuerung zu dieser Netzwerkkarte nur noch das TCP/IP-Protokoll zu laden, und schon steht dem Internet-Kontakt nichts mehr im Wege.

Wenn Sie eine ISDN-Karte verwenden, haben Sie gegenüber einem Modem ordentliche Geschwindigkeitsvorteile. Die Verbindung zwischen ISDN-Karte und Internet wird über das DFÜ-Netzwerk unter Windows 95 realisiert. ISDN-Karten werden also wie Netzwerkkarten behandelt.

Einrichtung einer DFÜ-Netzwerkverbindung zum Internet-Provider

Sie finden im *Arbeitsplatz* Ihres Desktops den Ordner *DFÜ-Netzwerk*. In diesem müssen nun noch die verschiedenen Verbindungen eingestellt werden, die Sie über den DFÜ-Adapter mit anderen Rechnern aufnehmen wollen. Für jede Verbindung brauchen Sie ein eigenes Symbol, ähnlich dem Ablauf beim bekannten HyperTerminal von Windows 95. So brauchen Sie z. B. für den Connect zum Internet-Provider genauso eine eigene Verbindung wie für Ihren PC bei der Arbeit. Anschließend werden genau diese einzelnen Verbindungen für jeden Anwendungsfall spezifisch konfiguriert. Aber jetzt erst einmal alles der Reihe nach.

Um ein eigenes Symbol für eine neue Verbindung herzustellen, doppelklicken Sie auf das Symbol *Neue Verbindung*, worauf Sie ein Assistent durch die verschiedenen Stufen der (Grund-)Konfiguration führt. Dies ist selbsterklärend und höchst einfach (es wird kaum mehr abgefragt als die Telefonnummer der Gegenstelle). Erstellen Sie also ein neues Symbol mit der Bezeichnung *Internet* und geben Sie im Assistenten als Telefonnummer die Einwahlnummer Ihres Internet-Providers an.

Nachdem Sie das neue Symbol erzeugt haben, öffnen Sie durch einen Klick mit der rechten Maustaste das Kontextmenü der Verbindung und wählen den Unterpunkt *Eigenschaften*, um die notwendigen spezifischen Konfiguration für den TCP/IP-Connect vorzunehmen.

Sie müssen nun die notwendigen Daten für die Verbindung zum Internet-Server eintragen, die Sie von Ihrem Provider mitgeteilt bekommen. Dabei sind drei Dinge wichtig:

- Ob das Einwahlverfahren zum Internet-Provider mit dem veralteten SLIP- oder dem neuen PPP-Protokoll abläuft.
- Wie Ihre Benutzerkennung (User-ID) und Ihr Paßwort heißen.
- Wie die TCP/IP-Adresse des Internet-Servers Ihres Providers heißt, genauer: eines sogenannten DNS-Rechners.

Zugang konfigurieren

Klicken Sie mit der rechten Maustaste auf das neu erstellte Verbindungssymbol. Wählen Sie aus dem erscheinenden Kontextmenü den Befehl *Eigenschaften*.

- Wählen Sie in der Registerkarte *Allgemein* das ISDN-Modem aus und klicken Sie auf die Schaltfläche *Servertyp*.
- Wählen Sie hier das Zugangsprotokoll Ihres Internet-Providers. Meist ist dies *PPP; Windows 95; Windows NT 3.5; Internet*. Unter *Zulässige Netzwerkprotokolle* aktivieren Sie nur den Eintrag *TCP/IP*.
- Klicken Sie dann auf *TCP/IP-Einstellungen*.
- Im oberen Bereich wählen Sie *Vom Server zugewiesene IP-Adresse*. Das bedeutet, daß Ihnen der Rechner, bei dem Sie sich einwählen, stets eine neue, temporäre IP-Adresse zuweist.
- Als nächstes markieren Sie die Option *Namensserveradressen festlegen*.
- Tragen Sie die DNS (siehe unten) Ihres Einwahlknotens ein und evtl. eine Ausweichadresse (falls der erste Rechner nicht erreichbar ist). Markieren Sie die Optionen *IP-Header-Komprimierung* und *Standard-Gateway im Remote-Netzwerk verwenden* und klicken Sie auf *OK*.

Tip Internet-Adressen und DNS

Hinter den Internet-Adressen, die Sie kennen (z. B. *www.microsoft.com*) verstecken sich eindeutige Zahlenkombinationen (z. B. 149.174.64.41), mit deren Hilfe jeder am Internet angeschlossene Rechner eindeutig identifiziert werden kann. Diese Zahlenadresse wird von einem sog. **D**omain **N**ame **S**erver (DNS) in das bekannte alphanumerische Format einer Internet-Adresse umgewandelt. Wenn Sie den TCP/IP-Zugang zu Ihrem Internet-Provider einrichten, müssen Sie die Adresse des DNS angeben, damit die alphanumerischen Daten die Sie eingeben (z. B. zum Aufruf einer Home-Page im WWW) in die eindeutigen Zahlenadressen umgewandelt werden können.

Schließen Sie die beiden noch offenen Dialogfelder. Zum Herstellen der Verbindung doppelklicken Sie auf das Verbindungssymbol. Geben Sie Ihren Zugriffsparameter ein und klicken Sie auf *Verbinden*.

Auf diese bestehende Verbindung kann nun Ihr Internet-Browser (dabei ist es egal, ob es sich beispielsweise um den Internet Explorer oder Netscape handelt) aufsetzen.

8. Klinken Sie sich per Fernsteuerung von zu Hause in Ihren Firmenrechner ein

Die Vorteile der Datenübertragung per ISDN – schneller Verbindungsaufbau, hohe Übertragungsleistungen und sicherer Datentransport – ermöglichen zunehmend Möglichkeiten im Bereich des Tele-Computings, also der Benutzung räumlich entfernter Computerressourcen.

Im Zusammenhang mit diesem Thema sind drei Einsatzbereiche durch ISDN besonders in den Mittelpunkt gerückt:

- Remote Control (Fernbedienung eines Rechners)
- Remote Access (Fernzugriff auf ein lokales Netzwerk)
- LAN-Kopplung (Verbindung zweier Netzwerke)

Wegweiser zu diesem Kapitel	
Seite	**Hier erhalten Sie Informationen zum Thema ...**
239	Beschreibung der Fernsteuerungsmöglichkeiten
240	Bedienung von LapLink

8.1 Einführung – Was ist Remote Control?

Wollen Sie endlich einmal das Bild der Arbeitsmobilität Wirklichkeit werden lassen und von der Terrasse aus mit dem Laptop auf Ihren PC im Büro zugreifen? Oder leisten Sie öfters technische Erste Hilfe für Menschen, die weniger vom Computer verstehen als Sie und denen Sie als Hotline dienen? Dann wäre es doch nicht schlecht, wenn Sie sich den Anfahrtsweg sparen und die Wartung des Rechners von zu Hause aus unternehmen könnten? Nun, für solche Zwecke (und noch mehr) gibt es sog. Remote Control-Programme, mit denen Sie andere Rechner fernbedienen können.

Mit der Funktion Fernwartung oder Fernsteuerung (Remote Control) können Sie einen Rechner, zu dem Sie (in einem Netzwerk oder per Telefonkabel) verbunden sind, so bedienen, als würden Sie vor diesem Rechner sitzen und seine Tastatur, die Maus und den Bildschirm benutzen. Sie können beispielsweise mit der Datenbank Ihres Rechners im Büro von zu Hause aus arbeiten oder eben mal die *Config.sys* des Chefs neu editieren. Alle Befehle, die Sie über Ihre Tastatur oder mit Ihrer Maus an Ihrem Arbeitsplatz eingeben, werden auf dem entfernten Rechner ausgeführt.

Voraussetzung für die Fernwartung ist neben einer physikalischen Verbindung (z. B. über ISDN) natürlich noch die notwendige Software auf beiden Rechnern und Zugangsberechtigungen für den (entfernten) Rechner, auf den zugegriffen werden soll. Eine solche Software ist LapLink für Windows.

8.2 Mit LapLink 95 den PC des Freundes fernbedienen

Bei LapLink für Windows 95 handelt es sich um ein Softwarepaket, mit dem Sie eine Verbindung zu einem fremden Rechner herstellen und Datenfernübertragungen durchführen können. Zum Paket gehören die folgenden Anwendungen:

*   *Dateiübertragung:* Mit dieser Applikation können Sie Dateien zwischen zwei Rechnern austauschen. Dazu können Sie mit Hilfe von LapLink die Verzeichnisse auf den beiden verbundenen Rechner synchronisieren. Wenn Sie Dateien nicht vollständig neu übertragen, sondern nur aktualisieren, ersetzt LapLink nur die Änderungen in der Datei. Die Übertragung geht somit schneller vonstatten.
*   *Dialog:* Mit dieser Funktionen können Sie sich mit einer Person, die an dem über LapLink verbundenen Rechner sitzt, online unterhalten. Diese Funkton bietet Ihnen auch die Möglichkeit, zusammen mit einer sich an einem anderen Ort befindenden Person gemeinsam ein Dokument zu bearbeiten.
*   *Fernsteuerung:* Mit dieser Funktion können Sie, wie oben bereits beschrieben, auf einen entfernten Rechner zugreifen und sich dessen Programme bedienen.

So bringt LapLink Ihren Rechner ans ISDN

LapLink verwendet einen virtuellen COM-Port, um die Verbindung zwischen Software und ISDN zu realisicren. Grundsätzlich erwartet LapLink ein an einer seriellen Schnittstelle (COM-Port) angeschlossenes Modem. Und genau diesen COM-Port benutzt ja eine ISDN-Karte nicht. Deshalb wird ein virtueller COM-Port-Treiber eingesetzt, der dem Programm das Vorhandensein einer realen Schnittstelle vorgaukelt. Die Informationen, die LapLink an den virtuellen COM-Port ausgibt, werden dann auf die ISDN-Karte (genauer gesagt: an die CAPI) umgeleitet. Der virtuelle COM-Port übersetzt die AT-Befehle, mit denen ein Modem gesteuert wird, in CAPI-Befehle, die von der ISDN-Karte verstanden werden können. LapLink für Windows unterstützt dabei die CAPI-Versionen 1.1 und 2.0.

Installation von LapLink

Folgen Sie dann den Anweisungen auf dem Bildschirm. Quittieren Sie zunächst den Begrüßungsbildschirm und treffen Sie dann Ihre Benutzer- und Lizenzangaben.

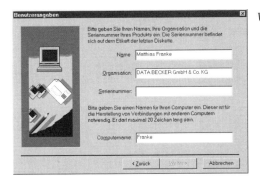

Wer sind Sie eigentlich?

Sie müssen einen Namen für Ihren Rechner angeben. Dieser Name wird dann auf dem Fremdrechner angezeigt, der auf Ihren Rechner zugreifen möchte. In der Netzwerkumgebung (*Systemsteuerung/Netzwerk*) können Sie auf der Registerkarte *Identifikation* sehen, ob Ihr Rechner bereits einen Namen hat. Diesen können Sie übernehmen (können es aber auch sein lassen).

Mehrere Installationsmöglichkeiten

In diesem Schritt haben Sie die Qual der Wahl. Sie können sich zwischen drei Installationsvarianten entscheiden. Die *Standardinstallation* ist für die meisten Zwecke genügend. Sie wird im folgenden gezeigt. Die *Minimalinstallation* kann sinnvoll sein, wenn die Festplattenressourcen knapp werden. Eine individuelle Programmeinrichtung erzielen Sie über die *Benutzerdefinierte Installation*.

Einrichtung von LapLink

Starten Sie nun das Installationsprogramm für die LapLink-Administration. Haben Sie diese noch nicht installiert, müssen Sie dies nun nachholen.

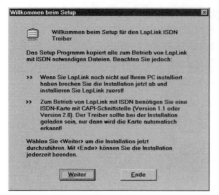

Eine kurze Info

Aktivieren Sie nach dem obligatorischen Windows-Neustart (falls Sie das Programm gerade neu installiert haben) das Programm LapLink ISDN Administration aus der Programmgruppe LapLink für Windows 95.

Merken Sie sich den virtuellen COM-Port

Mit Hilfe dieses Programms erhalten Sie Auskunft über den von LapLink verwendeten (virtuellen) COM-Port. Schließen Sie das Programm.

Starten von LapLink

Die automatische Hilfe kann ganz schön nerven

Nach der ISDN-Einrichtung können Sie jetzt das eigentliche Programm starten. Wählen Sie in der LapLink-Programmgruppe den Eintrag *LapLink für Windows 95 V7.5*. Nach dem Start von LapLink öffnet sich beim ersten Mal die automatische Hilfe von LapLink. Sie hilft Ihnen bei der Durchführung von Aufgaben und wechselt zu anderen Themen, während Sie Ihre Arbeit erledigen. Wenn Sie die automatische Hilfe nicht verwenden möchten, klicken Sie oben auf die Schaltfläche *Aus*. Alternativ wählen Sie dazu den Menübefehl *?/Automatische Hilfe*. Die Hilfe kann jederzeit über das *?* in der Menü-Leiste aufgerufen werden.

Sicherheit geht vor

Wieder einmal das Thema Sicherheit. Nehmen Sie sich zu Beginn die Zeit und vergeben Sie Zugangsberechtigungen für Ihren PC, da es gar nicht komisch ist, was andere Benutzer auf Ihrem PC so alles anrichten, wenn Sie die entsprechende Zugangsberechtigung besitzen. Die Zugriffsrechte für Ihren Rechner regeln Sie über den Menübefehl *Optionen/Sicherheitseinstellungen*.

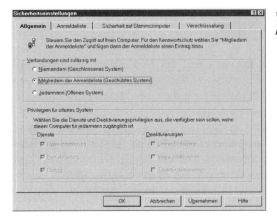

Wer darf an Ihren Rechner ran?

Auf der Registerkarte *Allgemein* legen Sie fest, ob generell auf Ihren Rechner zugegriffen werden darf. Wenn ja, dann können Sie den Zugriff entweder für jedermann erlauben oder über die Anmeldeliste den Zutritt limitieren. Diese letztere Option ist, was die Sicherheit angeht, zu empfehlen. Klicken Sie dann auf den Registerreiter *Anmeldeliste*.

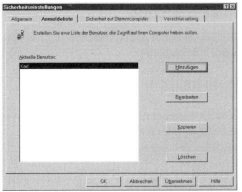

Die Verwaltung der Benutzer

Klicken Sie auf *Hinzufügen*, um einen Teilnehmer in die Anmeldeliste aufzunehmen und ihm somit Zugriff auf Ihre Ressourcen zu gewähren.

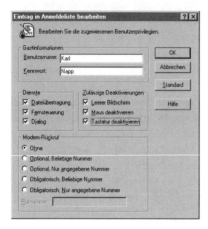

Welche Rechte bekommt der Benutzer

Vergeben Sie einen Benutzernamen und ein Kennwort. Legen Sie außerdem die Dienste fest, die dem Teilnehmer zur Verfügung stehen sollen. Deaktivieren Sie beispielsweise die Option zur Fernsteuerung für einen Benutzer, wenn Sie diesem keinen Zugriff auf Ihr System geben wollen.

Unter *Zulässige Deaktivierungen* bestimmen Sie, ob ein Besucher die Ressourcen Ihres eigenen Rechners (Tastatur, Maus, Bildschirm) für die Dauer des Zugriffs deaktivieren darf oder nicht. Sinnvoll ist hier die Aktivierung von *Maus deaktivieren* und *Tastatur deaktivieren*, damit Sie sich später nicht mit den Maus- oder Tastaturaktionen ins Gehege kommen.

Empfangsbereitschaft – Verbindung einrichten

Als nächstes sollten Sie eine Anrufannahme einrichten, so daß sich andere Benutzer auch auf Ihren Rechner einwählen können.

 Diese Einstellungen sind wichtig

Mit diesen Einstellungen greifen Sie auch auf andere Rechner zu. Sie erstellen quasi eine allgemeingültige Anschlußeinstellung.

① Wählen Sie den Menübefehl *Optionen/Anschluß einstellen*.

② Deaktivieren Sie zunächst von allen Listeneinträgen die Markierung von *Anschluß aktivieren*. Klicken Sie nun auf *COM 3* (oder auf den auf Ihren Rechner eingestellten virtuellen COM-Port, den Sie zuvor in der Administration erfahren haben).

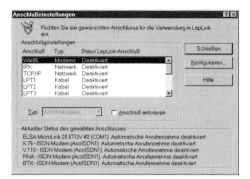

③ Wählen Sie in der Liste *Typ* die Einstellung *Modem* aus und aktivieren Sie diesen Anschluß über *Anschluß aktivieren*.

④ Über die *Konfigurieren* nehmen Sie nun weitere wichtige Einstellungen vor.

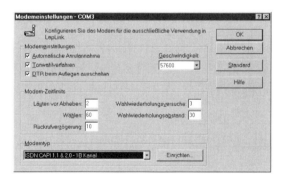

⑤ Wählen Sie hier aus der Liste *Modemtyp* die Einstellung *ISDN CAPI 1.1 & 2.0 – 1B Kanal* aus. Belassen Sie alle weiteren Einstellungen und bestätigen Sie über *OK*. Sollten Sie zuvor noch keine Sicherheitseinstellungen vorgenommen haben, erscheint der folgende Dialog.

⑥ Holen Sie dies gegebenenfalls nach. Schließen Sie anschließend den Dialog für die Anschlußeinstellungen über *Schließen*. Ist LapLink aktiv, kann sich ein Benutzer nun auf Ihrem Rechner einwählen.

Verbindung zu einem anderen Rechner

Das ist wohl die interessantere Variante, nicht wahr? Sie wollen die Kontrolle über einen anderen Rechner erhalten. Dazu müssen Sie zunächst eine Verbindung definieren. Eine ISDN-LapLink-Verbindung mit einem anderen Rechner wird zunächst wie eine Modemverbindung eingerichtet. Klicken Sie deshalb auf das Symbol *Modemverbindung* oder wählen Sie alternativ den Menübefehl *Verbindung/Modemverbindung*. Das Dialogfeld *Verbindung über Modem* erscheint.

Über das Adreßbuch können Sie hier wiederverwendbare Einträge vornehmen oder aber den Eintrag *Manuelles Wählen* zum Verbindungsaufbau benutzen. Geben Sie unter *Rufnummer* die Nummer des anzuwählenden Rechners ein. Im Feld *verbinden über* ist schon der Eintrag *ISDN CAPI 1.1 & 2.0 1B Kanal (COM3)* aktiviert. Diese Voreinstellung können Sie belassen. Aktivieren Sie nun noch die Dienste, die Sie auf dem anderen Rechner verwenden möchten. Stellen Sie die Verbindung nun über *Wählen* her.

Verbindung zu einem anderen Rechner aufnehmen

FAQ ## Was ist denn sonst noch wichtig?

Voraussetzung für das Herstellen einer Verbindung ist natürlich, daß auf beiden Rechner LapLink installiert ist und der gleiche Verbindungstyp gewählt wurde. Allerdings ist es auch möglich, sich mit LapLink auf einem Windows 95-Rechner einzuwählen, der als DFÜ-Server eingerichtet ist.

Die Anwahl wird haarklein protokolliert

Geben Sie nun die entsprechenden Zugangsdaten an.

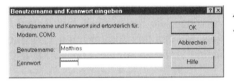

Auch Sie müssen sich ausweisen

Fernsteuerung

Heureka, es ist geschafft! Nachdem die Verbindung hergestellt wurde, können Sie auf die zuvor festgelegten Funktionen zugreifen. Für jede aktivierte Funktion steht ein separates Fenster mit eigenen Befehlen zur Verfügung. Wenn Sie die Funktion Fernsteuerung über die gleichnamige Schaltfläche oder den Menübefehl *Fenster/Rechnername/Fernsteuerung* ausgewählt haben, wird im Funktionsfenster der Bildschirm des angewählten Rechners dargestellt. Und von da ab können Sie mit dem entfernten Rechner genauso wie mit Ihrem eigenen Rechner arbeiten.

Fernsteuerung per LapLink

Maximaler Bildschirm

Sie können Sie den Inhalt des entfernten Rechners auf zwei Arten auf Ihrem Rechner anzeigen lassen. Wenn Sie zwischen Anwendungen auf Ihrem Rechner und Anwendungen auf dem entfernten Rechner hin und her wechseln wollen, wählen Sie am besten die Fensteranzeige. Alternativ können Sie sich den anderen Rechner als Vollbild anzeigen lassen. Zwischen den beiden Darstellungsvarianten wechseln Sie mit der Tastenkombination Strg+Umschalt+F hin und her.

Innerhalb dieses Fensters arbeiten Sie nun mit dem entfernten PC wie mit Ihrem eigenen. Beispielsweise können Sie sich die Systemdateien des Rechners anschauen, um einen möglichen Fehler aufzustöbern, oder Sie zeigen Ihrem Kommunikationspartner einfach, wie Sie gerne die Grafik positioniert hätten, oder ... Tja, seien Sie einfach nett und fummeln Sie nicht zuviel in fremden Systemen herum. Der Benutzer am entfernten Rechner sieht die Aktionen, die Sie ausüben, auf seinem Bildschirm. Bei der Verbindung über einen Kanal, werden Ihre Aktionen mit ein wenig Verzögerung ausgeführt. Wenn Sie die Geduld verlieren sollten, können Sie auf Kanalbündelung umstellen.

 ## Warum zittert der Mauszeiger so komisch?

Dies liegt daran, daß der Hostrechner den eigenen Mauszeiger nicht deaktiviert hat. Beide Anwender greifen nun mit Ihrer Maus auf den gleichen Mauszeiger zu. Deaktivieren Sie daher den Mauszeiger.

Ein Schwätzchen am PC – Die Dialog-Funktion

Wenn Sie es aus irgendeinem Grund vorziehen, lieber über den PC als über Telefon mit Ihrem Kommunikationspartner Kontakt aufnehmen, klicken Sie auf die Schaltfläche *Dialog* oder wählen den betreffenden Befehl im Menü *Fenster*.

Das Dateitransfer-Fenster von LapLink

Das *Dialog*-Fenster erscheint zweigeteilt. In den unteren Bereich geben Sie Ihren Text ein. Durch Drücken der [Enter]-Taste wird dieser abgeschickt und erscheint daraufhin im oberen Fensterteil. Dann kann auch Ihr Gegenüber die Nachricht lesen. Umgekehrt läuft's genauso.

Dateitransfer leichtgemacht

Viel einfacher als mit der Dateitransfer-Funktion von LapLink werden Sie Dateien wohl nicht von einem auf einen anderen Rechner verschieben können. Klicken Sie einfach auf das entsprechende Symbol der LapLink-Symbolleiste. Daraufhin wird das Dateitransfer-Fenster geöffnet. Am Bildschirm erscheinen dann in bestem Explorer-Outfit die Dateien des lokalen und des entfernten Rechners nebeneinander. Per Drag & Drop können Sie jetzt beispielsweise Dateien verschieben.

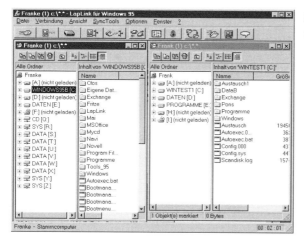

Das Dialogfenster von LapLink

Kanalbündelung mit LapLink

Um beide B-Kanäle für die Datenübertragung zu nutzen, starten Sie die LapLink ISDN Administration (*Start/Programme/LapLink für Windows 95/LapLink ISDN Administration*).

Auf dem Weg zur Kanalbündelung

Markieren Sie unter *ISDN-Einstellungen* den Anschluß vom Typ *ISDN* und klicken Sie auf *Konfigurieren*.

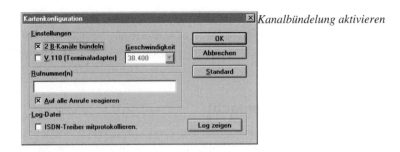

Kanalbündelung aktivieren

Markieren Sie die Option *2 B-Kanäle bündeln* und klicken Sie auf *OK*. Wählen Sie *Schließen*, um die Änderungen festzuhalten. Jetzt wird jede Verbindung mit zwei Kanälen aufgebaut. Denken Sie aber daran, daß Sie während der Dauer der Verbindung nun nicht mehr erreichbar sind, da beide Leitungen zur Übertragung benutzt werden.

Um eine Verbindung wieder abzubrechen, klicken Sie auf das Symbol *Abbruch*. Wählen Sie unter *Verbindungen* den Namen des Fremdrechners aus und klicken Sie auf *OK*.

DFÜ-Netzwerk über LapLink

Sie können eine Verbindung zu einem anderen Rechner auch dann herstellen, wenn dieser nicht das Programm LapLink auf seinem Rechner laufen hat. Der Partner muß seinen Rechner als Netzwerkserver eingerichtet haben. Wie das funktioniert, lesen Sie auf Seite 200ff. Dort lesen Sie auch, wie eine neue Verbindung zu einem anderen Rechner über das DFÜ-Netzwerk von Windows 95 generiert wird und wie man das Netzlaufwerk des anderen Rechners an seinen eigenen Rechner bindet. Haben Sie vorher schon eine Verbindung erstellt, dann können Sie diese natürlich auch unter LapLink nutzen. Sie können aber auch noch nachträglich eine Verbindung erstellen. Dies geht entweder über LapLink selbst oder über das DFÜ-Netzwerk. Hat Ihr Übertragungspartner seinen Rechner nun entsprechend eingestellt, dann können Sie über *DFÜ-Netzwerkverbindung* einen Verbindungsaufbau erstellen. Es öffnet sich das Fenster *Verbindung über DFÜ-Netzwerk*. Wählen Sie eine vorhandene Verbindung durch einen Doppelklick aus. Ist noch keine Verbindung vorhanden, dann können Sie über das Symbol *Neue Verbindung* eine Verbindung erstellen. Sie werden dann nach Benutzernamen und Kennung gefragt. Diese Daten muß Ihnen Ihr Partner mitgeteilt haben, damit Sie auf seinen Rechner zugreifen können. Geben Sie Benutzernamen und Kennung ein und bestätigen Sie mit *Verbinden*. Ihr Rechner baut dann eine Verbindung zu dem anderen Rechner auf.

9. Wie sicher ist ISDN?

Sie haben sicherlich schon festgestellt, daß ISDN die Kommunikationsmöglichkeiten per PC enorm erweitert. Sie können sich über eine ISDN-Karte bei einem Internet-Provider anmelden, haben die Möglichkeit, zwei Computer zu verbinden, sich an einem loaklen Netzwerk anzumelden oder sogar ganze LANs miteinander zu verbinden. Die Tatsache, daß so der PC eine Vielzahl anderer Geräte ersetzt, ist sicherlich ein großer Vorteil. Gerade aber beim Einsatz von ISDN zur Datenkommunikation ergeben sich einige Sicherheitsrisiken, die Sie generell beachten und umgehen sollten.

Wegweiser zu diesem Kapitel	
Seite	**Hier erhalten Sie Informationen zum Thema ...**
251	Paßwortschutz gegenüber fremden Benutzern
257	Viren
257	Trojanische Pferde
259	Verbindungsüberwachung

9.1 Einige Anmerkungen zum Thema Datenschutz

Vorkehrungen für den Datenschutz sind eine ebenso wichtige wie komplexe Angelegenheit, die im Endeffekt von der individuellen Rechnerverwendung abhängig ist. Dennoch gibt es einige grundsätzliche Vorkehrungen, die Sie zum Schutz Ihrer Daten treffen können.

Zugriffsschutz durch Paßwörter

Damit nicht jeder unbefugt sich über Ihre ISDN-Karte auf Ihrem Rechner einwählt, sollten Sie Paßwörter vergeben. Dies können Sie an einer Vielzahl von Stellen tun.

Zugriffsschutz auf Windows-Ebene regeln

Bereits auf der Windows-Ebene können Sie Paßwörter vergeben. Diese werden dann beim Windows-Start abgefragt.

① Öffnen Sie die Systemsteuerung (*Start/Einstellungen/Systemsteuerung*) und doppelklicken Sie auf das Symbol *Kennwörter*.

② Bearbeiten Sie zunächst die Windows-Kennwörter. Klicken Sie dazu auf die Schaltfläche *Windows-Kennwort ändern*.

③ Falls Sie bereits ein Kennwort verwendet haben, tragen Sie es in die erste Zeile ein (falls nicht, lassen Sie das Feld leer), ehe Sie das neue Kennwort sowie eine Wiederholung des neuen Kennworts eingeben. Bestätigen Sie die Eingaben mit *OK*. Klicken Sie dann auf die Schaltfläche *Andere Kennwörter ändern*.

④ In diesem Dialog können Sie weitere Paßwörter verteilen (z. B. für den Zugang zu einem LAN).

⑤ Über das Register *Remote-Administration* können Sie grundsätzlich festlegen, ob ein Administrator freigegebene Ordner und Drucker auf diesem Computer einrichten darf und verfolgen kann, wer sich damit verbindet.

Wenn Sie eine solche Überwachung zulassen, sollten Sie auf jeden Fall ein Paßwort einsetzen.

Freigabe Ihrer Dateien

Über den Eintrag *Netzwerk* in der Systemsteuerung regeln Sie die Freigabe Ihrer Rechner-Ressouren.

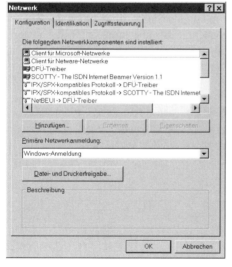

Die Netzwerkkonfiguration

Klicken Sie auf die Schaltfläche *Datei- und Druckerfreigabe.*

Hier legen Sie grundsätzlich fest, ob Sie einen an den Rechner angeschlossenen Drucker oder eine Datei von Ihren Laufwerken freigeben wollen. Die spezielleren Einstellung, z. B. zur Dateifreigabe, nehmen Sie dann mit einem Datei-Manager (z. B. dem Windows-Explorer) vor (siehe unten).

Was dürfen
Fremdlinge alles tun?

Werfen Sie auch einmal einen Blick auf auf das Register *Identifikation*. Hier finden Sie Einträge (z. B. Ihren Computernamen) für Ihre eigene Identifikation.

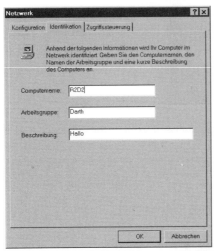

Wo befinden Sie
sich eigentlich?

Über das Register *Zugriffsteuerung* können Sie bestimmen, ob der Zugriff auf Dateien oder Drucker auf der Freigabeebene (also über einzelne, mit Paßwort schützbare Ordner) oder über eine Benutzerliste gehen soll. Die Benutzer werden in einer Masterliste geführt; sie benötigen für das Arbeiten mit den von Ihnen freigegebenen Ressourcen kein Kennwort.

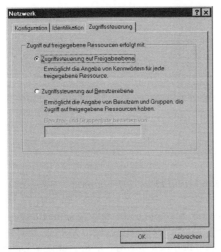

Sollen die einzelnen Benutzer
verschiedene Rechte
erhalten?

Ordner freigeben

Mit dem Explorer oder einem anderen Datei-Manager sollten Sie sich einen Ordner anlegen, den Sie für den Austausch von Daten verwenden. Vergeben Sie möglichst einen sprechenden Namen (z. B. Austausch oder Transfer). In diesen legen Sie dann die Dateien ab, die Sie externen Benutzern zur Verfügung stellen wollen. Andersherum legen Ihre Clients in dieses Verzeichnis (das auch Unterverzeichnisse haben kann) Dateien für Sie ab.

Kontextmenü des Explorers

Dieser Ordner muß dann aber noch freigegeben, also für den Zugriff geöffnet werden. Klicken Sie dazu mit der rechten Maustaste auf den neuen Ordner und wählen Sie den Befehl *Freigabe*.

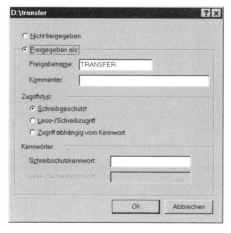

Sie müssen einen Freigabenamen angeben

Geben Sie dem Ordner einen Freigabenamen. Dieser muß später gemeinsam mit dem Computernamen zum Einbinden des entfernten Ordners im eigenen Datei-Manager angegeben werden. Sie können weiterhin einen Kommentar eingeben. Legen Sie auch noch den Zugriffstyp fest. Sie können bestimmen, ob Sie den Ordner grundsätzlich oder nur nach Eingabe eines Kennworts freigeben. Für beide Fälle können Sie festlegen, ob es sich bei der Zugriffsmöglichkeit auf den Rechner, um Schreib-

255

und/oder Leserechte handelt. Wenn Sie nur Leserechte vergeben, können nur Daten von Ihrem Ordner heruntergeladen werden. Erteilen Sie dem externen Benutzer auch Schreibrechte, kann dieser auch Dateien in Ihrem Ordner ablegen.

Sie können auch grundsätzlich auf Kennwörter verzichten, allerdings erhöht sich so die Gefahr eines unbefugten Zugriffs auf Ihren Rechner. Wenn Sie Ihre Angaben eingetragen haben, klicken Sie auf *OK*. Sie werden dann ggf. aufgefordert, die zuvor eingetragenen Kennwörter zu bestätigen. Tun Sie dies und klicken Sie auf *OK*. Im Explorer wird der freigegebene Ordner durch eine Hand gekennzeichnet. Alle Unterverzeichnisse dieses Ordners sind ebenfalls freigegeben.

Paßwortschutz für das DFÜ-Netzwerk

In vielen Fällen werden Sie das DFÜ-Netzwerk für PC-Verbindungen verwenden. Gerade, wenn Sie Ihren Rechner als DFÜ-Server bereitstellen, sollten Sie hier auf Zugriffsschutz Wert legen. Öffnen Sie das DFÜ-Netzwerk und klicken Sie im Menü *Verbindungen* auf *DFÜ-Server*.

Sie können für die einzelnen zur Verfügung stehenden Modems (bzw. der dahinter steckenden ISDN-Karte) den Zugriffsschutz bestimmen. Wenn Sie den Zugriff auf eins der Modems freigeben, können Sie zusätzlich Paßwörter vergeben.

Kennwörter für die einzelnen Modems

Auch bei den Servertypen können Sie noch einige Sicherheitsvorkehrungen treffen. Klicken Sie auf die Schaltfläche *Servertypen*.

Das macht die Sache noch sicherer

Die Aktivierung der zweiten Option legt fest, daß nur codierte Kennwörter vom Computer gesendet oder akzeptiert werden können. Dies erweist sich als nützlich, wenn für die vorliegende Verbindung erhöhte Sicherheit geboten ist. Wenn Sie selbst die Anwahl übernehmen, geben Sie Ihr Kennwort in der regulären Form ein; das Codieren wird dann vom Computer übernommen. Der Computer, zu dem Sie die Verbindung herstellen, muß jedoch codierte Kennwörter unterstützen, damit diese Option wirksam werden kann.

Paßwortschutz der ISDN-Software verwenden

Auch ISDN-Kommunikationsprogramme, wie Sie beispielsweise in Softwarepaketen wie OnlinePowerPack (TELES), FRITZ!32 (AVM) oder ICS (Ositron) enthalten sind, bieten insbesondere für den Bereich Eurofile-Transfer die Möglichkeit, Paßwörter für ausgewählte Verbindungen zu vergeben.

9.2 Vorsicht Viren

Gerade der Empfang von fremden Dateien – sei es per EFT, als E-Mail-Anhang oder als Internet-Download – birgt die Gefahr, daß sich Ihr PC einen Virus einfängt. Daher sollten Sie einige Schutzmaßnahmen gegen diese Biester berücksichtigen. Viele EFT-Programme (z. B.: iPro und Ositron ICS) sorgen dafür, daß alle empfangenen Datei automatisch von einem Viren-Scanner überprüft werden.

Für Ihren E-Mail-Empfang und Download-Verzeichnisse von Online-Anbietern sollten Sie das gleiche tun. Packen Sie am besten zusätzlich noch ein Viren-Scan-Programm in die Autostart-Gruppe von Windows.

9.3 Trojanische Pferde

Sie haben in Geschichte nicht aufgepaßt? Nun ja, wie war das noch mit Troja? Hier die Kurzversion: Die Trojaner verteidigen lange und tapfer ihre Stadt gegen die Belagerer. Die scheinen sich nach einiger Zeit geschlagen zu geben und ziehen ab. Zum Abschied lassen Sie aber noch ein hölzernes Pferd vor den Toren Trojas zurück. Neugierig holen die Trojaner das Pferd in die Stadt und damit auch die feindlichen Soldaten, die sich im Innern des Pferdes versteckt hatten. Der Rest der Geschichte? Troja verliert die Schlacht doch noch. Dumm gelaufen, oder? Was, werden Sie sich vielleicht fragen, hat das alles mit Ihrem PC zu tun?

Im Zusammenhang mit dem PC werden Programme, die Aktionen ausführen, von denen Sie keine Ahnung haben, Trojanische Pferde genannt. Beispielsweise durchsucht solch ein Programm Ihre Festplatte, forscht nach Paßwörtern und Zugangsberechtigungen und ähnlichem. Schlimm wird es erst so richtig, wenn diese persönliche

257

Zugangsdaten per ISDN klammheimlich auf einen Ihnen unbekannten Rechner übertragen werden.

Wie können diese Programme auf Ihren PC gelangen? Es gibt mehrere Möglichkeiten, zum einen geschieht dies leicht durch Programme, die Sie aus dem Internet laden oder sich von Disketten zweifelhafter Herkunft kopieren, und zum anderen erhalten Sie ein Programm, von dem Sie gar nicht ahnen, das dies wesentlich mehr bewerkstelligt als lediglich die von Ihnen gewünschte Funktionalität. Nach dem Motto: „Mach den Job gut, erledige aber zusätzlich heimlich etwas anderes." Und genau da kommt ISDN ins Spiel.

FAQ Werden Trojanische Pferde von Antiviren-Programmen erkannt?

Leider lautet die Antwort nein, da es sich in der Regel nicht um Virenprogramme handelt. Virenprogramme neigen dazu, sich zu vervielfältigen und Änderungen an Dateien des Systems vorzunehmen. Trojanische Pferde tun dies nicht.

Per ISDN ist ein Verbindungsaufbau rasend schnell und vor allem lautlos hergestellt. Im Gegensatz zum guten, alten Modem (sofern dort der Lautsprecher nicht ausgeschaltet ist) kriegen Sie also von einem Verbindungsaufbau nichts mit, ja vielleicht telefonieren Sie sogar gerade noch und achten noch weniger darauf. Dies kann Ihnen mit einem analogen Anschluß ebenfalls nicht passieren.

Ein Programm, das sich also unbemerkt irgendwo einwählt, kostet Sie günstigerweise nur die Gebühren für eine 0190-Nummer, ungünstigerweise werden aber gerade Ihre geheimen Zugangsdaten an einen nicht netten Menschen übermittelt. Bedenken Sie das Horrorszenario, wenn die übermittelten Daten Ihren Homebanking-Zugang betreffen!

FAQ Wie können Trojanisch Pferde die Anwahl eines externen Anschlusses bewerkstelligen?

Da die CAPI-Schnittstelle eine offene Schnittstelle ist, können Trojanische Pferde über den CAPI-Treiber Verbindungen aufbauen und Dateien transferieren.

Eine Möglichkeit, dem vorzubeugen, besteht darin, die entsprechenden Daten zu verschlüsseln. Dies ist leider aber auch nicht hundertprozentig sicher, da es Programme gibt, die Ihre Eingaben von der Tastatur – also schon vor deren Verschlüsselung – erkennen.

FAQ Ist nur ISDN so unsicher?

Natürlich nicht. Prinzipiell bestehen diese Sicherheitsrisiken in allen öffentlichen Kommunikationsnetzen, beispielsweise dem Internet.

9.4 Überwachung von unkontrolliertem Verbindungsaufbau

In Zusammenhang mit ISDN (diese Sicherheitsprobleme betreffen natürlich nicht ausschließlich nur ISDN) gilt es also, unbemerkt ausgehende Anrufe zu verhindern.

Zur Überwachung der ISDN-Tätigkeiten Ihres Anschlusses stehen Ihnen sogenannte Anrufmonitore zur Verfügung, die Aufschluß über die Aktivitäten der Verbindungskanäle geben (siehe Seite 157).

Ferner können Sie von der WWW-Seite *http://www.pcintern.de* das Programm ISDN-Control in Form der Datei *Isdncont.zip* herunterladen. Nach der Installation (beachten Sie die Anweisungen in der Datei *Readme.doc*) fängt dieses Programm alle Verbindungsversuche Ihres Rechners nach außen ab und gibt Ihnen somit die Kontrolle, ob die betreffende Verbindung aufgebaut werden soll oder nicht.

Legen Sie die Rufnummern fest, die angewählt werden können

Zu diesem Zweck geben Sie eine Liste aller wählbaren Nummern an, die dann nur noch angewählt werden können. Andere Verbindungen werden somit erst gar nicht aufgebaut. Der Programmautor plant des weiteren in Kürze eine Version, die im Falle eines versuchten Verbindungsaufbaus zu einer anderen Nummer diese Aktion zusätzlich meldet.

FAQ   Was kann man sonst noch tun?

Stellen Sie beispielsweise Ihren Rechner im Server-Modus zum Datentransfer bereit, sollten Sie nur Benutzer mit gültigen Paßwörtern Zugang verschaffen. Verschlüsseln Sie zusätzlich Ihre Daten mit gängigen Verschlüsselungsprogrammen, so daß diese Daten nicht in unbefugte Hände gelangen können.

Gefahr durch Fernwartung?

ISDN-Anlagen verfügen in der Regel über einen Fernwartungszugang, über den Updates installiert oder Tests vorgenommen werden können. Diese Zugänge bieten natürlich einen Eingang zu Ihrem PC. Bei größeren Anlagen ist diese Problematik noch relevanter. Wie sieht es in diesem Punkt mit der Sicherheit aus?

Fernwartungsfähige Anlagen verfügen zunächst einmal über die Möglichkeit, ein Paßwort für den Zugang einzurichten. Dann ist der Zugang nur für einen sehr begrenzten Zeitraum offen. Bei manchen Modellen (Agfeo, Eumex) muß der Zugang explizit von Ihnen freigeschaltet werden. Nach einer halben Stunde schließt er sich dann automatisch. Bei anderen Anlagen müssen Sie den Hersteller von sich aus anrufen. Das Handbuch Ihrer Anlage sollte Ihnen die Sicherheitsaspekte erläutern. Ist dies nicht der Fall, wenden Sie sich direkt an den Hersteller.

10. So nutzen Sie mit ISDN auch analoge Kommunikationsdienste

Wer sich heutzutage mit dem Computer beschäftigt, der will berechtigterweise, auch am frohen Treiben auf den internationalen Datenautobahnen mitmischen. Der will im World Wide Web surfen, sich in der Lieblings-Mailbox die neuesten Spiele herunterladen, seine Bankgeschäfte online erledigen, eine wenig mit anderen Surfern in Diskussionsforen chatten oder den neuesten Spiegel schon am Sonntag lesen. Und das Ganze soll natürlich möglichst in digitaler Höchstgeschwindigkeit abgehen. Das ist sicherlich ein wichtiger Grund für Sie gewesen, sich ISDN anzuschaffen. Was aber, wenn Sie noch auf Mailboxen oder Online-Dienste zugreifen wollen, die nur den analogen Zugang ermöglichen, die also auf digitale Besucher noch gar nicht eingestellt sind? Das ist zum Beispiel bei Mailboxen häufig der Fall, kann aber auch der Einwahl in CompuServe zum Problem werden.

Wegweiser zu diesem Kapitel	
Seite	**Hier erhalten Sie Informationen zum Thema ...**
261	Wozu werden Fossil-Treiber benötigt?
262	Die Einrichtung von cFos
266	Mailboxzugriff mit Telix und cFos
268	Mailboxzugriff mit HyperTerminal
271	Benutzung des ZyXEL 2864ID

10.1 Ein moderner Übersetzungsdienst – Fossil-Treiber!

ISDN hebt an, neben dem Telefonieren auch die Welt der Datenfernübertragung (DFÜ) umzuwälzen. Und mit Hilfe von ISDN-Anwendungen, die über die CAPI auf die ISDN-Adapter zugreifen, hat das digitale Netz auch wirklich echte Vorteile bei der DFÜ (die Übertragungen sind z. B. schneller und sicherer). Moderne Terminalprogramme unterstützen meist die CAPI und greifen über diese auf die ISDN-Karte zu.

Sehr viele zur Zeit existierende DFÜ-Programme sind aber in einer Zeit entstanden, in der ein Modem (angeschlossenen an einer seriellen Schnittstelle) den einzigen Weg in den Cyberspace darstellte. Diese Software (wie zum Beispiel die meisten Terminalprogramme) steuern ein Modem über einen speziellen Befehlssatz, die sog. AT-Befehle, diese Befehle beginnen stets mit der Zeichenfolge AT (für **At**tention). ISDN-Karten sind aber nicht in der Lage, diese AT-Befehle zu verstehen. So liegt die Verbindung der Modemprogramme zum ISDN brach.

Abhilfe schafft in diesen Fällen ein sog. Fossil-Treiber, der als Dolmetscher zwischen der nur „analogisch" sprechenden Software und der nur „digitalesisch" beherrschenden ISDN-Karte. Dieser Fossil-Treiber, dessen bekannteste Realisierung der Treiber cFos (für CAPI-Fossil) ist, übersetzt die AT-Befehle in Befehle, die von der CAPI verstanden und so an die ISDN-Karte weitergegeben werden.

> *FAQ* **Kann ich mit einer ISDN-Karte auf eine analoge Mailbox zugreifen?**
>
> Das geht nicht. Mit einer ISDN-Karte können Sie nur auf eine ISDN-Mailbox zugreifen. Für analoge Mailboxen müssen Sie ein analoges Modem einsetzen. Dieses kann über einen a/b-Wandler oder eine TK-Anlage an das ISDN angeschlossen werden. Eine Alternative könnte in Zukunft das virtuelle Modem V.34 von TELES sein, das momentan in einer Beta-Version zur Verfügung steht.

10.2 cFos – Der klassische Fossil-Treiber

Einer der bekanntestes Fossil-Treiber ist cFos, den es auch für Windows (cFos/Win) gibt.

So installieren Sie cFos/Win

Den cFos-Treiber können Sie in einer Sharewareversion von folgender Web-Seite herunterladen: *http://www.cfos.com/download/*.

Was benötigt cFos?

cFos setzt auf der CAPI (Version 1.1 oder 2.0) auf. Die CAPI muß daher zuvor installiert worden sein. Dies ist bei einer Karteninstallation ja der Fall.

Wenn Sie sich cFos/Win beschafft haben, haben Sie es zunächst mit einer komprimierten (zur Zeit *Cfw_120.zip*) Datei zu tun. Erstellen Sie auf Ihrer Festplatte ein neues Verzeichnis und entkomprimieren Sie die cFos-Datei (z. B. mit dem Programm WinZip) in das neu angelegte Verzeichnis.

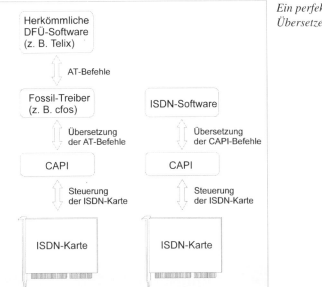

Ein perfekter Übersetzer

① Doppelklicken Sie in dem neuen cFos-Verzeichnis dann auf *Instwin.exe*.

② Der Eintrag *Deutsche Meldungen benutzen* ist bereits markiert. Bestätigen Sie dies mit *OK*.

(3) Wählen Sie *Installieren*, falls Sie es sich nicht anders überlegt haben.

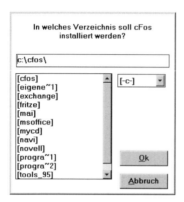

(4) Das Installationsprogramm fragt nun nach, in welchem Verzeichnis cFos installiert ist. Geben Sie ein Verzeichnis an oder behalten Sie das Standardverzeichnis (*C:\cFos*) bei. Bestätigen Sie dann mit *OK*.

(5) Lesen Sie sich den Lizenzvertrag durch und geben Sie Ihr Einverständnis mit Eingabe von „EINVERSTANDEN". Nach dem obligatorischen Neustart von Windows erscheint am unteren Bildschirmrand das folgende Dialogfeld.

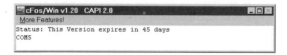

⑥ Je nach der CAPI, die Sie verwenden, steht in der Titelleiste des Dialogs *CAPI 1.1* bzw. *CAPI 2.0*. Damit steht nun dem Einsatz von Programmen, die normalerweise mit ISDN nichts am Hut haben, nichts mehr im Weg. Zumindestens für 45 Tage, danach läuft die Lizenz für diese Shareware nämlich ab. Wollen Sie den Treiber verwenden, kommen Sie um eine Registrierung und Ausgabe von 89 DM also nicht herum.

⑦ Durch die Einbindung des cFos-Treibers befindet sich ein weiteres virtuelles Modem in Ihrem System, dies können Sie mit Hilfe des Geräte-Managers leicht überprüfen.

Wie beende ich das cFos-Treiber-Programm?

Da die betreffende Titelzeilenschaltfläche gesperrt ist und kein entsprechender Menübefehl zur Verfügung steht, müssen Sie das Programm mit Hilfe der Task-Leiste, die Sie über die Tastenkombination (Strg)+(Alt)+(Entf) aktivieren, aus dem System entfernen. Wählen Sie dort den Eintrag *cfos/Win v1.20 CAPI 2.0* aus und klicken Sie anschließend auf die Schaltfläche *Task beenden*. Wollen Sie die automatische Aktivierung des cFos-Treibers beim Windows-Start unterbinden, müssen Sie die Anweisung *run=c:\cfos\cfosdw.exe* in der Datei *Win.ini* durch Voranstellen eines Semikolons auskommentieren.

Wo sind sie denn, die ISDN-Mailboxen?

ISDN-Mailboxen sind heutzutage keine Besonderheit mehr, sondern die Regel. Fast jede größere Mailbox hat heute ISDN; Firmen sowieso. Eine Übersicht können Sie der Tabelle im Anhang (siehe Seite 403) entnehmen.

10.3 Mailbox-Zugriff mit Telix und cFos

Mit Hilfe des als Shareware vorliegenden Terminalprogramms Telix können Sie leicht auf Mailboxen zugreifen. Eine 45-Tage-Test-Version von Telix können Sie unter anderem von der Vobis-Homepage herunterladen (*http://www.vobis.de/bbs/ari/files/intnet/telix/*). Im folgenden wird die notwendige Konfiguration (am Beispiel der englischen Version) vorgestellt.

1 Starten Sie Telix.

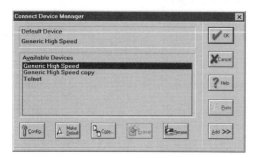

2 Falls Sie Telix zum ersten Mal benutzen, erscheint zur Auswahl des Modems zuvor ein entsprechender Hinweis. Wählen Sie in obigem Dialog als Modem den Eintrag *Generic High Device* und klicken Sie dann auf *Config* (Konfigurieren).

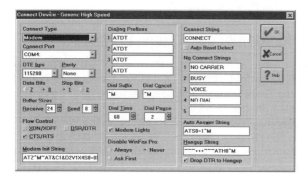

3 Wählen Sie unter *Connect Type* (Verbindungart) den Eintrag *Modem*.

4 Unter *Connect Port* wählen Sie die virtuelle Schnittstelle aus, die Sie cFos bei der Installation zugewiesen haben (z. B. *COM 3*). Alle anderen Einstellungen sind in Ordnung.

5 Klicken Sie auf *OK*, um die Änderungen zu speichern.

6 Öffnen Sie dann das Telefonbuch über den Menübefehl *Phone/Dialing Directory* und bestimmen Sie eine Nummer, indem Sie über den Menübefehl *Manage/Add blank entry* einen neuen Telefonbucheintrag anlegen. Es reicht dann die Angabe eines Namens sowie der betreffenden Mailboxnummer.

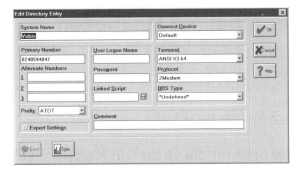

⑦ Schließen Sie die Eingabe mit *OK* ab.

⑧ Doppelklicken Sie im Telefonbuch auf den Eintrag, um die Verbindung herzustellen.

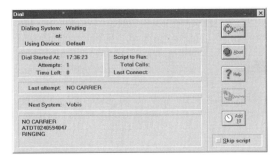

⑨ Telix baut die Verbindung zu der gewünschten Mailbox auf.

⑩ Steht die Verbindung, erscheint der Startbildschirm der angewählten Mailbox.

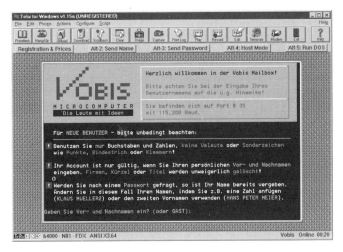

10.4 Mit HyperTerminal auf Mailboxen zugreifen

Der Zugriff auf Mailboxen mit dem Windows 95-internen Terminalprogramm HyperTerminal funktioniert im Gegensatz zu Telix nicht mit cFos, hier müssen Sie auf die vielzitierten virtuellen Modems zurückgreifen.

> **Achtung** **HyperTerminal erkennt die virtuellen Modems nicht**
>
> Die durch cFos zur Verfügung gestellten virtuellen Schnittstellen werden von HyperTerminal nicht erkannt. Eine Lösungsmöglichkeit stellt die Verwendung der VCOMM-Treiber von TELES oder der virtuellen Modems von AVM dar.

① Öffnen Sie die Programmgruppe HyperTerminal (*Start/Programme/Zubehör/Hyperterminal*).

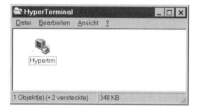

② Doppelklicken Sie auf das Symbol *Hyertrm*, um eine neue Verbindung zu erstellen.

③ Geben Sie der neuen Verbindung eine Bezeichnung und wählen Sie ein Symbol, das die Verbindung repräsentieren soll. Klicken Sie dann auf *OK*.

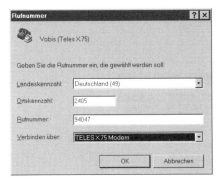

Welche virtuellen Modems muß ich auswählen?

Für eine TELES-Karte wählen Sie das virtuelle Modem *TELES X.75 Modem* und für die FRITZ!Card das virtuelle Modem *AVM ISDN Mailbox (X.75)* aus.

④ Geben Sie als nächstes die anzuwählenden Rufnummer sowie das virtuelle Modem an, über das die Verbindung laufen soll. Klicken Sie dann auf *OK*.

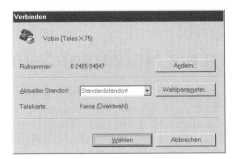

⑤ Klicken Sie im nächsten Dialogfeld auf die Schaltfläche *Wählen*, um die Verbindung aufzubauen.

⑥ Daraufhin wird die Mailbox angewählt.

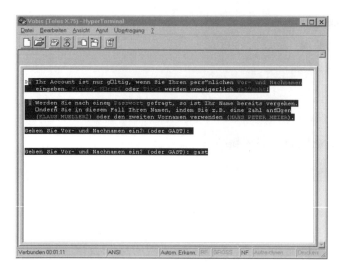

⑦ Nach erfolgreichem Verbindungsaufbau erscheint das Begrüßungsfenster der angewählten Mailbox.

10.5 Modem-ISDN-Hybride – Terminaladaptoren als Universallösung

Solange eine flächendeckende Digitalisierung des Telefonnetzes noch nicht abgeschlossen und zudem analoge Applikationen nicht an ISDN angepaßt sind, werden Sie immer noch Bedarf nach einem analogen Modem haben. Dies ist ebenso im Fax- und Mailbox-Bereich der Fall. Auf der anderen Seite bietet ISDN auch gerade in der Datenübertragung derartige Vorteile, daß Sie auf seinen Einsatz sicherlich nicht verzichten wollen.

Überblick, Sinn und Funktion von Hybriden

Zur Lösung dieses analog-digitalen Dilemmas gibt es verschiedene Ansätze. Damit Sie auf beiden Hochzeiten gleichzeitig tanzen können, wäre es möglich, ein Analogmodem über eine Nebenstellenanlage oder einen a/b-Wandler an das digitale Netz anzuschließen und zusätzlich eine ISDN-Karte zu verwenden. Es werden aber auch Softwarelösungen angeboten, die den Zugang zu eigentlich analogen Diensten ermöglichen. Diese sind allerdings auf Kosten der Übertragungsgeschwindigkeit realisiert.

Last, but not least gibt es sog. hybride ISDN-Adapter. Diese Geräte vereinigen die Fähigkeiten einer ISDN-Karte und die eines analogen Modems. Die Hybriden gibt es in zwei Varianten. Zum einen als interne ISDN-Karten, die hier nicht weiter behandelt werden sollen, auf denen ein zusätzlicher Modemchip untergebracht ist.

Zum anderen können Sie einen externen ISDN-Terminaladapter verwenden. Bei diesem Tischgerät, das über eine S_0-Schnittstelle verfügt, ist bereits ein a/b-Wandler integriert. Das Faxmodul benötigt von daher keinen eigenen Analoganschluß. Der Anschluß an den PC erfolgt in der Regel über eine serielle Schnittstelle. Das Gerät von ELSA (MicroLink ISDN/TL V.34) und das ZyXEL Elite 2864ID bieten auch die Möglichkeit des Anschlusses an den Parallel-Port.

Die externen Terminaladapter bieten eine enorme Vielfalt an Kommunikationsmöglichkeiten. Durch die Vereinigung von analoger und digitaler Technologie in einem Gerät, decken Sie den DFÜ-Markt komplett ab. Diese Leistungsfähigkeit hat natürlich ihren Preis, besonders bei den Externen. Man bekommt sie ab 800 DM aufwärts. Im Vergleich zu den internen Karten sind die externen Terminaladapter allerdings flexibler einsetzbar als die Steckkarten-Kollegen. Der aufwendige Einbau in den Rechner fällt weg, sie sind somit auch für Laptops interessant. Das Einstellen von Interrupts und E/A-Adressen entfällt, und die Leuchtdioden am externen Gerät geben über dessen Status Bescheid.

Terminaladapter werden in der Regel ausschließlich über AT-Befehle gesteuert. Nur die wenigsten Modelle (z. B. EEH Elink 343 und ZyXEL 2864ID) zählen CAPI-Treiber zu Ihrem Lieferumfang. Für die Anpassung an das ISDN haben die Hersteller meist den standardmäßigen AT-Befehlssatz um spezielle ISDN-Varianten ergänzt.

> **FAQ** ### Was sind AT-Befehle?

Herkömmliche Modems werden über die sogenannten AT-Befehle gesteuert, beispielsweise bedeutet die Sequenz ATA, daß das Modem auf einen eingehenden Ruf antworten soll. Im Gegensatz dazu wird bei ISDN-Karten diese Funktionalität durch den CAPI-Treiber erzielt.

Die Terminaladapter werden in der Regel über die serielle Schnittstelle an den PC angeschlossen und auch über diese von den Programmen angesprochen. ELSAs MicroLink ISDN/TL V.34 und das ZyXEL Elite 2864ID lassen sich auch über die parallele Schnittstelle anschließen. Die Hersteller selbst empfehlen aber die Verwendung der seriellen Schnittstelle. Außerdem sollten Sie wissen, daß viele Programme überhaupt nicht die Möglichkeit bieten, einen Parallel-Port anzusprechen. Dies gilt durch die Bank für die Online-Dienste T-Online, CompuServe und AOL.

10.6 ZyXEL – Ein Terminaladapter, der (fast) alles kann

Das ZyXEL Elite 2864ID ist ein Hybrid-Modem mit riesigem Leistungsumfang. Dieses Gerät besitzt sowohl ISDN- als auch die normalen Modemfähigkeiten. Der Preis (ca. 1.200 DM) und der enorme Ausstattungsumfang zeigen schon, daß es sich hier um ein Profigerät mit Schwerpunkt Mailboxing handelt. Die Anzahl der aufgelisteten Features ist überwältigend. Fast alle nur erdenklichen Modemfunktionen und ISDN-Protokolle sind bei diesem Gerät verfügbar. Neben dem umfangreichen analogen Modembetrieb bietet das Gerät Sprach-Funktionen (Anrufbeantworter), Faxversand und -empfang, Computertelefonie, Datenkompression, PPP- sowie SLIP-Unterstützung für den Internet-Zugang via ISDN. Die Unterstützung für die paketvermittelnde Datenübertragung nach X.25 über den D-Kanal ist von ZyXEL angekündigt.

Analog und digital voll einsatzbereit – der ZyXEL-Terminaladapter

Eine Kanalbündelung bei ISDN ist möglich. Das ISDN-Modem stellt weiterhin zwei geprüfte Sicherheitsmechanismen zur Datenverschlüsselung zur Verfügung. Ein eingebauter Protokoll-Analyser kann zum Aufzeichnen und zum Decodieren der verschiedenen D- und B-Kanalprotokolle sowie der Kommunikation zwischen DTE (**D**ata **T**erminal **E**quipment = Datenendeinrichtung = z. B. Computer) und DCE (**D**ata **C**ommunication **E**quipment = Datenübertragungseinrichtung = z. B. Modem) eingesetzt werden.

Das ZyXEL 2864ID hat einen seriellen und einen parallelen PC-Anschluß

Das ZyXEL-Modem wird direkt an den ISDN-Anschluß angeschlossen und kann Verbindungen mit analogen und ISDN-Gegenstellen aufnehmen. Ein Anschluß des Hybrid-Modems an einen analogen Anschluß ist nicht möglich! Sehr viele Diensteanbieter arbeiten noch mit Modemzugängen im V.34-Bereich (28.800 Bit/s). Die Umstellung auf ISDN-Zugänge geht schleppend voran, und es kann von daher manchmal sehr nützlich sein, ein Hochgeschwindigkeitsmodem zu haben.

Die Standard-Programmierstelle für alle Anwendungen (CAPI 1.1a/2.0), die ISDN-Dienste nutzen wollen, ist im Lieferumfang enthalten. Programme, die auf die CAPI aufsetzen, lassen sich also mit dem ZyXEL benutzen.

Anschluß des ZyXELs an den NTBA

Der ZyXEL-Terminaladapter wird mit dem beiliegenden RJ-45-Kabel an den vorhandenen Netzabschlußkasten (NTBA) der Telekom angeschlossen. Die Stromversorgung bekommt das Modem über ein separates externes Netzteil mit Ein/Aus-Schalter.

 Netzteil vor Modemanschluß ausschalten

Bevor das externe Netzteil an das Modem angeschlossen oder von diesem getrennt wird, muß unbedingt das Netzteil über den Ein/Aus-Schalter ausgeschaltet werden.

Anschlußmöglichkeiten
des Adapters

Das Modem besitzt einen seriellen und einen parallelen Anschluß. Über beide Schnittstellen besteht die Möglichkeit, es an den Computer anzuschließen. Zum Anschluß des Modems an die serielle Schnittstelle kann ein normales 25poliges (geschirmtes) RS-232-Kabel verwendet werden (männlich/weiblich = Stecker/Buchse). Sollte Ihr Computer nur eine 9polige serielle Schnittstelle haben, so brauchen Sie ein Adapterkabel von 25polig (männlich) auf 9polig (weiblich). Die bekommen Sie im Fachgeschäft. Für den parallelen Anschluß kann auch das normale 25polige (geschirmte) RS-232-Kabel verwendet werden. Es wird einfach nur umgedreht angeschlossen. Ein Mausadapter sollte auf keinen Fall dazwischengeklemmt werden.

Die parallele Schnittstelle des Modems kann nur mit einer im PC befindlichen, bidirektionalen Schnittstelle verbunden werden. Eine ältere, unidirektionale, parallele Schnittstelle funktioniert nicht. Der Vorteil der parallelen Schnittstelle ist die höhere Datenübertragungsgeschwindigkeit. Für den Betrieb an der parallelen Schnittstelle ist unbedingt ein Gerätetreiber notwendig. Dieser Treiber (ein Programm, das im Hintergrund arbeitet) sorgt dafür, daß die vorhandene Kommunikationssoftware, die ja auf die serielle Schnittstelle vom Ursprung her zugeschnitten ist, weiterhin funktioniert. Der parallele Anschluß unterstützt nur Verbindungen im asynchronen Modus. Sie sollten, bevor Sie sich für einen parallelen Anschluß entscheiden, darauf achten, welche Software Sie einsetzen. Software, die unter DOS direkt auf die serielle Schnittstelle zugreift, kann nicht über einen zusätzlichen Treiber auf den parallelen Anschluß umgeleitet werden. Greift die Software über einen Fossil-Treiber auf die serielle Schnittstelle zu, so kann durch Austausch des Fossil-Treibers das Programm auch weiterhin benutzt werden. Programme, die unter Windows benutzt werden, bleiben über einen speziellen Treiber für den parallelen Anschluß lauffähig. Bei soviel Treiberwirrwarr sollte man sich wohl besser für die serielle Schnittstelle entscheiden. Momentan wird noch der Anschluß an die serielle Schnittstelle empfohlen.

Faxe direkt ausdrucken lassen

An die parallele Schnittstelle des Modems kann man aber auch einen Laserdrucker anschließen. Dieser muß PCL3-kompatibel sein. Wenn Sie das Modem noch mit 2, 4 oder 8 MByte RAM aufrüsten, besteht die Möglichkeit, ankommende Faxe direkt ausdrucken zu lassen. Dazu braucht der PC nicht eingeschaltet sein.

Die serielle Schnittstelle des Modems verträgt eine Geschwindigkeit bis zu 460,8 KBit/s. Die meisten Rechner unterstützen aber maximal eine Geschwindigkeit von 115.200 Bit/s auf ihrer seriellen Schnittstelle. Das liegt an der sog. UART. Die UART ist ein asynchroner Empfangs- und Sendebaustein. Alle Steuerfunktionen für die serielle Schnittstelle sind auf diesem Baustein vereinigt. Nur mit einer entsprechenden UART in Ihrem PC können Sie hohe Datenübertragungsgeschwindigkeiten erreichen. Der UART vom Typ 16550 erlaubt Geschwindigkeiten von 115.200 Bit/s zwischen serieller Schnittstelle und Modem.

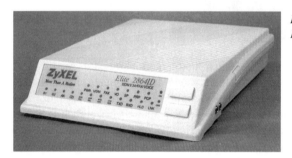

Das ZyXEL kann auch Faxe zwischenspeichern

> **Tip** **Welcher UART ist es denn?**
>
> Es gibt mehrere Möglichkeiten herauszubekommen, welchen UART-Baustein Sie in Ihrem PC haben. Fragen Sie Ihren Händler, schrauben Sie den PC auf oder stellen Sie es über ein spezielles Programm fest. Das Terminalprogramm Terminate (Shareware) kann das zum Beispiel.

Will man höhere Geschwindigkeiten fahren, so gibt es die Möglichkeit, eine von ZyXEL angebotene spezielle Adapterkarte in den Rechner einzubauen. Diese Adapterkarte beinhaltet jeweils eine serielle und eine parallele Schnittstelle mit besonderen Eigenschaften. Über die serielle Schnittstelle kann dann mit der Höchstgeschwindigkeit von 460,8 KBit/s gefahren werden. Die Karte paßt in einen ISA-Slot des PCs und kostet ca. 80 DM. Im Normalfall werden die Modems über die serielle Schnittstelle angeschlossen. Dies wird auch empfohlen. Davon sind meist zwei pro Rechner vorhanden. An der oft einzigen parallelen Schnittstelle hängt meist der Drucker.

Ein a/b-Wandler ist direkt integriert

Der ZyXEL-Terminaladapter verfügt auch über einen integrierten a/b-Adapter, über den man ein vorhandenes analoges Gerät anschließen kann.

An die auf der Rückseite des Geräts befindliche Phone-Buchse (RJ11) kann zusätzlich ein analoges Gerät, z. B. ein normales Telefon oder Faxgerät, angeschlossen werden. Der in dem Lieferumfang enthaltene RJ-11-auf-TAE-Adapter ermöglicht das Einstecken von Geräten mit TAE-Stecker. Das sind die Stecker, die normalerweise an der Anschlußschnur eines Telefons dran sind.

Das Wählen ist sowohl mittels Impulswahlverfahren als auch über Mehrfrequenzwahl (Tonwahl) möglich. Dafür muß der Rechner nicht eingeschaltet sein. Wenn einer der beiden B-Kanäle allerdings schon vom internen Fax/Modem belegt ist (d. h. bereits eine analoge Verbindung zu einem Teilnehmer aufgebaut ist), können Sie nur das Impulswahlverfahren (IWV) zum Wählen per Telefon benutzen. Viele Telefone wählen heute nur noch über das Tonwahlverfahren.

Das Gerät besitzt eine Mikrofon- und Lautsprecherbuchse für den Anschluß eines externen Mikros und eines Kopfhörers oder 8-Ohm-Lautsprechers. Die werden für die Voice-Funktionalität des Modems (z. B. zum Aufzeichnen von Ansagetexten) benötigt.

Auf der Vorderseite befindet sich die LED-Anzeige. Sie gibt Auskunft über den Status des Modems. Die beiden Schalter auf der Vorderseite haben je nach Betriebszustand des Modems unterschiedliche Funktionen.

Der Lieferumfang des ZyXEL

Standardmäßig wird Elite 2864ID mit dem Betriebssystem (Firmware) für Euro-ISDN ausgeliefert. Dieses Betriebssystem befindet sich in einem Speicher (Flash-EPROM) des Modems. Der Speicherinhalt dieses Flash-EPROMS läßt sich verändern. Das ist notwendig, wenn das Modem an einem Anschluß mit nationalem ISDN (1TR6) betrieben wird. Das Einspielen einer neuen Betriebssystemversion ist dadurch ohne großen Hardwareaufwand möglich. Es ist nicht mehr notwendig, ein neues EPROM einzusetzen.

Neue Betriebssystemversionen beinhalten oft neue Features (mehr Leistung, neue Funktionalität) und hoffentlich weniger Fehler. Zur Zeit ist die Version 2.08 aktuell. Die Firmware kann über verschiedene Quellen bezogen werden. Das geht z. B. über CompuServe, das Fidonet oder übers Internet. Auch die aktuellen Treiber für das Modem findet man in diesen Mailboxen. Die Point Computer GmbH stellt über ihre Mailbox die aktuellen Treiber- und Firmwareversionen zur Verfügung (Mailbox-Rufnummer: 089-2606251; einwählen mit dem Befehl „*ATDM 089-2606251*". Die aktuelle Version kann jederzeit über die Rufnummer 089-689689 abgefragt werden.

Die neue Firmware wird durch einen simplen AT-Befehl ins Flash-EPROM geladen. Aber vorher gibt es noch einiges zu beachten. Zum Beispiel muß man vor einer Aktualisierung die Paßworte sichern.

Zum Lieferumfang gehört weiterhin das Programm Trio Communication Suite. Hierbei handelt es sich um ein leistungsfähiges Kommunikationssoftwarepaket.

Zur Nutzung der eingebauten Computertelefonie-Features wird die entsprechende Software geliefert. Der Funktionsumfang der mitgelieferten Software ist recht groß. Sie erlaubt einen Betrieb als vollständige, über Mehrfrequenzwahl (Tonwahlverfahren) steuerbare Voice-Mailbox. Die Voice-Wiedergabe erfolgt über den Modemlautsprecher oder den Lautsprecherausgang. Auch eine Ausgabe über Soundkarte ist möglich. Der automatische Empfang und Versand von Faxen ist möglich. Der Faxversand kann auch zeitversetzt und an mehrere Empfänger erfolgen.

Die umfangreichen und guten Handbücher sind eine wirksame Hilfe, um aus dem Gerät über die AT-Befehle einiges herauszuholen.

Die Einbindung des ZyXEL 2864ID unter Windows 95

Vor der Inbetriebnahme des Geräts muß der Terminaladapter noch konfiguriert werden. Als erstes muß das ZyXEL 2864ID als Modem eingerichtet werden. Dies geschieht in Windows 95 folgendermaßen:

1. Öffnen Sie die Systemsteuerung (*Start/Einstellungen/Systemsteuerung*).

2. Doppelklicken Sie auf *Modems*.

3. Wählen Sie auf der Registerkarte *Allgemein* die Schaltfläche *Hinzufügen*.

4. Markieren Sie den Eintrag *Modem auswählen* (keine automatische Erkennung) und klicken Sie auf *Weiter*.

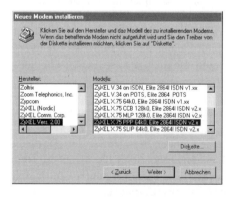

5. Wählen Sie unter *Hersteller* den Eintrag *ZyXEL Vers. 2.00.* aus.

⑥ Wählen Sie dann unter *Modelle* ZyXEL X.75 PPP 64k0, Elite 2864I ISDN v2.x aus.

⑦ Wenn bei Ihnen unter *Hersteller* kein *ZyXEL Vers.2.00* erscheint, dann müssen Sie zuerst eine spezielle Treiberdatei, die für den Betrieb unter Windows 95 notwendig ist, von einer Mailbox herunterladen. Diese Datei wurde von ZyXEL entwickelt, da die in Windows 95 vorhandene Treiberdatei fehlerhaft ist.

⑧ Um Ihr Modem aber trotzdem erst einmal in Betrieb nehmen zu können, wählen Sie unter Hersteller *ZyXEL COMM. Corp.* das *ZyXEL Elite 2864I ISDN, X75 64K0* aus. Mit diesem Treiber sollte Ihr Modem auch erst einmal laufen.

⑨ Wählen Sie nun noch den COM-Port (serielle Schnittstelle) aus, an den das Modem angeschlossen ist.

Nach der Installation sollte es dann so aussehen:

Es kann dort auch *ZyXEL Elite 2864I ISDN, X75 64K0* erscheinen, wenn Sie noch nicht den neuen ZyXEL-Treiber besitzen.

⑩ Überprüfen Sie dann noch, ob unter *Eigenschaften* die Geschwindigkeit auf *115.200* steht.

Sollte Ihr Modem an einem internen S_0-Bus hängen, dann muß unter *Wahlparameter* noch die Amtskennzahl eingegeben werden. Es sei denn, Sie haben in der TK-Anlage die automatische Amtsholung festgelegt.

Die eigentliche Programmierung des ZyXEL-Modems

 **Euro-ISDN**

Die im folgenden dargestellte Programmierung bezieht sich auf Euro-ISDN.

Nachdem nun das Modem über ein Schnittstellenkabel mit dem Rechner verbunden und über die Systemsteuerung das Modem eingerichtet wurde, kann die erste Kontaktaufnahme mit ihm beginnen.

Vergewissern Sie sich, ob das Modem über das zusätzliche Netzteil eingeschaltet ist. Die LED-Statusanzeige muß aktiv sein. Um das Modem anzusprechen, benötigt man ein Terminalprogramm. Im folgenden wird das Programm DataCOMM verwendet, das Bestandteil des mitgelieferten Trio Communication Suite-Programms ist. (Das Modem kann auch über das in Windows 95 integrierte Programm HyperTerminal programmiert werden).

① Installieren Sie das Programm Trio Communication Suite und rufen Sie es auf.

② Mit einem Mausklick auf diese Schaltfläche wird das Programm DataCOMM gestartet. Als erstes soll das Modem zurückgesetzt werden. Dadurch werden die Werkseinstellungen in dem Speicher des Modems aktiv. Geben Sie dazu den String „AT&F" ein und drücken Sie die [Enter]-Taste.

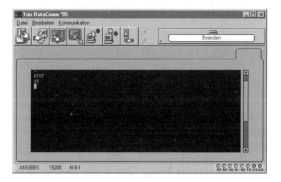

③ Um den Softwarestand das Modem zu ermitteln, geben Sie „ATI1" ein. Im Beispiel liegt der folgende Softwarestand vor:

- Elite 2864I DSS1: V 2.01
- Internal Fax/Modem: V 1.12

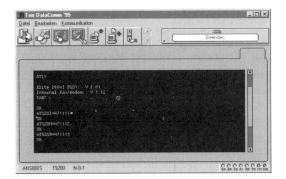

Rufnummer für abgehende Rufe eingeben

Damit die Rufnummer auch bei der Gegenstelle angezeigt wird, kann jeweils eine der MSN-Nummern dem Fax/Modem, der ISDN-Karte und dem a/b-Adapter zugewiesen werden. Die MSN-Rufnummer muß dabei ohne die Vorwahl eingegeben werden.

Die Zuordnung können Sie bestimmen, wie Sie möchten.

Dies geht über die Eingabe von „AT&ZOI = [MSN RUFNUMMER]" für den ISDN-Datenanruf (ISDN-Karte).

- Für das Fax/Modem geben Sie „AT&ZOM = [MSN RUFNUMMER]" ein.
- Für das Gerät am a/b-Adapter lautet die Eingabe „AT&ZOB = [MSN RUFNUM-MER]".
- Mit dem Befehl „AT&ZO?" können Sie die Eingabe überprüfen.

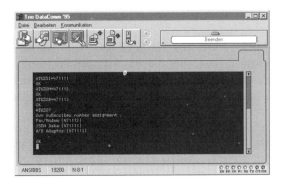

Beispiel:

```
Eingabe:      „AT&ZO?"
Antwort:      Own subscriber number assignment:
Fax/Modem:    (471112)
ISDN Data:    (471111)
a/b Adapter:  (471113)
```

Ankommende Anrufe zuordnen

Das Multi-Funktions-ISDN-Modem überprüft grundsätzlich alle ankommenden Anrufe. Es stellt dann fest, ob es sich um einen ISDN- oder einen analogen Anruf (Sprache oder Daten/Fax) handelt. Dies geschieht über die Dienstekennung, die auf dem D-Kanal mit übertragen wird.

Jedem der „Geräte", die sich im Multi-Funktions-ISDN-Modem befinden, kann man eine MSN-Rufnummer zuordnen. Auf diese Rufnummer melden Sie sich bei einem ankommenden Ruf.

* Mit dem Befehl *AT&ZI7=[MSN-RUFNUMMER]* wird dem a/b-Adapter gesagt, für welche MSN er den Ruf annehmen soll.
* Mit *AT&ZI6=[MSN-RUFNUMMER]* wird die Einstellungen für die Fax/Modemfunktion eingestellt.
* Mit *AT&ZIO=[MSN-RUFNUMMER]* teilen Sie der ISDN-Karte mit, auf was für eine MSN sie antworten soll.
* Überprüfen können Sie die Einträge mit *AT&ZI?*

Als Antwort erhalten Sie dann in etwa die folgende Meldung:

```
Protocol specific subscriber number assignment :
0 X.75:(471111)
1 V.110:()
2 V.120:()
3 PPP Conv.:()
4 SLIP Conv.:()
5 HDLC:()
6 Fax/Modem:(471112)
7 a/b Adapter:(471113)
```

Für die digitale Datenverbindung über das ISDN-Modem wird das X.75-Protokoll verwendet. Die Datenübertragungsrate bei diesem Standard-Protokoll beträgt 64 KBit/s. Alle ankommenden und abgehenden ISDN-Datenrufe werden mit der Dienstekennung für Datenübertragung 64 KBit/s auf dem D-Kanal gekennzeichnet.

Theoretisch ist es möglich, dem Faxmodem und der ISDN-Karte die gleiche MSN zuzuordnen. Anhand der Dienstekennung auf dem D-Kanal kann dann unterschieden werden, ob es sich um einen Anruf für das Faxmodem oder für die ISDN-Karte handelt.

Da es dabei aber noch zu Problemen kommen kann, ist die Zuweisung einer MSN zu jedem Dienst (Gerät) zu empfehlen.

Nach dieser Programmierung sollten Sie nun in der Lage sein, den ersten erfolgreichen Verbindungsaufbau herzustellen.

Wenn Sie noch nicht die aktuellen Treiberversionen besitzen, können Sie jetzt eine Verbindung zur Mailbox aufbauen. Die Mailbox der Firma Point Computer GmbH (siehe oben) stellt die aktuellen Treiber unter der Datei *Mdmzyxlg.inf* zur Verfügung. Versuchen Sie nun folgendes über Ihr Terminalprogramm:

1. Geben Sie „AT&F" ein, um das Modem vor der ersten Anwahl zu initialisieren.

2. Nach der *OK*-Meldung geben Sie „ATDM 0892606251" ein. (Mit *ATDM* wählt man analoge Gegenstellen an. Mit *ATDI* wählt man digitale Gegenstellen an.)

3. Laden Sie sich die aktuellen Treiberinformationen herunter. Nachdem Sie dies getan haben, müssen Sie diese Dateien in das Verzeichnis *Inf* kopieren. Das *Inf*-Verzeichnis befindet sich in Ihrem Windows-Verzeichnis. Sollten Sie das *Inf*-Verzeichnis nicht über den Explorer finden, dann stellen Sie den Explorer unter *Ansicht/Optionen* so ein, daß alle Dateien angezeigt werden.

4. Sie können aber auch die Daten auf eine Diskette kopieren und bei der Modeminstallation die Dateien von der Diskette laden.

5. Um den neuen Treiber zu installieren, gehen Sie vor wie oben unter Programmierung des ZyXEL 2864ID beschrieben.

Aufbau einer Verbindung zu T-Online

1. Nachdem Sie nun den neuesten Treiber eingerichtet haben, können Sie ja mal versuchen, eine Verbindung zu T-Online aufzubauen. Um mit Höchstgeschwindigkeit (64 KBit/s) Verbindung aufzunehmen, muß folgender AT-Anwahlbefehl im T-Online-Decoder eingegeben werden:

```
ATZ4|//AT&O2B04&K4|//ATX6DT01910|
```

Mit dieser Einstellung können Sie auch ohne die CAPI T-Online via ISDN nutzen. Rufen Sie den T-Online-Decoder auf.

2. Wählen Sie *Einstellungen/Grundeinstellungen/Manuelle Konfiguration/Modem-Betrieb konfigurieren*. Geben Sie den AT-Befehl ein.

3. Wählen Sie *Erweitert* und setzen Sie die Baudrate des Modems auf den höchsten Wert. Die Hinweismeldung, daß Störungen auftreten könnten, ignorieren Sie.

Der Init-String – Was bedeutet was?

Die Initialisierungsstrings für die Modems sind immer sehr verwirrend. Was bedeuten nun die einzelnen Bestandteile?

```
ATZ4 setzt das Modem zurück.
```

Das Zeichen | (Pipe) steht für Carridge Return = $\boxed{\text{Enter}}$. Das | erzeugen Sie, indem Sie die $\boxed{\text{AltGr}}$-Taste festhalten und auf die Taste mit dem Kleiner- und Größer-Zeichen drücken.

```
O2 = Datenanruf
B04 =B TX(DatexJ)
K4 = V.42bis aktiv
ATX6 = error control result code enabled
DT01910= wähle die Rufnummer 01910
```

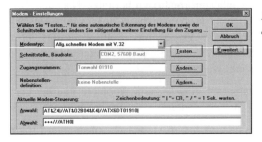

Die Einstellung für das ZyXEL

Nachdem nun die Änderungen vorgenommen wurden, können Sie eine Verbindung aufbauen. Wenn Sie nicht im T-Online angemeldet sind, macht das nichts. T-Online läßt Sie auch als Gast rein.

Wenn Sie jedoch schon T-Online-Kunde sind, so können Sie unter *Einstellungen/Grundeinstellungen/Zugangsoptionen* Ihre Zugangsdaten eingeben. Die Zugangsdaten dienen dazu, um automatisch auf die Übersichtsseite von T-Online zu gelangen.

Problem beim Zugang zu T-Online

Doch gerade durch diese Einträge gibt es im Zusammenspiel ZyXEL-Modem und T-Online ein Problem. Durch einen Fehler werden die Zugangsdaten nicht korrekt erkannt, und es kommt zu einer Fehlermeldung nach der Anwahl.

Deaktivieren (das Kreuz darf nicht da sein) Sie im Fenster *Zugangsoptionen* das Kontrollkästchen *Die folgenden Teilnehmerdaten verwenden*.

Wenn Sie jetzt wieder anwählen, können Sie manuell die Zugangsdaten eintragen, und dann sind Sie mit T-Online verbunden. Dieses Problem soll mit der nächsten Betriebssystemversion (Firmware 2.03) behoben sein.

 ## T-Online-Geschwindigkeit ermitteln

Sind Sie neugierig und möchten gern wissen, mit welcher Geschwindigkeit Sie sich in T- Online bewegen? Geben Sie doch mal „*96#" ein!

11. Sparen Sie Geld und verkabeln Sie (sich) selbst – Von Anschlußdosen, Kabeln, Steckern und Bussen

Im folgenden soll Ihnen eine handwerkliche Vorgehensweise angetragen werden, mit deren Hilfe Sie die für einen ISDN-Anschluß notwendigen Verkabelungsarbeiten selbst vornehmen können. Der ISDN-Anschluß ist geschaltet, die Telefonanlage gekauft und an die Wand geschraubt. Aber was passiert mit den alten Telefonen? Sollen die noch vorhandenen analogen Endgeräte oder ein neu erstandenes ISDN-Telefon an die Anlage angeschlossen werden? Stellt vielleicht die Tochter Anspruch auf ein eigenes Telefon? Muß unbedingt noch ein Telefonanschluß vor der nächsten großen Fete in die Bar gelegt werden? Oder wollten Sie vielleicht immer schon einmal ein schnurloses Telefon besitzen? Haben Sie ein Problem mit den Endgeräten und wollen erst einmal selbst überprüfen, an was es liegen könnte, bevor Sie für viel Geld einen Techniker kommen lassen?

Bei all diesen Fragen müssen Sie sich zwischen zwei Möglichkeiten entscheiden. Entweder Sie greifen zum Telefonhörer und rufen eine Firma an, die Sie damit beauftragen, ihre Telefone an die Anlage anzuschließen, oder aber Sie legen selbst Hand an. Sollten noch keine Telefone an die Anlage angeschlossen sein, dann hat sich das mit dem Anrufen sowieso erledigt. Also, selbst ist der Mann bzw. die Frau. Je nach Aufwand der Arbeit können Sie durch Ihre Eigenleistung einige Hunderter sparen. Und da lohnt es sich doch schon einmal, den Schraubenzieher in die Hand zu nehmen und sich etwas ausführlicher mit diesem Thema zu beschäftigen.

Das kann sich auch dann rentieren, wenn es zu irgendwelchen Störungen innerhalb Ihrer Telefonanlage kommt. Viele Störungen beruhen nur auf Kleinigkeiten. Also, keine Angst vor diesem, Ihnen wahrscheinlich fremden Thema, aber Sie werden sehen, daß das alles gar nicht so kompliziert ist, wie Sie vielleicht denken.

Achtung **Funk statt Kabel**

Es gibt noch eine weitere Variante, dabei bedienen Sie sich einer Funkvermittlung. Das ist nichts anderes als eine Telefonanlage, an der die Geräte aber per Funk und nicht per Kabel angeschlossen werden. Bei diesen Funkvermittlungen ist aber spätestens nach 300 m Reichweite Sense, nur teure Anlagen machen da Ausnahmen. Da diese Anlage teurer als normale TK-Anlagen sind, sollte die Anschaffung gründlich überlegt werden. Ein Exemplar wird ab Seite 386 vorgestellt.

Wegweiser zu diesem Kapitel	
Seite	Hier erhalten Sie Informationen zum Thema ...
285	Anschluß von NTBA, Telefonanlage und a/b-Wandler
290	TAE-Anschlüsse für analoge Geräte
293	IAE-Anschlüsse für ISDN-Geräte
295	ISDN-Verkabelung
298	Anschluß von analogen Geräten an a/b-Wandler und Telefonanlagen
299	S_0-Bus-Verkabelung
305	Oft gestellte Fragen

11.1 Grundsätzliches – Vorüberlegungen und Tips zum Anschluß

Haben Sie Ihren Antrag für einen neuen ISDN-Anschluß bei der Telekom schon gestellt? Wenn nicht, dann beachten Sie, daß Sie 100 DM sparen können, (und wer möchte das nicht?) indem Sie direkt bei der Antragstellung im Telekom-Laden den NTBA mit nach Hause nehmen und ihn selbst anschließen. Dieser kleine Kasten ist übrigens schon alles, was Sie von der Telekom für den ISDN-Anschluß bekommen. Für den Rest müssen Sie selbst sorgen. Wenn Sie also noch kein ISDN-fähiges Endgerät oder eine ISDN-Anlage besitzen, dann wird es höchste Zeit.

 Brauche ich für ISDN eigentlich auch neue Telefonkabel von der Telekom?

Keine Bange: Ihre Wände bleiben heil. ISDN verwendet (bis zu Ihrem Hausanschluß) dieselben Kabel wie auch das analoge Telefonnetz. Es macht allerdings viel mehr daraus. Intern benötigen Sie aber im Gegensatz zm Anschluß herkömmlicher TAE-Dosen andere Kabel, wenn Sie weitere ISDN-Anschlußdosen (IAE-Dosen) installieren möchten.

Denn es dauert nach der Beantragung (normalerweise) nicht lange, und Sie erhalten von der Telekom einen Umschaltetermin für einen neuen ISDN-Anschluß. An diesem Tag wird der alte analoge Anschluß abgeschaltet und der neue ISDN-Anschluß geschaltet.

 Bin ich beim Anschlußwechsel ununterbrochen erreichbar?

Der Anschlußwechsel zu ISDN kann eine max. halbtägige Unterbrechung Ihres Anschlusses zur Folge haben. Ein Techniker kommt, wenn Sie den NTBA selbst installiert haben, dafür nicht ins Haus. Die Telekom schaltet in der Vermittlungs-stelle den Anschluß um. Oft werden Sie am Umschaltetag kurz vor der Anschluß-änderung von einem Techniker der Telekom angerufen und informiert. Geben Sie eventuell Ihre Büronummer an, unter der man Sie an diesem Tag erreichen kann.

Sie sollten bis zu diesem Tag alle notwendigen Vorbereitungen getroffen haben, um übergangslos weiter telefonieren zu können. Im folgenden wird gezeigt, wie Sie den Netzabschlußkasten (NTBA) der Telekom selbst installieren und die vorhandene ISDN-Endgeräte, Telefonanlage oder a/b-Terminaladapter an diesen anschließen. Erst nach der Umschaltung der Telekom auf ISDN (dann können Sie mit Ihren her-kömmlichen Telefonen nicht mehr telefonieren) dürfen Sie die Anschlußschnur des NTBAs in die vorhandene TAE-Dose stecken. Es hat keinen Sinn, dies vorher zu tun, die Telefone würden noch nicht funktionieren.

Falls Sie selbst die vorhandenen analogen Endgeräte (Telefone, Faxgeräte, Modems, Anrufbeantworter, schnurlose Telefone usw.) an die neue Telefonanlage anschließen wollen oder wenn Sie ein oder mehrere ISDN-Endgeräte (ISDN-Karte, ISDN-Modem, ISDN-Telefon usw.) an die Telefonanlage (dafür müssen Sie eine Anlage mit internen S_0-Bus besitzen, vergl. Seite 359) oder an den NTBA anschließen möchten, erhalten Sie ebenfalls in den nächsten Kapiteln eine Antwort. Außerdem erfahren Sie, wie Telefondosen und Telefonanlage geschaltet und Telefonkabel ver-legt und angeschlossen werden.

▷ FAQ Welche Geräte werden wie angeschlossen?

ISDN-Telefone, ISDN-Telefonanlagen, ISDN-PC-Karten und a/b-Wandler können direkt an den NTBA angeschlossen werden. Der Anschluß von herkömmlichen, analogen Geräten setzt das Vorhandensein einer Telefonanlage oder eines a/b-Wandlers voraus.

11.2 Kontakt zur Telekom – Anschluß von NTBA, Telefonanlage und a/b-Wandler

Einige Zeit nach der Antragstellung für einen Euro-ISDN-Anschluß installiert ein Techniker der Telekom normalerweise den sogenannten NTBA in Ihren Räumen. Es sei denn, Sie haben die 100 DM gespart und den NTBA direkt bei der Antragstellung im Telekom-Laden mitgenommen, um ihn selbst zu installieren. Installieren ist dabei schon fast zuviel gesagt. Sie brauchen eigentlich nur die zwei Stecker in die entspre-chende Dose zu stecken, und das war es. Wenn Sie zu den Menschen gehören, die nicht gern etwas auf dem Boden liegen haben, können Sie ja auch noch eine oder zwei Schrauben in die Wand drehen und den NTBA daran aufhängen. Das ist nun wirklich leicht verdientes Geld.

Der NTBA (siehe Foto) ist der Übergabepunkt der Telekom, an dem das öffentliche Netz endet und Ihre Hausverkabelung beginnt. Der NTBA setzt die ankommende Zweidrahtleitung (die U_{K0}-Schnittstelle) von der Telekom auf eine Vierdrahtleitung um, die auch als externe S_0-Schnittstelle bezeichnet wird. Alles, was sich vor dem NTBA befindet, verantwortet die Telekom, für die Verkabelung ab der S_0-Schnittstelle sind Sie dann selbst verantwortlich. Außerdem versorgt der NTBA Endgeräte ohne eigene Stromversorgung (z. B. ISDN-Telefone) mit Strom. Der NTBA kann bis zu vier ISDN-Telefone versorgen.

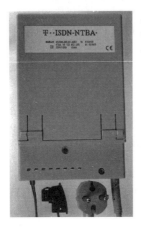

NTBA – In diesem Kasten endet das öffentliche ISDN-Netz

Um den NTBA mit der ankommenden Zweidrahtleitung (die U_{K0}-Schnittstelle) von der Telekom zu verbinden, gibt es in Abhängigkeit von den Gegebenheiten bei Ihnen zu Hause unterschiedliche Varianten. Im Normalfall endet das Kabel der Telekom in der TAE-Dose, in der zur Zeit Ihr Telefon steckt.

Anschluß des steckbaren NTBA

An dem NTBA befindet sich normalerweise standardmäßig eine ein Meter lange Anschlußschnur mit TAE-Stecker. Dieser kommt dann einfach in die vorhandene TAE-Steckdose. Haben Sie eine Dreifach-TAE-Dose, dann ist das die mittlere, mit F bezeichnete Steckeröffnung. Das sieht dann folgendermaßen aus.

TAE-Dose mit drei Buchsen

Die abgebildete TAE-Dose hat drei Buchsen. Sie haben zu Hause vielleicht eine Dose mit nur einer Buchse.

▶ Tip **Anschlußschnur zu kurz?**

Ist Ihnen die Anschlußschnur am NTBA zu kurz, dann kaufen Sie sich doch einfach eine Verlängerungsschnur (F). Die gibt es in unterschiedlichen Längen von bis zu zehn Metern. Sie bekommen Sie auf jeden Fall bei der Telekom oder im Elektronik-kladen. Bastler können sich natürlich selbst eine Anschlußschnur herstellen. Anschlußschnur in gewünschte Länge und TAE-Stecker einzeln gibt es im Elektonik-handel. Beachten Sie nur die richtige Belegung des Steckers (La und Lb). Eine Verpolung der zwei Adern macht übrigens nichts aus.

Waren bislang weitere Geräte an die TAE-Dose angeschlossen?

Stecken noch andere Geräte in dieser Dose (z. B. Anrufbeantworter), dann müssen sie zuvor aus der TAE-Dose entfernt werden und dürfen auch nicht wieder dort eingesteckt werden. Haben Sie im Haus nur ein einziges Telefon und eine Anschlußdose, dann sollte das Anschließen kein weiteres Thema sein. Es gibt jedoch viele Haushalte, in denen zwei oder mehr Telefone durch einen automatischen Wechselschalter oder durch eine einfache Parallelschaltung miteinander verbunden sind. Diese Mehrfachschaltung von zusätzlichen Dosen im Haus darf nicht bestehen bleiben. Es dürfen nur die beiden Adern von der Telekom an der TAE-Dose angeschlossen sein, in die der NTBA gesteckt wird. Alle anderen Adern zu weiteren Anschlußdosen müssen unbedingt abgeklemmt werden, um Störungen zu vermeiden.

Sind Sie bisher Besitzer eines Doppelanschlusses gewesen, dann wird eine der beiden TAE-Dosen nicht mehr benötigt. Auf welche der beiden Rufnummern der ISDN-Anschluß geschaltet wird, kann Ihnen die Telekom sicherlich sagen.

▶ Tip **Diode in TAE-Dosen entfernen**

In den TAE-Dosen befindet sich oft noch ein elektronisches Bauteil, eine Diode. Diese Diode diente der Telekom beim analogen Anschluß für Prüfzwecke. Mit ihrer Hilfe kann die Vermittlungsstelle eine Messung durchführen und feststellen, ob der Weg bis zur Anschlußdose funktioniert. Für diesen Zweck mußte das Telefon allerdings aus der Dose gezogen werden. Für den ISDN-Anschluß wird dieses Bauteil nicht mehr benötigt, es sollte entfernt werden. Schrauben Sie den Deckel der Dose auf und sehen Sie nach, ob sich solch ein Bauteil dort befindet (klein und schwarz). Wenn ja, dann lockern Sie die beiden Schrauben, unter denen sich die beiden Enden der Diode befinden, mit einem kleinen Schraubenzieher und nehmen sie heraus. Drehen Sie die Schrauben wieder fest und achten Sie darauf, daß kein Draht unter den Klemmen herausrutscht.

Der Anschluß des festinstallierbaren NTBA

Die einfachste Methode einen ISDN-Anschluß in Betrieb zu nehmen, wurde oben anhand des steckbaren NTBA erklärt. Möchten Sie jedoch die Zweidrahtleitung der Telekom (das ist das Telefonkabel, das aus der Wand kommt) ohne den Umweg über eine TAE-Dose direkt an den NTBA anschließen, dann ist das auch kein großes Problem. Am NTBA finden Sie eine kleine, aufschraubbare Klappe. Dort endet beim steckbaren NTBA die Anschlußschnur. Die zwei Adern dieser Schnur sind dort mit zwei Klemmen verbunden, die mit a und b gekennzeichnet sind. Das ist die oben schon erwähnte U_{K0}-Schnittstelle der Telekom. An ihr können Sie die beiden Adern, die normalerweise an der TAE-Dose auf den Klemmen 1 (La) und 2 (Lb) enden, direkt anschließen. Diese Adern können übrigens miteinander vertauscht werden, ohne daß die Funktion beeinträchtigt wird. Die TAE-Dose können Sie dann später vielleicht noch für den Anschluß eines analogen Telefons an eine Telefonanlage oder einen a/b-Terminaladapter gebrauchen.

Ist keine Steckdose für den NTBA vorhanden?

Die Anschlußschnur des NTBAs mit dem Netzstecker wird in eine normale 230-V-Steckdose gesteckt. Eine grüne Kontrollampe am NTBA zeigt Ihnen an, daß die lokale Stromversorgung vorhanden ist. Der NTBA muß übrigens nur dann an das Stromnetz angeschlossen werden, wenn die ISDN-Endgeräte keine eigene Stromversorgung besitzen, wie es bei ISDN-Telefonen der Fall ist. Eine ISDN-Telefonanlage funktioniert also auch, ohne daß der NTBA mit Strom versorgt wird.

Aber was ist, wenn in der Nähe keine Steckdose vorhanden ist oder die Telefonanlage sowieso an einer ganz anderen Stelle montiert werden soll? Dann verlängern Sie einfach die Anschlußschnur des NTBAs. Kaufen Sie sich, wie weiter oben schon erwähnt, eine Verlängerungsschnur (F) oder verlegen Sie die TAE-Dose der Telekom doch selbst. Details zu diesem Thema finden Sie ab Seite 292.

Der Anschluß von ISDN-Geräten an den NTBA

Nachdem Sie den NTBA angeschlossen haben und die Umschaltung auf ISDN erfolgt ist, sollten Sie schleunigst Ihre Telefonanlage, einen a/b-Wandler oder ein ISDN-Telefon an den NTBA anschließen, damit Sie empfangsbereit bleiben.

Alle ISDN-Endgeräte, egal ob Telefon, TK-Anlage oder ISDN-Karte werden mit einem RJ-45-Kabel ausgeliefert. Dieses Kabel wird einfach in eine der zwei RJ-45-Buchsen auf der Unterseite des NTBAs der Telekom gesteckt. Dabei können Sie sich gar nicht vertun, da die Stecker durch ihre Bauart nur in einer Stellung in die Buchse passen. Die beiden Anschlußbuchsen sind übrigens parallel geschaltet, und es ist daher völlig egal, welcher Stecker in welche Buchse kommt. Diese beiden Anschlüsse stellen den externen S_0-Bus dar.

Achtung Maximal zehn Meter

Achten Sie darauf, daß die Länge der Anschlußschnur eines ISDN-Geräts generell nicht länger als zehn Meter sein darf. Weitere Infos dazu erhalten sie auf den nächsten Seiten.

ISDN-Telefone sollten jetzt auf Anhieb funktionieren, Telefonanlage oder Terminaladapter eigentlich auch. Es gibt allerdings noch einige Anlagen, die zuvor programmiert werden müssen. Weitere Informationen über den Anschluß von TK-Anlagen finden Sie in Kapitel 13.

Rückansicht des NTBAs

FAQ Wie schließe ich ein ISDN-Telefon neben der PC-ISDN-Karte sowie dem a/b-Wandler für mein analoges Faxgerät am NTBA an?

Es gibt mehrere Möglichkeiten:
(1) Sie besorgen sich eine ISDN-Mehrfachdose mit acht Anschlußmöglichkeiten, die an den NTBA angeschlossen wird, so daß Sie die ISDN-PC-Karte sowie das ISDN-Telefon direkt an dieser Mehrfachdose anschließen können. Am weiteren freien NTBA-Anschluß können Sie somit nach wie vor den a/b-Wandler anschließen.
(2) Sie verlegen ein ISDN-S_0-Buskabel vom NTBA in die gewünschten Räume, an das Sie bis zu zwölf ISDN-Dosen anschließen können. Acht ISDN-Endgeräte können somit gleichzeitig betrieben werden.

FAQ Müssen für ISDN neue Anschlußdosen installiert werden?

ISDN-Geräte verwenden eine andere Anschlußtechnik als analoge Geräte. Die Anschlußdosen werden als IAE (ISDN-Anschlußeinheit) bezeichnet. Terminaladapter und TK-Anlagen, über die Ihre analogen Geräte ans ISDN kommen, verfügen bereits über diese IAEs.

FAQ Wann muß ich spezielles ISDN-Kabel verlegen?

Wollen Sie zusätzliche IAE-Dosen anbringen, um Ihre ISDN-Telefone beispielsweise in mehreren Räumen anstöpseln zu können, oder sind Ihre ISDN-Geräte mehr als zehn Meter vom NTBA entfernt, müssen Sie eine spezielle ISDN-Verka-

belung vornehmen, da die Anschlußkabel der Geräte nicht länger als zehn Meter
sein dürfen.

 FAQ   **Wann muß ich bei Verwendung einer Telefonanlage
eine separate Bus-Verkabelung vornehmen?**

Besitzt Ihre Telefonanlage einen internen S_0-Bus (siehe Seite 329ff.), ist eine spezielle ISDN-Bus-Verkabelung notwendig, um die ISDN-Geräte über IAE-Dosen an
die TK-Anlage anschließen zu können!

Diese Themen werden auf den nächsten Seiten detailliert behandelt.

11.3 Die verschiedenen Stecker-Typen – Von TAE-Dosen und Westernsteckern

Bei allen Vorteilen, die ISDN so mit sich bringt, werden Sie nicht darumherum-
kommen, sich mit einigen Steckern und Anschlußdosen auseinanderzusetzen. Dieses
Unterkapitel soll Ihnen helfen, den Durchblick zu behalten.

FAQ   **Wofür benötige ich bei einem ISDN-Anschluß TAE-
Dosen?**

Wollen Sie in Ihrer Wohnung (Haus) weiterhin analoge Geräte wie Fax, Anrufbeantworter etc. betreiben, benötigen Sie demnach analoge Anschlußmöglichkeiten.
Diese werden Ihnen entweder in Form von Telefonanlagen oder a/b-Wandlern angeboten. Benötigen Sie zusätzlich Anschlußmöglichkeiten in weiteren Räumen
(beispielsweise zum Umstecken von Geräten), ist die Anbringung von TAE-Dosen
unumgänglich.

Die Anschlußdosen und Anschlußstecker für analoge Geräte

Jedes analoge Telefon wird über einen an der Anschlußschur vorhandenen Stecker in
eine spezielle Telefondose gesteckt. Diese Telefondose wird TAE-Dose genannt und
ist in Deutschland für analoge Endgeräte gängiger Standard. TAE ist die Abkürzung
für **T**elekommunikations-**A**nschluß-**E**inheit. Jeder hat sie mit Sicherheit schon einmal gesehen. Fast alle Haushalte haben in dieser TAE-Dose ihr Telefon stecken.

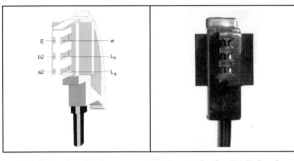

Ein TAE-Stecker in der schematischen Zeichnung

Und so sieht der TAE-Stecker in Realität von vorn aus

Die Kontakt-Bezeichnungen des TAE-Steckers sind identisch mit der Bezeichnung der Anschlußklemmen einer TAE-Dose (siehe Tabelle Bedeutung der Anschlußklemmen weiter unten). Bei der TAE-Dose und den TAE-Steckern unterscheidet man zwei Codierungen. Da gibt es zum einen die F-Codierung (F = **F**ernsprechapparat). An diese TAE-F-Dose werden normale und schnurlose analoge Telefone angeschlossen. Zum anderen gibt es die N-Codierung bei der TAE-N-Dose (N = **N**icht-Fernsprechapparat). Diese Dose dient zum Anschluß von Anrufbeantwortern, Faxgeräten und Modems. Der Unterschied zwischen F- und N- Dosen ist äußerlich kaum zu erkennen. Die Schlitze (Buchsen) der TAE-Dosen unterscheiden sich aber an einer bestimmten Stelle so, daß dort nur Endgeräte eingestöpselt werden können, deren Stecker ebenso codiert ist wie die Dose. Neben dem Schlitz für den Abschlußstecker ist ein kleines N oder F auf der Dose zu sehen.

Die seitlichen Stege der Stecker (Codierung) verhindern, daß z. B. ein Telefon mit TAE-F-Stecker in eine TAE-N-Dose gesteckt wird. Neben der TAE-F- und der TAE-N-Dose, in die jeweils nur ein Endgerät gestöpselt werden kann, gibt es noch weitere TAE-Anschlußdosen. Über eine TAE-NFN-Dose können Sie Ihr Faxgerät separat (linke Buchse) oder zusammen mit einem Telefon (mittlere Buchse) betreiben.

TAE-Dose mit drei Anschlußmöglichkeiten

Zusätzlich ist es sogar noch möglich, an die rechte Buchse einen Anrufbeantworter oder ein Modem anzuschließen. Faxgerät, Telefon und Modem haben dann aber alle ein und dieselbe interne Rufnummer der Telefonanlage (z. B. Nebenstelle 17).

Wenn Sie an eine Dose zwei Endgeräte mit unterschiedlichen internen Rufnummern (z. B. Nebenstelle 11 und 12) anschließen wollen (z. B. weil sich beide Telefone ohnehin auf einem Schreibtisch befinden), brauchen Sie nicht extra zwei Dosen an die Wand zu schrauben. Nehmen Sie für einen solchen Fall einfach eine TAE-NFF-Dose. Die ist preisgünstiger als zwei einzelne, und Sie brauchen zwei Löcher weniger für die Befestigung an der Wand zu bohren.

In die mittlere Buchse kommt in diesem Fall Telefon 1 (z. B. Nebenstelle 11) und in die rechte Buchse Telefon 2 (z. B. Nebenstelle 12). Die linke Buchse bleibt frei. In sie könnte man ein Faxgerät, ein Modem oder einen Anrufbeantworter stöpseln, welche dann die gleiche Rufnummer hätten wie Telefon 1. Die linke und mittlere Dose sind nämlich zusammengeschaltet; die rechte F-Buchse verhält sich wie eine einzelne TAE-F-Dose.

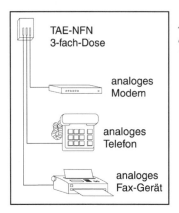

Anschlußmöglichkeiten analoger Geräte an eine TAE-NFN-Dose

Des weiteren gibt es noch die TAE-NF-Dose (wie die TAE-NFF oder -NFN, es fehlt nur die rechte F- oder N-Buchse) und die TAE-FF-Dose (wie die TAE-NFF-Dose, nur ohne die linke N-Buchse). Es gibt auch noch einen F-NFN-Adapter. Dieser macht aus einer TAE-F-Dose eine TAE-NFN-Dose. Alle TAE-Dosen gibt es als Auf- oder Unterputz-Ausführung im Baumarkt, Elektronikshop oder aber im Telefonladen zu kaufen. Sie kosten ca. 10 bis 20 DM.

Adapter für amerikanische Telefone

Achtung

Telefone mit RJ-11-Steckern (Westernstecker), wie man sie z. B. in den USA bekommt, benötigen einen Adapter, damit man sie an die TAE-Dose anschließen kann. Dieser RJ-11-Stecker hat vier Kontakte, wobei allerdings nur die beiden mittleren benötigt werden. Das sind die a1- und b1-Adern. ISDN-Endgeräte besitzen die größere Ausgabe des RJ-11-Steckers, und zwar den RJ-45-Stecker mit acht Kontakten. Bei ISDN-Endgeräten werden die vier mittleren Kontakte benötigt.

TAE-Dosen anschließen

Das Öffnen der Dose geschieht durch das Lösen einer kleinen Schraube. Nehmen Sie einmal den Deckel in die Hand und sehen Sie ihn sich einmal an. Er hat auf jeder

Seite schon Einstanzungen, die man später herausbrechen kann, um dort das Kabel einzuführen. Die TAE-Dosen besitzen sechs Schraubklemmen, die mit den Ziffern 1 bis 6 bezeichnet sind. Eine Ausnahme macht die TAE-NFF-Dose. Bei ihr gibt es 2x6-Schraubklemmen. Wie schon gesagt, können an dieser Dose zwei Telefone mit unterschiedlichen Rufnummern angeschlossen werden. Deshalb braucht man die doppelte Anzahl Anschlußklemmen.

Schema der Anschlüsse in einer TAE-F-Dose

Bedeutung der Anschlußklemmen

Anschlußklemme	Bezeichnung	Bedeutung
1	La	a-Ader
2	Lb	b-Ader
3	w	Wecker
4	E	Erde
5	b2	Weiterführung der b-Ader
6	a2	Weiterführung der a-Ader

Für den Anschluß der analogen Endgeräte an die Telefonanlage brauchen Sie nur die Anschlußklemmen 1 und 2, also die a-Ader und die b-Ader. Die anderen Klemmpunkte benötigt man für spezielle Anschaltungen und sollen hier nicht näher erklärt werden.

11.4 Die Anschlußdosen und Anschlußstecker für ISDN-Geräte

Die neuen digitalen ISDN-Endgeräte besitzen nicht mehr die herkömmlichen TAE-Stecker der analogen Endgeräte, wie sie bisher in Deutschland fast überall zu finden waren, sondern werden mit sogenannten Westernsteckern ausgeliefert. Dieser weltweit genormte RJ-45-Stecker für ISDN-Endgeräte besitzt acht Kontakte, von denen allerdings nur vier benutzt werden. Die Kontakte des Steckers werden mit 1 bis 8 bezeichnet, wobei die Kontakte 4/5 und 3/6 jeweils ein Paar für das Empfangen bzw. Senden von Daten bilden. Die übrigen Kontakte haben keine Funktion.

Im Vergleich zu den TAE-Dosen gibt es auch keine unterschiedlichen Codierungen. Die Vielfalt der TAE-Dosen wird abgelöst von zwei unterschiedlichen ISDN-Dosen. Einmal wäre da die **I**SDN-**A**nschlußeinheit (IAE), das ist die Standarddose der Telekom, und die **U**niversal-**A**nschlußeinheit (UAE). In beide Dosen paßt der RJ-45-Stecker Ihres ISDN-Endgeräts, egal ob Sprach- oder Datenendgerät.

ISDN-Dosen anschließen

Für den Anschluß einer ISDN-Dose werden im Gegensatz zu analogen Endgeräten, die ja mit zwei Anschlußklemmen auskommen, vier der acht Kontakte benötigt, zwei Kontakte für den Empfang der digitalen Daten und die anderen beiden für das Senden der Daten.

Die Dosen unterscheiden sich nur in der Klemmbezeichnung. Die Beschaltung der IAE-Dose ist wegen ihrer logischen Bezeichnung der Klemmen einfacher.

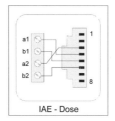

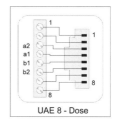

Schema der Anschlüsse einer IAE-Dose *Schema der Anschlüsse einer UAE 8-Dose*

Bedeutung der Anschlußklemmen

IAE-Dose:

Anschlußklemmen-Bezeichnung	RJ-45-Stecker-Kontakt	Bedeutung aus der Sicht des Endgeräts
a1	4	Empfang von Daten
b1	5	Empfang von Daten
a2	3	Senden von Daten
b2	6	Senden von Daten

UAE-Dose:

Anschlußklemmen-Bezeichnung	RJ-45-Stecker-Kontakt	Bedeutung aus der Sicht des Endgeräts
4 (a1)	4	Empfang von Daten
5 (b1)	5	Empfang von Daten
3 (a2)	3	Senden von Daten
6 (b2)	6	Senden von Daten

Nachdem Sie nun einiges über die unterschiedlichen Anschlußdosen erfahren haben, müssen Sie sich noch Gedanken machen, wie die Anschlußklemmen der unterschiedlichen Anschlußdosen mit den Klemmen der Telefonanlage oder dem NTBA der Telekom verbunden werden. Dafür ist natürlich ein simples Kabel notwendig. Mehr zu diesem Thema lesen Sie im folgenden Abschnitt.

11.5 Kabelsalat – Alles über ISDN-Kabel

In diesem Abschnitt finden Sie die notwendigen Informationen, um ISDN-Kabel für den Anschluß weiterer IAE-Dosen zu verlegen.

Kabel, Adern, Litzen, Leitungen, Drähte, Strippen, das alles haben Sie sicher schon einmal gehört. Wenn hier von Kabeln die Rede ist, dann sind nicht die Anschlußschnüre der Telefone damit gemeint, sondern das Medium, das die Telefonanlage mit der Telefondose verbindet.

Als Kabel wird generell ein biegsamer, elektrischer Leiter bezeichnet, der von Isolierung umgeben ist. Die leitenden Teile des Kabels werden als Adern bezeichnet. Die Adern selbst können wiederum aus einzelnen Drähten bestehen oder, zur Erhöhung der Biegsamkeit, aus Seilen, die aus mehreren Drähten (Litzen) aufgebaut sind. Alles klar? Das leitende Material im Fernmeldebereich ist Kupfer. Damit es nicht zu einem Kurzschluß im Kabel kommt, sind die einzelnen Adern mit Kunststoff isoliert. Die Kunststoffisolierung ist farbig, damit die einzelnen Adern unterschieden werden können. Telekom-Kabel werden auch anhand einer Ringcodierung unterschieden. Alle Adern zusammen werden durch den Kabelmantel gegen äußere Einwirkungen geschützt.

Betrachten Sie nun einmal die typischen Telefonkabel etwas genauer. Telefonkabel gibt es mit unterschiedlich hoher Anzahl von Adern. Wie Sie oben schon erfahren haben, benötigen Sie für den Anschluß eines herkömmlichen Telefons zwei und für den Anschluß eines ISDN-Endgeräts vier Adern. Das gebräuchlichste Installationskabel ist das vieradrige Kupferkabel mit einem Aderndurchmesser von 0,6 mm. Diese Kabel werden folgendermaßen bezeichnet:

- Installationskabel vom Typ J-YY 2x2x0,6 Bd
- Installationskabel vom Typ J-Y(St)Y 2x2x0,6 Bd

Das Kabel mit dem Zusatz (St) besitzt noch eine Abschirmung unter dem Kabelmantel. Abgeschirmte Kabel sollten dann verwendet werden, wenn mit störenden Strahlungen durch sich in der Nähe befindliche elektrische Felder (z. B. durch Computernetze) gerechnet werden muß.

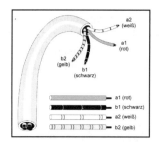

Der Aufbau und die Codierung eines ISDN-Telefonkabels mit vier Adern

Beide Kabel haben 2x2, also vier, Adern mit einem Durchmesser von 0,6 mm. Bei den Telefonkabeln sind die Adern immer zu einem Pärchen verdrillt. Ein Paar besteht aus einer a-Ader und einer b-Ader. Diese Verdrillung ist sehr wichtig, deshalb dürfen immer nur Adern ein und desselben Paares für einen Anschluß benutzt werden. Benutzen Sie z. B. die a- des ersten Paares und die b-Ader des zweiten Paares, dann bekommen Sie spätestens bei der Datenübertragung arge Probleme. Achten Sie also ganz besonders darauf, daß es zu keiner Verwechslung kommt. Die Farbcodierung und die Ringcodierung sollten Ihnen dabei helfen.

Beim 2x2-Telekom-Kabel erfolgt die Unterscheidung durch einen Ringcode:

Paar 1:	a-Ader (a1)	kein Ring
	b-Ader (b1)	ein Ring und großer Abstand
Paar 2:	a-Ader (a2)	Doppelring und großer Abstand zwischen den Doppelringen
	b-Ader (b2)	Doppelring und kleiner Abstand zwischen den Doppelringen

Beim normalen 2x2-Installationskabel erfolgt die Unterscheidung durch farbige Adern:

Paar 1:	a-Ader (a1)	rot
	b-Ader (b1)	schwarz
Paar 2:	a-Ader (a2)	weiß
	b-Ader (b2)	gelb

Neben den 2x2-Kabeln gibt es aber auch noch höherpaarige Kabel wie z. B. 4x2 oder 10x2 usw. Bei dem 4x2-Installationskabel erfolgt die Unterscheidung durch farbige Adern wie folgt:

Paar 1:	a-Ader (a1)	weiß
	b-Ader (b1)	blau
Paar 2:	a-Ader (a2)	weiß
	b-Ader (b2)	gelb
Paar 3:	a-Ader (a3)	weiß
	b-Ader (b3)	grün
Paar 4:	a-Ader (a4)	weiß
	b-Ader (b4)	braun

Die a-Ader ist beim 4x2-Kabel immer weiß, da jedoch die Paare miteinander verdrallt sind, kann eigentlich nichts passieren.

Über ein 10x2-Kabel könnten Sie zehn analoge Telefone schalten. Solche Kabel werden benötigt, wenn z. B. die Telefonanlage im Keller hängt und die einzelnen Telefone in der Wohnung angeschlossen werden sollen. In solch einem Fall verlegt man das 10x2-Kabel vom Keller in die Wohnung. Dort kommt es dann auf einen Telefonverteiler (kleiner Kasten mit einer Klemmleiste). Von diesem Telefonverteiler verlegt man dann verschiedene 2x2-Kabel in die einzelnen Räume.

Kabel selbst verlegen – Immer an der Wand entlang?

Das Kabel können Sie auf verschiedene Art und Weise von der Telefonanlage zu den einzelnen Dosen verlegen. Allerdings sollten Sie dabei einige Vorschriften beachten. Starkstromleitungen (230 Volt) und Telefonkabel sollten nicht unmittelbar nebeneinander verlegt werden. Ein Abstand von mindestens einem Zentimeter ist einzuhalten. Auch ist dringend davon abzuraten, Kabel, die auf der Außenwand des Hauses oder über das Dach verlegt wurden, mit Kabeln zu verbinden, die unterirdisch in das Haus gelangen. Ein Blitzeinschlag könnte dann den Kommunikationssystemen größeren Schaden zufügen.

In der Wohnung können Sie das Kabel auf der Wand mit Nagelschellen festnageln, ein guter Abstand für die Nagelschellen ist eine Hammerlänge. Es gibt auch die Möglichkeit, das Kabel mit Hilfe einer Heißklebepistole auf die Fußleiste zu kleben. Das sieht sauber aus und hält in der Regel recht gut. Beim Entfernen kann es dann allerdings, je nach Untergrund, zu Schwierigkeiten kommen. Bevor Sie das Kabel verlegen, ziehen Sie ein paarmal mit der Hand am Kabel, dadurch wird es schön gerade, und es sieht nachher besser aus.

Wenn Sie mit dem Kabel an der Dose angekommen sind, müssen Sie es zunächst abisolieren. Der Kabelmantel wird dafür mit einem Messer eingeritzt. Dafür gibt es spezielle Kabelmesser, aber mit etwas Gefühl tut es das gute, alte Schweizer Messer auch. Achten Sie beim Einschneiden darauf, daß Sie nicht zu tief kommen, dann besteht nämlich die Gefahr, daß die dünnen Adern durchtrennt oder beschädigt werden, und zwar so, daß sie später vielleicht beim Anschließen an die Klemmen abbrechen, ohne daß Sie es merken. Haben Sie den Kabelmantel eingeritzt, dann biegen Sie das Kabel einige Male in verschiedene Richtungen. Der Kabelmantel bricht dann fast von allein, und Sie brauchen ihn nur noch abzuziehen.

Zehn Zentimeter Abisolierungslänge reichen übrigens aus. Entfernen Sie jetzt noch die eventuell vorhandene Abschirmung unter dem Kabel so, daß nur noch die einzelnen Adern zu sehen sind. Der blanke Draht, der bei den abgeschirmten Kabeln mitgeführt wird, wird nur auf der Anlagenseite benötigt, dort kommt er auf die Klemme der Fernmeldebetriebserde. An der Anschlußdose brauchen Sie ihn nicht, also einfach abschneiden.

Achtung **Widerstände im NTBA**

In dem NTBA selbst befinden sich zwei Abschlußwiderstände, die mit einem DIP-Schalter aktiviert bzw. deaktiviert werden können. Diese Widerstände müssen immer, bis auf eine Ausnahme aktiviert sein. Im Auslieferungszustand des NTBAs ist dies eigentlich der Fall. Im Fehlerfall sollte das aber überprüft werden. Die Ausnahme: Befindet sich der NTBA innerhalb eines S_0-Busses (siehe unten), dann sind die internen Abschlußwiderstände über die ensprechenden Schalter im NTBA abzuschalten.

11.6 Anschluß von analogen Geräten an a/b-Wandler oder TK-Anlage

Die ersten wichtigsten Schritte haben Sie hinter sich. Der NTBA ist installiert, und der a/b-Wandler oder die Telefonanlage sind mit ihm verbunden. Jetzt müssen Sie noch die letzte Hürde nehmen und und mit dem Anschluß der analogen Endgeräte an die Anlage fortfahren. Natürlich sollte die Telefonanlage oder der Wandler, wenn notwendig, zu diesem Zeitpunkt schon programmiert sein, damit Sie möglichst schnell wieder telefonieren können. Die analogen Kommunikationsgeräte können auf zwei unterschiedliche Arten mit der Anlage oder dem Wandler verbunden werden.

Der einfachste Fall –
a/b-Wandler oder TK-Anlage mit Steckeranschlüssen

Es sind TK-Anlagen auf dem Markt erhältlich, wie z. B. die Eumex 306/308 von der Telekom, in die man direkt die analogen Endgeräte einstöpseln kann. Auf der Vorderseite dieser Anlage befinden sich dafür vier TAE-Buchsen, die innerhalb der Anlage schon verkabelt sind. Ohne großes Herumschrauben können dort Telefon, Faxgerät oder Anrufbeantworter beliebig eingesteckt werden. Ebenso verfügen fast alle a/b-Terminaladapter über solche Anschlußmöglichkeiten. Das Ganze hat also den großen Vorteil, daß man nicht extra noch Kabel für die benötigten Anschlußdosen verlegen muß. Aber das funktioniert nur so lange gut, wie sich die Endgeräte in der Nähe der Anlage befinden. Wie sieht es aber aus, wenn ein Anschluß in einen ganz anderen Raum gelegt werden soll oder wenn die Telefonanlage überhaupt nicht den Komfort bietet, Telefone oder andere Endgeräte direkt in die Anlage einzustöpseln.

Ein komplizierterer Fall –
TK-Anlage ohne direkte Steckeranschlüsse

So einfach wie bei den TK-Anlagen mit direktem Steckeranschluß geht es aber oft doch nicht. Sehr viele Telefonanlagen besitzen für den Anschluß der analogen Geräte nur eine spezielle Klemmleiste im oder unter dem Anlagengehäuse. An diese Klemmen werden die einzelnen Adern des Telefonkabels angeschraubt. Die andere Seite des Kabels endet unter den Anschlußklemmen der TAE-Dose. Nach dem Verlegen des Telefonkabels schließen Sie die TAE-Dose an den Anschlußklemmen 1 (La) und 2 (Lb) an. Die einzelnen Adern des Kabels werden am Ende ca. 5 mm abisoliert. Das geht ganz vorsichtig mit einem Seitenschneider oder auch mit den Schneiden einer Kombizange (es soll aber auch Leute geben, die ihre Zähne dazu benutzen). Nachdem die beiden Adern (a1 und b1) des Kabels abisoliert wurden, schrauben Sie jetzt diese unter die Klemmen 1 und 2 der TAE-Anschlußdose. Die Adern können beim Anschließen der Dose an den Punkten 1 und 2 ruhig vertauscht werden, das hat überhaupt keinen Einfluß auf die Funktion. Die beiden übriggebliebenen Adern a2 und b2 können dann in der Dose als Reserve versteckt werden, oder Sie setzen noch eine Dose für ein zweites Gerät daneben und schließen diese ebenfalls wie beschrieben an.

Die andere Seite des Kabels müssen Sie jetzt mit den Anschlußklemmen der TK-Anlage verbinden. Vor dem Anschließen sollten Sie sicherheitshalber den Stecker aus der Anlage ziehen. Die Kabeleinführung geschieht bei den Telefonanlagen meist von unten. Bevor Sie das Kabel einführen, sollten Sie allerdings erst wieder den Kabelmantel entfernen und die Adern abisolieren. Achten Sie darauf, daß noch etwas Kabel als Reserve in der Anlage vorhanden ist (legen Sie einfach eine Schleife rein).

Bei einigen Anlagen sind diese Klemmleisten, so wie man sich das wünscht, entsprechend beschriftet, bei anderen muß man erst in der Bedienungsanleitung nachsehen.

Auf den Anschlußleisten in der Anlage steht beispielsweise die Abkürzung a1 und b1 für das Endgerät 1 (im Normalfall Nebenstelle 11). Die anderen Endgeräteanschlüsse werden dann mit a2 und b2 (Nebenstelle 12) usw. gekennzeichnet. Den blanken Draht, der beim abgeschirmten Kabel vorhanden ist, schrauben Sie an die FE- oder BE-Klemme der Anlage. Sollten keine Klemmen dieser Art vorhanden sein, dann schneiden Sie ihn einfach ab, wie Sie es auch auf der anderen Seite des Kabels, an der TAE-Dose tun sollten. Stülpen Sie eventuell einen kleinen Isolierschlauch über den Draht, damit er nirgends einen Kurzschluß verursachen kann.

11.7 ISDN-Geräte und Bus-Verkabelung Spezialfälle

Nachdem nun die analogen Endgeräte ihren Anschluß an der Telefonanlage gefunden haben, bleibt die Frage offen, wie Sie die digitalen ISDN-Endgeräte, wenn Sie nicht gerade direkt an den NTBA der Telekom angeschlossen werden, zum Laufen bringen.

Bus-Verkabelung notwendig

Möchten Sie ein oder mehrere ISDN-Endgeräte in Ihrer Wohnung anschließen und sind diese Standorte mehr als zehn Meter vom NTBA entfernt, dann müssen Sie eine spezielle Verkabelung in Ihren Räumlichkeiten vornehmen. Ebenso verhält es sich, wenn Sie stolzer Besitzer einer TK-Anlage mit internen S_0-Bus (siehe Seite 330) sind. Die folgenden Hinweise gelten also ebenso für die Verkabelung des internen S_0-Busses einer TK-Anlage.

Denken Sie noch einmal zurück an die Verkabelung der analogen Endgeräte. Diese werden sternförmig verkabelt. Ausgangspunkt ist die Telefonanlage, von ihr aus gehen die Kabel in die unterschiedlichen Räume zu den Telefonen (ein Kabel in den Keller, ein Kabel ins Arbeitszimmer und so weiter).

S_0-Bus verlängern – Die Bus-Verkabelung

Für ISDN-Endgeräte muß eine sogenannte Bus-Verkabelung vorgenommen werden. Sie werden sich jetzt fragen: „Was ist denn eine Bus-Verkabelung?"

Digitale S_0-ISDN-Geräte können aus physikalischen Gründen nicht so einfach verkabelt werden wie die analogen Geräte. Dafür kommt nur die Bus-Verkabelung in Frage. Es werden also alle Endgeräte an ein einziges Kabel angeschlossen. Ausgangspunkt des Kabels ist der NTBA der Telekom. Folgende Skizzen und Erläuterung sollen die Möglichkeiten der Verkabelung verständlich machen:

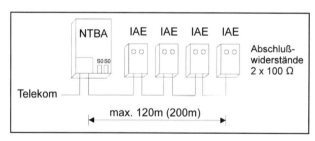

Mehrgeräteanschluß, bei dem sich der NTBA an einem Ende des S_0-Busses befindet (passiver Bus)

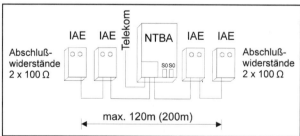

Mehrgeräteanschluß, bei dem sich der NTBA innerhalb des S_0-Busses befindet (passiver Bus)

Die Verkabelungsart der ISDN-Steckdosen, wie es die beiden letzten Abbildungen zeigen, wird als Punkt-zu-Mehrpunkt-Verbindung bezeichnet. Geläufiger ist der Ausdruck passiver Bus. Am passiven Bus dürfen maximal zwölf ISDN-Anschlußdosen (IAE) angeschlossen werden. In diese zwölf Anschlußdosen dürfen Sie dann max. acht ISDN-Endgeräte gleichzeitig einstecken.

FAQ ### Wie viele ISDN-Telefone können gleichzeitig am Bus angeschlossen sein?

Von den maximal anschließbaren acht Endgeräten können nur vier ein ISDN-Telefon sein. Das liegt daran, daß der NTBA bzw. die Telefonanlage die vier ISDN-Telefone mit einer Speisespannung versorgen muß, da diese im Gegensatz zu ISDN-Karten im PC keine eigene Stromversorgung besitzen. Die Leistung des NTBAs oder der Anlage reicht aber nur für vier Telefone aus.

FAQ ### Wo kann der NTBA innerhalb des Busses plaziert sein?

Das Netzabschlußgerät (NTBA) kann an irgendeiner Stelle am Bus sitzen.

FAQ ### Wie ist die maximale Kabellänge bei der Busverkabelung begrenzt?

Die Gesamtlänge des Kabels, von der ersten bis zur letzten Dose, darf in der Regel 120 Meter nicht überschreiten. Das liegt an der Synchronisation, die auf dem Bus stattfinden muß, um eine Kollision zwischen den angeschlossenen Endgeräten zu verhindern. Mit einem speziellem Kabel können allerdings noch größere Reichweiten (bis zu 200 Meter) erzielt werden.

Die nachfolgende Abbildung zeigt eine spezielle Variante des passiven Busses, und zwar den erweiterten passiven Bus. Dieser ermöglicht es, zwischen dem NTBA und der ersten Anschlußdose eine größere Entfernung zu überbrücken. Dadurch besteht die Möglichkeit, ein bis zu 400 Meter langes Kabel (je nach Kabelgüte auch noch mehr) vom NTBA bis zur ersten Dose zu legen. Von der ersten bis zur letzten Dose stehen Ihnen dann allerdings nur noch ca. 25 bis 50 Meter zur Verfügung. Diese Kabellänge darf nicht überschritten werden. Außerdem dürfen Sie nur acht anstelle von zwölf Anschlußdosen installieren.

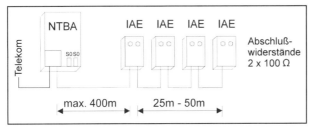

Mehrgeräteanschluß als erweiterter passiver Bus

Bitte denken Sie bei allen drei Varianten immer daran, die Abschlußwiderstände anzubringen. Die Länge der Endgeräte-Anschlußschnüre ist auf max. zehn Meter beschränkt. Auch sei noch einmal gesagt, daß trotz der acht angeschlossenen Endgeräte immer nur zwei gleichzeitig die Leitung belegen können.

ISDN-Dosen installieren

Nachdem Sie sich nun für eine der drei Möglichkeiten entschlossen haben, beginnen Sie mit der Vorbereitung für die Installation. Stellen Sie erst einmal sicher, daß der ISDN-Anschluß auch wirklich funktioniert. Ist die Funktionsfähigkeit nach der Installation nicht mehr gegeben, so sollten Sie zuerst nach selbst verursachten Fehlern suchen.

Jetzt geht's an die Arbeit: Löcher in die Wand bohren, Kabel verlegen, Dosen an die Wände schrauben, Kabel anschließen, Endgeräte einstecken und das war's. Hört sich gar nicht so wild an, oder? Aber gehen wir Schritt für Schritt vor. Sie können übrigens das gleiche Kabel benutzten, das Sie für die Installation der analogen Endgeräte auch schon benutzt haben (siehe oben).

Für den Anschluß einer ISDN-Dose werden im Gegensatz zu analogen Endgeräten, die ja mit zwei Adern auskommen, vier Adern benötigt: zwei Adern (ein Paar) für den Empfang der digitalen Daten und das andere Paar für das Senden der Daten. Die beiden Adern eines Paares sind miteinander verdrillt. Diese Verdrillung ist für die Funktion des Anschlusses unbedingt notwendig. Nur am Ende des Kabels, wenn die Adern mit der Anschlußdose verbunden werden, darf diese Verdrillung aufgehoben werden. Wenn Sie nun ein Kabel von Ihrer NTBA zu der ersten Dose verlegt haben, müssen Sie als nächstes die vier Adern anklemmen. Es gibt zwei unterschiedliche Dosen für ISDN-Endgeräte. Bereiten Sie das Kabel wie bereits oben beschrieben vor, und schrauben Sie dann die vier Adern in der richtigen Reihenfolge an der Dose fest (Ader a1 auf Klemme a1, Ader b1 auf Klemme b1, Ader a2 auf Klemme a2 und Ader b2 auf Klemme b2). Jetzt ist die erste Dose angeschlossen.

Um aber weitere Dosen in einem anderen Raum anzuschließen, müssen Sie jetzt ein neues Kabel von der eben gerade angeschlossenen Dose zur zweiten Dose legen. Bereiten Sie wieder das Kabel so weit vor, daß die vier Adern unter die Klemmen geschraubt werden können. Die vier Adern werden parallel mit den vier Adern des ersten Kabels verlegt.

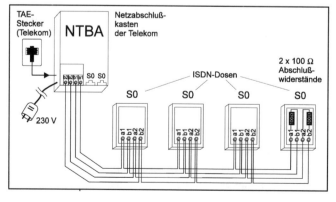

Beschaltungsschema von vier ISDN-Dosen am S_0-Bus des NTBAs

An der zweiten Dose verlegen Sie dann noch das Kabel genau so wie an der ersten Dose. Möchten Sie noch mehr Dosen anschließen, maximal sind ja zwölf möglich, fahren Sie weiterhin so fort wie oben beschrieben.

FAQ Müssen grundsätzlich Abschlußwiderstände angebracht werden?

Ja! Da der NTBA normalerweise an einem Ende des Bus installiert ist, enthält er solche Widerstände. In diesem Fall müssen Sie sich also keine Gedanken machen, nur wenn der NTBA nicht am Ende des Busses plaziert ist, müssen Sie separate Terminierungswiderstände einsetzen! Die ISDN-Anschlußleiste der Telekom besitzt ebenfalls integrierte Terminierungswiderstände.

Ganz wichtig ist allerdings das Anbringen von zwei 100-Ohm-Abschlußwiderständen an der letzten Dose. Diese beiden Widerstände schließen das Sendeaderpaar und das Empfangsaderpaar korrekt ab. Sie sind von allergrößter Wichtigkeit. Ohne sie entstehen Störungen auf der Leitung, die den ganzen Anschluß lahmlegen können. Die beiden Widerstände kosten ein paar Pfennige und sind in jedem Elektronikladen zu bekommen. In der ISDN-Anschlußleiste der Telekom sind diese Widerstände schon integriert. Im NTBA der Telekom sind auch zwei dieser Widerstände enthalten und von der Grundeinstellung her aktiviert. Ändern Sie an dieser Einstellung nichts.

FAQ Daß die S_0-Bus-Verkabelung linear erfolgen muß, habe ich ja langsam kapiert. Gibt es dabei für den NTBA eine feste Position?

Der NTBA kann sowohl am Ende als auch mitten im Bus installiert werden. Dabei ist zu beachten, daß an beiden Enden des S_0-Busses Abschlußwiderstände angebracht sein müssen. Da der NTBA normalerweise an einem Ende installiert ist, enthält er solche Widerstände. Diese müssen deaktiviert werden, wenn der NTBA in den S_0-Bus integriert wird.

FAQ Wo genau befinden sich eigentlich die DIP-Schalter für die Terminierung des NTBAs?

Diese DIPs liegen normalerweise im Innern des NTBAs. Um an sie ranzukommen, müssen Sie die Vorderklappe öffnen. Bedenken Sie: Die Abschlußwiderstände müssen aktiviert sein, wenn der NTBA als Endpunkt des Busses eingesetzt ist. Sie müssen deaktiviert werden, wenn der NTBA selbst Teil des Busses ist.

ISDN-Bus-Kabel anschließen

Nachdem nun die ISDN-Anschlußdosen angeschlossen sind, muß noch die andere Seite des Bus-Kabels an den NTBA bzw. an den internen Bus der Telefonanlage (sofern diese einen besitzt) angeschlossen werden. Sehen Sie in der Bedienungsanleitung Ihrer Telefonanlage nach, an welche Anschlußklemmen die vier Adern des Kabels angeschlossen werden. Die Klemmen sind oft auch mit a1/b1 und a2/b2 bezeichnet. Wollen Sie den S_0-Bus an den NTBA der Telekom anschließen, dann gibt es zwei Möglichkeiten. Unter einem aufschraubbaren, kleinen Deckel des NTBAs befindet sich eine Anschlußklemme für diesen Zweck. Diese Klemme ist auch wieder entsprechend gekennzeichnet. Achten Sie einfach immer nur darauf, daß a1 auf a1 und b1 auf b1 usw. kommt, dann kann eigentlich überhaupt nichts schiefgehen.

Die zweite Möglichkeit besteht darin, eine S_0-Anschlußschnur zu nehmen und das eine Ende der Schnur abzuschneiden. Die mittleren vier Adern des abgeschnittenen Endes kommen dann in die erste ISDN-Dose Ihres S_0-Busses. Von da aus geht's dann, wie beschrieben, weiter mit einem Installationskabel zur nächsten Dose.

> *Achtung* **Vorsicht vor Vertauschungen!**
>
> Hierbei muß man ganz besonders darauf achten, daß die Adern nicht vertauscht werden.

11.8 Was tun bei einer Störung?

Im Falle einer Störung sollten Sie die folgende Checkliste durchgehen:

- Ist die Stromversorgung am NTBA vorhanden? Wenn ja, leuchtet die grüne Netzlampe?
- Ist der NTBA mit der TAE-Dose verbunden (vielleicht steckt der TAE-Stecker in der falschen Buchse bzw. überhaupt nicht drin)?
- Benutzen Sie auch die mitgelieferte Anschlußschnur und keine andere?
- Ist das S_0-Kabel (RJ-45-Stecker) richtig gesteckt?
- Wird die Telefonanlage mit Spannung versorgt?
- Sind die beiden Abschlußwiderstände in der letzten Dose?
- Sind alle Adern richtig angeschlossen? Haben Sie Adern vielleicht vertauscht?
- Sind irgendwo Adern aus der Anschlußklemme gerutscht oder sind Adern abgebrochen?
- Haben Sie vielleicht beim Bohren ein Telefonkabel getroffen?
- Sind die RJ-45-Stecker richtig eingerastet?

11.9 Weitere FAQs

Vom NTBA aus möchte ich einige Räume verkabeln. Geht dabei auch eine Sternstruktur?

Nein, das ist leider nicht möglich. Die Verkabelung muß als Bus geschehen, wobei der NTBA Endpunkt des Busses oder Teil desselben sein kann.

Die Klemmenbezeichnung an meinem NTBA (von der Telekom zur Selbstinstallation erworben) war nicht wie beschrieben. Sie lautete: b1, a1, b2, a2. Richtig soll aber angeblich die Variante a1, b1, a2, b2 sein. Was ist denn da los?

Die richtige Bezeichnung lautet a1, b1, a2, b2. Normalerweise sind auch die NTBAs, die Sie erhalten, so ausgezeichnet. Bei manchen Exemplaren gab es aber scheinbar fehlerhafte Auszeichnungen.

Ich habe meinen S_0-Bus selbst verkabelt. Jetzt funktioniert gar nichts mehr. Ich bin aber der Meinung, alles richtig gemacht zu haben. Gibt es eine Möglichkeit zu prüfen, ob der S_0-Bus richtig verkabelt ist?

Der Elektronikhändler Conrad (Klaus-Conrad-Straße 1, 92240 Hirschau, Tel.: 01805/312111, *www.conrad.de*) bietet ein ISDN-Prüfgerät (Worki) an. Mit diesem Line Tester (ca. 30 DM) können Sie zumindest herausfinden, ob der Bus richtig verkabelt ist (Dioden leuchten grün), ob die Leitungen Spannung führen (rot). Wenn die Dioden überhaupt nicht leuchten, sollten Sie sich an einen Telekom-Techniker wenden.

Was mache ich, wenn die beiden ISDN-Steckdosen nicht ausreichen, die im NTBA eingebaut sind?

Die einfachste Möglichkeit ist, die von der Telekom angebotene ISDN-Steckdosenleiste (ISL), die für rund 70 DM in den T-Punkt-Läden oder beim Telekom-Versand (0130/0190) zu bekommen ist. Sie bietet sechs Endgeräten Anschluß und verfügt über ein zehn Meter langes Kabel zum NTBA, so daß sich diese Lösung ohne jeglichen Installationsaufwand einsetzen läßt.

12. ISDN-Telefone, a/b-Wandler und Telefonanlagen für den Einstieg

Wenn Sie sich einmal die Anwendungsszenarien (siehe Seite 45) ansehen, stellen Sie fest, daß ein ISDN-Telefon in Kombination mit einem a/b-Wandler eine echte Basiskonfiguration für Ihren neuen ISDN-Anschluß ist. Das ISDN-Telefon läßt Sie in den Genuß der neuen Telefonfunktionen wie Rufnummernanzeige, Makeln usw. kommen, während der sog. a/b-Wandler die einfachste Möglichkeit darstellt, die alten analogen Geräte wie Fax oder Anrufbeantworter auch unter ISDN weiter zu verwenden. Der Adapter wird einfach zwischen den ISDN-Anschluß (NTBA der Telekom) und den analogen Gerät geschaltet und über ein tonwahlfähiges Telefon programmiert.

Wegweiser zu diesem Kapitel	
Seite	**Hier erhalten Sie Informationen zum Thema ...**
310	Funktionsumfang von ISDN-Telefonen
315	ISDN-Telefon Europa 11
316	ISDN-Telefon Ascom Eurit 30
317	ISDN-Telefon Ascom Eurit 40
318	ISDN-Telefon Hagenuk Europhone S
319	ISDN-Telefon TELES.FON
320	ISDN-Telefon TELES.FON/AB
320	Oft gestellte Fragen
322	Funktionsumfang von Mini-TK-Anlagen
325	ISDN-a/b-Wandler von 1&1

307

12.1 Unvergleichlich – Was unterscheidet ISDN-Telefone von den analogen Kollegen?

Das alte Telefon am neuen ISDN-Anschluß; funktioniert das überhaupt? Ist es nicht sinnvoller, sich gleich eines der modernen ISDN-Telefon zuzulegen? Welche Vorteile bringt solch ein Gerät? Diese und andere Fragen stellt sich fast jeder, der mit einem neuen ISDN-Anschluß liebäugelt oder ihn schon in Betrieb hat.

FAQ Kann man analoge Geräte am ISDN-Netz betreiben?

Zur Frage, ob das alte Telefon (oder Fax oder Modem) auch weiterhin mit der neuen ISDN-Technik genutzt werden kann, heißt die Antwort ja, aber. Ja, man kann sie weiterhin benutzen, aber nur dann, wenn Sie an eine ISDN-Telefonanlage oder einen sogenannten a/b-Terminaladapter angeschlossen werden. Nur die neuen, speziell für die ISDN-Technologie entwickelten Telefone lassen sich direkt und ohne irgendwelche Zusatzgeräte am Netzabschlußkasten (NTBA) der Telekom anschließen.

Sollten Sie eine Telefonanlage mit einem internen S_0-Bus (siehe Kapitel 13) besitzen, so können Sie ein ISDN-Telefon auch dort anschließen. Inwieweit in diesem Fall die ISDN-Leistungsmerkmale (vgl. Seite 32) genutzt werden können, kommt auf die Telefonanlage und deren internen S_0-Bus an (der muß sich nämlich so verhalten wie der S_0-Bus der Telekom, damit alle Leistungsmerkmale genutzt werden können).

Was sagt der Markt?

Immer mehr Hersteller bieten heutzutage Geräte der neuen Telefongeneration in den unterschiedlichsten Versionen an. Das geht von den Standardgeräten über Komfortapparate bis hin zu den neuesten digitalen Schnurlostelefonen nach dem DECT-Standard (**D**igital **E**nhanced **C**ordless **T**elecommunications), die schon fast den Charakter einer kleinen Telefonanlage besitzen. Mit solch modernen Geräten kommt man erst so richtig in den Genuß aller Vorteile und Möglichkeiten, die das Telefonieren noch schöner machen. Ob es nun sinnvoll ist, sich sofort ein neues Gerät zu kaufen, hängt ganz davon ab, was für einen Anspruch Sie an Ihre Kommunikationsausstattung stellen. Besitzen Sie außer einem Telefon noch andere Endgeräte wie z. B. Anrufbeantworter, Faxgerät usw., dann kommen Sie um die Anschaffung einer ISDN-Anlage oder eines a/b-Terminaladapters sowieso nicht herum. Dann können Sie auch Ihr altes Telefon erst einmal mit an die Anlage anschließen und den Kauf eines neuen Telefons in Ruhe überdenken. Die Anwendungsszenarien auf Seite 45 sind für solche Ausstattungsüberlegungen sehr hilfreich.

Was bringen die neuen ISDN-Telefone?

Die Vorteile der neuen Gerätegeneration gegenüber der alten Technologie sind recht groß. Alle ISDN-Telefone bieten eine erstklassige Sprachqualität, von der die analogen Geräte nur träumen können, und einen superschnellen Verbindungsaufbau (ca. 1,5 Sekunden). Viele Leistungsmerkmale des ISDN, wie Anrufweiterleitung, Dreierkonferenz, Übermittlung der Rufnummer, exakte Gebührenermittlung, Makeln, Anklopfen usw., werden von fast allen Geräten standardmäßig unterstützt. Die Anzeige der Rufnummer z. B. ist ein Feature, das normalerweise nur mit ISDN-Telefonen genutzt werden kann (Eine Ausnahme stellt hier die Hagenuk-TK-Anlage auf Seite 375 dar).

 ### Kann ich mit einem analogen Telefon den gleichen Funktionsumfang ausnutzen wie mit einem ISDN-Telefon?

Mit einem analogen Telefon an einer ISDN-Telefonanlage oder einem a/b-Adapter können die ISDN-Funktionen nicht immer voll ausgenutzt werden – das hängt ganz davon ab, welche Möglichkeiten Ihnen Ihre Telefonanlage zur Verfügung stellt. Telefone am a/b-Adapter büßen, auf Grund der geringeren Leistungsfähigkeit letzterer, noch wesentlich mehr ISDN-Funktionalität ein.

Ein weiterer Vorteil der ISDN-Geräte ist der hohe Bedienkomfort. Und das sollte man bei der Vielzahl der nutzbaren Telefonfunktion nicht unterschätzen. Menügesteuerte und mit Speichertasten ausgestattete ISDN-Telefone erleichtern es, die vielen möglichen Leistungsmerkmale, die das ISDN-Netz bietet, einfach und schnell zu aktivieren. Versucht man hingegen, diese Prozeduren von einem an einer TK-Anlage angeschlossenem Telefon aus zu aktivieren, ist dies häufig nur über eine längere Tastenkombination (Zifferneingabe) zu schaffen. Spätestens dann beginnt die Suche nach der Bedienungsanleitung.

Wie schließe ich ein ISDN-Telefon direkt an den NTBA an?

Stecken Sie einfach die Anschlußschnur (max. zehn Meter) des Telefons in eine der beiden Buchsen des Netzabschlußkastens (NTBA) der Telekom. Der NTBA muß natürlich mit Spannung versorgt sein. Die aufleuchtende grüne Netzlampe zeigt dies an.

Kann ich mehrere ISDN-Telefone mit meinem ISDN-Anschluß verbinden, und wie mache ich das?

Ohne Aufwand können Sie zwei ISDN-Telefone direkt am NTBA der Telekom anschließen. Wollen Sie noch zusätzliche Geräte anschließen, dann sehen Sie bitte in Kapitel 3 bzw. 11 nach, wie das funktioniert. Sinnvollerweise sollte man allerdings nicht mehr als zwei Telefone an einen NTBA anschließen; das gilt übrigens auch für den internen S₀-Bus einer TK-Anlage, da ein Bus immer nur über zwei B-Kanäle verfügt.

 Wie viele ISDN-Telefone darf ich an den ISDN-Anschluß der Telekom anschließen?

Sie können maximal vier ISDN-Endgeräte, die nicht über eine eigene Stromversorgung verfügen, an den ISDN-Anschluß anschließen. Der NTBA kann nämlich nur vier Endgeräte mit Strom versorgen.

12.2 Standard oder Komfort – Was bieten teure ISDN-Telefone an Mehrwert?

Das Angebot an Telefonen für den Euro-ISDN-Basisanschluß ist in letzter Zeit erfreulich gewachsen. Die Zeiten, in denen die Auswahl gering und die Preise hoch waren, sind vorbei. Immer mehr Hersteller drängen auf den Markt und bieten ISDN-Telefone ab ca. 200 DM in den unterschiedlichsten Ausführungen an. Bei einigen Herstellern gibt es einen Anrufbeantworter gleich inklusive. Zudem besteht oft die Möglichkeit, das Telefon mit dem PC zu verbinden. Einige Geräte verfügen sogar über einen integrierten a/b-Adapter für den Anschluß analoger Endgeräte und zusätzlichen mobilen Geräten. Eine Sonderstellung nehmen die digitalen, schnurlosen DECT-ISDN-Anlagen ein. Diese werden in Kapitel 13 behandelt.

 Gibt es einen definierten Standard für Standard und Komfort bei ISDN-Telefonen?

Unterschieden wird bei ISDN-Telefonen oft nach der Kategorie Standard oder Komfort. Wo allerdings hier genau der Unterschied liegt, ist nicht fest definiert. Man sollte daher eher darauf achten, welche Funktionen das Gerät grundsätzlich unterstützt und welche zusätzlichen Features, für die man dann natürlich entsprechend mehr zahlt, geboten werden.

Nur die beantragten Leistungsmerkmale werden unterstützt

Vergessen Sie bitte nicht, daß Sie mit Ihrem Telefon auch nur die ISDN-Leistungsmerkmale nutzen können, die Sie bei der Telekom beantragt haben. Da nutzt es z. B. nichts, wenn das Telefon zwar die Funktion der Anrufweiterschaltung unterstützt, Sie aber nur einen Standardanschluß beantragt haben. Umgekehrt ist darauf zu achten, daß Ihr Telefon auch alle von der Telekom angebotenen ISDN-Leistungsmerkmale voll unterstützt, wie z. B. Rückruf bei Besetzt. Die Tabelle auf Seite 42 zeigt die Unterschiede der ISDN Leistungsmerkmale beim Standard- und Komfortanschluß.

Der Standard

Standardmäßig bieten viele ISDN-Telefone Funktionen, die einem schon von komfortableren analogen Apparaten her bekannt sind, zum Beispiel das Mithören über einen eingebauten Lautsprecher, das Freisprechen, die Wahlwiederholung, das Speichern von Rufnummern im Kurzwahlspeicher und auf Tasten. Die vom ISDN-Anschluß neu zur Verfügung stehenden Leistungsmerkmale wie Rückfrage, Makeln, Anrufweiterschaltung, Anklopfen und Unterdrückung der eigenen Rufnummer werden in der Regel unterstützt. Ebenso zum Standard gehört bei allen Geräten ein Display, das Datum und Uhrzeit, die gewählte Rufnummer, die Rufnummer des Anrufers und soweit, bei der Telekom beantragt, auch die Gesprächsgebühren während bzw. am Ende der Verbindung anzeigt. Über dieses Display kann dann auch die schon fast zum Standardrepertoire gehörende Anruferliste abgefragt werden. In die Anruferliste gelangen alle Rufnummern mit Datum und Uhrzeit der Teilnehmer, die versucht haben, Sie während Ihrer Abwesenheit zu erreichen. Die dort angezeigten Rufnummern können direkt zur erneuten Anwahl bzw. für einen Rückruf verwendet werden. Die oben genannten Standardfunktionen werden in der Regel dem Anspruch eines durchschnittlichen Privatanwenders gerecht. Kleinere Unternehmen, Selbständige und Telefon-Freaks werden eher schon mal ein Auge auf die noch komfortableren und mit einigen technischen Raffinessen ausgestatteten Komfortapparate werfen.

Die Komfortablen

Die komfortableren und etwas teureren ISDN-Telefone weisen außer dem üblichen Funktionsumfang noch einige Zugaben auf. Da wäre z. B. die gerade für Selbständige nicht unwichtige Möglichkeit, den einzelnen Mehrfachrufnummern unterschiedliche akustische Rufmelodien zuzuordnen. Dadurch erkennt man schon vor der Gesprächsannahme, ob es sich um einen privaten oder einen geschäftlichen Anruf handelt. Aber nicht nur für ankommende, sondern auch für herausgehende Gespräche ist es von Nutzen, zwischen den MSN wählen zu können, über die man rauswählt. Erst dadurch ist eine nach Mehrfachrufnummern differenzierte Abrechnung bei der Telekom möglich. Diese Nummer wird dann natürlich auch Ihrem Gesprächspartner übermittelt und gegebenenfalls bei ihm angezeigt. Auf diese Weise können Sie klar nachweisen, welche Telefonkosten durch geschäftliche und welche durch private Verbindungen angefallen sind. Das ist zum Beispiel für das Finanzamt oder auch für die Eltern telefonsüchtiger Teenager interessant. Die erweiterte Wahlwiederholung einiger Telefone sorgt für das automatische Speichern der zuletzt gewählten zehn Rufnummern. Telefonierer, die häufig auf besetzte Teilnehmer stoßen, werden diese Funktion zu schätzen wissen. Noch komfortabler geht es allerdings mit dem neuesten ISDN-Leistungsmerkmal automatischer Rückruf bei Besetzt. Haben Sie einen Teilnehmer angerufen, dessen Leitung besetzt ist, drücken Sie einfach eine Taste auf Ihrem Telefon, und schon klingelt Ihr Telefon automatisch, wenn dieser dann sein Gespräch beendet hat. Viele ISDN-Telefone können mit folgenden zusätzlichen Funktionsmerkmalen ausgestattet sein:

311

Funktionsmerkmal	Kurzbeschreibung
Erweitertes Telefonbuch	Zusätzlicher Speicher für Namen, Adressen und Rufnummern. Automatische Wahl der Nummern aus dem Telefonbuch ist möglich.
MSN-bezogene Gebührenkonten	Für jede Mehrfachrufnummer werden die Gebühren im Telefon separat gespeichert.
Gebührenanzeige	Die Gesprächsgebühren werden während und nach Beendigung des Gesprächs angezeigt.
Sperrfilter	Bestimmte Rufnummern können dann vom Telefon aus nicht gewählt werden (z. B. 0190-Nummern).
Anruffilter	Nur Anrufe von vorher festgelegten Rufnummern werden zu Ihnen durchgestellt.
Anklopfen	Während einer bestehenden Verbindung wird ein ankommender Ruf signalisiert.
Parken	Man kann ein Gespräch für max. drei Minuten mit der Park-Taste unterbrechen, um anschließend die Verbindung wieder von einem anderen Telefon am gleichen ISDN-Anschluß aufzunehmen.
Direktruf/Babyruf	Durch das Drücken einer beliebigen Taste am Telefon wird eine festgelegte Rufnummer gewählt.
Direktwahl-Tasten	Auf diesen Tasten können Rufnummern fest gespeichert werden. Die Anwahl dieser Nummern geschieht per Tastendruck.
Software-Download durch Fernwartung	Über die ISDN-Leitung kann die neueste Firmensoftware in das ISDN-Telefon geladen werden. Wichtig, wenn neue ISDN-Merkmale von der Telekom freigeschaltet werden.
Anschluß einer Hörsprechgarnitur (Headset)	Ein kleiner Kopfhörer mit integriertem Mikrofon wird an das Telefon angeschlossen und ermöglicht ein freihändiges Telefonieren.

FAQ Ohne Strom nix los – Kann ich bei einem Stromausfall noch telefonieren?

Äußerst schade ist, daß nur wenige ISDN-Telefone eine Schaltung für die Notstromversorgung integriert haben. Denn was passiert, wenn in der Wohnung der Strom ausfällt? Dann wird der Netzabschlußkasten (NTBA) der Telekom auch nicht mehr mit der für seine Funktion notwendigen Netzspannung versorgt, und im Telefon herrscht großes Schweigen. Da hilft nur der Gang zur Telefonzelle. Schade eigentlich, denn der NTBA liefert über eine Notschaltung der Telekom immer noch eine Spannung, die für ein ISDN-Telefon mit Notrufschaltung ausreichen würde. Wer gerade dabei ist, sich ein Telefon zuzulegen, sollte sich vor dem Kauf noch einmal darüber Gedanken machen.

Die Exklusiven

Für diejenigen Luxus-Freaks unter Ihnen, denen die bisherige Leistungspalette nicht immer genug ist, gibt es in diesem Abschnitt noch eine Zugabe.

Anrufbeantworter voll digital

Nur wenige ISDN-Telefone besitzen einen integrierten, digitalen Anrufbeantworter. Die Funktionalität dieser Anrufbeantworter ist vergleichbar mit der von herkömmlichen Geräten. Das Modell Ascom Eurit 40 beispielsweise bietet zu einem eine Nachrichtenweiterleitung an, d. h., nach Aufzeichnung eines Gesprächs wird automatisch eine zuvor eingestellte Rufnummer angerufen, und zum anderen kann für jede MSN ein eigener Ansagetext aufgesprochen werden.

 ## ISDN-Anrufbeantworter? – Solo gibt's den noch nicht

Sie sollten also vor dem Kauf eines neuen Telefons daran denken, daß es zur Zeit keinen separaten Anrufbeantworter gibt, der direkt an den ISDN-Basisanschluß gekoppelt werden kann. Dafür benötigen Sie immer noch eine TK-Anlage oder einen Terminaladapter.

a/b-Terminaladapter inklusive

Möchten Sie auf Ihr analoges Endgerät (z. B. Ihr Schnurloses oder Ihr Faxgerät) nicht verzichten, scheuen aber vor den Zusatzkosten eines a/b-Adapters oder gar einer Telefonanlage zurück, dann sollten Sie sich das Telefon Alpha Euro a/b von der Firma FMN mal etwas genauer ansehen. Diese Gerät ist, wie der Name bereits andeutet, mit einem integrierten a/b-Adapter ausgestattet. An die Rückseite des Telefons wird dann einfach das alte eingesteckt. Dieser Anschluß kann dann entweder mit der gleichen oder mit einer eigenen MSN programmiert werden. Eine feine Sache, denn so muß man sich nicht direkt eine ganze Anlage kaufen, nur um ein einziges analoges Endgerät weiterhin betreiben zu wollen.

Telefon mit PC-Schnittstelle

Über eine integrierte V.24 Schnittstelle kann ein ISDN-Telefon per Kabel direkt mit dem PC verbunden werden. Die mitgelieferte Software erlaubt dann ein PC-unterstütztes Telefonieren. Besitzer eines Hagenuk Europhone L oder eines Europa 30 steuern einfach alle Telefonfunktionen über die auf dem Bildschirm emulierte Benutzeroberfläche. Gewählt wird aus einem 500 Einträge umfassenden elektronischen Telefonbuch. Journale für ankommende und gehende Verbindungen bringen Übersicht in den Telefonalltag. Ein automatischer Start von Windows-Anwendungen nach dem Erkennen eines Anrufers anhand der übertragenen Rufnummer ermöglicht ein komfortables Arbeiten. Diese Art von Telefonen eignet sich speziell für Personen, die oft beruflich telefonieren und beispielsweise Kundendaten auf dem PC führen.

ISDN-Schnurlose

Neuere, schnurlose Telefone arbeiten nach dem DECT-Standard. Bei dieser Technik wird die Sprache zwischen Basisstation und Mobilteil digital übertragen, wodurch eine höhere Sprachqualität und eine sehr hohe Abhörsicherheit gegeben ist.

> *Tip* **Auch DECT-Telefone brauchen einen a/b-Wandler oder eine TK-Anlage**

Sind Sie Besitzer eines DECT-Telefons, beachten Sie, daß die meisten Geräte dieser Art nicht direkt an einen ISDN-Basisanschluß betrieben werden können, sondern wie ein analoges Telefon über eine TK-Anlage oder einen Terminaladapter angeschlossen werden müssen. Um die volle ISDN-Funktionalität auszunutzen, benötigen Sie ein DECT-Telefon, wie beispielsweise das twinny nova von DeTeWe, das direkt an den Basisanschluß angeschlossen wird.

Eine andere Möglichkeit der mobilen ISDN-Kommunikation bieten die ca. 1.200 DM teuren ISDN-Komforttelefone Europa 10 von der Telekom und das Hagenuk Europhone XL. Über diese Telefone können bis zu sechs DECT-Mobiltelefone Kontakt zur Außenwelt aufnehmen. Gebührenfreie Telefonate zwischen den Mobilteilen und andere Features bieten eine gute Alternative zur Telefonanlage.

> *FAQ* **Während des Telefonierens zeigt mein ISDN-Telefon keine Gebühren an. Was ist da los?**

Das ISDN-Merkmal Übermittlung der Tarifinformation während der Verbindung ist von Haus aus weder im Standard- noch im Komfortanschluß enthalten. Gegen einen monatlichen Aufpreis stellt die Telekom es aber nach Antragstellung zur Verfügung.

> *FAQ* **Warum erscheint die Rufnummer des Anrufers nicht auf meinem Telefon-Display?**

Die Rufnummer erscheint nur dann auf Ihrem Display, wenn der Anrufer auch einen ISDN-Anschluß (oder an einer digitalen Vermittlungsstelle angeschlossen ist und dieses Merkmal aktiviert hat) besitzt und seine Rufnummer nicht unterdrückt hat.

> *FAQ* **Rufnummeranzeige von einem Anrufer, der kein ISDN-Anschluß besitzt – Wie geht das ?**

Es besteht auch die Möglichkeit, daß die Rufnummer von Teilnehmern, die nicht am ISDN, aber an einer digitalen Vermittlungsstelle hängen (und heute sind der größte Teil digitale Vermittlungsstellen) beim Angerufenen angezeigt wird. Das muß allerdings bei der Telekom beantragt werden. Auch Leistungsmerkmale wie Anklopfen, Rückfrage/Makeln, Dreierkonferenz, Anrufweiterschaltung sind übrigens im analogen Netz möglich (siehe dazu auch Seite 33).

12.3 Fallbeispiele – Typische ISDN-Telefone im Vergleich vorgestellt

An dieser Stelle sollen nun einige interessante ISDN-Telefone kurz beschrieben werden.

Das Europa 11

Das Europa 11 ist ein preisgünstiges Einsteigergerät (ca. 250 DM) und unterstützt alle ISDN-Leistungsmerkmale. Das neue Basistelefon der Telekom-Europa-Reihe ersetzt das Europa 10. Es verfügt über eine ergonomische Bedieneroberfläche. Die menügeführte Bedienung wird durch ein zweizeiliges Display, das im Klartext Informationen anzeigt und aktuelle Funktionen zur Auswahl anbietet, gesteuert. Der Betrieb an einer Telefonanlage mit internem S_0-Bus ist möglich. Die dann realisierbaren Leistungsmerkmale sind allerdings abhängig von der Leistungsfähigkeit der Telefonanlage. Das Gerät verfügt über eine Freisprecheinrichtung. Einen digitalen Anrufbeantworter hingegen findet man nur bei den teureren Telefonen Europa 20, Europa 30 und Europa 40. Im Vergleich zum Vorgängermodell Europa 10 wurden beim Europa 11 einige Funktionen ergänzt:

- Unterschiedliche Rufsignalisierung in Abhängigkeit von der Angerufenen MSN.
- Rückruf bei Besetzt kann genutzt werden.
- Eine Anrufliste, in der die letzten zehn Anrufer gespeichert werden.
- Wahlwiederholung mit History-Funktion (die drei zuletzt gewählten Rufnummern werden gespeichert).

Leider ist es immer noch nicht möglich, eine MSN bei ausgehenden Gesprächen gezielt zu belegen und das Telefon bei Stromausfall zu benutzen.

Wie kann ich an meinem Europa 10/11-Telefon eine Rufumleitung programmieren?

Sie können für jede Ihrer drei Mehrfachrufnummern, die Sie während der Grundeinstellung in das Telefon programmiert haben, eine Anrufumleitung zu einem anderen Teilnehmer (z. B. Ihr Handy) programmieren.

Wenn Sie beispielsweise Ihre Mehrfachrufnummer 471111 ständig auf das Handy mit der Rufnummer 0171-123456 umleiten wollen, gehen Sie wie folgt vor:

Drücken Sie bei aufgelegtem Hörer auf die OK-Taste. Es erscheinen im Display der Reihe nach die eingetragenen Mehrfachrufnummern. Maximal also drei. Mit den Pfeil-Tasten wählen Sie eine der drei aus. Im Beispiel also die 471111. Drücken Sie so lange die Pfeil-Taste, bis die Rufnummer 471111 ganz links im Display steht. Drücken Sie dann die OK-Taste. Im Display steht jetzt 471111 umleiten.

① Mit der Pfeil-Taste können Sie jetzt die Art der Umleitung auswählen. Zur Verfügung stehen verzögert, besetzt und fest. Wählen Sie fest aus und bestätigen Sie das mit der OK-Taste. Im Display steht jetzt: 471111 fest zu:

② Geben Sie die Rufnummer Ihres Handys ein, also 0171123456, und drücken Sie auf OK. Das war es. Die Rufumleitung ist jetzt aktiv.

③ Wenn Sie die Rufumleitung wieder löschen wollen, drücken Sie bei aufgelegtem Hörer die OK-Taste. Drücken Sie so lange auf die Pfeil-Taste, bis im Display Umleitung für 471111 aus eingeblendet wird. Bestätigen Sie das mit OK.

Notstromversorgung für das Telekom-ISDN-Telefon Europa 10/11

Fällt zu Hause einmal der Strom aus, so wird auch der Netzabschlußkasten (NTBA) der Telekom nicht mehr mit Spannung versorgt. Jetzt funktioniert das Europa 10 auch nicht mehr. Es besitzt keine integrierte Notstromschaltung. Abhilfe schafft ein kleiner Zwischenstecker der Firma Com-Com (08031/27850), der über eine Neun-Volt-Batterie für die notwendige Spannung sorgt.

Das ASCOM Eurit 30

ISDN-Telefon Ascom Eurit 30

Als Beispiel für ein hochwertiges ISDN-Komfort-Telefon soll das bekannte Eurit 30 der Schweizer Firma Ascom dienen. In den Grundfunktionen, vom Aufbau und der Bedienung unterscheidet es sich nicht wesentlich vom Europa 11 der Telekom. Für den um etwa 150 DM höheren Preis (das Telefon kostet zur Zeit um die 400 DM) erhalten Sie hier aber einige sehr interessante Zusatz- bzw. erweiterte Funktionen:

- Eine Multi-Funktionstaste unter dem Display erleichtert die Bedienung.
- Freisprecheinrichtung bei aufliegendem Hörer (mit hoher Qualität).

- Die letzten neun ausgehenden und 20 eingehenden Gespräche werden gespeichert und sind später über eine Liste abrufbar. Die dort angezeigten Rufnummern können direkt zur erneuten Anwahl bzw. Rückruf verwendet werden.
- Sie haben sechs doppelt programmierbare Direktwahl-Tasten.
- Sie können 150 Telefonnummern mit Texteintrag alphanumerisch speichern.
- Jeder MSN kann eine von sechs Rufmelodien mit Anzeigetext zugeordnet werden.
- Sie können einen automatischen Rückruf einstellen.
- Notbetrieb bei Stromausfall ist möglich.

Als besonders nützlich erweist sich im täglichen Betrieb die auch als Fox-Taste bezeichnete Multifunktionstaste unter dem Display. Über druckempfindliche Zonen können verschiedene Funktionen abgerufen werden. Welcher Bereich dabei welche Funktionen auslöst, ist im Display abzulesen. Eine Freisprecheinrichtung und der umfangreiche Rufnummernspeicher sorgen für weiteren Telefonkomfort.

FAQ Eurit 30 am internen Bus einer TK-Anlage (z. B. Euracom 181) – Wie kann ich ein Gespräch weiterverbinden?

Um einen Anrufer intern weiter zu verbinden, wird normalerweise die R-Taste verwendet. Auf diese kann beim Ascom verzichtet werden. Um einen Anrufer intern weiterzuverbinden, genügt es hier, die Fox-Taste unter der Anzeige ->2 zu drücken und, wie in der Dokumentation der Anlage beschrieben, den anderen Gesprächspartner anzuwählen. Meldet sich der Angerufene, kann das Gespräch durch Auflegen des Hörers übergeben werden. Das funktioniert z. B. an einer Euracom 181 mit der EPROM-Version 1.11 hervorragend. Sollte es bei anderen Anlagen Probleme geben, dann programmiert man einfach eine der Funktionstasten, wie im Handbuch beschrieben, auf den Funktionscode 81 um. Nach dem Weitervermitteln drücken Sie dann einfach auf diese Zieltaste, und das Gespräch ist übergeben. Besitzt Ihr Eurit 30 die Softwareversion 1.2 und höher, dann können Gespräche an allen Telefonanlagen durch Auflegen des Hörers übergeben werden.

ASCOM Eurit 40

Das Schlachtschiff in der Eurit-Serie von Ascom ist das ca. 600 DM teure Eurit 40. Mit diesem Profi-Telefon können über ein achtzeiliges LCD-Display 600 Rufnummern mit Namen und Adresse verwaltet werden. Ein volldigitaler Anrufbeantworter mit bis zu 24 Minuten Aufnahmekapazität speichert bis zu vier verschiedene Ansagetexte, die sich individuell jeder einzelnen von maximal fünf MSN-Nummern zuordnen lassen. Und das alles ohne eigenes Netzgerät – der Anschluß ans ISDN genügt!

ISDN-Telefon Ascom Eurit 40

Zusätzliche PC-Telefon-Wahlbox von Ascom

Als besondere Option für Viel-Telefonierer, z. B. in Marketing-Büros, bietet Ascom eine kleine Telefonwahlbox mit PC-Anschluß und passender Software für ca. 180 DM an. Diese wird ganz einfach in Betrieb genommen: Sie schließen die kleine flache Box an das ISDN-Telefonkabel zwischen dem Eurit 30 und dem NTBA an. Mit einem zweiten, seriellen Anschluß schaffen Sie dann die Verbindung zu Ihrem PC. Von dort aus können Sie nun mit einer komfortablen, Datenbank-ähnlichen Software Ihre Telefonnummern bzw. Kunden verwalten und per Mausklick vom Telefon anrufen lassen. In Verbindung mit der Freisprecheinrichtung des Ascom 30 haben Sie so eine sehr leistungsfähige und ausgesprochen komfortable Lösung.

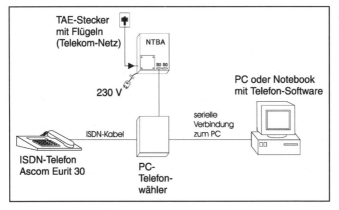

Der Anschluß der Telefonwahlbox

Das Hagenuk Europhone S

ISDN-Telefon Hagenuk Europhone S

Das kleinste und neueste ISDN-Telefon der Firma Hagenuk macht seinem Namen alle Ehre. Das S steht nämlich für den schmalen Geldbeutel und das Europhone bekommt man für unter 200 DM. Das ist ein wirklich fairer Preis für dieses moderne Endgerät. Alle Euro-ISDN-Komfortleistungsmerkmale der Telekom inklusive des automatischen Rückrufs bei Besetzt und der Gebührenanzeige während und am Ende des Gesprächs werden unterstützt. Ist das Hagenuk direkt am NTBA angeschlossen, kann ein Gespräch über die Parken-Funktion zu einem Telefon an eine ISDN-Anlage weitergegeben werden. Das Telefonieren bei Stromausfall ist möglich. Bei den zusätzlichen apparatspezifischen Leistungsmerkmalen fallen folgende besonders positiv auf:

- Gezielte Wahl mit einer bestimmten MSN.
- Anrufsignalisierung für bestimmte MSN (z. B. für Unterscheidung privat/geschäftlich).
- Bedienerführung mittels Piktogrammen.
- Verschiedene Sperrmöglichkeiten und Vergabe freier Nummern.
- Großes Display.
- Wahlwiederholung der letzten neun gewählten Rufnummern.
- Kurzwahlspeicher für 40 Rufnummern.
- Anrufliste für neun unbeantwortete Anrufe.
- Sperrung sechs bestimmter Rufnummern.
- Lauthören.

Lauthören heißt aber nicht Freisprechen, denn das funktioniert leider nicht.

Das TELES.FON

Ein TELES-Beitrag zu den ISDN-Telefonen

Ein interessantes Telefon für TELES-ISDN-Kartenbesitzer oder für alle, die es noch werden wollen, ist das TELES.FON von der Firma TELES. Das kostengünstige Gerät (200 DM) bietet alle typischen Standardfunktionen. Der Tonruf und die Lautstärke pro Mehrfachrufnummer sind einstellbar. Das Versenden von Nachrichten an Funkruf-Empfänger ist möglich, ein Notbetrieb des Telefons bei Stromausfall hingegen nicht. Im Kombination mit dem ISDN-Anwendungspaket TELES.OnlinePower-

Pack (siehe Seite 123) und einem TELES.S0-Adapter bietet das TELES.FON allerdings schon etwas mehr als ein Standardgerät. Die Kommunikation zwischen TELES.FON und TELES.S0-Adapter geschieht über den S_0-Anschluß, an dem beide Geräte angeschlossen sein müssen. Folgende Leistungen werden dadurch zusätzlich geboten:

- Konfiguration des TELES.FON per PC
- Automatische Wahl von Rufnummern
- Notizbuch-Funktion
- Gebührenauswertung mit Gebührenkonten
- Diverse andere ISDN-Anwendungen

Das TELES.FON/AB

Dieses Gerät bietet all das, was das TELES.FON auch bietet. Zusätzlich verfügt es aber noch über einen integrierten a/b-Wandler. Sie ersparen sich durch ihn einen separaten a/b-Wandler, wenn Sie weiterhin ein analoges Endgerät wie z. B. Telefon, Faxgerät oder schnurloses Telefon anschließen wollen. Natürlich ist auch der Anschluß Ihres Anrufbeantworters möglich. Bedenken Sie, daß es noch keinen Anrufbeantworter gibt, der direkt an das ISDN-Netz angeschlossen werden kann.

> **Tip** ### Gebührenmonitor
>
> Von der Firma Conrad (Klaus-Conrad-Straße 1, 92240 Hirschau, Tel.: 01805/ 312111, *www.conrad.de*) können Sie einen ISDN-Gebührenmonitor für ca. 200 DM erwerben. Dieses Gerät wird zusätzlich an die ISDN-Dose angeschlossen und protokolliert jeden ausgehenden Anruf von jeder Nebenstelle mit. Sie erhalten damit Informationen über Gesprächsnummern, Gesprächsdauer und Gesprächskost'

12.4 Weitere FAQs

Jede neue Technik bringt so ihre Problemchen mit sich und wirft Fragen auf. Diese sollen im folgenden Abschnitt behandelt werden.

> **FAQ** ### Kann ich mehrere Telefone im Notbetrieb am ISDN-Bus betreiben?
>
> Sie können generell mehrere ISDN-Telefone mit Notspeise-Funktion betreiben. Im Falle eines Stromausfalls darf aber nur bei einem einzigen Telefon die Notspeise-Funktion aktiviert sein. Wie Sie aktiviert wird (meist über einen DIP-Schalter), steht in der Bedienungsanleitung.

Funktioniert der Rückruf bei Besetzt an meinem ISDN-Telefon?

Das läßt sich nicht generell sagen. Das Europa 10 der Telekom unterstützt z. B dieses Leistungsmerkmal nicht. Schauen Sie in Ihrer Bedienungsanleitung nach, um festzustellen ob das Leistungsmerkmal auch tatsächlich unterstützt wird. Oder erkundigen Sie sich bei Ihrem Händler, ob es durch eine Softwareänderung im Telefon nachträglich zur Verfügung gestellt werden kann. Ist Ihr Telefon am internen S_0-Bus der Telefonanlage angeschlossen, dann muß auch noch die Telefonanlage dieses Leistungsmerkmal unterstützen. Bei der Euracom 180/181 von Ackermann funktioniert das z. B. erst ab Softwareversion 1.11.

Bedenken Sie bitte auch, daß dieses Leistungsmerkmal noch nicht von allen Vermittlungsstellen unterstützt wird.

Ich habe an meinem ISDN-Basisanschluß zwei ISDN-Telefone angeschlossen. Wie kann ich ein Gespräch von einem zum anderen Telefon weitergeben?

Sie können ein Gespräch nicht einfach so vermitteln, wie Sie es vielleicht von einer Telefonanlage her kennen. Hier kann man sich allerdings eine ISDN-Funktion zunutze machen und diese Möglichkeit der Vermittlung quasi durch die Hintertür erreichen. Die angesprochene ISDN-Funktion nennt sich Parken eines Gesprächs und muß von Ihrem Telefon unterstützt werden. Ein bestehendes Gespräch kann dadurch max. drei Minuten lang in der Vermittlungsstelle der Telekom geparkt werden. In der Zeit können Sie dann zum anderen Telefon gehen und das Gespräch entparken. Dies geschieht über einen Park-Code (siehe Bedienungsanleitung).

Wie kann ich ein Gespräch von meinem direkt am NTBA angeschlossenen ISDN-Telefon zu einem Telefon an meiner ISDN-Anlage und umgekehrt verbinden?

Das ISDN-Telefon und Ihre TK-Anlage hängen beide an dem selben externen ISDN-Bus der Telekom. Doch leider ist es nicht möglich, wie oben beschrieben, ein Gespräch einfach zu vermitteln. Das geht, wie gesagt, nur über die Park-Funktion in der Vermittlungsstelle. Beide Seiten, das ISDN-Telefon und die ISDN-Anlage, müssen diese Funktion unterstützen. Bei einigen Telefonanlagen ist das nicht möglich. Bei der Euracom 180 funktioniert es über das Leistungsmerkmal Umstecken am Bus. Möchten Sie also öfters Gespräche vom ISDN-Telefon zu Ihren analogen Geräten vermitteln, dann sollten Sie sich besser eine ISDN-Anlage mit internen S_0-Bus zulegen oder aber eine Anlage wie z. B. die Euracom 180, um ein internes S_0-Modul erweitern.

Stimmt es, daß es mit den ISDN-Telefonen Europa 20/30/40 Probleme am internen ISDN-Bus der Acker-mann Euracom 181/182 oder der baugleichen Quante IS/2 und IS/3 geben kann?

Diese Kombination läuft alles andere als stabil. Die Europa-Telefone fallen schon einmal aus und sind nur durch einen Anlagenreset oder durch ein Trennen des Telefons von der Anlage wieder zu aktivieren. Laut Ackermann liegt bei den Tele-fonen ein ISDN-Protokollfehler vor. Eine Softwareanpassung durch die Fa. Acker-mann erlaubt ab der Version 1.10 einen problemlosen Einsatz der Telefone an der Euracom. Systeme mit einem älteren Versionsstand können nachgerüstet werden. Die Software bekommen Sie per Download im Internet (*http://www.ackermann. com*) oder als Hochrüstkit über den Händler.

Ich habe an meinem internen S_0-Bus drei Telefone ange-schlossen. Wenn ich mit zwei Telefonen intern telefon-iere, dann kann ich mit dem dritten Apparat kein Ge-spräch mehr aufbauen. Woran liegt das?

Ein ISDN-Anschluß hat nur zwei Basiskanäle. Die beiden Kanäle werden von den beiden ISDN-Telefonen belegt. Für das dritte Telefon steht kein weiterer Kanal mehr zur Verfügung. Aber wieviel wollen Sie eigentlich noch telefonieren???

Ich benötige ein ISDN-Telefon, von dem aus ich private und geschäftliche Telefonate führen möchte. Wie kann ich die Gesprächsgebühren auseinanderhalten ?

Voraussetzung ist, daß Sie an Ihrem Telefon gezielt eine MSN belegen können. Bei vielen Telefonen, wie z. B. dem Europa 10 oder Europa 11 ist das nicht mög-lich. Außerdem müssen Sie noch den nach Mehrfachrufnummern getrennten Ein-zelverbindungsnachweis bei der Telekom beantragen. Dann bekommen Sie eine nach Mehrfachrufnummern aufgeschlüsselte Telefonrechnung. Eine andere Mög-lichkeit ist die Gebührenerfassung im Telefon selbst. Das Ascom Eurit 40 besitzt eine Gebührenanzeige für fünf Konten (je eins pro MSN).

12.5 Die Mini-TK-Anlagen – ISDN-a/b-Wandler von 1&1 & Co.

Mit einem sog. a/b-Wandler können Sie den Übergang von der analogen zur digita-len Telefonwelt fließend gestalten und alte analoge Geräte (Telefon, Fax oder Anruf-beantworter) ohne die Anschaffung einer Nebenstellenanlage weiterbetreiben. Die Anschaffungskosten liegen zwischen 200 DM und 500 DM. Die Aufgabe dieses Adapters ist die Umwandlung von analogen in digitale Signale und umgekehrt. Er fungiert also als Vermittler zwischen einem analogen Endgerät und einem ISDN-Anschluß.

FAQ ## Wie kriege ich meine alten analogen Geräte an den ISDN-Anschluß

Sie benötigen dazu entweder eine komfortable Telefonanlage (TK-Anlage) oder einen preiswerteren a/b-Wandler.

ISDN-Verbindungen können ihre Leistungsfähigkeit nur dann ausschöpfen, wenn am anderen Ende der Leitung gleichartige Geräte sind. Oftmals ist dies nicht der Fall. Die Faxwelt z. B. wird noch klar von analogen Faxen (Gruppe 3) beherrscht, und die Lösung mancher ISDN-Programmpakete, per Software einen G3-Faxanschluß zu simulieren, ist nicht immer optimal. Auch der Zugang zu vielen Mailboxen funktioniert immer noch per Modem besser. Gleiches gilt, wenn Sie oft Daten mit einem Partner austauschen, der noch kein ISDN hat. In vielen Fällen ist also der Einsatz von analogen Geräten noch notwendig. Und eben diesen ermöglicht der a/b-Wandler. Die beiden Buchstaben a und b stehen dabei für die beiden Adern des Telefonkabels. Mit a/b-Schnittstelle wird die analoge Schnittstelle des Telefonnetzes bezeichnet. Die a/b-Wandler ähneln von der Größe her einem normalen analogen Modem. Für ihren Betrieb ist ein 230-Volt-Anschluß notwendig. Meistens bieten die a/b-Wandler die Möglichkeit, zwei analoge Geräte anzuschließen. Diese werden genauso wie bisher in die entsprechenden Buchsen eingestöpselt. Für a/b-Wandler gibt es auch Mehrfachstecker, die es erlauben, weitere analoge Geräte anzuschließen. Der a/b-Wandler dient dabei den Geräten nur als Adapter. Die Leistungsfähigkeit der Geräte (z. B. die Übertragungsgeschwindigkeit eines Modems) wird dadurch nicht beeinflußt.

Unterschiedliche Arten von Adaptern und Vergleich zu TK-Anlagen

Für die a/b-Wandler, die es in vielen Ausführungen gibt, stellen die Mini-TK-Anlagen wie Euracom 180 oder Eumex 306 eine kaum noch zu verdrängende Konkurrenz dar.

FAQ ## Was ist eine Mini-TK-Anlage?

Es handelt sich hierbei um Telefonanlagen mit begrenztem Funktionsumfang, die aber über mehr Funktionalität als einfache a/b-Wandler verfügen.

Diese Nebenstellenanlagen sind zwar etwas teurer in ihrer Anschaffung, übernehmen dafür aber auch alle Funktionen eines a/b-Adapter und bieten ein wesentlich größeres Leistungsspektrum. Das Kosten/Nutzen-Verhältnis spricht eindeutig für die TK-Anlagen. Die Firma Hagenuk beispielsweise stellt mit ihrer DataBox Speed Dragon eine sehr reizvolle und günstige (ca. 500 DM) Alternative zu den simplen a/b-Wandlern bereit. An diese Anlage können drei analoge Geräte angeschlossen werden. Außerdem bekommt man noch eine in das Gerät integrierte ISDN-Karte mit Kommunikationssoftware dazu. Mehr über diesen Alleskönner erfahren Sie ab Seite 375. Die Bedeutung der a/b-Wandler nimmt also im privaten Bereich immer stärker ab. Auch externe Modems, wie z. B. das Modell von ZyXEL, können übrigens als a/b-Wandler eingesetzt werden, sofern Sie eine Schnittstelle für das Telefon haben. In diesem Fall können Sie sich die Anschaffung eines a/b-Wandlers eventuell sparen. Das ZyXEL-ISDN-Modem erlaubt durch einen integrierten a/b-Wandler den Anschluß eines vorhandenen analogen Endgeräts. Der PC muß dafür nicht eingeschaltet sein. Die Leistungsstärke dieser a/b-Schnittstelle ist nicht zu vergleichen mit den normalen a/b-Wandlern und sollte nur als kleine Beigabe zum eigentlichen ISDN-Modem gesehen werden. Neben den oben genannten a/b-Wandlern für die analogen Endgeräte gibt es noch einige andere Terminaladapter, die im privaten Bereich aber keine große Rolle spielen. Da hätten wir den TA V.24. Er dient zur Anpassung der Endgeräte mit V.24-Schnittstelle an das ISDN-Netz. Der TA X.21, eine weitere Variante, dient zur Anpassung der Endgeräte mit X.21-Schnittstelle, und der TA X.25 hat die Aufgabe, Endgeräte des Datex-P-Netzes an ISDN anzubinden. Außerdem gibt es noch einen TA Ttx für Teletex-Endeinrichtungen.

Ein bißchen Technik

Die Aufgabe eines Terminaladapters besteht wie bereits gesagt darin, eine Brücke zwischen der analogen Endgeräte-Welt und der digitalen Welt des ISDN zu schaffen. Der Verbindungsaufbau und -abbau im ISDN läuft im Gegensatz zur analogen Telefonie über einen separaten D-Kanal. Von dem haben Sie bestimmt schon einmal gehört. Im ISDN gibt es zwei Nutzkanäle (B-Kanäle) für die Übertragung von Sprache, Bildern, Daten usw. und einen D-Kanal für die Signalisierung. Über diesen D-Kanal rauschen mit einer Geschwindigkeit von 16 KBit/s die Daten vom Terminaladapter zur Gegenstelle und zurück. Man nennt diese Art der Signalisierung auch Outband-Signalisierung. Nur durch solch einen parallel zu den beiden Nutzkanälen mitlaufenden dritten Kanal ist es z. B. möglich, daß Sie dic Rufnummcr auf dcm Display sehen, bevor Sie den Hörer abheben. Die Daten auf dem Signalisierungskanal werden quasi gratis transportiert.

Die Outband-Signalisierung gibt es in der analogen Technik nicht. Es gibt keinen zusätzlichen Kanal für den Verbindungsaufbau und -abbau. Wenn Sie den Hörer abheben, hören Sie einen Wählton, in diesen Ton wählen Sie dann Ihre Rufnummer und warten dann auf die Verbindung. Sie benutzen also zum Wählen und Sprechen ein und denselben Kanal, in diesem Fall besser ein und dieselbe Leitung.

Die Hauptaufgabe des Adapters ist es jetzt, die Informationen der herkömmlichen Technik, wie z. B. die Wähltöne, in die Daten umzuwandeln, die nachher per D-Kanal zur Vermittlungsstelle übertragen werden (und umgekehrt).

Einsatz und Betrieb von ISDN-a/b-Terminaladaptern

Beim ISDN-a/b-Terminaladapter (auch a/b-Wandler genannt) ist neben der oben besprochenen Signalisierungsanpassung noch die Analog/Digital-Umsetzung für die Sprache bzw. für die analogen Schwingungen der Modems und der Faxgeräte notwendig. Bei den anderen Adaptern (TA V.24 usw.) geht es in erster Linie darum, die Übertragungsgeschwindigkeit (z. B. 9.600 Bit/s) der herkömmlichen Schnittstellen an die 64 KBit/s des digitalen B-Kanals anzupassen. Diese Anpassungsmethode nennt man auch Bitratenadaption. Für den normalen Benutzer kommt für diese Aufgabe am häufigsten der ISDN-a/b-Terminaladapter zur Geltung. Diesen Adapter bekommen Sie ab ca. 200 DM. Die beiden Buchstaben a und b kennzeichnen die beiden Adern bei einem analogen Telefonanschluß. Terminaladapter (TA) haben ungefähr die Größe eines analogen Modems und benötigen eine 230-V-Spannungsversorgung. Der Adapter wird über ein S_0-Kabel mit einer Buchse des Netzabschlußkastens (NTBA) der Telekom verbunden. Der Adapter selbst hat meist ein oder zwei TAE-Buchsen, in die dann vorhandenen analogen Endgeräte wie z. B. Fax, Modem oder Anrufbeantworter gesteckt werden können. Die Geschwindigkeit einer Datenübertragung hängt nach wie vor vom eingesetzten Modem bzw. Fax ab. Der Adapter bringt keine Geschwindigkeitserhöhung, er nimmt lediglich die Anpassung vom digitalen Netz zum analogen Netz vor. Wer mit Volldampf auf den Datenhighway möchte, braucht zusätzlich eine ISDN-Karte in seinem PC. Die wird dann nicht an den a/b-TA, sondern direkt an den Netzabschlußkasten der Telekom angeschlossen. Vor dem Kauf eines a/b-Adapters sollten Sie sich natürlich überlegen, ob Sie in Zukunft mit nur zwei analogen Anschlüssen zurechtkommen. Bei mehr als zwei analogen Endgeräten sind Sie mit einer kleinen ISDN-Telefonanlage besser bedient (siehe Seite 329ff.).

Der ISDN-a/b-Terminaladapter von 1&1 bzw. Creatix

Eine besonders interessante und preisgünstige a/b-Wandler-Lösung kommt von der Montabauer Firma 1&1. Das Gerät wird eigentlich von Creatix hergestellt, aber 1&1 hat einen großen Teil der Vermarktung übernommen. Interessant ist besonders das preislich sehr günstige Bundle-Angebot aus einer (TELES-kompatiblen) ISDN-Karte und dem a/b-Wandler für deutlich unter 400 DM, was wiederum deutlich unter dem Preis der Einzelgeräte der Originalhersteller liegt.

Der a/b-Wandler von 1&1 bringt Ihre analogen Geräte schnell ans Netz

Der ISDN-Adapter von 1&1 ermöglicht den Betrieb zweier analoger Endgeräte (z. B. analoges Fax, Modem oder Anrufbeantworter) am ISDN-Basisanschluß. Diese beiden Endgeräte können sich nicht untereinander gebührenfrei anrufen, es geht nur über den Umweg Telekom. Und dann fallen Gebühren an. Auch die so beliebten Leistungsmerkmale einer kleinen Telefonanlage, wie z. B. Anrufumleitung, Konferenzschaltung, Gebührenerfassung usw.) werden Sie bei diesem Gerät nicht finden. Dieser Funktionsmangel ist allerdings nicht für alle a/b-Wandler geltend. Es gibt auch Produkte, die ISDN-Leistungsmerkmale wie Anrufweiterschaltung unterstützen.

Ausstattung des 1&1-Terminaladapters

Das Gerät besitzt ein eigenes externes Netzteil für die 230-Volt-Netzspannung und auf der Rückseite zwei RJ-11-Buchsen (das sind die kleinen Westernstecker) für die analogen Geräte und eine RJ-45-Buchse für den ISDN-S_0-Anschluß. Für den Anschluß von üblichen analogen Endgeräten mit TAE-Stecker liegt ein Adapter bei.

Die Rückseite des a/b-Wandlers

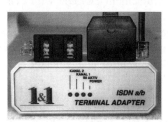

Im Lieferumfang sind zwei Adapter für TAE-Stecker inbegriffen

Auf der Vorderseite befinden sich vier Leuchtdioden. Sie zeigen an, ob der S_0-Anschluß funktioniert, die Spannungsversorgung gewährleistet ist und welcher der beiden B-Kanäle zur Zeit belegt ist. Mit Ihrem ISDN-Mehrgeräteanschluß erhalten Sie in der Regel von der Telekom drei Mehrfachrufnummern (MSN), z. B. 471111, 471112 und 471113. Sie können den beiden Endgeräten an Ihrem Adapter jeweils eine dieser Rufnummern zuweisen und damit gezielt Durchwahlnummern für die beiden Geräte vergeben. Die dritte MSN bleibt ungenutzt. Diese MSN könnte dann einem eventuell vorhandenen ISDN-Telefon zugeordnet werden, das Sie direkt an den NTBA angeschlossen haben.

FAQ — Kann ich ohne Programmierung des a/b-Wandlers überhaupt telefonieren?

Wenn Sie keinem der beiden a/b-Anschlüsse eine MSN zuordnen, können Geräte an diesem Anschluß auch nicht angerufen werden. Abgehende Gespräche sind allerdings immer möglich.

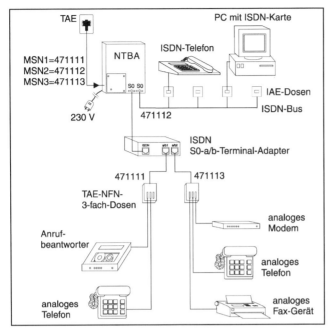

Schema zur optimalen Nutzung eines a/b-Adapters und zur sinnvollen Verteilung der drei ISDN-Rufnummern

Wenn Sie z. B. an einem der beiden analogen Anschlüsse ein Faxgerät angeschlossen haben, geben Sie diesem Anschluß die 471113. Für das am zweiten Anschluß hängende Telefon vergeben Sie die Rufnummer 471111. Optional können Sie für die beiden analogen Anschlüsse auch noch eine Absenderrufnummer eingeben. Diese Rufnummer erscheint dann bei dem Angerufenen im Display, wenn dieser im Besitz eines ISDN-Telefons ist, oder auf dem Computerbildschirm, wenn der Angerufene eine entsprechende Software einsetzt.

Programmieren der Rufnummern beim 1&1-Terminaladapter

Verbinden Sie das Gerät mit der 230-V-Steckdose. Die Power-LED des a/b-Adapters muß danach leuchten. Verbinden Sie nun zum Programmieren des Adapters ein analoges Telefon mit einem der beiden analogen Anschlüsse des Adapters. Das Telefon muß auf Tonwahl (MFV) eingestellt sein. Ältere Impulswahl-Telefone (IWV) können am 1&1-Adapter nicht betrieben werden. Alle neuen Telefone besitzen das MFV-Wahlverfahren. Viele Geräte lassen sich umschalten. Schauen Sie notfalls in die Bedienungsanleitung Ihres Telefons.

Jetzt programmieren Sie den ersten analogen Anschluß so, daß sich das an diesem Anschluß befindliche Gerät auf eine bestimmte Mehrfachrufnummer meldet. Während des Programmierens darf der Adapter nicht mit dem S_0-Anschluß verbunden sein. Das folgende Beispiel soll die Programmierung eines a/b-Adapters per Telefon erläutern: An den ersten analogen Anschluß soll ein Faxgerät angeschlossen werden. Dieses Faxgerät soll über die Rufnummer 471113 erreichbar sein. Heben Sie den Hörer ab und wählen Sie *00* zur Einleitung des Programmiervorgangs. Geben Sie anschließend die MSN 471113 ein. Geben Sie dann noch # ein und legen Sie danach den Hörer wieder auf.

Lassen Sie sich nicht davon irritieren, wenn Sie während des Wahlvorgangs den Besetztton hören. Das ist normal und bedeutet nur, daß der a/b-Adapter den S_0-Anschluß nicht aktivieren kann. Das ist zu diesem Moment aber auch noch nicht notwendig. Der a/b-Adapter zeigt die erfolgreiche Programmierung der Rufnummer durch ein kurzes Blinken der Leuchtdioden an.

Stecken Sie das Telefon jetzt auf den zweiten analogen Anschluß und wiederholen Sie die oben beschriebene Programmierung. Diesem Anschluß können Sie dann z. B. die Rufnummer 471111 für ein analoges Telefon geben (durch Eingeben der Tastenfolge *00*471111#).

Wenn Sie möchten, daß die 471111 beim angerufenem Teilnehmer erscheint, müssen Sie noch die Absenderrufnummer programmieren. Gehen Sie dann genau so vor, wie oben beschrieben, nur daß Sie anstatt der # am Ende ein * eingeben. Programmierte Rufnummern bleiben übrigens auch nach einem Stromausfall gespeichert.

Inbetriebnahme des Adapters

Jetzt können Sie den Adapter in Betrieb nehmen. Stecken Sie das eine Ende des mitgelieferten S_0-Verbindungskabels in die dafür vorgesehene RJ-45-Buchse des Adapters und das andere Ende in eine der beiden Buchsen Ihres NTBA. Verbinden Sie die analogen Endgeräte entweder direkt oder über den mitgelieferten RJ-11-TAE-Adapter mit dem Terminaladapter. Die beiden Adapter, die mitgeliefert werden, besitzen auf der einen Seite jeweils einen TAE-NF-Anschluß. Mit solch einem Adapter können Sie gleichzeitig z. B. ein Faxgerät und ein Telefon betreiben, allerdings immer nur unter ein und derselben MSN. Folgende Konstellation wäre also denkbar:

- Erster analoger Anschluß: Anrufbeantworter und Telefon auf der MSN 471113.
- Zweiter analoger Anschluß: Fax und Telefon auf der MSN 471111.

 ### Anrufweiterschaltung mit dem 1&1-Adapter

Wenn Sie an Ihrem a/b-Terminaladapter von 1&1 bzw. Creatix das ISDN-Leistungsmerkmal Anrufweiterschaltung vermissen, seien Sie nicht zu traurig. Denn seit kurzem gibt es ein neues Eprom-Update (Version 1.10). Dann klappt's auch mit dem Weiterschalten zum Nachbarn. Das Update können Sie über Ihren Händler oder direkt von 1&1 bzw. Creatix bestellen; eine Installationsanleitung gehört übrigens auch dazu.

13. Alleskönner und Telefonzentrale – Das TK-Anlagen-Kapitel

Wenn Sie die vielfältigen Kommunikationsarten, die Ihnen das digitale Telefonnetz ISDN so freizügig anbietet, auch mit Ihren alten analogen Geräten richtig erschöpfend nutzen wollen, werden Sie eine Apparatur benötigen, die die Verbindung zwischen Ihren Kommunikationsgeräten (Telefone, Faxe etc.) und diesem digitalen Netzwerk herstellt. Dabei soll es möglichst keine Rolle spielen, daß die Geräte, die Sie für das Telefonieren oder den Zugriff auf die Lieblingsmailbox verwenden, noch Datenübertragung der alten, sprich analogen Art betreiben.

Was Sie in diesem Fall brauchen, ist eine sog. Telefonanlage. Damit kommen Sie auch in Ihrem privaten Zuhause in den Genuß unternehmerisch anwirkender Telefontechnologie. Egal, in welchem Rahmen Sie Telefonanlagen einsetzen – ob in einem multinationalen Konzern, in einem Versandhaus, als freiberuflicher Architekt oder einfach privat – überall übernehmen die TK-Anlagen, die Telekommunikations-Anlagen, die Funktion einer Kommunikationszentrale.

Ein großes Plus der kleinen Kästen, die Sie sich an die Wand schrauben, ist es, daß Sie schon mit einem ISDN-Basisanschluß bestimmte Telefonnummern für Ihre Nebenstellen festlegen können. Zudem können Sie unterschiedliche Endgeräte an eine Telefonanlage anschließen und somit nutzen. Diesen Endgeräten können Sie dann unterschiedliche Nummern zuweisen, können also bestimmen, wann welches Gerät klingeln soll. Beim Kauf der Telefonanlage gilt es daher unter anderem zu beachten, welche Endgeräte (Telefon, Fax, Modem etc.) welcher Art (digital oder analog) Sie für Ihre Telekommunikation verwenden wollen.

	Wegweiser zu diesem Kapitel
Seite	**Hier erhalten Sie Informationen zum Thema ...**
333	Anschlußmöglichkeiten von TK-Anlagen
334	ISDN-Dienstekennungen
336	Funktionsumfang von TK-Anlagen
342	Installation und Inbetriebnahme von TK-Anlagen
352	Kaufempfehlungen zu TK-Anlagen
360	TK-Anlage Euracom von Ackermann
375	TK-Anlage Speed Dragon von Hagenuk
384	Vorstellung weiterer TK-Anlagen
397	Oft gestellte Fragen

13.1 Sinn und Funktion von TK-Anlagen

Im folgenden sollen Telefonanlagen behandelt werden, die zusammen mit einem Mehrgeräteanschluß verwendet werden. Fast alle Angaben gelten aber ebenso für Telefonanlagen, die an den – im privaten Bereich selten vorzufindenden – Anlagenanschluß, angeschlossen werden. Bevor aber konkrete Anlagen und ihre Möglichkeiten (und Defizite) aufgezeigt werden, ist es sinnvoll, etwas theoretischer an Telefonanlagen und ihre Aufgaben heranzugehen. Die Quadratur des Kreises ist es zwar nicht, wenn Sie versuchen, Herr oder Frau über den ISDN-Anschluß zu werden. Eine schwierige Rechenaufgabe stellt dies Unterfangen aber allemal dar.

Da haben Sie nur einen einzigen Anschlußkasten an der Wand hängen (den ominösen NTBA). An ihm befinden sich zwei Leitungsausgänge. Dann haben Sie von der Telekom noch drei Rufnummern erhalten. Und dann wollen Sie noch vier oder mehr Geräte (Telefon, Fax, Modem, Anrufbeantworter, ein schnurloses Telefon, ISDN-Karte usw.) an das Ganze anschließen. Da kann einem schon der Kopf rauchen. Nun, daß ein Anschluß Platz für zwei Leitungen haben kann, mag noch einleuchten. Und drei Rufnummern, die kann man auch einfach so hinnehmen. Aber wie kann ich mit diesem einen Anschluß, mit den zwei Leitungen, den drei Rufnummern eine noch größere Anzahl von Endgeräten versorgen? Vor allem, wenn diese noch nicht einmal den richtigen Stecker zu haben scheinen?

Überblick – Was sind TK-Anlagen überhaupt?

Wenn Sie wirklich alle Kommunikationsmöglichkeiten, d. h. alle Dienste (siehe Seite 33), die ISDN Ihnen bietet, verwenden wollen, kommen Sie um die Anschaffung einer sog. Nebenstellenanlage – auch TK-Anlage genannt – nicht herum. Erst so haben Sie die Möglichkeit, verschiedene digitale und analoge Geräte anzuschließen, und diesen auch noch separate Rufnummern zuzuweisen. Die Anzahl der Endgeräte, die mit Hilfe einer Nebenstellenanlage direkt, also mit einer eigenen Durchwahl, erreicht werden können, stellt ein wichtiges Kriterium bei der Auswahl geeigneter Anlagen dar.

Digitale Telefonanlagen haben in der Regel einen externen S_0-Anschluß für die ISDN-Leitung der Telekom und drei bis acht interne Anschlußmöglichkeiten für analoge Endgeräte. Es gibt einige Anlagen, bei denen die Möglichkeit besteht, weitere interne oder externe S_0-Anschlüsse zu konfigurieren. Diese Anlagen, wie z. B. die TK-Anlagen von Ackermann, sind also modular angelegt und können in Abhängigkeit benutzerspezifischer Bedürfnisse erweitert werden. Es gibt auch Anlagen, an die man mehr als acht Nebenstellen anschließen kann.

Was ist der externe S_0-Bus?

Der externe S_0-Bus ist der von der Telekom gelieferte ISDN-Anschluß. Er wird als externer S_0-Bus bezeichnet, weil er sich nicht innerhalb einer Telefonanlage befindet. An den externen S_0-Bus werden TK-Anlage, ISDN-Telefone und ISDN-Adapter angesteckt. Der Kasten (NTBA, der Netzabschluß der Telekom und somit der Übergabepunkt zum Kunden), den die Telekom bei der Bereitstellung eines ISDN-Anschlusses montiert, hat zwei Anschlußbuchsen, die den externen Bus repräsentieren.

Was ist der interne S_0-Bus?

Einige TK-Anlagen (die dann auch entsprechend teuer sind) stellen einen oder mehrere interne S_0-Busse zur Verfügung. Mit diesem internen S_0-Bus können ebenfalls ISDN-Geräte an die TK-Anlage angeschlossen werden, die zusätzlich gebührenfrei intern miteinander kommunizieren können. Anlagen, die ausschließlich einen externen S_0-Bus besitzen, stellen meist bis zu acht analogen Endgeräten den Weg ins ISDN zur Verfügung. ISDN-Endgeräte müssen demnach direkt an den NTBA der Telekom angeschlossen werden. Daraus folgt, daß Telefonate zwischen ISDN-Telefon und Telefonen an der Anlage gebührenpflichtig sind. Auch das Verbinden von Gesprächen, vom ISDN-Telefon zum Anlagentelefon und umgekehrt, funktioniert nicht!

Wichtig für die Leistungsfähigkeit einer solchen Anlage ist, daß diese internen S_0-Busse, an die dann ISDN-Geräte genau wie an den NTBA angeschlossen werden können, die gleiche Funktionalität aufweisen wie der S_0-Bus der Telekom. Ist dies nicht der Fall, können bestimmte ISDN-Leistungsmerkmale von den ISDN-Telefonen nicht in Anspruch genommen werden. In der Regel werden aber alle Merkmale unterstützt. Auch ist darauf zu achten, daß die ISDN-Telefone, die an den S_0-Bus angeschlossen werden, diese Funktionen unterstützen. Lassen Sie sich daher das Telefon vor dem Kauf genau erklären. Telefonanlagen werden direkt an den Basisanschluß (NTBA) der Telekom angeschlossen und müssen für den Mehrgeräteanschluß bzw. Anlagenanschluß ausgelegt sein. Noch einmal zur Erinnerung: Der ISDN-Basisanschluß der Telekom bietet zwei voneinander unabhängige B-Kanäle und einen D-Kanal. Ein B-Kanal entspricht einer herkömmlichen Amtsleitung und hat eine Übertragungsrate von 64 KBit/s.

Auf dem D-Kanal (auch Steuerkanal genannt), der zur Signalisierung zwischen der ISDN-Vermittlungsstelle der Telekom und dem ISDN-Gerät bzw. der ISDN- Telefonanlage dient, werden mit einer Geschwindigkeit von 16 KBit/s unter anderem die Zielrufnummer, die Dienstekennung (siehe Seite 102/334) und die Tarifinformationen für die Gebührenerfassung übertragen.

Wieviel Aktionen können mit einer TK-Anlage gleichzeitig erfolgen?

Auf den beiden B-Kanälen können Sie parallel telefonieren, faxen oder Daten übertragen. Da Sie also in der Regel einen Basisanschluß zu Hause haben (wenn Sie mehrere Anschlüsse haben möchten, ist es notwendig, daß auch die Telefonanlage mehrere S_0-Anschlüsse zur Verfügung stellt), können gleichzeitig zwei Dienste an einer Telefonanlage genutzt werden. Zwei gleichzeitige Aktionen stellen das Maximum der Kommunikationsmöglichkeiten des ISDN dar. Das heißt, auch wenn Sie von der Telekom drei oder mehr Rufnummern erhalten haben, können Sie nur zwei Kommunikationsdienste gleichzeitig nutzen.

Werden Sie beispielsweise unter einer ganz bestimmten Mehrfachrufnummer angerufen und führen ein Gespräch, so kann auch ein anderer Anrufer dieselbe Mehrfachrufnummer wählen, ohne daß er ein Besetztzeichen bekommt. Der Angerufene hört dann einen Anklopfton im Hörer (sofern die Anlage bzw. das Telefon diese Funktion unterstützt) und kann dieses zweite Gespräch am gleichen Telefon entgegennehmen, oder aber eine andere Person nimmt dieses Gespräch an einem zweiten Telefon entgegen.

 Ich habe drei ISDN-Telefone an meinem internen S_0-Bus. Wenn ich ein Gespräch zwischen zwei ISDN-Telefonen führe, kann ich mit dem dritten nicht telefonieren.

Auch der interne S_0-Bus verfügt nur über zwei B-Kanäle. Jedes ISDN-Telefon belegt einen Kanal. Der dritte Telefonierer hat Pech, beide Kanäle sind belegt.

 Ich habe eine ISDN-Anlage. Zwei Freundinnen von mir haben einen normales Telefon. Können wir trotzdem zu dritt quatschen?

Ja, aber nur dann wenn Ihre Telefonanlage das ISDN-Leistungsmerkmal Dreierkonferenz auch unterstützt. Es gibt auch Anlagen, die eine Konferenz mit zwei externen Teilnehmern über den zweiten B-Kanal der Anlage realisieren. Dann sparen Sie den Konferenzzuschlag, den die Telekom für eine Dreierkonferenz erhebt (Region-50-Tarif). Schauen Sie in Ihre Bedienungsanleitung, wie das funktioniert. Die beiden anderen Teilnehmer benötigen für die Konferenzschaltung kein ISDN.

13.2 Mehrgeräte- oder Anlagenanschluß – Macht das einen Unterschied für TK-Anlagen?

Generell unterscheidet man bei einem ISDN-Anschluß zwischen einem Anlagen- und einem Mehrgeräteanschluß. Welche Art des Anschlusses Sie verwenden möchten, müssen Sie beim Antrag zu einem ISDN-Anschluß angeben. Viele der angebotenen Telefonanlagen sind an beiden Anschlußarten zu betreiben.

Der Mehrgeräteanschluß und TK-Anlagen

Im privaten Bereich wird fast nur der Mehrgeräteanschluß eingesetzt. Prinzipiell ist der Mehrgeräteanschluß dafür gedacht, mehrere ISDN-Endgeräte gemeinsam an einem ISDN-Basisanschluß zu betreiben. Zu diesem Zweck können bis zu zwölf Anschlußdosen installiert werden, an denen gleichzeitig bis zu acht ISDN-Endgeräte betrieben werden können, davon dürfen allerdings nur vier Endgeräte ISDN-Telefone sein.

▷ FAQ ◁ Was sind MSNs?

In der Standard- und der Komfortversion (siehe Seite 42) ist der Mehrgeräteanschluß mit drei voneinander unabhängigen Rufnummern, den sog. MSNs (**M**ultiple **S**ubscriber **N**umbers oder auch Mehrfachrufnummern), ausgestattet.

An einem Mehrgeräteanschluß können parallel zu einer TK-Anlage (wenn sie nur Anschlußmöglichkeiten für analoge Endgeräte besitzt und selbst keinen internen S_0-Bus hat) ISDN-Telefone und PCs mit einer ISDN-Karte betrieben werden.

Über Nummern und Endgeräte

Durch eine entsprechende Zuordnung der von der Telekom erhaltenen Mehrfachrufnummern an den ISDN-Geräten oder der Anlage erhält jedes Endgerät eine oder mehrere Rufnummern, auf die es reagiert. Eine MSN ist also nicht mehr wie beim analogen Fernsprechnetz einem bestimmten Anschluß zugeordnet, sondern einem bestimmten Endgerät. Wenn Sie z. B. an Ihrem ISDN-Anschluß ein ISDN-Telefon, einen PC mit ISDN-Karte und eine Telefonanlage mit einem Faxgerät und einem analogen Telefon betreiben, könnten Sie das ISDN-Telefon und die Telefonanlage so programmieren, daß beide Telefone (das direkt am S_0-Bus angeschlossene ISDN-Telefon und das über die Telefonanlage eingebundene analoge Telefon) sich bei einem Anruf auf der MSN 1 (z. B 4711) melden.

Bei einem Anruf auf der MSN 2 (z. B. 4712) meldet sich nur das Faxgerät an der Telefonanlage; allerdings nur dann, wenn diese entsprechend programmiert wurde. Dem ISDN-Telefon können Sie nun auch noch die dritte MSN (z. B. 4713) zuordnen. So würde nur das ISDN-Telefon klingeln, wenn die 4713 gerufen wird und kein anderes Endgerät, obwohl ja alle an demselben Anschluß hängen. Jedes Endgerät reagiert also nur dann, wenn ein Anruf mit der oder den MSN-Rufnummern reinkommt, für die es speziell programmiert wurde.

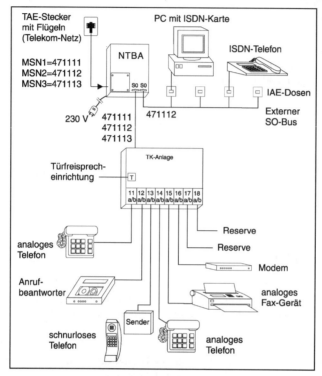

Analoge TK-Anlagen werden parallel zu ISDN-Telefon und -Karte am S_0-Bus angeschlossen

Dienstekennung und TK-Anlagen

Da bei ISDN-Anrufen zusätzlich zur Zielrufnummer auch noch eine Dienstekennung übertragen wird, können Sie dieselbe MSN sogar an unterschiedliche Endgeräte vergeben. In dem obigen Beispiel könnte dann die ISDN-Karte des PCs dieselbe MSN bekommen wie das analoge Faxgerät. Kommt nun ein Anruf mit dem Dienst Telefax Gruppe 4 oder ein Ruf mit dem Dienst Datenübertragung 64 KBit/s, so nimmt der PC den Ruf entgegen und nicht das analoge Fax. Dieses würde sich aber melden, wenn auf der angewählten Nummer ein anderes analoges Fax eine Nachricht übermitteln möchte. Jedes Endgerät reagiert also auf eine bestimmte MSN und zusätzlich auf eine bestimmte Dienstekennung.

Im Grundpreis des Standard- und Komfortanschlusses sind drei Mehrfachrufnummern (MSN) enthalten, weitere sieben MSNs werden auf Wunsch für je 5 DM pro Monat von der Telekom zur Verfügung gestellt.

Interne Gespräche – Das kann teuer werden

Gespräche zwischen ISDN-Telefonen am externen Bus und Nebenstellen einer TK-Anlage, die an demselben externen Bus hängt, kosten Gebühren! Man kann die Verbindung nur über den Umweg der Telekom aufbauen. Beide B-Kanäle werden dann belegt. Es kann dann kein Dritter mehr raustelefonieren. Es ist allerdings möglich, daß ein Dritter versucht, Sie von außen zu erreichen. Sie hören dann einen Anklopfton in Ihrem Telefon. Um das neue Gespräch anzunehmen, müssen Sie Ihr bestehendes bei den meisten Telefonen und ISDN-Anlagen nicht beenden. Sie gehen einfach in die sog. Rückfrage (oft kann dies durch ein zweimaliges Drücken der R-Taste gemacht werden) und nehmen das neue Gespräch an.

Es gibt aber auch Anlagen, bei denen Sie Ihr gerade geführtes Gespräch erst beenden müssen, um einen Anruf an demselben Telefon (Anklopfton im Hörer) entgegenzunehmen. In dem Fall sollte also schon ein zweites Telefon in der Nähe stehen oder zumindest ein Anrufbeantworter vorhanden sein, der das Gespräch annimmt.

Gespräche zwischen einem ISDN-Telefon und einem an einer Nebenstellenanlage angeschlossenen Gerät können auch nicht in der Art weiter verbunden werden, wie es innerhalb einer Telefonanlage möglich ist. Telefonieren Sie z. B. auf dem ISDN-Telefon und möchten das Gespräch zum analogen Telefon verbinden, so ist das nicht direkt möglich. Es gibt aber ein Leistungsmerkmal im Euro-ISDN mit dem Namen Parken, das Ihnen aus der Patsche hilft. Sie können dadurch z. B. an einem ISDN-Telefon ein Gespräch kurzzeitig unterbrechen (parken) – dies geschieht über eine spezielle Tastenkombination – und dann das Gespräch von einem anderen ISDN-Telefon oder einem Telefon an der Telefonanlage am gleichen ISDN-Anschluß weiterführen. Die Dauer des Parkens darf drei Minuten nicht überschreiten. Nicht alle Telefonanlagen unterstützen diese Parken-Funktion.

 Ich habe einen Bekannten, der eine alte analoge Telefonanlage besitzt. Wie kommt es, daß dieser eine Konferenzschaltung aufbauen kann?

Jeder Teilnehmer, der einen analogen Anschluß besitzt und an einer digitalen Vermittlungsstelle (nicht zu verwechseln mit ISDN-Anschluß) angeschlossen ist und fast alle Vermittlungsstellen sind heutzutage digital, kann das Leistungsmerkmal Dreierkonferenz vom normalen Anschluß nutzten. Dafür braucht man kein ISDN!

Anlagenanschluß und TK-Anlagen

An den Anlagenanschluß kann (wie der Name schon sagt) ausschließlich eine TK-Anlage angeschlossen werden. Der Anschluß eines weiteren ISDN-Geräts parallel zur Anlage ist nicht möglich. Die Anzahl der Endgeräte, die an solch einer Anlage betrieben werden, hängt von deren Leistungsfähigkeit ab. Die Entscheidung, eine Anlage anzuschließen, die analoge und ISDN-Telefone unterstützt, hängt von den individuellen Bedürfnissen des Benutzers ab. Dabei gilt zu beachten, daß ISDN-Endgeräte noch recht teuer sind.

Auch die digitale Technik, die für solche Geräte innerhalb der Anlage vorhanden sein muß, ist teurer als die analoge Technik. Diese Anlagen werden hauptsächlich im geschäftlichen Bereich und bei größeren Firmen eingesetzt. Ein externer Teilnehmer erreicht die Telefone, die an der Telefonanlage angeschlossen sind, direkt über eine Durchwahlrufnummer. Anders als beim Mehrgeräteanschluß erhalten Sie bei einem Anlagenanschluß von der Telekom statt mehrerer MSNs einen sogenannten Regel-rufnummernblock. Dabei handelt es sich um einen Rufnummernstamm, an die mehrere Durchwahlnummern angehängt werden (z. B. 471-0 bis 471-9). Jede Nebenstelle bekommt eine eigene Nummer zugeordnet. Mit dieser ist sie dann über Durchwahl erreichbar. Werden mehr Nebenstellen benötigt, können Sie zwei- oder dreistellige Durchwahlnummern beantragen. Diese müssen dann zusätzlich bezahlt werden.

FAQ Gibt es einen Unterschied in der Gebührenberechnung?

Bei der Berechnung der Verbindungsgebühren gibt es zwischen Anlagen- und Mehrgeräteanschluß keinen Unterschied. Die Verbindungsgebühren werden wie im analogen Telefonnetz berechnet. Bei einem ISDN-Anschluß werden natürlich beide B-Kanäle, sofern beide verwendet werden, berechnet, da ja auf jedem Kanal Gebühren anfallen. Bei der Kanalbündelung im Rahmen einer Datenübertragung sollten Sie auf diesen Aspekt achten. Die Datenübertragung geht zwar schneller, aber da beide Kanäle belegt werden, müssen auch für beide Kanäle Gesprächs-gebühren bezahlt werden.

TK-Anlagen – Wozu brauche ich so etwas?

Wieso braucht man denn überhaupt eine Telefonanlage, nachdem man sich nun einen ISDN-Anschluß von der Telekom hat installieren lassen? Kann ich denn nicht einfach meine vorhandenen Geräte an diesen neuen Kasten (NTBA, Netzabschlußkasten) anschließen? Leider nein, lautet hier die Antwort. Die vorhandenen Telefone, Faxgeräte, Anrufbeantworter, Modems und was es sonst noch alles gibt, sind analoge Endgeräte.

Nicht nur, daß die Stecker nicht mehr passen, der NTBA von der Telekom hat zwei sog. RJ-45-Buchsen (Anschlußmöglichkeit für Westernstecker, siehe Seite 283ff.), die vorhandenen analogen Geräte verfügen dagegen nur über einen TAE-Stecker. Aber das wäre noch das kleinste Übel. Der eigentliche Grund, warum es nicht funktioniert, ist die Art, wie die Daten übertragen werden, entweder analog oder digital. Diese analogen Geräte sprechen – einfach ausgedrückt – nicht die gleiche Sprache wie der ISDN-Anschluß. Das ist ungefähr so, als würden Sie versuchen, eine Schellack-Schallplatte mit einem CD-Player abzuspielen.

Aber warum kann man dann eigentlich von einem ISDN-Telefon eine Verbindung zu einem Bekannten herstellen, der irgendwo fernab wohnt und noch ein altes Telefon mit Wählscheibe besitzt? Die Verbindung analog zu digital scheint also doch zu funktionieren, oder nicht? Nun, für diese Übersetzung sorgen sogenannte Vermittlungsstellen bei der Telekom und ihren Partnern im Ausland.

Und genau so eine Vermittlungsstelle – natürlich im Miniformat – brauchen Sie selbst auch, um die vorhandenen analogen Geräte weiter nutzen zu können. So eine Übersetzerin im Kleinformat wäre dann eine ISDN-Telefonanlage. Sie sorgt dafür, daß die analogen Schwingungen, die die herkömmliche Telefonietechnik zur Übertragung nutzt, in die digitalen Signale des ISDN umgewandelt werden.

Weitere Aufgaben einer Telefonanlage

Die Telefonanlage hat natürlich noch andere Aufgaben, wie z. B. den Verbindungs-auf- und abbau, die Rufnummernübertragung und die Übertragung der Dienstekennung (um zu erkennen, um welche Art Anruf – Fernsprechen, ISDN-Datenübertragung, Telefax – es sich handelt).

Eine Reihe von ISDN-Leistungsmerkmalen, wie z. B. das Halten einer Verbindung (Rückfrage und Makeln), die Dreierkonferenz, die Anrufweiterleitung und das Anklopfen, die die Telekom auf der ISDN-Leitung zur Verfügung stellt, wird von den Telefonanlagen unterstützt. So können Sie diese Funktionen mit Hilfe der Anlage auch den angeschlossenen analogen Geräten zukommen lassen. Aber gerade in diesem Bereich sollten Sie sich die Telefonanlage etwas genauer ansehen. Nicht jede Anlage unterstützt sämtliche Leistungsmerkmale des ISDN-Anschlusses. Das ist oft auch eine Preisfrage.

Vorteile von TK-Anlagen

Nachdem nun der Sinn einer Telefonanlage erklärt ist, hier noch einige Vorteile, die sich durch den Einsatz einer Anlage ergeben:

- Betrieb von mehreren analogen oder auch digitalen Endgeräten.
- Möglichkeit kostenloser interner Hausgespräche.
- Verbinden von Gesprächen zu anderen Teilnehmern an der TK-Anlage.
- Durchwahlmöglichkeiten.
- bessere Sprachqualität und schnellerer Verbindungsaufbau.
- Nutzung der Euro-ISDN-Leistungsmerkmale wie Anrufweiterleitung, Konferenzschaltung, Dreierkonferenz usw. auch von analogen Endgeräten.
- Nutzen der anlagenspezifischen, internen Leistungsmerkmale.
- Gebührenerfassung für jede Nebenstelle und für alle Gespräche.
- Anschluß von Türsprecheinrichtungen.

Leistungsmerkmale einer ISDN-Anlage

Der ISDN-Anschluß der Telekom stellt dem Anwender in Abhängigkeit der Anschlußart (Mehrgeräteanschluß oder Anlagenanschluß) und unter Berücksichtigung der Anschlußvariante (Standard- oder Komfortanschluß) unterschiedliche ISDN-Leistungsmerkmale (Funktionen) zur Verfügung. Telefonanlagen sollten natürlich möglichst alle ISDN-Leistungsmerkmale komplett unterstützen und sie zu den angeschlossenen Endgeräte durchreichen. Sie haben sich ISDN ja schließlich zugelegt, um diese schönen Funktion auch zu nutzen. Die heute erhältlichen Telefonanlagen, mit Ausnahme der Mini-Anlagen, beherrschen das Umsetzen der ISDN-Funktionen recht gut. Um aber auf dem heiß umworbenen Markt konkurrenzfähig zu sein, mußten sich die Anbieter schon noch etwas mehr einfallen lassen.

Deshalb stehen in fast allen Anlagen diverse zusätzliche Funktionen zur Verfügung. Sie sind von Anbieter zu Anbieter zwar in den meisten Punkten ähnlich, doch gibt es auch hier schon einige bemerkenswerte Unterschiede. In der folgenden Tabelle sind die besonderen Funktionen aufgeführt und erklärt. Die Tabelle soll bei der Kaufentscheidung behilflich sein und dazu dienen, abzuwägen, welche Funktionen für einen persönlich mehr oder weniger wichtig sind. Es ist zu beachten, daß bestimmte Funktionen nur dann zu nutzen sind, wenn sie das ISDN-Netz der Telekom zur Verfügung stellt. Als Beispiel soll die Gebührenanzeige während des Gesprächs genannt werden. Dieses Leistungsmerkmal ist sowohl im Standard- als auch im Komfortanschluß nicht enthalten und muß zusätzlich beantragt werden. Die Tabelle auf Seite 42 gibt Auskunft über die Leistungsmerkmale der beiden Varianten für den Mehrgeräteanschluß.

▶ *FAQ* **Ich habe zu Hause eine analoge Telefonanlage für zwei Leitungen. Kann ich die auch an das neue ISDN-Netz anschließen? Was für einen Vorteil bringt mir das?**

Sie können diese Anlage nicht direkt an den Netzabschlußkasten der Telekom anschließen. Diese Anlagen sind nur für den analogen Hauptanschluß bestimmt. Es gibt die Möglichkeit, die Anlage über einen a/b-Wandler (ca. 200 DM) an das ISDN-Netz anzuschließen. Ob das Sinn macht, ist fraglich, die analoge Anlage unterstützt nämlich nicht die ISDN-Leistungsmerkmale.

Funktion	Kurzbeschreibung
Euro-ISDN-Funktionen	
Anrufweiterschaltung in drei Varianten für eine bestimmte MSN	Die Telekom bietet die Weiterschaltung eines Gesprächs nach extern in drei Formen an. Ständig, bei Besetzt und bei Nichtmelden. Die Weiterschaltung kann je MSN aktiviert werden.
Anrufweiterschaltung nach Dienst	Die Weiterschaltung eines ankommenden Gesprächs erfolgt in Abhängigkeit des Dienstes (Sprache, Daten).
Dreierkonferenz-/Dreiergespräch-/ Konferenzschaltung extern	Das gleichzeitige Gespräch mit zwei externen Teilnehmern wird unterstützt.
Rückfrage/ Makeln	Die Möglichkeit, während eines bestehenden Gesprächs einen anderen Teilnehmer in Rückfrage anzurufen. Zwischen diesen beiden Teilnehmern kann dann hin und her geschaltet (gemakelt) werden.
Parken	Man kann ein Gespräch mit der Park-Funktion unterbrechen, um anschließend die Verbindung wieder von einem anderen Telefon am gleichen ISDN-Anschluß aufzunehmen.
Anklopfen	Während einer bestehenden Verbindung wird ein ankommender Ruf signalisiert.
Fangen Feststellen böswilliger Anrufer	Werden Sie von einem unbekannten Anrufer belästigt, dann können Sie ihn per Knopfdruck fangen, wenn das kostenpflichtige Leistungsmerkmal von der Telekom nach Antrag frei geschaltet wurde. Die Rufnummer des Anrufers wird in der Vermittlungsstelle der Telekom ausgedruckt.
Übermittlung der Rufnummer Anzeige der Rufnummer Unterdrückung der Rufnummer	Ihre eigene MSN wird beim Angerufenen auf dem Display angezeigt. Sie können diese Übermittlung der Rufnummer aber auch unterdrücken (Sonderleistung der Telekom).
Automatischer Rückruf bei Besetzt	Die Anlage meldet sich automatisch, wenn ein zuvor angerufener aber besetzter externer Teilnehmer wieder frei ist.
Gebührenanzeige	Die Gesprächsgebühren können während und nach der Beendigung eines Gesprächs auf dem Display eines ISDN-Telefons angezeigt werden.
Anzahl der programmierbaren Mehrfachrufnummern pro Mehrgeräteanschluß	Die Anzahl der Mehrfachrufnummern, die die Anlage verwalten kann. Sie bekommen standardmäßig drei MSNs von der Telekom, könnten aber noch sieben zusätzlich beantragen.
Direkte Durchwahl am Anlagenanschluß	Jedes Endgerät einer ISDN-Anlage am Anlagenanschluß erhält eine Durchwahlnummer, über die es direkt anwählbar ist.
Uhrzeitübernahme aus der Vermittlungsstelle	Die Anlage übernimmt die Uhrzeit von der Vermittlungsstelle der Telekom. Diese Uhrzeit ist sehr genau, und die Anlage benötigt sie für die Gebührenerfassung.

339

Zusätzliche Funktionen	
Plug & Go	Sie sind nach dem Einschalten der Anlage auf allen MSNs erreichbar und können sofort abgehend telefonieren.
Mehrfrequenz- (Tonwahl) und Impulswahlverfahren (IWV) für analoge Geräte	An der Anlage funktionieren die alten Telefone mit Impulswahl (z. B. Wählscheibentelefon) und die Standard-Tonwahlgeräte.
Flash-Tasten-Funktion Erdtasten-Funktion	Diese Tasten benötigen Sie zum Verbinden von Gesprächen. Die Flash-Taste ist am Telefon mit einem R gekennzeichnet. Die Erd-Taste ist das „Knöpfchen" bei alten (IWV-)Telefonen.
Vorkonfigurierte Anschlüsse Vorkonfigurierte Teilnehmer	Bestimmte Nebenstellen sind für spezielle Endgeräte vorprogrammiert. Beispielsweise ist Nebenstelle sieben der Anrufbeantworter und die acht das Modem.
Kombi-Port	Eine sehr wichtige Einstellungsmöglichkeit für einen analogen Anschluß, wenn an diesem ein Telefon/Faxgerät angeschlossen ist. Dadurch ist gewährleistet, daß das Faxgerät auch alle Faxanrufe entgegen nimmt.
Gebührenimpuls (16 kHz)	Die Anlage generiert einen Gebührenimpuls aus den Tarifinformationen, die sie über das ISDN von der Telekom bekommt, und gibt ihn an analoge Anschlüsse mit Geührenanzeige weiter.
Türfreisprecheinrichtung	Sie können an die Anlage eine Türsprechstelle anschließen und diese über ein Telefone ansprechen.
Türöffner	Über einen Kontakt in der Telefonanlage kann die Tür über das Telefon geöffnet werden.
Notbetrieb bei Stromausfall	Im Notbetrieb können Sie über eine Nebenstelle, trotz Stromausfall, weiter telefonieren.
Amtsberechtigungen	Unterschiedliche Berechtigungen für gehende Gespräche können für bestimmte Endgeräte vergeben werden. Beispielsweise international, national, Region 200, Region 50, City.
Zentrale Kurzwahlziele	In der Anlage werden, für alle Endgeräte wählbar, externe Amtsrufnummern unter einer kurzen Ziffernfolge gespeichert.
Automatische Amtsholung	Bei gehenden Telefonaten wird sofort die Amtsleitung belegt, ohne eine Kennziffer (z. B. die Null) vorzuwählen.
Reservieren einer Wählleitung	Sind alle Amtsleitungen belegt, können Sie sich eine reservieren. Ist die Leitung wieder frei, dann klingelt Ihr Telefon.
Sperrfilter	Bestimmte Rufnummern sind für die abgehende Wahl gesperrt.

Zusätzliche Funktionen	
Gezielte Belegung eines Basisan- schlusses	Besitzten Sie mehrere externe ISDN-Anschlüsse, dann können diese über eine Kennziffer gezielt belegt werden. Das ist wichtig für die Gebührenabrechnung.
Dienstekennung einstellbar	Die Dienstekennung (siehe Seite 102/334) wird bei ei- nem gehenden Gespräch auf der Leitung mit übertragen und ist für jedes angeschlossene Endgerät vorab einstell- bar.
Gezielte Übermittlung einer MSN MSN-bezogene Amtsbelegung	Bei gehenden Verbindungen kann eine bestimmte MSN übermittelt werden (wichtig für die Gebührenabrechnung und Displayanzeige beim Angerufenen).
Nachtschaltung Anrufvarianten (Tag/Nacht)	Nach der Umschaltung vom normalen Tagbetrieb der Anlage in den Nachtbetrieb, werden jetzt nur die Endge- räte gerufen, die Sie vorher durch Programmierung fest- gelegt haben.
Rufumleitung extern, auch MSN bezo- gen	Ankommende Rufe (auch für eine bestimmte MSN) kön- nen über den zweiten B-Kanal zu einer externen Ruf- nummer umgeleitet werden, z. B. ein Handy. Diese Me- thode ist billiger als das Leistungsmerkmal Anrufweiter- schaltung der Telekom. Dort werden zusätzliche Gebüh- ren verlangt.
Rufweiterschaltung	Bei einem ankommenden Ruf klingelt das angewählte Gerät eine bestimmte Zeit. Wird das Gespräch in dieser Zeit nicht entgegengenommen, dann springt der Anruf zu einem voreingestellten Telefon weiter.
Apothekerschaltung Rufumleitung für Türsprechstelle	Klingelt ein Besucher an Ihrer Türsprechstelle, dann er- folgt der Gesprächsaufbau zu einer bestimmten internen oder externen Rufnummer.
Freie Zuweisung von Mehrfachruf- nummern Flexible MSN-Verwaltung	Die Mehrfachrufnummern, auf die ein Endgerät bei an- kommenden Ruf reagieren soll, können frei definiert wer- den.
Unterschiedliche Rufsignalisierung je Mehrfachrufnummer	Ankommende Rufe werden in Abhängigkeit von der Mehrfachrufnummer unterschiedlich signalisiert.
Direktruf/Babyruf/Automatische Wahl	Durch das Drücken einer beliebigen Taste am Telefon wird eine festgelegte Rufnummer gewählt.
Weitergabe von Gesprächen mit und ohne Ankündigung	Beim Verbinden eines Gesprächs können Sie warten, bis der interne Teilnehmer sich meldet oder aber schon vor- her einfach auflegen. Ist der Angerufene nicht da, kommt das Gespräch nach einer Zeit wieder zurück.
Wartemusik, auch extern	Es wird eine Wartemusik während des Verbindens einge- spielt. Das kann durch eine extern anschließbare Musi- kquelle geschehen oder aber durch eine in der Anlage integrierten Musikchip.

341

Zusätzliche Funktionen	
Pick up Heranholen eines Anrufs Heranholen von Türrufen	Ein Anruf kann von einem beliebigem Telefon, das selbst nicht klingelt, entgegengenommen werden. Das kann für Anrufe von intern/extern und auch für Rufe von der Türsprechstelle gelten.
Anklopfendes Gespräch durch Rückfrage annehmen	Sind Sie gerade am Telefonieren, und ein zusätzliches Gespräch wird durch einen Ton im Telefon angekündigt, dann können Sie diese Gespräch annehmen, indem Sie in Rückfrage gehen.
Gesprächsübernahme vom Anrufbeantworter	Ist der Anrufbeantworter schon angesprungen, können Sie trotzdem von jedem Telefon aus das Gespräch noch übernehmen.
Raumüberwachung	Aus der Ferne kann man den Wohnraum akustisch überwachen. Dafür muß der Hörer eines Telefons neben das Telefon gelegt werden.
CTI – Computerunterstütztes Telefonieren	Mit einer speziellen Software können Sie komfortabel von Ihrem PC aus Gespräche per Mausklick aufbauen. Einkommende Anrufe werden auf dem Bildschirm angezeigt. Weitere Features sind, abhängig von der Software, möglich.
Projektbezogene Gebührenabrechnung	Einzelne abgehende Telefonate können mit einer Projektnummer gekennzeichnet werden. Die Telefongebühren, die für einen Kunden getätigt werden, können diesem dann in Rechnung gestellt werden.
Gebührenerfassung und Verwaltung auf PC oder Drucker	Die Gesprächsgebühren werden in der Telefonanlage gespeichert und können über ein mitgeliefertes Programm analysiert werden und ausgegeben werden.
Programmieren der Anlage mit PC-Programm	Die Konfiguration der Telefonanlage kann über ein spezielles mitgeliefertes DOS-/Windows-Programm geschehen. Sehr empfehlenswert, da die Programmierung über das Telefon kompliziert und unübersichtlich ist.
Fernkonfiguration und Fernwartung	Die ISDN-Anlage kann aus der Ferne über die Telefonleitung vom Hersteller programmiert werden.

Was Sie vor der Installation und Inbetriebnahme der Anlage beachten sollten

Bevor Sie die Telefonanlage an die Wand schrauben, sollten Sie sich noch einige Gedanken machen. Das fängt schon mit der Frage an, wo denn bitte schön dieser kleine Kasten hin soll. Den besten Platz für eine Telefonanlage auszuwählen, ist gar nicht so einfach. Bei der Beurteilung der Räumlichkeiten gilt es grundsätzlich zu unterscheiden, ob Sie einen Neubau und damit die Möglichkeit haben, von Anfang an eine Anlage mit in die Innenarchitektur einzuplanen, oder ob die Räumlichkeiten schon fest vorgegeben sind, und nachträgliche Installationsarbeiten dadurch aufwendig werden.

Wohin damit? –
Der beste Ort für die Installation von TK-Anlagen

Bei der Wahl des geeignetsten Standortes Ihrer Anlage gilt es, einige Aspekte zu berücksichtigen. So entwickeln auch kleine Telefonanlagen bestimmte Geräusche, bei einem ankommenden Ruf klackert beispielsweise ein Relais. Damit wäre das Schlafzimmer schon einmal ausgeschlossen. Auch das Bad kommt nicht in Frage, die Anlage sollte nämlich an einem trockenen und nicht explosionsgefährdeten Standort installiert werden. Da die Anlage auch nicht der Sonnenstrahlung ausgesetzt sein darf, kommt der Balkon auch nicht in die engere Wahl. Da könnte zudem noch beim Blumengießen Wasser in die Anlage gelangen. Also bitte, weg von Wasser, und auch fern von Kaffee (nicht unterm Küchentisch), in einer trockenen Gegend anbringen. Die Anlage sollte auch nicht in der Nähe von Klimaanlagen, elektrischen Heizkörpern oder sonst irgendwelchen Geräten installiert werden, die eine Störstrahlung aussenden könnten. Die Sauna kommt übrigens auch nicht in Frage, da dort nicht immer eine Umgebungstemperatur von 5° bis 40° C herrscht. Kleine Anlagen entwickeln außerdem selbst eine bestimmte Wärme. Sie sollten um sie herum also schon etwas Luft zur Zirkulation lassen.

Ab in den Keller?

In einem Neubau wäre es eigentlich am sinnvollsten, die Anlage in einem staubfreien, trockenen Kellerraum zu montieren. Von diesem Ort aus müßten dann auch die Telefonkabel zu den einzelnen Anschlußdosen in die verschiedenen Räume gelegt werden (siehe Seite 283ff.). Auch muß das Netzabschlußgerät für den Basisanschluß (NTBA) der Telekom in diesem Raum neben der Anlage montiert werden. Für eine ausreichende Anzahl von Steckdosen muß gesorgt werden. Die Steckdosen sollten über eine eigene Sicherung abgesichert sein. Zudem sollte die Fernmeldebetriebserde von Ihnen an die Anlage angeschlossen werden.

Einen kleinen Nachteil bringt die Installation der Anlage an einem fest vorgeschriebenen Platz schon mit sich. Viele Anlagen können nämlich über einen PC und der mitgelieferten Software programmiert werden. Bei einigen Anlagen besteht auch die Möglichkeit, einen seriellen Drucker anzuschließen, der dann die anfallenden Gebühren ausdruckt. Das Anschlußkabel für den seriellen Drucker und den PC darf aber oft nicht länger als drei Meter sein. Wenn Sie also gern einmal an der Anlage herumprogrammieren, sollten Sie für den Fall der Montage im Keller einen Laptop bereithalten oder doch lieber gleich die Telefonanlage in der Nähe des PCs installieren.

Und was mache ich in einem Altbau?

Im Fall eines Altbaus ergibt sich der Standort fast von selbst. Es sei denn, Sie müssen ohnehin gerade neu renovieren und können in diesem Zusammenhang noch ein paar neue Telefonkabel mit verlegen. Oft wird die Anlage da installiert, wo sich auch früher schon die Telefondose befand. Bei einem neuen ISDN-Anschluß befindet sich da jetzt zusätzlich zur altbekannten TAE-Dose auch noch das Netzabschlußgerät (NTBA) der Telekom. Der NTBA wird über ein Kabel mit TAE-Stecker mit der vorhandenen TAE-Dose verbunden. Ist noch genügend Platz auf der Wand vorhanden, so kann die Anlage dort montiert werden. Allerdings benötigen Sie noch eine Steckdose für die Stromversorgung der Telefonanlage.

Beim Stromausfall wird's schwierig

Wenn Sie außer der Telefonanlage noch ein ISDN-Telefon direkt an den NTBA (externer S_0-Anschluß) anschließen wollen, so brauchen Sie auch noch für den NTBA eine Steckdose. Der NTBA muß dann nämlich das ISDN-Gerät (das Telefon hat ja keine eigene Stromversorgung) mit Strom versorgen. Sollte allerdings einmal der Strom ausfallen, so gibt auch das Telefon den Geist auf. Das kann ärgerlich sein, denn gerade in so einem Fall ist man auf Hilfe angewiesen, die dann allerdings nicht über ein ISDN-Telefon erreicht werden kann. Auch die Telefonanlage funktioniert dann nicht mehr. Da hilft nur der Gang zur Telefonzelle um die Ecke, es sei denn, Sie haben eines der raren ISDN-Telefone (es gibt nur wenige Anbieter), die bei Stromausfall in einem speziellen Modus als Notapparat dienen können. Der NTBA kann nämlich doch noch über das ISDN-Netz ein Gerät notspeisen (also mit Strom versorgen). Sie sollten sich also überlegen, ob Sie für solch einen Fall nicht doch ein funktionierendes Telefon haben möchten!

> **FAQ** **Ich möchte eine ISDN-Anlage nicht direkt an den NTBA der Telekom anschließen, sondern an einen selbstverlegten ISDN-Bus. Muß ich dabei irgendetwas beachten?**

ISDN-Anlagen sind in der Regel für den Mehrgeräteanschluß voreingestellt. Dabei wird davon ausgegangen, daß Sie die Anlage direkt an den NTBA der Telekom anschließen. Wird die Anlage jedoch an irgendeine ISDN-Dose innerhalb eines S_0-Busses gesteckt, und ist das nicht die letzte Dose des Busses, so müssen die Abschlußwiderstände in der Anlage deaktiviert werden. Die Abschlußwiderstände müssen in einem solchen Fall in der letzten Anschlußdose des S_0-Busses vorhanden sein. Das Deaktivieren geschieht über Schalter, die sich in der ISDN-Anlage befinden. Sehen Sie in Ihrer Bedienungsanleitung nach, wie die Widerstände deaktiviert werden.

Was klingelt wann? –
TK-Anlagen müssen programmiert werden

Die Programmierung von Telefonanlagen läuft bei den meisten Modellen in ähnlicher Art und Weise ab. Fast alle Telefonanlagen sind mit einer Grundprogrammierung ab Werk versehen, die später dann geändert oder ergänzt werden kann. Das hat den Vorteil, daß sie nach dem Anschluß an das ISDN-Netz schon automatisch funktionieren. Die Anlage reagiert dann auf alle ankommenden Anrufe, egal auf welcher MSN der Ruf rein kommt. Abgehende Gespräche sind auch oft ohne Probleme möglich. Aber nicht jede Anlage geht einfach so ohne vorherige Programmierung in Betrieb.

Einigen Anlagen müssen Sie erst einmal mitteilen, ob sie an einem Mehrgeräteanschluß oder einem Anlagenanschluß betrieben werden sollen. Im Falle eines Mehrgeräteanschlusses (und nur dieser soll im folgenden behandelt werden), muß die Anlage dann die Rufnummern (MSNs) erfahren, die ihr zugeteilt sind. Schließlich bestimmen Sie, welche Rufnummer welchem Endgerät zugeordnet werden soll. Die Nummernzuteilung kann von Anlage zu Anlage unterschiedlich ausfallen. Im besten Fall haben Sie die Möglichkeit, jeder MSN beliebig viele Nebenstellen zuzuordnen. Manche Anlage schränken die Flexibilität allerdings aus Speichergründen ein.

FAQ Wie können Telefonanlagen programmiert werden?

Für die Anlagenprogrammierung stehen Ihnen bei den meisten Anlagen zwei Varianten zur Verfügung: (1) Sie programmieren die Telefonanlage mit Hilfe der Tonwahl-Funktionen eines Telefons, das an die Nebenstellenanlage angeschlossen wird. (2) Sie programmieren die Anlage über einen PC mit einer speziellen Konfigurationssoftware.

Einige Anlagenhersteller bieten noch eine dritte Möglichkeit, dabei wird die Anlage aus der Ferne vom Kundendienst programmiert. Wenn Sie nicht gerade telefontastenfetischistisch veranlagt sind, sollten Sie die Anlagenprogrammierung über einen PC durchführen. Das geht wesentlich komfortabler von der Hand und hat zusätzlich den Vorteil, daß Sie die Einstellungen abspeichern und jederzeit wiederverwenden können. Wenn Sie das nicht für sinnvoll halten, sollten Sie mal so 50 Telefonnummern für Kurzwahl programmieren (am besten mit dem Telefon eingeben) und dann die Anlage so richtig schön abstürzen lassen. Im Laufe der zweiten Programmierung der Telefonnummern werden Sie dann die Vorteile der Konfiguration über PC zu schätzen wissen.

Mit Hilfe der Dienstekennung holen Sie das meiste aus Ihren Rufnummern heraus

Mit einem ISDN-Standard- oder -Komfortanschluß erhalten Sie von der Telekom drei Rufnummern zugewiesen. Wenn Sie aber eine Vielzahl von Geräten verwenden wollen, können die Nummern schnell knapp werden. Eine MSN ist meist von einem Faxgerät belegt. Bleiben noch zwei Nummern.

FAQ Wie kann ich drei Rufnummern auf zwei Leitungen nutzen?

Eine Möglichkeit, das meiste aus den Ihnen zugeteilten Nummern herauszuholen, besteht darin, die Funktion der Dienstekennung auszunutzen. So können Sie eine Rufnummer an zwei Endgeräte verteilen, die auf unterschiedliche Dienstekennungen reagieren (z. B. Datenübertragung und Telefonanruf, siehe Seite 102/334). Mit jedem Anruf aus dem ISDN (bei Anrufen aus dem analogen Telefonnetz kann und wird keine Dienstekennung übertragen) geht ja über den D-Kanal auch eine Mitteilung ein, um welche Kommunikationsart (um welchen Dienst) es sich bei dem eingehenden Anruf handelt. Bei einer doppelt vergebenen Rufnummer antwortet nur das Endgerät, das für diesen Dienst zuständig ist. Bei einem Datenanruf würde also eine ISDN-Karte reagieren. Ein mit der gleichen Rufnummer ausgestattetes Telefon würde sich aufgrund der Dienstekennung nicht angesprochen fühlen und folglich stumm bleiben. Wenn beide Endgeräte für einen Anruf zuständig sind, wird das schnellere den Anruf annehmen.

Im Rahmen der Programmierung einer Nebenstellenanlage legen Sie für jede Nebenstelle den Dienst des angeschlossenen analogen Endgeräts fest. Wenn Sie dann von einem der an der Anlage angeschlossenen Endgeräte einen Anruf tätigen, wird die Dienstekennung gleichzeitig übermittelt.

Dienste-Kennungs-Nr.	Typ
0	Bildtelefonie
1	Fernsprechen
2	a/b-Dienste
3	X.21-Dienste
4	Telefax Gruppe 4
5	Btx 64 KBit/s
6	-
7	Datenübertragung 64 KBit/s
8	X.25-Dienste (Datex-P)
9	Teletex 64 KBit/s
10	Mixed Mode
11	-
12	-
13	Fernwirken
14	Grafiktelefon

Was passiert, wenn das Fax von einem analogen Anschluß kommt?

Wenn aber von einem analogen Anschluß aus angerufen wird, und heutzutage haben noch sehr viele einen, besteht keine Möglichkeit, die Dienstekennung der Anlage zu übermitteln. Von daher kann bei Anrufen von voll analogen Anschlüssen der Dienst nicht von einer TK-Anlage erkannt und somit nicht den zuständigen Geräten zugeordnet werden. Alle Anrufe dieser Art erhalten eine einheitliche Kennung und werden von allen analogen Geräten einer Anlage beantwortet, da erst das Endgerät die Art des ankommenden Dienstes ermitteln kann.

Umgekehrt erfolgt ebenfalls eine solche Gleichschaltung. Ein Anschluß im analogen Netz nimmt Fax- und Telefonanrufe ohne Rücksicht auf die Dienstekennung entgegen, unterscheidet also nicht zwischen den beiden Kommunikationsformen. Von daher ist es also ratsam, für Telefon- und Faxanschluß unterschiedliche MSNs zu verwenden. Ein ganz wichtiger Punkt für Faxbenutzer soll jetzt noch kurz erklärt werden.

Warum der Multi-Port bzw. Kombi-Port so wichtig ist

Die Bedeutung sog. Multi- oder Kombi-Ports hängt eng mit der Funktion der Dienstekennung im ISDN zusammen. Dieser Begriff ist ja erst seit der Einführung von ISDN bekannt. Im analogen Telefonnetz gibt es keine Dienstekennung. Die Dienstekennung soll im ISDN-Netz dafür sorgen, daß nur sinnvolle Verbindungen zustande kommen. Dadurch kann z. B. verhindert werden, daß ein Fax oder ein Modem versucht, mit Ihrem normalen Telefon eine Verbindung aufzubauen. Dabei würde zum einen eine Gebühreneinheit verschwendet, und zum andern können Sie sich doch sowieso nicht mit einem Modem oder Fax unterhalten.

Damit nun nur die angesprochenen sinnvollen Verbindungen entstehen, muß also, bevor das Gespräch zustande kommt und sogar noch bevor das Endgerät den Ruf signalisiert bekommt (Telefon klingelt), überprüft werden, ob beide Teilnehmer zueinander kompatibel sind. Ruft also ein Telefon ein Telefon an, dann soll eine Verbindung geschaltet werden, ruft aber ein Fax ein Telefon an, dann soll die Verbindung nicht geschaltet werden.

Ich habe ein Fax/Telefon und ein Faxmodem an meiner ISDN-Anlage. Es kommt immer wieder vor, daß Verbindungen nicht zustande kommen. Was soll ich machen?

Im ISDN wird ja neben der Mehrfachrufnummer auch noch die Dienstekennung des jeweiligen Endgeräts mit übertragen. Für einen erfolgreichen Verbindungsaufbau zwischen zwei Endgeräten unterschiedlicher ISDN-Anlagen müssen kompatible Dienstekennungen vorliegen. TAM-Faxgeräte (Telefon/Fax) oder Kombigeräte sollten deshalb an einem Multi-(Kombi-)Portanschluß der Telefonanlage angeschlossen werden, sofern diese einen besitzt. Am Gigaset 1054 ISDN sollten Sie die Gerätekennung neutral einstellen. Das gilt übrigens auch für Modems. Diese Endgeräte nehmen dann alle Anrufe, egal ob mit Fax- oder Telefon-Dienstekennung, entgegen.

Die Überprüfung, ob eine Verbindung sinnvoll ist oder nicht, übernimmt die Vermittlungsstelle der Telekom. Die Überprüfung funktioniert folgendermaßen: Jedem an der Telefonanlage angeschlossenen Endgerät kann ein Endgerätetyp zugewiesen werden. Dabei lassen sich grundsätzlich die folgenden Endgerätetypen unterscheiden:

- Telefon
- Telefax
- Modem
- Kombi-Port (Multi-Port)

Versucht ein Endgerät eine Verbindung aufzubauen, dann wird von diesem Gerät (von der Telefonanlage) während des Verbindungsaufbaus eine Dienstekennung mit übertragen, die der Art des Endgeräts entspricht. Als Kennung könnte z. B. der Dienst Telefax Gruppe 2/3 übertragen werden, wenn das Endgerät ein Fax ist, oder der Dienst Fernsprechen analog, wenn das Gerät ein analoges Telefon ist, oder der Dienst Fernsprechen ISDN, wenn das Gerät ein ISDN-Telefon ist. Die Vermittlungsstelle erkennt nun, ob auf beiden Seiten die richtigen (kompatiblen) Endgeräte vorhanden sind und stellt nach erfolgreicher Überprüfung die Verbindung her. Bemerkt die Vermittlungsstelle allerdings, daß auf der angerufenen Seite ein nicht-kompatibles Gerät vorhanden ist, dann hört der Anrufer aus der ISDN-Vermittlungsstelle den Spruch „ISDN-Dienst oder -Dienstmerkmal nicht möglich", oder er bekommt sogar ein Besetztzeichen. Viele Verbindungen kommen deshalb nicht zustande, weil sich einfach viele Benutzer solcher kleiner Telefonanlagen nicht bewußt darüber sind, welche Funktion die Endgerätezuordnung und die Dienstekennung bei den Anlagen haben.

FAQ ## Dienst oder Dienstmerkmal nicht möglich – Diesen Spruch höre ich schon mal in meinem Hörer. Was wollen mir diese Worte sagen?

Die Stimme kommt aus der Vermittlungsstelle der Telekom. Versucht ein Endgerät, an Ihrem ISDN-Anschluß oder an Ihrer ISDN-Anlage eine Verbindung zu einer anderen ISDN-Gegenstelle aufzubauen, und wird dabei von der Telekom festgestellt, daß die beiden Endgeräte (Dienste) zueinander nicht kompatibel sind, dann werden Sie darauf hingewiesen. Rufen Sie von Ihrem ISDN-Telefon beispielsweise ein als ISDN-Fax konfiguriertes Faxgerät an, dann könnte so ein Spruch kommen.

Ein Beispiel soll das verständlich machen: Sie haben Ihr Telefaxgerät an einer als Telefon konfigurierten Nebenstelle angeschlossen. Sie versenden ein Fax an einen Teilnehmer im analogen Netz und stellen fest, daß die Übertragung ohne Fehler beendet wurde. Im analogen Netz gibt es keine Dienstekennung, alle Verbindungen kommen also zustande, egal, von welcher Seite ein Verbindungsaufbau stattfindet. Aber wie sieht es aus, wenn Sie versuchen, Ihre Mitteilung an ein Faxgerät zu schicken, das an einer ISDN-Telefonanlage angeschlossen ist und korrekterweise als Faxendgerät dort konfiguriert wurde. Die Verbindung kommt nicht zustande. Sie hören den oben genannten Spruch oder bekommen ein Besetztzeichen von der Vermittlungsstelle der Telekom. Und was nun?

Leider hat der Angerufene sein Faxgerät nicht an einem sogenannten Multi-Port/Kombi-Port angeschlossen. Diesen Endgerätetyp stellen nicht alle Telefonanlagen zur Verfügung. Endgeräte die als Multi-Port konfiguriert werden, nehmen alle ankommenden Rufe, egal, ob sie mit dem Dienst Telefax Gruppe 2/3, Fernsprechen ISDN oder Fernsprechen analog signalisiert werden, entgegen. An diesem Anschluß funktionieren also Telefon und Fax sozusagen parallel, der Anschluß von Kombigeräten (Telefon und Fax in einem) ist dadurch problemlos möglich.

Ihnen bleibt also, um das Fax in dem obigen Beispiel endlich versenden zu können, nichts anderes übrig, als Ihren Anschluß, an dem das Faxgerät angeschlossen ist, als Telefax-Endgerät zu konfigurieren. Wie das funktioniert, steht in der Bedienungsanleitung Ihrer Telefonanlage. Nach dieser Änderung können Sie dann problemlos das Fax versenden.

Wie sieht es aber aus, wenn Sie nun ein Fax an einen Teilnehmer versenden möchten, der seinerseits das eigene Faxgerät an einem als Telefon konfigurierten Anschluß (so, wie Sie es vorher auch hatten) betreibt? Sie haben es erfaßt. Die Verbindung kommt nicht zustande. Rufen Sie also bei Ihrem Faxpartner an und sagen Sie ihm, er soll seine Anlage richtig programmieren. Das oben gezeigte Beispiel macht klar, daß eine fehlerfreie Kommunikation zwischen den Endgeräten nur dann korrekt ablaufen kann, wenn alle Telefonanlagen richtig eingestellt sind. Leider besitzen nicht alle Anlagen den hilfreichen Kombi-Port. Allerdings sollten Sie beim Kauf einer Anlage auf dieses wichtige Leistungsmerkmal im Zusammenhang mit dem Faxversand und -empfang nicht verzichten.

Auch für Faxmodems gibt es ohne einen Multi-Port Probleme

Faxmodembesitzer, mit einer Anlage ohne Multi-Port, werden übrigens mit einem ähnlichen Problem konfrontiert. Wenn Sie mit Ihrem Faxmodem ein Fax versenden wollen, dann müssen Sie Ihren Anschluß auf Telefax programmieren. Möchten Sie jedoch mit dem Modem eine Verbindung zu einem Partner aufnehmen, der auch an einer ISDN-Telefonanlage hängt, bleibt Ihnen nichts anderes übrig, als sich mit ihm abzustimmen, um dann auf beiden Seiten die richtige Einstellung zu schaffen. Entweder stellen beide Seiten den Anschluß auf Modem ein, oder man entscheidet sich für die Einstellung Telefon. Wichtig ist dabei nur, daß beide die gleiche Einstellung haben. Die Fax- und Datenübertragung mit Partnern im analogen Netz sollte, unabhängig von der Einstellung, problemlos funktionieren.

Zwei Anschlußdosen umgehen das Problem

Programmieren Sie eine Nebenstelle als Fax und die andere als Modem (Telefon). Schließen Sie an jede Nebenstelle eine Telefondose an. Jetzt können Sie, abhängig davon, welchen Dienst Sie nutzen möchten, den Anschlußstecker des Faxmodems in die jeweilige Dose stecken und die Verbindung aufbauen.

 ## Kennziffern für Multi-Port-Konfiguration

Es gibt Anlagen, wie z. B. die Eumex 209, an denen man zum Belegen der Amtsleitung eine bestimmte Kennziffer vom am Multi-Port angeschlossenem Gerät wählen muß, damit der entsprechende Dienst (Telefon oder Telefax) mit übertragen wird. Um also eine externe Verbindung mit dem Dienst Telefax am Multi-Port aufzubauen, muß bei der Eumex 209 die 10 für die Amtsleitung gewählt werden. Bei der Eumex 306 muß für die Dienstekennung Telefax die Leitung mit 0 und dem * belegt werden. Andere Anlagen, wie z. B. die Euracom, machen das automatisch. Die Leitung für externe Gespräche wird dabei ganz normal belegt.

Gebührenerfassung und Auswertung mit TK-Anlagen

Bekommen Sie auch immer große Augen, wenn Sie Ihre monatliche Telefonabrechnung von der Telekom erhalten? Stimmt die Abrechnung denn überhaupt, haben Sie sich sicherlich schon oft gefragt. Der Einzelverbindungsnachweis der Telekom gibt ja schon einige Informationen preis. Im Vergleich zu früheren Abrechnungen hat sich da einiges getan. Für den Mehrgeräteanschluß können Sie sogar für jede Mehrfachrufnummer eine separate Abrechnung bekommen.

Was aber, wenn Sie gern genauere Informationen über das Telefonverhalten an Ihrer Anlage haben möchten? Zum Beispiel könnte es für Sie ja interessant sein, zu erfahren, wieviel die einzelnen Nebenstellen innerhalb Ihrer Telefonanlage vertelefoniert haben. Oder möchten Sie endlich einmal Ihrem Kunden die Gebühren in Rechnung stellen, die Sie tagtäglich für ihn aufbringen? Oder haben Sie vielleicht ein kleines Hotel und möchten die Apparate der Gäste einzeln abrechnen können? Wäre es außerdem nicht schön, während des Gesprächs am Telefon die Gebühren angezeigt zu bekommen? Eine effektive Methode, etwas gegen hohe Telefonkosten zu tun.

Für diese Fälle sind viele TK-Anlagen gerüstet. Sie können Ihnen die gewünschten Informationen auf Wunsch zur Verfügen stellen. Allerdings müssen für diesen Zweck bestimmte Voraussetzungen geschafft werden. Im nächsten Abschnitt bekommen Sie Informationen über dieses wichtige Thema.

Wissenswertes über Gebührenerfassung – Übermittlung während oder nach dem Gespräch?

Zunächst sei erst mal darauf hingewiesen, daß die Telekom grundsätzlich zwei unterschiedliche Tarifinformationen für die Gebührenerfassung in Ihre Anlage schickt.

Diese Informationen benötigt die Anlage, um überhaupt Gebühren erfassen zu können. Überprüfen Sie erst einmal, ob eine Gebührenerfassung an Ihrem Anschluß überhaupt möglich ist.

Gebührenerfassung beim Standard- und Komfortanschluß?

Haben Sie einen Standardanschluß? Dann kann keine Erfassung stattfinden. Beim Standardanschluß werden keine Tarifinformationen übermittelt. Dies muß dann noch extra beantragt werden. Der Komfortanschluß beinhaltet lediglich die Tarifinformation B (die sog. AOCE bzw. Gebührenübermittlung am Ende des Gesprächs). Sind Sie Besitzer eines Komfortanschlusses, dann kommen bei Ihnen die Gebühreninformationen, die die Telekom über die Leitung schickt, am Ende eines jeweiligen Gesprächs an. Das reicht für eine Gebührenauswertung schon aus. Gebühren, die am Ende der Verbindung übertragen werden, erscheinen nur bei digitalen ISDN-Telefonen, analoge Telefone können diese Informationen nicht nutzen.

Telefongebühren auf dem Display

Haben Sie aber ein analoges Telefon mit der Möglichkeit zur Gebührenanzeige oder vielleicht einen separaten Gebührenzähler, so können Sie auf diesen Geräten die Gebühren, die während des Gesprächs anfallen, nur dann ablesen, wenn die Telekom auch während des Gesprächs die Tarifinformation schickt. Die Anlage wertet dann diese Informationen aus und gibt sie an die Endgeräte weiter. Das Telefon oder der separate Gebührenzähler erhalten dann von der Anlage einen Gebührenimpuls (16 kHz), durch den die laufenden Gebühren von den Geräten genauso angezeigt werden können wie im analogen Telefonnetz zuvor auch schon. ISDN-Telefone, die an den internen Bus einer Telefonanlage angeschlossen werden, sind natürlich auch in der Lage, die Gebühreninformationen auszuwerten und sie anzuzeigen. Allerdings gibt es da je nach Hersteller unterschiedliche Gebührenauswertungsfunktionen.

 ## Muß die Gebührenübermittlung während des Gesprächs separat beantragt werden?

Die Tarifinformation A (Gebührenübermittlung während des Gesprächs) muß nachträglich beantragt werden und kostet extra. Sie ist nicht Bestandteil des Komfortanschlusses.

Die Tarifinformation A wird von der Anlage für die Erzeugung des 16-kHz-Impulses genutzt. Dieser Impuls wird von der Anlage zu den angeschlossenen analogen Endgeräten mit Gebührenzähler geschickt, damit während der Verbindung die Einheiten bzw. Beträge angezeigt werden können. ISDN-Endgeräte brauchen auch diese Informationen, um die Gebühren anzuzeigen.

Teilnehmer, die einen Standardanschluß besitzen, können sich entscheiden, ob Sie die Tarifinformation A oder B nachträglich beantragen. Für die Gebühreninformationen während des Gesprächs verlangt die Telekom monatlich 1,50 DM je Basiskanal,

3 DM also für beide. Die Gebühreninformation nach dem Gespräch ist günstiger, sie kostet 1,98 DM für beide B-Kanäle.

> **FAQ** **Ich möchte nicht, daß meine ISDN-Rufnummer bei anderen Teilnehmern im Display erscheint . Kann ich das irgendwie unterdrücken?**

Das geht. Dabei wird grundsätzlich zwischen der permanenten und der fallweisen Rufnummernunterdrückung unterschieden. Beide Arten der Unterdrückung müssen extra bei der Telekom, unter der Rufnummer 01114 oder im T-Punkt-Laden, beantragt werden. Zusätzliche Kosten fallen dadurch nicht an. Wenn Sie die permanente Unterdrückung beantragt haben, wird Ihre Rufnummer ständig unterdrückt. Nur die fallweise Unterdrückung erlaubt eine Steuerung Ihrerseits. Wie Sie die fallweise Unterdrückung aktivieren, steht in der Bedienungsanleitung Ihrer Telefonanlage, sofern diese die Funktion unterstützt.

13.3 Kaufempfehlung – Worauf achten, was braucht wer?

Die vorherigen Abschnitte haben sicherlich Ihren Horizont in bezug auf Telefonanlagen erweitert. Bevor Sie aber auf den Weg machen, um eine Telefonanlage zu kaufen, stehen noch ein paar wichtige Vorüberlegungen an. Bei dem großen und immer weiter wachsenden Angebot an Telefonanlagen für den Privatanwender fällt es schwer, die richtige Anlage für seine Zwecke zu finden. Schließlich kosten selbst die kleinsten dieser TK-Anlagen ja immer noch um die 300 DM (die Grenze nach oben ist offen), und die Förderung von der Telekom gibt es leider auch nicht mehr. So ist es schon angebracht, sich vor dem Kauf einige Gedanken zu machen. Grundsätzliche Fragen wie die folgenden müssen zuerst geklärt sein:

- Wieviel darf die Anlage kosten?
- Wieviel Endgeräte und welcher Art will ich anschließen?
- Benötige ich mehr als einen S_0-Anschluß von der Telekom?
- Kann ich die Anlage selbst installieren, oder soll das eine Firma machen?
- Welche Leistungsmerkmale und Funktionen muß die Anlage unbedingt unterstützen und auf welche kann ich verzichten? Hat die Anlage beispielsweise eine Schnittstelle für Türöffnungsfunktionen?

Die letzte Frage können Sie anhand der weiter unten befindlichen Tabelle beantworten. In dieser Tabelle sind alle möglichen Leistungsmerkmale und Funktionen von TK-Anlagen erklärt. Auf Seite 384 werden ausgewählte TK-Anlagen in den unterschiedlichsten Ausstattungsvarianten vorgestellt.

Vorher werden aber noch einige ISDN-Anlagen-Typen vorgestellt, die die unterschiedlichen Anforderungen der Benutzer abdecken sollen. Als Anwender kommen zum einem Selbständige, Freiberufler und kleine Firmen in Betracht. Und zum anderen steht der Privathaushalt mit seinen diversen Anforderungen zur Debatte. Die grobe Unterteilung der vielen unterschiedlichen Anlagen-Typen geschieht durch die Aufteilung nach Anlagen für den privaten und den geschäftlichen Bereich. Die Zuordnung der Anlagen zu dem jeweiligem Anwendungsbereich ist hier nur exemplarisch gemeint und soll Ihnen hauptsächlich dazu dienen, einen Überblick über den praktischen Einsatz zu bekommen, um somit die Kaufentscheidung zu erleichtern.

ISDN-Anlagen für den Privathaushalt

Ihr bisheriger privater Telefonverkehr ist beschränkt auf eine Leitung von der Telekom (es sei denn, Sie haben einen Doppelanschluß). Da kommt es schon mal zu Engpässen, wenn Tochter und Sohn gleichzeitig die nächste Verabredung telefonisch erledigen wollen. Da wäre doch eine Telefonanlage, mit der dann auch jeder sein eigenes Telefon bekommt, eine Überlegung wert. Auch der Finanzmakler im Haus wäre bestimmt ganz angetan von diesem technischen Fortschritt, kann er dann doch die Bankgeschäfte per T-Online bequem von zu Hause aus machen.

Als Hinweis soll vorab gesagt sein, daß die Anlagen für den privaten Bereich in der folgenden Beschreibung über keinen internen S_0-Bus verfügen. Anlagen mit internem S_0-Bus finden Sie bei der Beschreibung der Anlagen für Selbständige, Freiberufler und kleine Firmen.

Zusätzliche ISDN-Endgeräte werden im Privatbereich oft einfach direkt an den Netzabschlußkasten (NTBA) der Telekom angeschlossen, allerdings mit dem Nachteil, daß so keine gebührenfreie Gespräche zwischen Telefonen an der Anlage und ISDN-Telefonen am NTBA geführt werden können. Auch das Verbinden von Gesprächen funktioniert nicht. Generell kommen für den Privatanwender vier unterschiedliche Anlagentypen in Frage, die an dieser Stelle vorgestellt werden sollen.

Die günstigen Mini-ISDN-Anlagen

Die Einsteigerlösung, um an einem ISDN-Anschluß auch weiterhin seine zwei oder drei analogen Endgeräte zu betreiben, war früher ein a/b-Terminaladapter. Es gibt aber mittlerweile Mini-ISDN-Anlagen, die die Funktionen eines a/b-Wandlers beinhalten und einiges mehr an Leistung bieten, dafür aber nur wenig mehr kosten. Sind diese Minis nun a/b-Wandler oder sind es TK-Anlagen? Die Antwort liegt irgendwo dazwischen.

Die Funktion, die TK-Anlagen überhaupt zu TK-Anlagen werden läßt, ist die Möglichkeit, ein internes Gespräch zwischen den angeschlossenen Endgeräten zu führen, und die Möglichkeit, ein bestehendes Gespräch zu einer anderen Nebenstelle zu verbinden. Wenn die Anlage dann noch das eine oder andere ISDN-Leistungsmerkmal wie z. B. Anrufweiterleitung unterstützt, sind Sie für einen günstigen Preis schon recht gut versorgt.

Die Endgeräte werden direkt in die Mini-Anlage gesteckt. Klemmen für eine eventuell notwendige Verkabelung fehlen, was bedeutet, daß die Geräte sich nur in der Nähe der Anlage befinden können.

Eine interessante Lösung stellt die Niccy von Dr. Neuhaus mit drei analogen Ports und einer Software dar, die das computerunterstützte Telefonieren erlaubt. Sie kostet ca. 300 DM, zuzüglich dem Zubehörset für CTI (Computer Telephony Integration).

Auch die etwas teurere (ca. 350 DM) TELES iTA/2AB-Box mit ihren baugleichen Konkurrenten Schneider Susi 102 und Tiptel 21 ist erwähnenswert. An ihr finden zwei Endgeräte Anschluß. Kostenlose Internverbindung, Rückfragen, Weiterverbinden und Gebührenerfassung sind möglich.

Aufgrund des Leistungsspektrums, der einer großen Anlage vergleichbar ist, macht elmegs kleinste Anlage, die SG23, neugierig. Es bestehen Anschlußmöglichkeiten für drei analoge Endgeräte bei einem Preis von ca. 350 DM.

Nachteil

Die Mini-Anlagen können von den Leistungsmerkmalen und der Funktionsvielfallt gegenüber den etwas teureren, dafür aber komfortableren Anlagen, nicht mithalten. Viele Komfortfunktionen werden nicht unterstützt, auch gibt es Einschränkungen bei der Zuordnung von den Mehrfachnummern zu den Endgeräten. Ein genaue Aufstellung der für Sie unbedingt notwendigen Leistungen und ein anschließender Vergleich ist da notwendig, sonst sind Sie nachher enttäuscht, daß Sie die schönen ISDN-Leistungsmerkmale nicht nutzen können.

Schnurlose ISDN-DECT-Telefonanlage

Diese Art der TK-Anlagen eignet sich besonders für Personen die keine Lust haben, mit großem finanziellen und zeitlichen Aufwand im Haus Kabel für diverse Telefone zu verlegen.

Die ISDN-DECT-Anlage wird einfach mit dem ISDN-Anschluß der Telekom und dem Stromnetz verbunden, und schon kann es losgehen.

FAQ **Was ist der DECT-Standard?**

DECT ist die Abk. für **D**igital **E**uropean **C**ordless **T**elecommunication. Auf Deutsch wird das wiedergegeben als Europäischer Standard für digitale schnurlose Telefone mit hohem Sicherheitsanspruch.

Die Mobiltelefone nehmen Kontakt mit der Basisstation (ISDN-Anlage) auf und können dann untereinander oder aber nach extern, mit hervorragender Sprachqualität und abhörsicher telefonieren. An eine Anlage, wie z. B. der Gigaset 1054 von Siemens (siehe Seite 387), können bis zu acht Mobiltelefone und zusätzlich auch noch zwei drahtgebundene analoge Endgeräte (Telefon, Anrufbeantworter, Modem oder Fax) angeschlossen werden. Die Gigaset unterstützt den sogenannten GAP-Standard.

FAQ   Was ist der GAP-Standard?

GAP ist die Abk. für **G**eneral **A**ccess **P**rofile, einem Kompatibilitätsstandard für schnurlose Telefone, der es ermöglicht, Basisstation und Mobilgeräte von verschiedenen Herstellern benutzen zu können. Der GAP-Standard wurde mit der DECT-Norm eingeführt.

Die Europa 40-Anlage oder das baugleiche Hagenuk Europhone XL erlauben hingegen nur den Anschluß von sechs Mobilteilen, sind allerdings mit einem integrierten, digitalen Anrufbeantworter ausgestattet. Zum Aufladen der Handy-Akkus werden separate Ladestationen verwendet, die irgendwo im Haus in eine normalen 230-V-Steckdose gesteckt werden. Die Reichweite der schnurlosen Geräte beträgt in Gebäuden ca. 50 m und im Freien ca. 300 m.

Nachteil: Besitzen Sie ein schnurloses Telefons, das nicht nach dem DECT-Standard arbeitet, dann können Sie Ihr Gerät nur über den integrierten a/b-Wandler weiter benutzen. Die direkte Kommunikation mit der Basisstation ist nicht möglich. Auch wenn Sie ein DECT-Schnurlos-Telefon besitzen, kann es nur dann angeschlossen werden, wenn es ein Gerät des gleichen Herstellers ist oder wenn beide Geräte den GAP-Standard unterstützen.

Nachteilig wirkt sich auch noch der geringe Funktionsumfang gegenüber normalen (nicht-schnurlosen) Anlagen aus und die Begrenzung der anzuschließenden analogen Geräte auf zwei. Zusätzliche Mobilteile sind übrigens nicht gerade billig, sie kosten um die 300 DM.

Zudem sollte das generelle Akku-Problem bei schnurlosen Telefonen beachtet werden. Akkus müssen richtig behandelt und gepflegt werden, damit Sie auch lange was davon haben. Achten Sie beim Kauf darauf, daß die Geräte mit handelsüblichen Akkus arbeiten und daß sie die Akkus auch selbst austauschen können. Das spart Geld.

Vorsicht ist auch bei der Datenübertragung per Modem angebracht. Die eingebauten a/b-Schnittstellen erlauben eine Übertragungsrate, die stark vom eingesetzten Wandler abhängig ist.

FAQ   Wir besuchen öfters unsere Nachbarn. Wir haben ein schnurloses Telefon und eine ISDN-Anlage. Ist es richtig, daß ich daraus ein Babyfon machen kann?

Das kommt auf Ihre Anlage an. Sie muß die Funktion Raumüberwachung beinhalten. Die Euracom z. B. unterstützt diese Funktion. Sie legen einfach den Telefon-Hörer im Kinderzimmer neben das Telefon und aktivieren besagtes Leistungsmerkmal wie in der Bedienungsanleitung beschrieben. Dann können Sie von Ihrem Nachbarn mit Ihrem Schnurlosen das Telefon im Kinderzimmer anwählen und den Raum überwachen. Die Euracom ermöglicht es sogar, von jedem x-beliebigen Telefon aus das Kinderzimmer anzubimmeln. Der Clou dabei: Sie erlaubt es sogar, in den Raum hineinzusprechen.

Eine ISDN-Anlage mit Plug & Play-Charakter

Hier entfällt ebenso, wie bei den oben vorgestellten DECT-Anlagen, die Kabelmontage. Sie sind daher besonders benutzerfreundlich und eignen sich für Haushalte, in denen die Telefone in der Nähe der Telefonanlage zum Einsatz kommen. Die Anlagen bieten, wie auch die Mini-Anlagen, direkte Einsteckmöglichkeiten für vier analoge Endgeräte. Der schnelle Anschluß von Telefonen, Anrufbeantwortern, Faxgeräten und Modems, ist somit kein Problem. Außerdem können Sie oft noch, über zusätzlich vorhandene Anschlußklemmen unter dem Anlagendeckel, eigene Telefonleitungen anschließen. Dadurch kann auch ein etwas weiter entferntes Telefon (z. B. im Hobbyraum) den Betrieb aufnehmen. Der Leistungsumfang ist gegenüber den Mini-TK-Anlagen wesentlich größer. Alle relevanten ISDN-Merkmale, werden neben den anlagenspezifischen Leistungsmerkmalen, unterstützt.

Die Plug & Play-Anlage der Telekom ist die Euracom 306. Sie kostet 650 DM. Die Firma TELES bietet mit der ca. 410 DM teuren iPBX 4AB-Box ebenfalls so eine Anlage an.

Mit Hilfe einer zusätzlichen TELES-ISDN-Karte am selben S_0-Bus und entsprechender Software, kann man auf die Anlage zugreifen und sie benutzerfreundlich konfigurieren. Eine gesonderte Gebührenauswertung, für die vier analogen Anschlüsse, kann über diesen Weg ebenso durchgeführt werden. Für TELES-Karten-Besitzer ist diese Kombination durchaus eine Überlegung wert.

Nachteil: Diese Anlagen-Typen sind nicht erweiterungsfähig, d. h., Sie haben später keine Möglichkeit, durch ein nachträglich in die Anlage gestecktes Modul zusätzliche Endgeräte anzuschließen. Die Anzahl der analogen Nebenstellen ist meist auf vier begrenzt.

ISDN-Anlagen mit integrierter ISDN-Karte

Diese Alleskönner sind durch die Kombination von Telefonanlage und ISDN-Karte gerade für Leute interessant, die noch nicht über eine ISDN-Karte verfügen und mit einer Anschaffung dergleichen liebäugeln. Bis zu drei herkömmliche analoge Endgeräte, wie Telefon, Faxgerät, Modem oder Anrufbeantworter, mit Ton- oder Impulswahl, lassen sich direkt an die Anlagen anschließen.

Die DataBox Speed Dragon von Hagenuk und die baugleiche 1&1 DataBox Speed Dragon kosten ca. 500 DM. Die Speed Dragon wird ab Seite 375 wegen ihrer Ausnahmestellung ausführlich behandelt.

ISDN-Anlagen für Selbständige, Freiberufler und kleine Firmen

Angehörige der oben genannten Berufsgruppen stellen andere Anforderungen an die Telekommunikation als der private Haushalt. Im geschäftlichen Bereich kommen neben den normalen Telefonen auch noch Faxgeräte, Anrufbeantworter und Modems zum Einsatz. Auch der direkte Anschluß von reinrassigen ISDN-Telefonen und ISDN-Karten an den internen S_0-Bus einer Anlage wird oft gefordert, denn nur so ist eine kostenlose Sprach- und Datenkommunikation und das Verbinden von Gesprächen untereinander möglich. Einige Anbieter stellen sogar Anschlüsse für Systemtelefone zur Verfügung. Diese herstellerspezifischen Endgeräte erlauben eine einfache Aktivierung der Leistungsmerkmale und zeigen über ein Display den aktuellen Status der Anlage an. Außerdem bieten sie eine Reihe zusätzlicher Komfortmerkmale, wie z. B. die Anzeige der Rufnummer, Anrufliste und vieles mehr. Diese Telefone funktionieren allerdings nur mit der jeweiligen Anlage zusammen. Bei einer so großen Anzahl anzuschließender Endgeräte wird eine ISDN-Anlage mit entsprechendem Ausbau gefordert, um diesen Anschlußbedarf abdecken kann.

Standardmäßig können bis zu acht analoge Geräte und meist auch noch eine Türfreisprecheinrichtung angeschlossen werden. Anschlußmöglichkeiten für ISDN-Endgeräte sind in einigen Anlagen entweder direkt vorhanden, wahlweise einrichtbar oder aber überhaupt nicht möglich.

▶ *Achtung* Erweiterungsmöglichkeiten

Aufstrebende Unternehmen sollten auf die Erweiterungsfähigkeit Ihrer Telefonanlage achten. Dies gilt für die anzuschließenden Endgeräte genauso wie für die Anzahl der möglichen Basisanschlüsse von der Telekom. In diesem Zusammenhang ist auch darauf zu achten, daß die Anlage am Mehrgeräte- und Anlagenanschluß (siehe Seite 333) betrieben werden kann.

Doch die Ansprüche, die der Anwender an die ISDN-Anlage stellt, beziehen sich nicht nur auf die Fähigkeit, unterschiedliche Endgeräte mit dem ISDN-Netz der Telekom in Verbindung zu bringen, sondern auch auf eine funktionelle und komfortable Bedienung der Anlage. Wünschenswert ist hierbei, daß die Anlage alle ISDN-Leistungsmerkmale der Telekom unterstützt und daß sie nützliche interne Funktionen dem Anwender zur Verfügung stellt. Dabei steht eine vernünftige Gebührenerfassung und -auswertung oft ganz oben auf der Wunschliste. Ein neuer Trend geht in Richtung des komfortablen, computergestützten Telefonierens. Dafür wird der PC an die ISDN-Anlage angebunden, und es steht so eine Kommunikationsmöglichkeit der beiden Geräte über die von Microsoft definierte Standard-Schnittstelle TAPI (**T**elephony **A**pplication **P**rogramming **I**nterface = standardisierte Schnittstelle zwischen Hard- und Software) zur Verfügung. Die TAPI ist die Grundvoraussetzung für das CIT (**C**omputer **I**ntegrated **T**elephony), für das computergestützte Telefonieren. Mit TAPI-fähigen Applikationen des Anlagenherstellers oder eines anderen Softwareanbieters kann dann z. B. per Mausklick die Rufnummer aus einer Datenbank heraus gewählt werden. Bei eingehenden Anrufen fungiert der PC als Anrufmonitor, und es erscheinen die Informationen des Anrufenden (gefiltert anhand der erkannten Rufnummer) schon vor Abheben des Hörers auf dem Bildschirm.

ISDN-TK-Anlage mit fester Verkabelung ohne internen S_0-Bus

Diese Anlagenvariante ist immer noch die am weitesten verbreitete auf dem Telekommunikationsmarkt und kostet 600 DM und mehr. Die Modellvielfalt ist sehr groß und fast schon unübersichtlich. Die Anlagen stellen bis zu acht analogen Endgeräten den Weg ins ISDN zur Verfügung, besitzen allerdings keinen internen S_0-Bus. ISDN-Endgeräte müssen demnach direkt an den NTBA der Telekom angeschlossen werden. Daraus folgt, daß Telefonate zwischen ISDN-Telefon und Telefonen an der Anlage gebührenpflichtig sind. Auch das Verbinden von Gesprächen, vom ISDN-Telefon zum Anlagentelefon und umgekehrt, funktioniert nicht!

Die Anschlußdosen für die einzelnen Geräte werden über ein vorhandenes oder neu gelegtes Kabel an die Anschlußklemmen der Anlage angeschlossen. Die Montage und der Installationsaufwand ist hier also um einiges größer als bei den Plug & Play-Anlagen und nichts für Technikfeinde. Nach erfolgreicher Installation muß die Anlage noch programmiert werden. Dafür gibt es drei unterschiedliche Methoden. Entweder Sie programmieren die Anlage über ein Telefon, benutzen ein mitgeliefertes DOS-/Windows-Programm oder lassen gleich die Anlage vom Hersteller per Fernwartung konfigurieren, sofern die Anlage das erlaubt. Das ist gut für Leute, die keine Lust und Zeit haben, sich in die Geheimnisse der Anlagenprogrammierung einzuarbeiten.

Die Leistungskapazität dieser Anlagen ist sehr groß. Alles, was das Herz begehrt und was früher nur bei richtig teuren und großen Telekommunikationssystem möglich war, können Sie jetzt auch zu Hause nutzen. Sämtliche ISDN-Merkmale werden unterstützt, komfortable Gebührenverarbeitungsprogramme sorgen für Transparenz in der Abrechnung, Türfreisprecheinrichtungen kündigen einen Besucher über Telefon an, Telefonnummernspeicher ersetzen das private Telefonbuch usw.

Die Euracom 180 von Ackermann, die Tiptel 810, die Agfeo AS31 und die ISTEC 1008 von Emmerich sind nur einige Beispiele dieser Anlagenkategorie. Die Anschaffungskosten liegen zwischen ca. 600 DM (ISTEC 1008) und ca. 920 DM (Euracom). Ein genauer Leistungsvergleich ist wichtig, denn nicht immer ist die günstigste auch die für einen selbst am besten geeignete.

Nachteile

- Die Programmierung über das Telefon ist nicht zu empfehlen, da zu kompliziert.

- Die Gesprächsgebühren von extern am ISDN-Bus angeschlossenen Geräten können in der Anlage nicht erfaßt werden.

- Zwischen einem ISDN-Telefon am NTBA und einem an die Anlage angeschlossenem Telefon sind keine kostenlosen Gespräche möglich. Auch das Verbinden funktioniert nicht.

- Eine optische Anzeige-Funktion über aktivierte Leistungsmerkmale, wie z. B. Anrufumleitung, fehlt generell bei diesen Anlagen. Eine Ausnahme bildet da nur die Agfeo, wenn an die Anlage das Systemtelefon ST20 angeschlossen ist.

- Die Funktionsvielfalt dieser Anlagen kann schnell zum Nachteil werden, nämlich dann, wenn Sie den Überblick über die vielen Funktionen nicht behalten können. Gehören Sie zu denjenigen, die bei der Programmierung Ihres Videorekorders immer in die Bedienungsanleitung sehen, dann werden Sie diese Vielfalt wahrscheinlich gar nicht ausnutzen können.

- Prüfen Sie vor dem Kauf, ob Sie die vielen zusätzlichen Funktionen, die die Bedienung erschweren, wirklich benötigen – ansonsten ist zu empfehlen, lieber eine einfachere, aber kostengünstigere Anlage zu kaufen. Bedienerfreundlichkeit ist manchmal mehr wert als Funktionsvielfalt.

ISDN-TK-Anlage mit internem Bus

Der eigentliche Vorteil dieser Anlagenart besteht darin, ISDN-Endgeräte an einen zusätzlichen internen S_0-Bus anschließen zu können. Ansonsten sind die Funktionen identisch mit den zuvor beschriebenen Anlagen ohne internen S_0-Bus. Der Hauptvorteil liegt in der kostenlosen, internen Kommunikation zwischen ISDN-Geräten und analogen Geräten. Auch das Verbinden von Gesprächen vom ISDN-Gerät zum analogen Telefon und umgekehrt wird dadurch möglich. Im Bereich der Datenkommunikation besteht die Möglichkeit, daß zwei Computer, die mit einer ISDN-Karte ausgestattet und an den Bus angeschlossen sind, untereinander Daten austauschen. So entsteht ein kleines Netzwerk.

Zu diesen Anlagen gehören unter anderen die Euracom 181 (Ackermann), elmeg C44 und der Agfeo AS32. Außerdem wird eine solche Anlage von der Deutschen Telekom angeboten (Eumex 312, baugleich mit der AS32 von Agfeo). Die Anlagen kosten, bis auf die elmeg-Anlage, ca. 1.500 DM. Die elmeg C44 besitzt als einzige Anlage nur vier analoge Anschlußmöglichkeiten und ist für 900 DM im Handel erhältlich. Interessant wird diese Anlage durch die Integration einer TAPI-Schnittstelle. Computerunterstütztes Telefonieren wird dadurch möglich.

Nachteile

Der interne S_0-Bus einer Anlage sollte sich von seinen Funktion her genauso verhalten wie der ISDN-Anschluß der Telekom. Nur dann können Sie alle Leistungsmerkmale des ISDN voll ausnutzen, wenn Sie ein ISDN-Telefon an den internen Bus anschließen. Außerdem muß das ISDN-Endgerät ebenso alle ISDN-Funktionen unterstützen. In diesem Zusammenspiel zwischen ISDN-Bus und Telefon kommt es immer wieder zu Problemen bei der Bedienung. An einen ISDN-Bus sollten maximal zwei ISDN-Telefone angeschlossen werden, alles andere ist nicht zu empfehlen, da sowie nur zwei Endgeräte gleichzeitig auf den Bus zugreifen können. Sie sind also in der Anzahl der anzuschließenden Endgeräte eingeschränkt.

ISDN-TK-Anlage mit modularer Ausbaufähigkeit

Diese Anlagen sind für Unternehmen interessant, die sich die Möglichkeit für eine zukünftige Erweiterung der Anlage, um einige Telefone oder ein bis zwei weitere Basisanschlüsse offen halten wollen.

Die Euracom-Anlagen 180/181/182 der Firma Ackermann bieten z. B. diese Option. Sie können um maximal zwei S_0-Module, wahlweise als interner oder externer Bus schaltbar, erweitert werden. Zusätzliche analoge Nebenstellen sind nicht möglich.

Die Firma GTB hingegen bietet mit ihrer Modular Basic ein Erweiterungsmodul für acht analoge Nebenstellen an. Allerdings kann diese Anlage wiederum kein zusätzliches S_0-Modul aufnehmen.

Die Module (Steckkarten) werden einfach und ohne großen Aufwand in die Anlage gesteckt. Die Funktionen dieser modularen Anlagen entsprechen den zuvor beschriebenen Anlagen für den geschäftlichen Bereich und sollen hier nicht noch einmal erwähnt werden.

13.4 TK-Anlagen-Praxis am Beispiel der Euracom von Ackermann

Die Euracom-ISDN-Anlagen von Ackermann verfügen über eine sehr große Leistungskapazität. Deshalb eignen sich diese besonders, um die einzelnen Funktionselemente einer ISDN-Anlage einmal vorzustellen. Anlagen von anderen ISDN-Herstellern bieten genau die gleichen oder aber ähnliche Möglichkeiten wie die Euracom. Deshalb können die folgenden Informationen zum Teil auch auf andere Anlagen bezogen werden.

Aufbau und Funktionselemente der Anlage

Die modular aufgebaute Telefonanlage Euracom von Ackermann gibt es gleich in sieben Varianten. Zu den schon seit längerer Zeit auf dem Markt etablierten Modellen der Euracom 180, 181 und 182, gesellt sich nun noch die kleinste und speziell für den privaten Einsatz konzipierte Euracom 141. Zu guter Letzt gibt es dann noch die

Euracom-Anlagen 260, 261 und 262, die allerdings eher im gewerblichen Bereich zum Einsatz kommen.

Die Anlagenbezeichnungen setzen sich im übrigen wie folgt zusammen: die erste Ziffer (z. B. 1) steht für die Anzahl der festen, externen S_0-Anschlüsse (die der Telekom). Die mittlere Ziffer (z. B. 8) bezeichnet die Anzahl der anschließbaren analogen Endgeräte. Die letzte Ziffer sagt aus, über wie viele wahlweise S_0-Anschlüsse (extern oder intern) die Anlage verfügt.

Die Informationen in den nächsten Abschnitten beziehen sich auf die Euracom-Anlagen 180, 181 und 182. Die Angaben treffen aber größtenteils auch auf die anderen Anlagen der Euracom-Serie zu, in manchen Punkten gemindert bzw. erweitert durch die Funktionalität eines internen S_0-Busses.

Die Basisversion ist dabei die 920 DM teure Euracom 180. Sie verfügt nur über einen S_0-Bus (derjenige, der die Verbindung zum Telekom-Netz herstellt). Die Anlage 181 (1.500 DM) besitzt zwei S_0-Busse, einen externen, wie die 180, und einen weiteren, der wahlweise als interner oder externer Bus geschaltet werden kann. An den internen Bus können dann weitere acht ISDN-Endgeräte oder eine komplette zweite Anlage angeschlossen werden.

Das Euracom-Flaggschiff, die 182, hat insgesamt drei S_0-Anschlüsse, die Sie variabel nutzen können. Einer dieser drei Anschlüsse wird immer als externer S_0-Bus betrieben. Die beiden anderen Busse sind beliebig als interne oder zusätzliche externe Busse programmierbar. Bei der externen Version (181/182) mit zwei zusätzlichen Amtsleitungen müssen Sie aber einen zweiten bzw. dritten ISDN-Anschluß beantragen. Bei einer solchen Konfiguration erlischt dann die allgemeine Anschalterlaubnis, und Sie müssen eigentlich einen Fachmann mit der Installation beauftragen. Nutzen Sie die beiden zusätzlichen S_0-Busse aber als internen Bus, dann können Sie bei der Euracom 182 bis zu 16 Endgeräte anschließen. Haben Sie also die Euracom mit einem internen Bus, dann können Sie kostenlose Gespräche zwischen ISDN-Telefon und analogem Telefon führen. Im folgenden wird die mittlere Euracom-Anlage, die 181, beschrieben.

Euracom-TK-Anlagen sind modular aufgebaut

Anschlußvoraussetzungen

Die Euracom besitzt eine allgemeine Anschalterlaubnis und dies berechtigt Sie, die Anlage selbst anzuschließen. Die Anschalterlaubnis erlischt allerdings bei der Erweiterung der Anlage um einen zweiten externen Basisanschluss. Sie können die Euracom an einem Mehrgeräteanschluß oder an einem Anlagenanschluß in Betrieb nehmen. Die Anlage verwendet das DSS1-Protokoll (Euro-ISDN). Das ältere nationale 1TR6-Protokoll wird nicht unterstützt. Neue ISDN-Anschlüsse besitzen immer das Euro-ISDN-Protokoll, auch als DSS1 bezeichnet. Die Anlage wird mit dem von der Telekom gelieferten NTBA verbunden.

Allgemeines zu analogen Endgeräten

Sie können bis zu acht analoge Endgeräte mit Impulswahl (IWV) oder Mehrfrequenzwahl (MFV, auch Tonwahl genannt) an die Anlage anschließen. Bei IWV ist jeder Ziffer eine festgelegte Anzahl von kurzen Unterbrechungen zugeordnet. Bei der Wahl können Sie diese Unterbrechungen als Knacken im Hörer Ihres Telefons hören. Bei MFV ist jeder Ziffer ein bestimmter Ton zugeordnet. MFV ist das schnellere Wahlverfahren. Ältere Geräte mit Impulswahl sollten nicht mehr eingesetzt oder aber, wenn möglich, auf Tonwahl umgeschaltet werden.

Analoge Telefone

An die Euracom können Telefone mit den beiden unterschiedlichen Wahlverfahren MFV und IWV angeschlossen werden. Die Euracom erkennt automatisch das Wahlverfahren eines angeschlossenen Telefons.

Faxgerät

Das Anschließen eines analogen Faxgeräts der Gruppe 3 ist bei der Euracom natürlich ebenso wie bei anderen Anlagen auch ohne Probleme möglich. Denken Sie aber nicht, daß mit dem Anschluß an eine ISDN-TK-Anlage automatisch die Geschwindigkeit der Faxübertragung schneller ist.

Die Geschwindigkeitsvorteile von 64.000 Bit/s bietet ISDN nur mit digitalen Faxgeräten der Gruppe 4 auf beiden Seiten. Dennoch hat eine TK-Anlage auch für das analoge Faxen einige Vorteile. Das Fax bekommt eine eigene MSN-Rufnummer zugewiesen und ist so von außen über diese direkt anwählbar. Der Faxumschalter, der früher bei einem Anschluß nötig war, um Faxe automatisch zu empfangen, entfällt.

Im Zusammenhang mit dem Anschluß von Faxgeräten, die ja oft auch mit einer Telefonfunktion ausgestattet sind (teilweise auch mit Anrufbeantwortern), ist es wichtig zu erwähnen, daß jeder Anschluß innerhalb der Anlage als multifunktionaler Anschluß konfiguriert werden kann (siehe Seite 347).

Modem

Auch beim Anschluß eines Modems an die Euracom gilt ähnliches wie oben schon beim Faxanschluß beschrieben. Die analogen Schwingungen des Modems, die die herkömmliche Telefonietechnik zur Übertragung nutzt, werden in die digitalen Signale des ISDN umgewandelt. Die Datenübertragungsrate, die mit dem Modem an der Anlage erreicht werden kann, ist abhängig von der Qualität der in der Anlage eingesetzten Bauteile. Auch hier soll wieder gesagt werden, daß die Übertragungsrate durch ISDN nicht größer wird, denn die Modems benutzen das ISDN lediglich als alternatives Medium für ihre herkömmliche Übertragung. Eine Übertragung nach dem V.34-Standard (28.800 Bit/s) ist problemlos mit der Euracom möglich.

ISDN-Telefone am internen Bus

An einem internen S_0-Port können max. acht ISDN-Endgeräte betrieben werden, wovon aber nur vier ein ISDN-Telefon sein dürfen. Die restlichen vier Endgeräte müssen über eine eigene Stromversorgung verfügen, wie z. B. ISDN-Karten in einem PC. Beachten Sie auch, daß an einem S_0-Bus immer nur zwei Endgeräte gleichzeitig benutzen werden können.

Bei angeschlossenen Telefonen können Sie alle Funktionen, die Ihnen als Hotkeys oder über Menü angeboten werden, für die Euracom benutzen. Diese Dienstemerkmale werden von der Euracom intern bearbeitet und damit nicht zum Basisanschluß weitergeleitet (beispielsweise ist die am Telefon programmierte Rufumleitung somit eine interne Rufumleitung). Sollten Sie von einem ISDN-Telefon aus ein Leistungsmerkmal programmieren wollen, das sich auf Ihren ISDN-Basisanschluß bezieht, so ist dies so zu programmieren, wie es für analoge Telefone beschrieben wird.

Das Erweiterungsmodul MS$_0$ – Ein weiterer ISDN-S$_0$-Bus

Wie schon erwähnt, ist die Euracom modular aufgebaut. Sie können klein anfangen (z. B. mit der 180) und dann nach Belieben die Anlage um bis zu zwei S_0-Module auf insgesamt drei S_0-Ports erweitern. Die beiden S_0-Module werden in zwei dafür vorgesehene Steckplätze innerhalb der Anlage gesteckt und sind variabel als interner oder externer Bus schaltbar. An ein MS$_0$-Modul können wieder acht ISDN-Endgeräte angeschlossen werden.

Mit einem zusätzliches MS$_0$-Modul können auch zwei Anlagen miteinander vernetzt werden. Die beiden verbundenen Anlagen verhalten sich dann wie eine große TK-Anlage.

Türstationen mit oder ohne zusätzliches MD-Modul

Sie können an Ihrer Anlage alle Türstationen betreiben, die dem marktüblichen Standard entsprechen. Anschließbar sind die Türklingel, die Gegensprechanlage und die Türöffner-Funktion. Betreiben Sie Ihre Anlage ohne das Euracom-MD-Modul, und

Sie möchten gern eine Türstation anschließen, so können Sie einen Teilnehmeranschluß der Anlage alternativ zum Anschluß der Türstation benutzen. Entschließen Sie sich für den Einsatz des Euracom-MD-Moduls, dann stehen Ihnen zwei komplette, separat steuerbare Türstation-Anschlüsse zur Verfügung. Dieses Modul wird nachträglich in die Anlage gesteckt und gestattet die getrennte Bedienung von zwei Türfreisprecheinrichtungen, ohne daß ein analoger Anschlußport belegt wird.

Steuerelemente anschließen (Sensor und Aktoren)

Sie können an Ihrer Anlage einen Alarmkontakt anschalten, der eine Aktion auslöst, wenn dieser geöffnet wird. Über die beiden Kontakte eines Steuerrelais können Sie Vorgänge auslösen, die im Zusammenhang mit dem Alarmkontakt stehen. Das könnte z. B. das Auslösen einer Sirene durch den Kontakt bedeuten. Die Alarmausgangskontakte lassen sich als Öffnungs- oder als Schließkontakt programmieren.

Der Alarmsensorkontakt kann auf eine ständige Aktivierungszeit (z. B. 20:00 bis 7:00 Uhr) programmiert werden. Außerdem können Sie festlegen, ob und welche Rufnummern gewählt wird, bis dort ein Teilnehmer durch einen Signalton den Alarm gemeldet bekommt.

Das Steuerrelais kann auch aus der Ferne (z. B. über Autotelefon) gesteuert werden und z. B. für das Öffnen des Garagentors benutzt werden.

Zweitwecker

Alternativ zu den oben genannten Möglichkeiten können Sie das Steuerrelais dazu benutzen, einen Zweitwecker, eine zweite Klingelvorrichtung, anzuschalten. Die Speisung des Zweitweckers wird von der Euracom nicht zur Verfügung gestellt.

Externe Musikquelle

Sie können an Ihre Euracom eine externe Musikquelle anschließen, wie beispielsweise CD-Spieler oder Tonbandgerät. So können Sie dem Anrufer während er in Rückfrage gehalten wird, Informationen über Ihr Unternehmen geben oder Ihre individuelle Musik einspielen. Der Anschluß erfolgt über einen Standard-3,5-mm-Klinkenstecker.

Anschluß bzw. Installation

Eine Abbildung soll Ihnen zeigen, welche Endgeräte an die Euracom angeschlossen werden können.

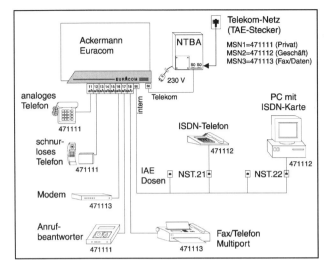

Ein Beispiel für Anschlußmöglichkeiten von Endgeräten an die Euracom

An die Wand damit – Installieren Sie die Euracom

Die Installation der Euracom-Anlagen ist recht einfach. Zum Lieferumfang gehören Dübel, Schrauben und Anschlußklemmen für die Montage der Anlage, ein Anschlußkabel (IAE-AS), eine Bedienungsanleitung und die Software für die Konfiguration mit dem PC.

Grundsätzlich sollten Sie vor jeglichen Montagearbeiten den Netzstecker der Anlage ziehen. Die Anlage wird mit drei Schrauben an der Wand befestigt. Vorsicht beim Bohren, es könnten sich Wasser-, Strom- oder andere Leitungen in der Wand befinden. Bitte montieren Sie die Anlage unbedingt waagerecht. Von einer senkrechten Montage ist abzuraten. Es kann dann nämlich zu Wärmeeinfluß des Netzteils auf den Digitalbereich der Anlage kommen, und das kann dann wiederum zu Störungen führen.

Es besteht leider nicht die Möglichkeit, Telefone und andere Endgeräte direkt in die Anlage einzustöpseln (wie z. B. bei der Eumex 306, die fertige TAE-Buchsen liefert). Sie müssen also erst selbst noch für jedes Endgerät eine Telefondose anschließen. Die Kabel für die Telefondosen werden von unten in die Anlage eingeführt, lassen Sie also bei der Montage genügend Abstand zum Boden. Bei Unterputzleitungen befestigen Sie die Euracom so, daß die Leitungen durch die Klemmraumöffnung der Unterseite laufen.

Verkabelung

Die mitgelieferten abziehbaren Schraubklemmen (vier Klemmen) werden immer zuerst mit dem Telefonkabel verbunden und dann auf die dafür vorgesehenen Steckplätze gesteckt. Dadurch erlangen Sie größere Bewegungsfreiheit beim Anschrauben der Drähte. Achten Sie dabei darauf, daß die Schraubklemmen sich nur in einer

Richtung aufstecken lassen. Die Steckplätze sind in der Anlage leider nicht beschriftet. Das ist ärgerlich. Um die Anlage zu verkabeln, sollten Sie die Bedienungsanleitung hervorholen. Für jeden der analogen Teilnehmer (Tln.11 bis Tln.18) werden zwei Telefonadern (z. B. a1 und b1 bis a8 und b8) benötigt.

Die erste Ader ist die a-Ader, und die zweite Ader ist die b-Ader. Bei analogen Endgeräten können diese beiden Adern ruhig vertauscht werden, das hat keinerlei Auswirkung auf die Funktion der Anlage. Auch macht es nichts aus, wenn die beiden Adern schon mal kurzgeschlossen werden. Es kann nichts kaputtgehen.

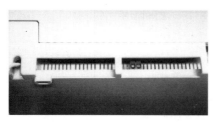

*Die Anschlußklemmen
der Euracom*

Für den internen S_0 – Bus der Euracom ist eine Anschlußklemme mit vier Schrauben vorhanden. Im Gegensatz zu analogen Telefonen braucht man für den Anschluß eines ISDN-Endgeräts vier Adern. Die Anschlußklemme ist mit a1, b1, a2 und b2 bezeichnet. In Kapitel 11 erfahren Sie, wie ISDN-Endgeräte angeschlossen werden.

Für ganz Eilige der folgende Tip: Um möglichst bald wieder empfangsbereit zu sein und zumindest ein analoges Telefon in Betrieb zu nehmen, gehen Sie doch einfach hin und klemmen provisorisch zwei Drähte an die Steckerleiste der Anlage (z. B. a1 und b1 für Teilnehmer 11 bzw. Port 1). Die TAE-Telefondose wird dann an den Klemmen 1 und 2 (das sind die beiden linken der sechs Schrauben) geschaltet. Jetzt könnten Sie schon das erste Telefonat führen, wenn vorher natürlich die Anlage programmiert wurde. Ist das nicht der Fall, so ist es zumindest jetzt möglich, die Anlage mit dem Telefon zu programmieren.

*Rückenansicht der
Euracom*

Jetzt fehlt nur noch die Verbindung von der Anlage zum NTBA der Telekom. Stekken Sie einen der zwei Westernstecker (RJ 45) des mitgelieferten Anschlußkabels in die Westernbuchse der Euracom. Den anderen Westernstecker des Anschlußkabels stecken Sie erst nach Abschluß aller Installationsarbeiten in eine der beiden Westernbuchsen des Netzabschlußgeräts (NTBA).

Anschluß an den PC und Drucker

 Tip ### V-24-Kabel besorgen

Als erstes gehen Sie mal gleich zum Computerladen um die Ecke und besorgen sich ein (serielles) V-24-Kabel mit einer 1:1-Belegung. Damit wird nämlich die Verbindung hergestellt zwischen der Euracom-Anlage und dem PC. Ohne dieses Kabel können Sie die Anlage nicht mit dem PC programmieren. Der Gebührenausdruck funktioniert später auch nicht ohne diese serielle Verbindung zum Drucker. Das Kabel ist bisher dummerweise nicht im Lieferumfang der Anlage enthalten.

Verbindung von PC und Anlage für die Konfiguration und Gebührenauswertung

Die Verbindung von PC und Euracom ist Voraussetzung, damit ein Datenaustausch zwischen diesen beiden System stattfinden kann. Das erlaubt Ihnen dann die Programmierung der Anlage mit dem Konfigurationsprogramm (siehe Seite 374). Mit dem Gebührenauswertungsprogramm können Sie die in der Anlage gespeicherten Gebührendaten (bis zu 1.000 Gespräche) und die Anruferliste (die letzten 75 Anrufer) auswerten.

Euracom mit dem PC verbinden

Die Verbindung zwischen Ihrem PC und der Telefonanlage stellen Sie mit Hilfe eines seriellen Kabels her. Um eine sichere Datenübertragung zu garantieren, darf dieses Kabel nicht länger als drei Meter sein. Wenn der Montageplatz für die Anlage weiter als drei Meter von Ihrem Computer entfernt sein sollte, schrauben Sie die Anlage lieber noch nicht an die Wand (das können Sie auch nach der Programmierung tun) oder schnappen sich einen tragbaren Rechner für die Konfiguration.

Für den Anschluß des seriellen Kabels stehen auf der Seite der Anlage zwei Anschlüsse zur Verfügung. Diese werden im Handbuch als erste und zweite RS 232, also quasi als serielle Schnittstelle Nr.1 (rechts) und Nr. 2 (links) bezeichnet. Bei beiden Schnittstellen handelt es sich um neunpolige Anschlüsse. Das Kabel muß für den Anschluß an die Anlage einen neunpoligen Stecker (Vater) haben. Dieser Stecker kommt auf die Schnittstelle Nr.1 (rechts).

Zwei serielle Schnittstellen für den Anschluß an PC und Drucker

Für den Anschluß an den PC kann dann ein Stecker mit entweder neun oder 25 Polen (in Abhängigkeit der freien seriellen PC-Schnittstelle auf der Rückseite Ihres PCs) verwendet werden, der dann auf die serielle Schnittstelle (COM 1 oder COM 2) Ihres PCs gesteckt wird.

Anschluß eines Druckers für direkte Gebührenausgabe

Der serielle Drucker wird mit einem max. drei Meter langen, 1:1-belegten, geschirmten Kabel an die linke der beiden V.24-Schnittstellen der Anlage angeschlossen. Die rechte Schnittstelle wird für das Lesen und Schreiben der Konfigurationsdaten benutzt und hat für die sofortige Gebührenausgabe keine Funktion.

Das Kabel für die Verbindung zum Drucker müssen Sie sich erst noch besorgen, oder aber Sie verwenden das Kabel, das Sie auch zum Programmieren der Anlage benutzen. Auf der einen Seite des Kabels brauchen Sie wieder einen neunpoligen D-Sub-Stecker, der in die Anlage gesteckt wird.

Der Stecker auf der anderen Seite ist abhängig von der seriellen Schnittstelle an Ihrem Drucker (viele Drucker haben leider nur eine parallele Schnittstelle). Der Drucker muß mit folgenden Parametern eingestellt sein:

```
9.600 Bit/s, no Parity Bit, 1 Stop Bit.
```

Leistungsmöglichkeiten der Anlage im Überblick

Die Leistungsmöglichkeiten der Euracom sind ausgesprochen groß. Sie unterstützt sämtliche ISDN-Leistungsmerkmale der Telekom und fährt mit einem zusätzlichen Funktionsrepertoire auf, das schlichtweg riesig ist.

Wie immer bei Telefonanlagen, wird die Leistungsfähigkeit einer Anlage durch die in ihr befindliche Software (Firmware) bestimmt. Deshalb sollte die Anlage immer mit der aktuellsten Softwareversion ausgerüstet sein. Beim Neukauf ist darauf zu achten. Die aktuellste Software für die Euracom ist die Firmwareversion 2.0. Die Anlage bietet ein riesiges Angebot an Funktionen. Im folgenden sollen nur einige besonderes herausragende Leistungsmerkmale der Euracom vorgestellt, alle anderen Standardfunktionen werden von ihr sowieso unterstützt. Einen weiteren Überblick verschafft die untenstehende Tabelle.

Die besonderen Funktionen der Euracom

Plug & Go

Nach dem Einschalten der Anlage können Sie sofort den Telefonbetrieb aufnehmen.

Computerunterstütztes Telefonieren (CTI)

Sie können an Ihrem PC erkennen, welche Teilnehmer telefonieren und wieviel Amtsleitungen belegt sind. Eine Anrufliste/Rückrufliste und ein ausführliches Journal erhöhen den Telefonkomfort. Dies ist ein nützliches Hilfsmittel für die Telefonzentrale.

Aufteilen der Euracom

Aufteilen der Euracom zur gleichzeitigen Nutzung von zwei Unternehmen. Möglich ist auch eine Aufteilung in private und geschäftliche Nutzung.

Aufteilen in Gruppen/Anrufübernahme

Es lassen sich einzeln Telefongruppen anlegen. Eingehende Rufe, die für diese Gruppe bestimmt sind, können von jedem Telefon in der Gruppe übernommen werden.

Aufteilen in Projekte

Sie können bei ausgehenden Telefonaten einen dreistelligen Projektcode vergeben. Die anfallenden Gebühren können Sie dann an Ihre Kunden weiterreichen oder auf ein Projekt buchen.

Privatgespräche vom Diensttelefon

Mit Ihrer persönlichen Identifikationsnummer können Sie von jedem Apparat telefonieren. Die anfallenden Gebühren werden auf Ihr privates Gebührenkonto gebucht. So kann man die privaten Gespräche der Mitarbeiter abrechnen.

Begrenzen der Telefongebühren

Jedem Teilnehmer läßt sich ein individuelles Gebührenlimit zuordnen. Ist das Taschengeld zu Ende, darf nicht mehr telefoniert werden.

Basisanschluß auswählen

Haben Sie mehr als einen Basisanschluß an Ihrer Anlage, dann können Sie für gehende Gespräche gezielt einen belegen. Eine differenzierte Gebührenabrechnung ist dadurch möglich.

Gebührenauswertung

Die Euracom speichert die letzten 1.000 ausgehenden Gespräche in der Anlage ab. Diese Daten können mit einem Gebührenauswertungsprogramm analysiert werden (siehe Seite 374).

369

Anruferliste

Die letzten 75 eingegangenen Gespräche werden in der Anlage gespeichert und können, ebenso wie die Gebührendaten, nachträglich ausgewertet werden.

Rufverteilung

Man kann einer Mehrfachrufnummer ein oder mehrere Endgeräte zuordnen, so daß bei einem externen Anruf mehrere Telefone gleichzeitig klingeln. Zudem können bestimmte Telefone auf Anrufe reagieren, die von unterschiedlichen Mehrfachrufnummern kommen. Es stehen einem also alle Möglichkeiten offen.

Anrufvarianten (Tag/Nacht)

Die Euracom bietet zusätzlich noch zwei Anrufvarianten. Diese Anrufvarianten werden auch als Tag- bzw. Nachtvariante bezeichnet. Sie können durch Umschalten der Anrufvarianten festlegen, welches Endgerät wann klingeln soll. Denkbar wäre z. B., daß bei der Tagschaltung (AVA1) alle Geräte gerufen werden und bei der Nachtschaltung (AVA2) nur der Anrufbeantworter und das Fax. Die Tag-/Nachtumschaltung kann von jedem Telefon durchgeführt werden.

Kurzwahl

In der Euracom können bis zu 200 zentrale Kurzwahlziele gespeichert werden. Die Eingabe der Rufnummern geschieht über das Telefon oder besser mit dem PC. Diese zentralen Kurzwahlziele (100 bis 299) stehen dann allen Endgeräten zur Verfügung.

Wird die Anlage mit dem PC programmiert, besteht sogar die Möglichkeit, jedem Kurzwahlziel einen Namen zuzuordnen. Die zentralen Kurzwahlziele lassen sich dann auch noch ausdrucken. Das ist durchaus hilfreich. Das Eintippen ist zwar erst einmal mit Arbeit verbunden, dafür geht das Telefonieren nachher mit Hilfe der ausgedruckten Kurzwahlliste viel schneller und einfacher.

Automatische Wahl

Das Leistungsmerkmal automatische Wahl ist eine recht nützliche Sache. Ist diese Funktion aktiviert, wird zehn Sekunden nach dem bloßen Abheben des Hörers ein Anruf ausgeführt. Automatisch wird dann eine zuvor programmierte interne oder externe Rufnummer, z. B. die des Handys, gewählt. Sicherlich fallen Ihnen einige Situationen ein, in der eine solche automatische Wahl sinnvoll ist.

Raumüberwachung

Diese Funktion hat Ähnlichkeit mit der Funktion eines Babyfons. Einen Raum, in dem ein Telefon steht, das an die Euracom angeschlossen ist, können Sie von jedem anderen internen oder auch externen (!) Telefon aus akustisch überwachen.

Konferenzschaltung (Dreiergespräch)

Sie können mit dieser Funktion ein Gespräch mit zwei anderen Teilnehmern gleichzeitig führen. Beide Gesprächspartner können auch externe Teilnehmer sein. Die Konferenzschaltung können Sie über das ISDN-Leistungsmerkmal Dreierkonferenz in der Vermittlungsstelle der Telekom oder über den zweiten B-Kanal in der Anlage aktivieren.

Rufumleitung zu einem anderen Telefon

Alle Anrufe (interne sowie externe), die für Ihr Telefon bestimmt sind, können Sie zu einem anderen Telefon der Euracom oder zu einem beliebigen externen Teilnehmer umleiten. Es gibt drei verschiedene Arten einer Rufumleitung. Rufumleitung ständig: Anrufe können ständig zu einem anderen Anschluß umgeleitet werden. Dafür wird der zweite B-Kanal benutzt. Rufumleitung bei Besetzt: Anrufe können im Besetztfall zu einem anderen Anschluß umgeleitet werden. Rufumleitung nach Zeit: Zunächst wird der Anruf am entsprechenden Apparat signalisiert und bei Nicht-Annahme des Gesprächs nach der eingestellten Zeit automatisch weitergeleitet. Die Zeitangabe kann zwischen 001 und 120 Sekunden betragen.

Anrufweiterschaltung

Das ISDN-Leistungsmerkmal Anrufweiterschaltung ist nur mit dem Komfortanschluß möglich. Dieses Leistungsmerkmal ist im Standardanschluß nicht enthalten, kann aber für zusätzliche vier DM pro Monat bei der Telekom beantragt werden. Dieses beliebte ISDN-Leistungsmerkmal gibt es gleich in drei unterschiedlichen Varianten.

- Die ständige Anrufweiterschaltung – alle Anrufe werden sofort weitergeschaltet.
- Die Anrufweiterschaltung bei Besetzt – alle Anrufe werden sofort weitergeschaltet, wenn die Mehrfachrufnummer besetzt ist.
- Die Anrufweiterschaltung bei Nichtmelden – alle Anrufe werden nach einer einstellbaren Zeit weitergeschaltet, wenn sich niemand meldet.

Bei alle Varianten kann die Anrufweiterschaltung für jede vorhandene Mehrfachnummer (standardmäßig drei) eingestellt werden. Die Anrufe werden dann schon in der Vermittlungsstelle der Telekom abgefangen und nicht erst in Ihrer Euracom-Telefonanlage.

Wahlberechtigung

Die Euracom gestattet es Ihnen, jedem Endgerät eine von sechs Wahlberechtigungen zu geben. So können Sie zwischen folgenden Stufen unterscheiden:

- nur intern
- nur kommende Gespräche
- nur Ortsgespräche

- nur Gespräche im Nahbereich
- Inlandsberechtigung
- unbegrenzte Berechtigung

Nahbereichsnummern

Sie haben die Möglichkeit, in der Euracom 20 Nahbereichsnummern zu programmieren, die von den Endgeräten mit Nahbereichsberechtigung gewählt werden können.

Rufnummernsperre

Ähnlich wie bei den Rufnummern für den Nahbereich können Sie auch noch für alle Teilnehmer spezielle Sperrnummern eingeben. Durch diese Funktion kann z. B. die Wahl von Rufnummern, die mit 019 anfangen, unterdrückt werden.

Türfreisprecheinrichtung

Drückt jemand den Klingelknopf an der Haustür, dann wird das durch ein Klingeln an den dafür bestimmten Telefonen signalisiert. Sie können mit dem Besucher sprechen und ihm die Tür per Ziffernwahl öffnen. Das Telefon, das den Besuch vor der Haustür signalisiert bekommt, kann z. B. auch Ihr Handy sein. Eine Umleitung der Türklingel auf externe Teilnehmer ist nämlich möglich.

Übermittlung der Rufnummer

ISDN-Telefone am internen S_0-Anschluß bekommen die Rufnummer des Anrufers auf dem Display angezeigt, natürlich nur dann, wenn dieser auch einen ISDN-Anschluß besitzt oder die Rufnummernübermittlung

FAQ

Ich habe am internen S_0-Bus meiner Euracom-ISDN-Anlage ein ISDN-Telefon angeschlossen. Das Telefon unterstützt aber nicht die Tasten # und *. Wie kann ich trotzdem die Funktionen nutzen, die über diese Tasten aktiviert werden?

Bei einigen ISDN-Telefonen kann es sein, daß die Zeichen # und * nicht gesendet werden. Anstelle des Zeichens # geben Sie im Wahlzustand (bei abgehobenem Hörer) die 98 ein. Anstelle der Zeichenfolge #* geben Sie die 99 und die nachfolgende Prozedur im Zustand Wahlvorbereitung (bei aufliegendem Hörer) ein. Abgeschlossen wird die Prozedur mit dem Abheben des Hörers. Sie hören dann den positiven Quittungston.

Ich habe am internen S₀-Bus meiner (Euracom-)ISDN-Anlage ein ISDN-Telefon angeschlossen. Ich kann das ISDN-Telefon aber nicht anrufen, egal ob von intern oder extern. Abgehende Gespräche funktionieren. Muß ich noch was programmieren?

Sie müssen dem Telefon, das an die Anlage angeschlossen wird, die interne Rufnummer des S₀-Busses (z. B. 21) mitteilen. Denken Sie daran, wenn Sie vorher vielleicht das Gerät direkt am NTBA angeschlossen hatten, ist noch die Mehrfachrufnummer der Telekom im Endgerät gespeichert.

 Ich habe am internen S₀-Bus meiner (Euracom)-ISDN-Anlage einen PC mit ISDN-Karte angeschlossen. Warum kann ich mit meiner Fax-Software keine Faxe empfangen?

Sie müssen der Kommunikationssoftware, die Sie auf Ihrem PC installiert haben, die interne Rufnummer des S₀-Busses (z. B. 21) mitteilen. Dann muß die ISDN-Anlage so programmiert (Zuordnung der Mehrfachrufnummern, Rufverteilung) werden, daß die Mehrfachrufnummer, die Sie als Ihre Faxrufnummer dem Kunden bekanntgegeben haben, auch zu der ISDN-Karte durchgereicht wird. Dann kann die ISDN-Kartensoftware auf einen ankommenden Ruf reagieren.

Wie programmieren? Mit PC oder Telefon?

Zuerst einmal soll der Vorgang des Programmierens oder auch Konfigurierens im Zusammenhang mit einer Telefonanlage kurz erklärt werden. Mit der Plug & Go-Strategie der Euracom sind Sie bereits für die wichtigsten Funktionen einer Telefonanlage gewappnet. Eine werkseitig voreingestellte Standardkonfiguration ermöglicht diese Schnellinbetriebnahme. Sie können auf allen Mehrfachrufnummern erreicht werden und auch abgehend telefonieren. Alle weiteren Möglichkeiten, die Ihnen die Anlage bietet, wie z. B. die Gebührenerfassung, die Rufverteilung, die Wahlberechtigung usw., benötigen eine Einstellung nach Ihren persönlichen Anforderungen. Und diese Einstellungen (Programmierung/Konfiguration) können Sie selbst durchführen.

Programmieren mit Telefon oder PC-Software

Vielen Hersteller bieten zwei unterschiedliche Möglichkeiten an, die Telefonanlage zu programmieren. So auch Ackermann mit der Euracom.

Die Programmierung der Anlage über Telefon

Die Anlage wird mit einem Telefon konfiguriert, das per Tonwahlverfahren Informationen an die Anlage weitergibt. Dies ist aufgrund der Aufwendigkeit nicht zu empfehlen. Unendlich lange Ziffernkombinationen müssen eingetippt werden, um bestimmte Funktionen innerhalb der Anlage zu ändern. Da ist ein fehlerhaftes Eintippen schon vorbestimmt. Eine Kontrolle der richtigen Eingabe ist nur über Quittungstöne möglich. Bei dieser Methode besteht auch nicht die Möglichkeit, die aktuellen Einstellungen der Anlage extern zu speichern, um sie gegebenenfalls wieder in die Anlage einzuspielen. Das könnte z. B. dann notwendig sein, wenn die Anlagendaten aus irgendeinem Grund verloren gehen.

Die Programmierung der Anlage mit dem PC und Konfigurationssoftware

Das Konfigurieren der Euracom mit einem mitgelieferten Konfigurationsprogramm ist auf jeden Fall dem Programmieren über Telefon vorzuziehen. Nur wenn Sie keinen PC besitzen, sind Sie leider auf diese unkomfortable Methode angewiesen. Sie können sich nämlich mit der Konfigurationssoftware die aktuellsten Einstellungen in der Anlage ansehen, diese schnell und einfach nach Ihren Wünschen verändern und sie für den Fall der Fälle auf der Festplatte Ihres Rechners abspeichern. Nun sind Sie vor dem Anlagen-GAU gewappnet. Stellen Sie sich einmal vor Ihre 200 mühsam eingegebenen Kurzwahlziele sind auf einmal verschwunden – dann viel Spaß beim erneuten Eintippen!

Vorgang der Konfiguration

Die Konfigurationsdaten der Anlage werden sozusagen „offline" verändert. Die notwendigen Daten werden zuerst von der Anlage in den PC gelesen. Dort werden Sie von Ihnen nach allen Regeln der Kunst verändert, in einer Datei gespeichert und anschließend wieder in die Anlage zurückgeschrieben.

Die verschiedenen Möglichkeiten der Gebührenerfassung und Auswertung

Die Gebührenkontrolle der Euracom ist sehr umfangreich. Zusätzlich zur Anzeige auf dem Display Ihrer ISDN-Telefone können Sie einen Ausdruck bekommen, auf dem dann schwarz auf weiß steht, wer wohin und für wieviel telefoniert hat. Oder aber Sie verwenden das Gebührenauswertungsprogramm der Euracom. Das erlaubt Ihnen die Auswertung nach verschiedenen Kriterien auf Ihrem PC.

Das Gebührenauswerteprogramm der Euracom

Die Euracom kann bis zu 1.000 Gespräche anlagenintern zwischenspeichern. Zu den einzelnen Gesprächen werden neben dem Datum, die Uhrzeit, die Dauer, die Amtsrufnummer, der Projektcode, die Nebenstelle und der Betrag erfaßt. Diese Daten können Sie über die gleiche Euracom-Schnittstelle, auf die auch das Konfigurationsprogramm zugreift, in Ihren PC holen, um sie anschließend mit dem Auswertungsprogramm zu analysieren.

Jede Nebenstelle kann übrigen einzeln für die Gebührenerfassung konfiguriert werden, d. h., Sie können z. B. einen Nebenstelle mit einem Verrechnungsfaktor von 30 Pfennig pro Gebührentakt anstatt mit 12 Pfennig programmieren. Es besteht auch die Möglichkeit, eine Nebenstelle von der Erfassung auszuschließen.

Die andere Möglichkeit der Gebührenauswertung besteht darin, die gespeicherten Gebührendaten per Tastaurbefehl an einen seriellen Drucker (der muß an der anderen Schnittstelle der Euracom angeschlossen sein) auszugeben.

Sinnvoller ist es allerdings, das Gebührenauswertungsprogramm zu benutzen, denn dieses Programm erlaubt auch den Ausdruck der Gebührendaten, und zwar über den am PC angeschlossenen Drucker. Damit ersparen Sie sich den komplizierten Anschluß eines seriellen Druckers an die Euracom.

13.5 Klein, aber oho – Der Alleskönner von Hagenuk

"Externe ISDN-PC-Karte statt Schraubenzieher, Box mit Blick auf ISDN, 3fach-Terminaladapter, Plug & Play-Lösung." So steht es – etwas verwirrend formuliert – auf der 20x30 cm großen Verpackung der DataBox Speed Dragon geschrieben. Und es stimmt. Ein Schraubenzieher ist nur vonnöten, wenn es darum geht, die Anlage an die Wand zu montieren. Aber das ist eigentlich gar nicht notwendig, aufgesteckt auf den mitgelieferten Aufstellfuß macht sich diese bislang einmalig neue Kombination aus ISDN-Telefonanlage und aktiver ISDN-Karte auch recht gut auf dem Schreibtisch.

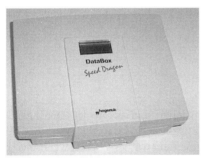

Schicker Kasten

Kurzübersicht

Bis zu drei herkömmliche analoge Endgeräte, wie Telefone mit Ton sowie Impulswahl, Faxgerät, Modem (High-Speed bis V.34+) oder Anrufbeantworter, lassen sich an die Anlage anschließen. Der Verbindungsaufbau geschieht von den Telefonen aus wie von Geisterhand. Ein PC-Wahlhilfeprogramm ermöglicht es, Rufnummern direkt aus einer eigens dafür angelegten Datenbank oder aus der Anrufliste zu wählen. Natürlich kann aber auch noch die herkömmliche Methode über Telefontastatur oder Wählscheibe benutzt werden.

Über die integrierte, aktive ISDN-Karte und das umfangreiche Softwareangebot findet jeder Online-Interessierte seinen Weg in die große weite Welt der Daten. Die Karte kann einerseits über die CAPI-Schnittstelle (siehe Kapitel 5.1) angesprochen werden, diese nutzen z. B. die mitgelieferten Programme wie den T-Online-Decoder oder das ISDN-Komplettpaket RVS-COM/Lite für Windows 95 (siehe auch Seite 152). Andererseits läßt sich die DataBox im AT-Modus wie ein konventionelles externes Modem ansprechen. Zwischen beiden Betriebsarten kann ohne Rechnerneustart umgeschaltet werden.

Ein Display bringt den Überblick

Ein kleines, in die Anlage eingebautes, Multifunktionsdisplay ersetzt in seiner Anzeigefunktionalität eigentlich schon ein modernes ISDN-Komforttelefon. Die Rufnummer des Anrufenden (wenn dieser auch einen ISDN-Anschluß besitzt oder von einem Handy aus telefoniert) und die vom ihm angerufene Mehrfachrufnummer Ihres Anschlusses (max. fünf MSNs sind möglich) erscheint. Somit können Sie schon vor dem Abheben erkennen, ob der Anrufende ein privates oder geschäftliches Anliegen hat.

*Mit dem Display behalten
Sie den Überblick*

Die letzten zehn Anrufer werden gespeichert und auf dem Display der Reihe nach angezeigt. Sogar ein direktes Wählen aus dieser Liste ist über eine Tastenkombination von jedem Telefon aus möglich. Außerdem werden noch abwechselnd die Gebührensumme, die belegten B-Kanäle (läßt erkennen, ob gerade eine Verbindung mit dem PC oder einem Telefon besteht) und die MSN-Programmierung mit eventuell eingeleiteter Rufumleitung angezeigt.

Das Display wechselt im 1-2-Sekundentakt zwischen der Anzeige von der letzten Rufnummer (wird beibehalten), der Belegung der beiden ISDN-Ports (nur die eigene Verwendung wird angezeigt, nicht wenn ein ISDN-Telefon oder Karte am selben Bus einen Port belegt, schade) sowie der kumulativen Gebührenanzeige (d. h., die

Gebühren werden aufaddiert, so daß schnell eine große Summe im Display erscheint).

Die Zielgruppe – Für wen Speedy interessant ist

All diejenigen, die noch keine ISDN-Karte besitzen und ohne großen Aufwand schnell und problemlos den Telefon- und Datenanschluß zum ISDN-Netz wollen, sind mit dieser Komplettlösung bestens und zudem günstig (499 DM) bedient. Bei gleichzeitiger Beantragung eines ISDN-Anschlusses bekommt man die Anlage bei einigen Händlern sogar für 299 DM.

Die Speed Dragon stellt eine gute Lösung für den Privathaushalt dar. Für den Einsatz im Büro ist sie, durch die geringe Anzahl der anzuschließenden Endgeräte und fehlender Erweiterungsmöglichkeit, eher weniger geeignet. Umständliche Montagearbeiten, sei es das Anschließen von Telefondosen oder das Einbauen einer ISDN-Karte in den PC, mit allen bekannten Schwierigkeiten und Fehlerquellen, fallen weg. Die serielle PC-Schnittstelle und die DataBox werden einfach über das mitgelieferten Kabel verbunden. Ebenso einfach werden vorhandene Endgeräte über die drei mitgelieferten TAE-Adapter an die Anlage angeschlossen. Innerhalb kürzester Zeit sind alle handwerklichen Tätigkeiten vollendet, und die Anlage ist für den Telefonverkehr bereit. Nach Abschluß der, auch für Nicht-Computer-Freaks einfachen, Installation der Software kann dann auch der Datendienst über die ISDN-Karte genutzt werden.

 Meine neue ISDN-Anlage (Hagenuk-Speed-Dragon) besitzt ein kleines Display. Darauf erschien neulich die Rufnummer meines Freundes. Der hat aber gar keinen ISDN-Anschluß. Wie kommt das?

Ihr Freund hat für seinen analogen Anschluß bei der Telekom einen entsprechenden Antrag gestellt. Jeder Teilnehmer, der an einer digitalen Vermittlungsstelle angeschlossen ist, kann sich diese Funktion freischalten lassen. Er muß dafür nicht unbedingt einen ISDN-Anschluß besitzen. Zusätzliche Kosten fallen nicht an!

Inbetriebnahme der DataBox

Im folgenden wird beschrieben, wie Sie die DataBox und die mitgelieferte Software einrichten.

Allgemeines zur Inbetriebnahme der DataBox

Nach dem Auspacken der Anlage werden Sie die üblicherweise mitgelieferte Bedienungsanleitung nicht finden. Das ist schade. Auf der mitgelieferten CD-ROM befindet sich zwar eine gute Online-Hilfe im Hypertext-Format, und eine Kurzanleitung in Form einer Scheckkarte für die Telefonbedienung liegt auch bei, jedoch wäre eine vernünftige Dokumentation mit Installations- und Bedienungshinweisen für die ersten Schritte schon sehr wichtig. Da kann man nur hoffen, daß der Hersteller dieses Manko, möglicherweise auf Grund von Rückmeldungen der Käufer, erkennt und allen einen Gefallen tut, in dem er den Lieferumfang um eine Anleitung in Papierform erweitert. Ansonsten gibt es wenig Kritik. Es fehlt nichts an Zubehör, was das sofortige Anschließen und Inbetriebnehmen der Anlage verhindern könnte.

Inbetriebnahme der Telefonanlage

Um schnell die Anlage telefonbereit zu machen, was keine fünf Minuten dauert, verbinden Sie einfach den NTBA der Telekom mit der entsprechenden ISDN-Buchse der DataBox. Das dafür notwendige drei Meter lange Anschlußkabel wird mitgeliefert. Wenn Sie jetzt noch die Anlage mit Strom versorgen – das Netzteil wird interessanterweise über ein RJ-Stecker am Gerät angeschlossen – und Ihre vorhandenen Endgeräte mit Hilfe der drei Adapter in die gut beschrifteten Buchsen auf der Rückseite der Anlage stecken, können Sie schon nach einem kurzen Selbsttest der Data-Box telefonieren und auf allen Mehrfachrufnummern angerufen werden.

Ungewöhnlich: Die Stromversorgung läuft über einen RJ-Stecker

Die übersichtliche Anordnung erleichtert Ihnen die Anschlußarbeit

Inbetriebnahme der ISDN-Karte

Nachdem Sie die Speed Dragon über das mitgelieferte Anschlußkabel an eine freie serielle Schnittstelle Ihres PCs angeschlossen haben, starten Sie den Rechner neu.

Das serielle Kabel dient der PC-Verbindung; an die TAE-Adapter kommen Ihre analogen Geräte

Die DataBox Speed Dragon unterstützt das Plug & Play-Verfahren (siehe Seite 375). An einem Windows 95-Rechner geschieht die Anmeldung der DataBox voll automatisch. Weitere Informationen finden Sie weiter unten, bei der Installation der Systemsoftware.

Die Software

Die mitgelieferte Software besteht aus vier Disketten und einer CD-ROM. Auf den Disketten, jeweils zwei für Windows 95 und Windows 3.11, befindet sich die Systemsoftware für die Speed Dragon. Auf der CD-ROM wird neben dem ISDN-Softwarepaket RVS-COM/Lite für Windows 95 noch der T-Online-Decoder und eine Online-Hilfe-mitgeliefert.

Installation der Systemsoftware

Nach Installation der ISDN-Karte, wie oben beschrieben, werden nach dem anschließenden Neustart des PCs, die notwendigen Treiber-Dateien mittels der DataBox-Installationsdiskette geladen. Das sollte eigentlich über Plug & Play laufen. Gibt es dennoch Probleme, installieren Sie die Treiber über den Hardware-Assistenten. Durch diesen Vorgang ist die DataBox nun in der Windows 95-Systemsteuerung als Modem eingetragen. Bei diesen AT-Modems kann neben dem Grundmodem eine Reihe von vordefinierten virtuellen Modems für Btx, PPP und V.110 etc. installiert werden.

Ansonsten kann das Grundmodem über AT-Befehle konfiguriert werden. Die AT-Befehle werden in den erweiterten Modemeinstellungen eingetragen. Die virtuellen SD-Modems kann man übrigens entweder über den Hardware-Assistenten und dort *Andere Komponenten* installieren. Oder man wählt *Hinzufügen* im Modemdialog der Systemsteuerung. Obwohl letzteres identisch zum ersten ist, denn der Befehl ruft auch nur den Hardware-Assistenten auf und führt anschließend direkt in die Auswahl *Neues Modem installieren.*

Virtuelle Modems

Um Programme, wie z. B. RVS-COM oder den T-Online-Decoder, die auf die standardisierte CAPI-Schnittstelle aufsetzen, zu nutzen, muß als nächster Schritt das Setup-Programm (*Setup.exe*) von der Installationsdiskette 1 aufgerufen werden. Während des Installationsvorgangs werden Sie gefragt, mit welcher seriellen Schnittstelle (COM-Schnittstelle) Ihres PCs die Box verbunden ist.

Die hier von Ihnen eingestellte Schnittstelle läßt sich auch noch nachträglich mit dem Programm DataBox-Systemsteuerung ändern. Außerdem müssen Sie noch die Übertragungsgeschwindigkeit angeben, mit der die Daten vom PC zur DataBox und zurück fließen. Dabei muß angegeben werden, ob das Modem an einer Com-Schnittstelle mit Standard-Fifo (16550) oder einem hochwertigen Spezial-Fifo sitzt. Nur bei letzterem sind Übertragungsraten von 230.400 statt 115.200 Bit/s möglich. Außerdem muß man die COM-Schnittstelle auf dieselbe Datenrate und Hardwareflußkontrolle einstellen (im System-Manager) sowie das Modem auf die entsprechende Einstellung programmieren. Dazu gibt man einen entsprechenden AT-Befehl in einem Terminal-Programm ein (im Textdokument zu den AT-Befehlen dokumentiert). Im Normalfall übernehmen Sie hier die Standardeinstellung. Die Geschwindigkeit von 115.200 Bit/s unterstützen fast alle Rechner. Um die neuen Treiber zu aktivieren, müssen Sie zuletzt noch Ihren PC neu starten.

Nach dem Neustart befindet sich die DataBox automatisch im sogenannten CAPI-Modus und ist nun bereit, mit den entsprechenden Anwendungen (T-Online, RVS-COM usw.) zusammenzuarbeiten. Eine neue Programmgruppe mit der Bezeichnung DataBox Speed Dragon wird angelegt.

Der erste Test – Installation des T-Online Decoders

Die schnellste und einfachste Methode zum Testen der ISDN-Karte ist der Verbindungsaufbau zum T-Online-Dienst der Telekom. Dafür müssen Sie erst, wenn nicht schon vorhanden, den T-Online-Decoder von der mitgelieferten CD installieren. Wählen Sie dabei unter *Einstellungen/Grundeinstellungen* die Option *Automatische*

Konfiguration/ISDN-Betrieb konfigurieren. T-Online erkennt automatisch den CAPI 2.0-Treiber der DataBox und baut eine Testverbindung auf.

Wie Sie mit der Speed Dragon eine 32-Bit-DFÜ-Netzwerkverbindung zu T-Online herstellen, lesen Sie weiter unten.

Installation von RVS-COM/Lite für Win95

Sollte der T-Online-Test positiv ausfallen, dann steht der weiteren Nutzung der ISDN-Karte für die unterschiedlichsten Anwendungen nichts mehr im Weg. Sie können jetzt das mitgelieferte Softwarepaket RVS-COM/Lite für Windows 95 installieren und die damit zur Verfügung stehenden Funktionen, wie Fax senden und empfangen, Eurofile-Transfer und Anrufbeantworter nutzen. Informationen und Installationshinweise zu RVS-COM/Lite erhalten Sie auf Seite 152.

AT-Modus anstatt CAPI-Modus

Die DataBox kann in zwei, sich gegenseitig ausschließenden Modi benutzt werden: dem AT-Modus (Steuerung der Karte läuft über AT-Befehle) und dem CAPI-Modus (Steuerung über CAPI).

Im AT-Modus verhält sich die DataBox wie ein herkömmliches, über Hayes-Befehle angesprochenes Modem. Vorhandene, für die analoge Datenübertragung entwickelte Programme können dadurch weiterhin benutzen werden. Für die Umsetzung der Kommunikationsprotokolle sorgt die DataBox. Eine ausführliche Beschreibung der AT-Befehle befindet sich in der Datei *Atmodus* auf der zweiten Installationsdiskette. Mit dem AT-Modus werden in der Regel nur erfahrene Benutzer arbeiten. Der AT-Modus ist im Normalfall nicht aktiviert, kann aber mit dem Programm CAPIView (siehe weiter unten) durch Deaktivierung des CAPI-Modus gestartet werden.

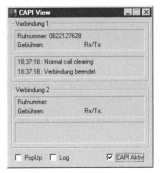

Über CAPIView können Sie den Betriebsmodus ändern

 Kann gleichzeitig mit CAPI- und AT-Anwendungen auf die Schnittstelle zugegriffen werden?

Es ist grundsätzlich nicht möglich, gleichzeitig mit CAPI- und AT-Anwendungen auf die Schnittstelle zugreifen.

Die Funktionen der Systemsoftware

Die nach der Installation der Systemsoftware neu vorhandene Programmgruppe enthält einige sehr interessante Anwendungen. Eine davon ist die PC-Einrichtungssoftware.

Sie ermöglicht, im Unterschied zu der Programmierung per Telefon, eine einfache und dabei übersichtliche Anlagenkonfiguration. Diese Konfiguration kann gespeichert und später eventuell wieder in die Anlage eingespielt werden. Ein Ausdruck der Konfigurationsdaten ist ebenfalls möglich.

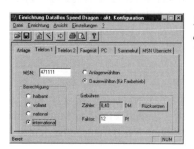

Konfigurationsprogramm für die DataBox Speed Dragon

Jedem Endgerät kann eine Mehrfachrufnummer (MSN) zugeordnet werden, auf die es bei einem ankommenden Ruf reagiert. Bei abgehenden Gesprächen wird diese MSN dann im Display des Gesprächspartners angezeigt. Außer der Zuordnung einer einzigen MSN zum jeweiligen Endgerät können Sie noch zusätzlich eine Ihrer in der Regel drei MSNs für die Sammelruffunktion der DataBox nutzen. Das hat dann den Vorteil das unter einer einzigen Mehrfachrufnummer mehrere Endgeräte erreicht werden und diese Geräte dann auch alle klingeln.

Die angefallen Gebühren für die einzelnen Endgeräte und den PC werden in der Summe jeweils angezeigt und können auf Wunsch gelöscht werden. Eine Änderung des Gebührenfaktors je Nebenstelle ist möglich. Zusätzlich kann auch die Gesamtsumme aller geführten Gespräche und Datenverbindungen (entspricht der Anzeige im integrierten Display) angezeigt werden.

Möchten Sie bestimmte Endgeräte bei Ihrer Wahl einschränken, dann haben Sie dafür vier unterschiedliche Amtsberechtigungen zur Verfügung:

- Halbamt
- Ortsberechtigung
- Nationale Berechtigung
- Internationale Berechtigung

Als letztes können Sie sich noch für die jeweilige Mehrfachrufnummer die aktivierten Rufumleitungen ins Amt anzeigen lassen. Die Aktivierung der Umleitung für eine MSN hingegen geschieht nicht über die Einrichtungssoftware, sondern von einem an der Anlage angeschlossenen, tonwahlfähigen Telefon. Dabei wird das ISDN-

Leistungsmerkmal Anrufweiterschaltung (vgl. Seite 33) in der ISDN-Vermittlungsstelle benutzt.

Das Wahlhilfeprogramm – Wählen leichtgemacht

Mit Hilfe dieser Software wird das Wählen einer Telefonnummer mit dem PC möglich. Dafür müssen Sie eine Datenbank, bestehend aus den Feldern, Name, Rufnummer und Kommentar anlegen. Leider können schon vorhandene Datenbanken nicht importiert und damit nicht genutzt werden. Bei ankommenden Anrufen mit Rufnummernübermittlung öffnet sich ein Ruffenster. Ist die Rufnummer schon in der Datenbank eingetragen, dann erhalten Sie den dazugehörigen Namen und den Kommentar. Ansonsten besteht die Möglichkeit, die angezeigte Rufnummer durch weitere Angaben zu ergänzen, um sie anschließend in die Datenbank neu aufzunehmen. Außerdem ist es möglich ankommende Rufe, bei vorhandener Soundkarte und Wave-Datei, unterschiedlich akustisch zu untermalen.

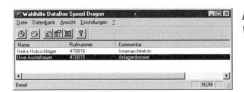

Datenbankeinträge im Wahlhilfeprogramm

Um eine Wahl aus dem PC heraus durchzuführen, reicht ein Doppelklick auf den Datenbankeintrag, und der PC baut automatisch, nach Abheben des Hörers, eine Verbindung zum gewünschten Teilnehmer auf.

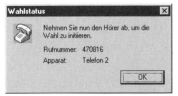

Der Wahlstatus

Alle ankommenden Rufe (bei Übermittlung der Rufnummer) werden, bei eingeschalteten PC und aktiviertem Wahlhilfeprogramm, automatisch in eine Liste (Journal) eingetragen. Diese Rufnummern können auch wieder mit einem Doppelklick automatisch angewählt werden.

Mit dem FLASH Loader läßt sich das Betriebssystem schnell aktualisieren

Das Steuerprogramm der Anlage, auch Betriebssystem oder Firmware genannt, befindet sich in einem Flash-ROM der DataBox Speed Dragon. Um auch in Zukunft Erweiterungen des ISDN-Leistungsumfangs nutzen zu können, wird das neueste Betriebssystem einfach mit dem Programm FLASH Loader in die Anlage geladen. Die Firmware bekommen Sie aus dem Internet oder aus einer Mailbox.

CAPIView schafft Auswahl zwischen AT- und CAPI-Modus

Mit diesem Programm können Sie entscheiden, ob Sie im AT-Modus oder CAPI-Modus arbeiten wollen. Nach dem Einschalten des PCs ist übrigens automatisch der CAPI-Modus aktiviert. Zusätzlich erlaubt dieses Werkzeug noch die Überwachung der vom PC-Programm aufgebauten Datenverbindungen.

Der Telefonie-Praxistest

Die am häufigsten genutzten Telefongrundfunktionen, wie kostenlose interne Gespräche, Rückfrage, Verbinden und Makeln, stehen natürlich zur Verfügung und reichen für den normalen Telefoniealltag auch aus. Ansonsten bietet die Anlage allerdings nur noch eine Konferenzschaltung, an der ein externer und zwei interne Gesprächspartner teilnehmen können. Eine Konferenzschaltung mit zwei externen Partner ist weder über den zweiten B-Kanal noch über das ISDN-Leitungsmerkmal Dreierkonferenz möglich.

Weiterhin kann man das ISDN-Leistungsmerkmal ständige Anrufweiterschaltung für die einzelnen Mehrfachrufnummern nutzen. Die anderen Methoden, Anrufweiterschaltung bei Besetzt, bei Nichtmelden und nach Dienst sowie die Rufumleitung über den zweiten B-Kanal, funktionieren nicht.

Haben Sie noch zusätzlich ein reinrassiges ISDN-Telefon parallel zu Ihrer ISDN-DataBox am NTBA der Telekom angeschlossen und möchten dann ein Gespräch von dem einem Anschluß zum andern verbinden, dann haben Sie ein Problem. Normalerweise funktioniert das über die Funktion Parken – doch diese wird leider nicht unterstützt. Alle anderen vorhandenen bzw. nicht vorhandenen Leistungsmerkmale entnehmen Sie bitte der Tabelle auf Seite 392.

Was uns noch gefallen hat

Zusätzlich zu den beschrieben Funktionen, sind noch die folgenden Punkte erwähnenswert:

- Direkte Wahl aus der Display-Anruferliste.
- Heranholen eines Anrufs von einer anderen Nebenstelle (Pick Up).
- Amtsgespräche können sofort ohne das Vorwählen einer Amtskennziffer geführt werden.

13.6 Für jeden etwas – Verschiedene TK-Anlagen-Lösungen vorgestellt

In diesem Abschnitt sollen einige Exemplare von ISDN-Telefonanlagen vorgestellt werden, die Ihren typischen Einsatz im privaten oder geschäftlichen Bereich finden.

Die Mini-ISDN-Anlagen Triccy und Triccy PC

Die Dr. Neuhaus Telekommunikations GmbH bietet die Triccy zum Mini-Preis von 299 DM an. Und als Gegenwert bekommt man dafür jede Menge TK-Anlagenfunktionalität. Mit der 50 DM teureren Triccy PC bekommen Sie noch mehr Leistung in Form von computerunterstützter Telefonie.

Installation

Viel anzuschließen gibt es bei dieser Mini-Anlage nicht. Nachdem Sie mit den beigefügten Kabeln die Anlage ans Stromnetz und an den NTBA angeschlossen haben, können Sie Ihre analogen Geräte, egal ob Modem, Fax oder Telefon, über die beigefügten Adapter mit der Anlage verbinden und die Kommunikation mit anderen Teilnehmern aufnehmen. Die Anlage kann auf dem Tisch stehen oder aber an der Wand montiert werden.

Ausstattung

- Die Anlage bietet drei a/b-Schnittstellen für analoge Endgeräte mit Tonwahlverfahren (MFV) und Impulswahlverfahren (IWV).
- Sie ist für den Betrieb an einem Mehrgeräteanschluß geeignet und kann nicht an einem Anlagenanschluß betrieben werden.
- Drei Adapter für Endgeräte mit TAE-N- oder F-Stecker werden mitgeliefert. Über diese Adapterstecker können bis zu sechs Endgeräte an die drei a/b-Schnittstellen angeschlossen werden.
- Der Anschluß von Modems mit einer Übertragungsrate von 33.6 KBit/s (V.34plus) ist möglich.
- Anzeige der Betriebsfunktion durch LEDs.
- Konfigurationsänderungen können entweder mit dem Telefon oder aber mit einem Konfigurationsprogramm für den PC (nur bei Triccy PC) vorgenommen werden.
- Preiswerte Standardakkus in den Mobilteilen.
- Funktionen und Leistungsmerkmale.
- Kostenlose interne Gespräche.
- Externe Rufumleitung je MSN.
- Weckruf.
- Rufnummernübermittlung oder -unterdrückung.
- Durchwahl zu den angeschlossenen Endgeräten.
- Rufannahme als Telefongespräch oder Faxsendung (wichtig für den Anschluß eines Kombigeräts).

Für die Triccy PC gilt außerdem:

- TAPI-Schnittstelle.
- Wählen von Telefonnummern per Mausklick.
- Zugriff auf Datenbanken.
- Übernahme von Rufnummern in das Telefonbuch.
- Nutzung des MS-Exchange-Adreßbuchs.
- Notizbuch-Funktion
- Eingehende Gespräche werden mit der Rufnummer des Anrufers angezeigt.
- Head-Set (Kopfsprechgarnitur) separat erhältlich.
- Konfiguration der Anlage mit PC.

Nachteile

- Bestehende Gespräche können nicht zu einem anderen Telefon verbunden werden.
- Sehr wenig Telefon-Leistungsmerkmale.
- Keine Gebührenerfassung.
- Kein Fernladen der Anlage – Firmware-Update nur durch Einsenden des Geräts möglich.

Die schnurlose DECT-ISDN-Telefonanlage Gigaset 1054isdn

Das Gigaset 1054isdn ist eine schnurlose Euro-ISDN-Telefonanlage an die sich bis zu acht Mobilteile anschließen lassen. Der Anschluß von zwei weiteren analogen Endgeräten ist zusätzlich möglich. Die digitale Technologie des Geräts erfüllt den europäischen Standard für schnurlose Telefone (DECT). Die DECT-Technologie bietet Abhörsicherheit und eine hervorragende digitale Sprachqualität. Die Anlage kostet 700 DM (ohne Mobilteil).

Installation

Zur Installation der Anlage gibt es nicht viel zu sagen. Die Anlage wird wie jede andere auch mit dem NTBA und der Steckdose für die Stromversorgung verbunden. Eine Wandmontage ist möglich.

Ausstattung

- Betrieb von bis zu acht Mobilteilen.
- Der Anschluß von zwei schnurgebundenen Zusatzgeräten (z. B. Telefon, Fax, Modem) an die TAE-Dosen der Basisstation ist über einen integrierten a/b-Wandler möglich.
- An einer dieser TAE-Dosen lassen sich Übertragungsraten bis 28.800 Bit/s erreichen. Der andere a/b-Anschluß ist mit einem Datendurchsatz von 4.800 Bit/s gerade noch für die Faxübertragung geeignet.

- Der Betrieb eines Mobilteils ist an bis zu vier Basisstationen möglich. Das Gespräch wird von einem Funkbereich zum anderen weitergereicht (Roaming). Dadurch wird die Reichweite (normalerweise 50 m in Gebäuden und 300 m im Freien) der Mobilteile wesentlich vergrößert.
- Verschlüsselung der Sprachübertragung zwischen Mobilteil und Basisstation.
- Bis zu zwei Extern- und drei Internverbindungen gleichzeitig.
- Am Gigaset 1054isdn können Sie Mobilteile der Serie Gigaset 1000 S (249 DM) und Gigaset 1000 C (299 DM) betreiben. Eine Ladeschale, zum Aufladen der Mobilteilakkus, kostet 49 DM.
- An der Gigaset 1054isdn können wegen des GAP-Standards Mobilteile von anderen Herstellern betrieben werden.

Sonderzubehör

Die schnurlose Telefondose Gigaset 1000 TAE

Mit dieser Dose können Sie an einem beliebigen Ort im Haus ein normales analoges Endgerät betreiben, ohne ein Kabel zu verlegen. Die Gigaset 1000 TAE benötigt dafür nur einen 230-V-Anschluß. Sie nimmt dann automatisch, anstelle von einem Mobiltelefon, den Kontakt zur Basisstation auf. In die Dose können Sie dann ein Faxgerät oder ein normales Telefon stecken. Der Anschluß eines Modems ist weniger sinnvoll, da für die Datenübertragung nur eine Geschwindigkeit von 9.600 Bit/s garantiert wird. Die reicht gerade mal für den Faxbetrieb aus. Die Dose ist nicht gerade billig. Sie kostet ca. 250 DM.

Headset – Freihändiges Telefonieren

Für das Siemens Gigaset 1000C gibt es ein Headset für 99 DM, mit dem Sie freisprechen können.

Gigaset 1054isdn und Türöffner

Sie können einen TFE-Adapter (Türfreisprecheinrichtung) mit oder ohne Verstärker installieren. Der dafür vorgesehene Anschluß ist eine der beiden a/b-Schnittstellen.

Funktionen und Leistungsmerkmale

- Kostenlose Interngespräche zwischen allen Teilnehmern.
- Durchwahl zu den Mobilteilen oder zu analogen Anschlüssen.
- Gesprächsübergabe bei externen Gesprächen.
- Mehrfachzuordnung der MSN zu mehreren internen Anschlüssen.
- Gruppenruf und Sammelruf an alle Teilnehmer.
- Anklopfen während des Gesprächs.
- Rückfrage und Makeln.

- Dreierkonferenz.
- Anrufübernahme.
- Anrufumleitung intern und extern.
- Zwei Teilnehmer können gleichzeitig über Amt sprechen.
- Gesprächsübergabe: mit Wiederanruf, wenn erfolglos.
- Sperren unerwünschter Anrufe.
- Spontane Amtsholung (nicht für die beiden analogen Anschlüsse).
- Rückruf extern.
- Gebührenerfassung pro Teilnehmer, Rufnummer und Gesamtsystem.
- Dreistufige Berechtigung: Voll-, Halb- und ohne Amtsberechtigung.

Nachteile

- Die Konfiguration der Anlage ist nur über Mobilteil möglich.
- Die Gebührenerfassung ist sehr mager. Die Abfrage der Daten ist lediglich über das jeweilige Handy möglich.
- Kein Update der Firmware möglich.
- Keine spontane Amtsholung für die a/b-Schnittstelle.

Die Plug & Play-ISDN-Anlage Euracom 306 der Telekom

Die Eumex 306 ist die Plug & Play ISDN-Anlage der Telekom und kann für 549 DM dort bestellt werden. Im Gegensatz zur 899 DM teuren Eumex 308 verfügt sie über keinen internen S_0-Bus.

Installation

Zuerst die Anlage an die Wand schrauben, dann die Verbindung zum Netzabschluß-kasten (NTBA) mit dem beiliegenden Kabel herstellen, die Telefone einstöpseln, den Netzstecker in die Steckdose, und schon kann man das erste Telefonat führen. Viel schneller und einfacher kann man eine Anlage nicht in Betrieb nehmen.

Die Eumex 306 inklusive mitgeliefertem Zubehör

Ausstattung

Die Anlage bietet vier Einsteckmöglichkeiten für analoge Endgeräte mit Tonwahlverfahren (MFV) und TAE-Stecker. Die TAE-Anschlußdosen sind in der Anlage nicht codiert, d. h., Sie können sowohl F-codierte als auch N-codierte TAE-Stecker verwenden. Der Anschluß von Telefonen, Anrufbeantwortern, Faxgeräten und Modems, die übrigens nach dem V.34+-Standard übertragen können, ist möglich.

Zwei der vier Anschlußdosen sind in der Anlage schon von der Grundkonfiguration für den Anschluß von normalen analogen Telefonen vorgesehen. Die beiden anderen Anschlüsse sind soweit vorbereitet, daß ein Faxgerät und ein Anrufbeantworter eingesteckt werden können.

Die Anlage ist standardmäßig für den Betrieb an einem Mehrgeräteanschluß vorbereitet. Sie kann aber auch an einem Anlagenanschluß betrieben werden. Konfigurationsänderungen können entweder mit dem Telefon oder aber mit einem Konfigurationsprogramm für den PC vorgenommen werden.

Vier eingebaute externe IAE-Dosen bieten vier Anschlußmöglichkeiten für ISDN-Endgeräte wie z. B. ISDN-Telefon oder ISDN-Karte im PC.

Funktionen und Leistungsmerkmale

- Die Eumex 306 unterstützt alle relevanten ISDN-Leistungsmerkmale der Telekom.
- Die Anrufweiterleitung kann auf dreierlei Art in der Vermittlungsstelle der Telekom vorgenommen werden (sofort, nach Zeit oder bei Besetzt). Außerdem besteht noch die Möglichkeit, die Anrufweiterleitung in Abhängigkeit des jeweiligen Dienstes (alle Dienste, Fernsprechen, Telefax 2/3 oder Datenübertragung) zu aktivieren.
- Über die Funktion Rufumleitung kann mit Hilfe des zweiten B-Kanals ein externer Anruf innerhalb der Eumex 306, auch in den obengenannten drei Varianten, an eine externe Rufnummer umgeleitet werden. Dabei werden beide B-Kanäle belegt.
- Die Funktionen Dreierkonferenz und Makeln sind grundsätzlich nur über die Vermittlungsstelle möglich.
- Anklopfende, externe Teilnehmer können bei einem bestehenden Gespräch entgegengenommen werden. In dieser Zeit wird das erste Gespräch gehalten.
- Eine Mehrfachrufnummer wird der Anrufvariante (Tag-/Nachtschaltung) zugeordnet. Die den beiden Anrufvarianten zugeordneten Endgeräte klingeln dann in Abhängigkeit der Tag- oder Nachtschaltung. Die beiden anderen Mehrfachnummern können dann jeweils einer weiteren Nebenstelle zugeordnet werden.
- Über die serielle Schnittstelle kann ein serieller Drucker für die Gebührenerfassung angeschlossen werden. Ist der Drucker nicht eingeschaltet, speichert die Anlage bis zu zehn Gebührendatensätze. Die Daten geben nicht nur Aufschluß über die angefallenen Gebühren, sondern sie informieren Sie auch über die Dauer des Gesprächs, die interne und externe Rufnummer sowie über Datum und Uhrzeit.

Nachteile

- Das Kabel, das man für die Programmierung mit dem PC bzw. für die Gebührenerfassung über einen seriellen Drucker benötigt, wird leider nicht mitgeliefert.
- Die Rufverteilung läßt sich im Vergleich mit anderen Anlagen nicht gerade variabel programmieren. Allerdings ist das bei nur vier anschließbaren Endgeräten auch nicht unbedingt notwendig.

Ich bin Besitzer einer Eumex-ISDN-Anlage mit Multi-Port. Wie kann ich für abgehenden Verbindungen die Dienstekennung Telefax festlegen?

Es gibt Anlagen, wie z. B. die Eumex 209, an denen man zum Belegen der Amtsleitung eine bestimmte Kennziffer von dem am Multi-Port angeschlossenem Gerät wählen muß, damit der entsprechende Dienst (Telefon oder Telefax) mit übertragen wird. Um also eine externe Verbindung mit dem Dienst Telefax am Multi-Port aufzubauen, muß z. B. bei der Eumex 209 die 10 für die Amtsleitung gewählt werden. Bei der Eumex 306 muß für die Dienstekennung Telefax die Leitung mit 0 und * belegt werden. Andere Anlagen, wie z. B. die Euracom, machen das automatisch. Die Leitung für externe Gespräche wird dabei ganz normal belegt.

Die ISDN-TK-Anlage Tiptel 810 ohne internen S_0-Bus

Die Tiptel 810 ist eine sehr zuverlässige und leicht zu konfigurierende Anlage mit einem hervorragendes Preis/Leistungsverhältnis. Sie kostet 700 DM.

Die Tiptel 810

Installation

Über ein mitgeliefertes, serielles Kabel wird die Anlage an den PC angeschlossen. Das andere Kabel verbindet die Anlage mit dem NTBA. Dübel und Schrauben erlauben eine Wandmontage der Tiptel. Eine werkseitige Voreinstellung der Anlagenkonfiguration erlaubt eine schnelle Inbetriebnahme.

Ausstattung

- Acht analoge Endgeräte mit Impulswahlverfahren (IWV) oder Tonwahlverfahren (MFV) können angeschlossen werden. Die Erkennung geschieht automatisch.
- Anschluß als Mehrgeräte- und Anlagenanschluß am Euro-ISDN möglich.
- Die Anlage erzeugt einen 16-kHz-Gebührenimpuls, wenn die kostenpflichtige Gebühreninformation von der Telekom mitgeliefert wird.
- Audioeingang für eine externe Musikquelle (Wartemusik); eine interne Quelle ist vorhanden.
- Vier Leuchtdioden auf dem Gehäuse dienen als Zustandsanzeige. Sie geben Auskunft über Spannungsversorgung, ISDN-Verbindung und Belegung der B-Kanäle.
- Die Telefondosen für die analogen Endgeräte werden über Schraubklemmen an die Anlage angeschlossen, wobei die Polung der Adern egal ist.
- Schnelle Datenübertragungsrate (33.600 Bit/s) auf den analogen Anschlüssen.

Funktionen und Leistungsmerkmale

- Schnelle und einfache Konfiguration, auch für Einsteiger, der Anlage über Telefon oder mitgelieferte PC-Software für Windows 95.
- Auslesen und Ausdrucken von in der Anlage gespeicherten Gebühreninformationen.
- Mehrfachzuordnung der MSN zu mehreren internen Anschlüssen.
- Multi-Port/Kombi-Port.
- Halten, Makel/Rückfrage.
- Anklopfen/Anrufschutz.
- Nachtschaltung.
- Anrufumleitung nach extern über zweiten B-Kanal.
- Eine Fernwartung/Fernkonfiguration ist möglich.
- Heranholen des Rufs/Pick-Up.
- Verbinden von Gesprächen.
- Spontane Amtsholung.
- Interner Rückruf bei Besetzt.
- Raumüberwachung nur intern.
- Gebührenerfassung mit Angabe der Nebenstelle, der Anrufzeit, der Rufnummer und der angefallenen Gebühren/Einheiten.
- Zuordnung von drei Kostenstellen/Projekten bei abgehenden Gesprächen.
- Auswertung der Gebührendaten, über mitgelieferte Software, nach Nebenstellen und Kostenstellen.
- Die Rufumleitung der Türstation nach extern (Apothekerschaltung) ist möglich.
- Kurzwahlspeicher für 100 Einträge.
- Unterdrückung der eigenen Rufnummer.

- Dreierkonferenz mit externen Teilnehmern.
- Sonderzubehör
- Türsprechmodul TSM 2 für Türsprechstation, Türöffner oder Türklingel.

Nachteile

- Das Zusatzmodul für die Türsprechstelle belegt die achte Nebenstelle.
- Die ISDN-Leistungsmerkmale externer Rückruf und Parken sind nicht implementiert.
- Bei spontaner Amtsholung ist kein interner Gesprächsaufbau mehr möglich. Von daher wird sie hauptsächlich bei Modems und Faxgeräten zum Einsatz kommen.
- Kein interner S_0-Bus und auch keine Erweiterungsmöglichkeit.

Die Funktionsmerkmale von TK-Anlagen in der Übersicht

ANLAGE	Euracom 181	Tiptel 810	Eumex 306	Gigaset 1054 ISDN	Hagenuk Speed Dragon	Triccy
Ausstattung						
Euro-ISDN-Basisanschluß, Anlagen- oder Mehrgerätean-schluß	1	1	1	1	1	1
Analoge (a/b) Teilneh-meranschlüsse	8	8	4	2	3	3
Mobiltelefone maximal	-	-	-	8	-	-
Anschluß einer Türfrei-sprecheinrichtung	1	-	-	1	-	-
Türfreisprechein-richtungen über ein zu-sätzliches Modul	2	1	-	-	-	-
Interner S_0-Bus	1	-	-	-	-	-
ISDN-Telefone ohne/mit eigener Stromversor-gung am internen S_0-Bus	4/8	-	-	-	-	-
Externer Anschluß für Wartemusik	x	x	-	-	-	-
Steuerungskontakte (Ausgang, Eingang)	3 (2,1)	-	-	-	-	-
Serielle Schnittstellen für den Anschluß von Druk-ker und PC	2	1	1	-	1	Triccy PC

ANLAGE	Euracom 181	Tiptel 810	Eumex 306	Gigaset 1054 ISDN	Hagenuk Speed Dragon	Triccy
Besondere Lestungsmerkmale:						
Gebührenerfassung und Verwaltung auf PC	x	x	-	-	x	x
Freie Zuweisung von Durchwahl- oder Mehr-fachrufnummer	x	x	x	x	x	x
Komfortable Program-mierung der TK-Anlage über beiliegendes PC-Programm	x	x	x	-	x	Triccy PC
Dienstekennung für je-des Gerät einstellbar	x	x	x	x	x	-
Unteranlagenfähig	x	-	-	-	-	-
Vernetzungsfähig	x	-	-	-	-	-
Modular ausbaufähig mit S_0-Modul	2	-	-	-	-	-
Fernwartung (Fehlerdiagnose) und Fernkonfiguration	x	x	-	-	-	-

ANLAGE	Euracom 181	Tiptel 810	Eumex 306	Gigaset 1054 ISDN	Hagenuk Speed Dragon	Triccy
Euro-ISDN:						
Anrufweiterschaltung in drei Varianten (Ständig/Besetzt/bei Nichtmelden)	x/x/x	x/x/x	x/x/x	x/x/x	x/-/-	x/x/x
Anrufweiterleitung nach extern für jede Mehrfachrufnummer	x	x	x	x	x	x
Dreierkonferenz (zwei externe, ein interner Teilnehmer) in der Vermittlungsstelle	x	-	x	x	-	-
Rückfragen/Makeln	x	x	x	x	x	-
Anklopfen/Anklopfschutz	x/x	x/x	x/x	x/x	-	-
Parken	x	-	-	x	-	-
Anzeige der Rufnummer des Anrufenden (bei digitalen Endgeräten)	x	-	-	-	-	-
Übermittlung der Rufnummer	x	x	x	x	x	x
Unterdrückung der Rufnummernübermittlung	x	x	x	x	-	-
Gebührenanzeige während und nach Ende der Verbindung am ISDN-Telefon	x	-	-	-	Display	-

Leistungsmerkmale:	Euracom 181	Tiptel 810	Eumex 306	Gigaset 1054 ISDN	Hagenuk Speed Dragon	Triccy
Anzahl der programmierbaren Mehrfachrufnummern pro Mehrgeräteanschluß	10x	10	5	10	5	9
Fangen/Feststellen böswilliger Anrufer	x	-	-	-	-	-
Allgemein						
Interngespräche	x	x	x	x	x	x
Verbinden von Gesprächen	x	x	x	x	x	-
Telefone mit Tonwahl	x	x	x	x	x	x
Telefone mit Impulswahlverfahren	x	x	-	x	x	x
Multi-Port (Kombigeräte-Anschluß)	x	x	x	-	-	x
16-kHz-Gebührenimpuls auf die analogen Teilnehmer	x	x	-	-	-	-
Türöffner	x	x	-	x	-	-
Notbetrieb bei Stromausfall	-	-	-	-	-	-
Anzahl der möglichen Amtsberechtigungen je Teilnehmer	6	3	5	3	4	-
Sperrbereichsnummern	20	5	-	3	-	-
Zentrale Kurzwahlziele	200	100	-	100	-	-
Spontane Amtsholung	wahlweise	wahlweise	-	Mobilteil	permanent	permanent
Anrufvarianten (Tag/Nacht)	x	x	x	-	-	-
Rufumleitung intern	x	x	x	x	-	-
Rufumleitung extern über zweiten B-Kanal	x	x	x	x	-	-
Apothekerschaltung	x	x	-	-	-	-
Konferenzschaltung (zwei interne und ein externer Teilnehmer)	x	x	-	x	-	-

Leistungsmerkmale:	Euracom 181	Tiptel 810	Eumex 306	Gigaset 1054 ISDN	Hagenuk Speed Dragon	Triccy
Konferenzschaltung (ein interner und zwei externe Teilnehmer über zweiten B-Kanal)	x	x	x	x	-	-
Reservierung einer Amtsleitung	x	x	-	-	-	-
Automatischer Rückruf intern bei Frei	x	x	x	-	-	-
Automatischer Rückruf intern bei Besetzt	x	x	x	x	-	-
Wartemusik/Musik on Hold	x	x	x	-	-	-
Automatische Wahl (Hotline-Funktion)	x	-	-	-	-	-
Anrufliste	-	-	-	-	-	Triccy PC
Anrufschutz	x	-	-	-	-	-
Anruffilter	-	x	-	-	-	-
Anklopfen/Anklopfschutz	x/x	x/x	x/x	x/x	-/-	-/-
Rufübernahme	x	x	x	x	-	-
Gespräche vom Anrufbeantworter übernehmen	x	-	x	-	-	-
Rufweiterschaltung	x	-	x	-	-	-
Coderuf/Sammelruf	x	x	-	-	-	-
Rückfrage/Makeln	x	x	x	x	x	-
Raumüberwachung von intern /extern	x/x	x/-	-	-	-	-
Programmierbare Weckzeit	x	-	-	-	-	-
Technische Merkmale:						
Allgemeine Anschalterlaubnis (AAE)	x	x	x	x	x	x
1TR6 nationales ISDN (alt)	-	-	-	-	-	-
Euro-ISDN (DSS1)	x	x	x	x	x	x

* Eingeschränkte Zuweisung von Durchwahl oder Mehrfachrufnummern. (Sie können nicht zwei oder mehr MSNs auf einen Anschluß, z. B. Ihren Anrufbeantworter, legen.) Die mehrfache Zuweisung derselben MSN auf verschiedene Anschlüsse ist aber möglich.

13.7 Weitere FAQs

FAQ **Ich habe mir von meinem Amerika-Urlaub ein Designer-Telefon mitgebracht. Funktioniert das auch an meiner ISDN-Telefonanlage?**

Telefone aus Amerika arbeiten mit dem Tonwahlverfahren, alle ISDN-Anlagen unterstützen dieses Wahlverfahren. Ein Problem könnte es lediglich beim Einstöpseln der Anschlußschnur geben. In Amerika ist der RJ-11-Stecker Standard, in Deutschland ist es der TAE-Stecker. Bei den amerikanischen Steckern haben nur die beiden mittleren Adern (a- und b-Ader) eine Funktion. Kaufen Sie sich einen Adapter oder tauschen Sie die Schnur aus.

FAQ **Ich habe an meine ISDN-Anlage ein altes Schätzchen (Telefon mit Wählscheibe) angeschlossen. Das Wählen funktioniert. Ich kann aber kein Gespräch mit dem Knöpfchen verbinden. Woran liegt das?**

Ihre Anlage unterstützt nicht das Erdtastenverfahren. Ältere Telefone, die über dieses Verfahren Gespräche verbinden, sind dazu dann nicht in der Lage. Das normale Telefonieren ist zwar möglich, allerdings können Sie viele Leistungsmerkmale mit diesen alten IWV-(Impulswahlverfahren-)Telefonen nicht nutzen. Das liegt daran, daß die Tasten # und * keine Funktion haben. Es gibt auch Tastentelefone mit Knöpfchen und Impulswahl. Da sieht es genau so aus.

FAQ **Meine Gebührenabrechnung von der Telekom ist nicht nach Mehrfachrufnummern aufgeschlüsselt. Woran liegt das ?**

Zuerst müssen Sie die Rechnungsaufteilung nach MSN (Einzelverbindungsnachweis) im Telekomladen oder über die Rufnummer 01114 beantragen Dann müssen Sie dafür sorgen, daß bei abgehenden Gesprächen die gewünschte MSN der jeweiligen analogen Nebenstelle auch mit übertragen wird. Programmieren Sie Ihre ISDN-Anlage entsprechend. Viele Anlagen senden die Mehrfachrufnummer mit, auf die das Endgerät bei ankommenden Rufen (Rufzuordnung) reagiert. Reagiert das Endgerät auf mehrere MSN, dann wird oft die MSN gesendet, die in der Programmierung an erster Stelle steht (rufen Sie doch einfach jemanden an, der ein ISDN-Telefon mit Display hat). Sollen Faxe und abgehende Modemverbindungen z. B. mit ihrer dritten MSN übertragen werden, dann müssen Sie die betreffenden Nebenstellen so programmieren, daß als erste Rufnummer die gewünschte dritte MSN eingetragen ist. Sollen diese Nebenstellen auch noch auf andere Anrufe reagieren, programmieren Sie die zusätzlichen MSN an zweiter und/oder dritter Stelle.

Kann ich bei einem Stromausfall noch von den Telefonen an meiner ISDN-Anlage telefonieren?

Nein, es sei denn Sie besitzen eine sog. USV (Unterbrechungsfreie Stromversorgung, ab 300 DM zu kaufen), die dafür sorgt, daß bei Stromausfall die notwendige Spannung für die Anlage vorhanden ist. Die ISDN-Anlagen können leider nichts mit der Notspannung anfangen, die der NTBA bei Stromausfall liefert. Es gibt einige ISDN-Telefone, wie das Ascom Eurit 30 (ca. 400 DM), die notstromfähig sind und dadurch auch bei einem Stromausfall weiterhin am NTBA betrieben werden können. Sie sollten also bedenken, wie wichtig es für Sie ist, im Notfall ein funktionsfähiges ISDN-Telefon direkt am NTBA betreiben zu können.

Ich besitze einen ISDN-Telefonanlage ohne internen S_0-Bus und ein ISDN-Telefon, das ich direkt an den NTBA angeschlossen habe. Wie kann ich ein Gespräch von meinem ISDN-Telefon zum Schnurlosen an der Anlage verbinden?

Sie können leider nicht so einfach ein Gespräch verbinden, wie Sie es von den analogen Endgeräten gewohnt sind, die direkt an Ihrer Anlage angeschlossen sind. Es gibt nur eine einzige Möglichkeit, Gespräche untereinander zu verbinden. Dafür müssen beide Geräte, die ISDN-Anlage und das ISDN-Telefon, das ISDN-Leistungsmerkmal Parken unterstützen. Damit ist es möglich, ein bestehendes Gespräch in der Vermittlungsstelle der Telekom zu parken, um es dann von einem anderen Telefon wieder aufzunehmen.

Rückruf bei Besetzt. Was ist das denn, und wie funktioniert das?

Sie rufen einen externen Teilnehmer und bekommen das Besetztzeichen. Jetzt haben Sie die Möglichkeit, dem Teilehmer einen Rückrufwunsch mitzuteilen. Wie Sie das im Detail machen, steht in der Bedienungsanleitung der Telefonanlage. Die Vermittlungsstelle der Telekom erkennt Ihren Wunsch und teilt Ihnen nach einer Zeit durch ein Klingeln an Ihrem Telefon mit, daß der externe Gesprächspartner nun endlich sein Dauergespräch beendet hat. Sie heben den Hörer ab, und schon wird die Verbindung zum nun freien Teilnehmer aufgebaut. Der Rückruf funktioniert nur, wenn folgende Voraussetzungen erfüllt sind:

- Die Telefonanlage des rufenden Teilnehmers muß diese Funktion unterstützen. (Das Gigaset 1054isdn und die Euracom-Anlage mit der neuen Software unterstützen das zum Beispiel.)
- Die Vermittlungsstellen der Telekom müssen dieses Leistungsmerkmal unterstützen (soll bis Ende 1997 flächendeckend der Fall sein).
- Der angerufene Teilnehmer sollte auch einen ISDN-Anschluß besitzen oder aber zumindest an eine digitale Vermittlungsstelle angeschlossen sein.
- Der rufende Teilnehmer muß dieses Leistungsmerkmal für seinen Anschluß freischalten lassen (Telekom anrufen unter 01114).

FAQ Kann ich an meiner Eumex 209 die Kurzwahlziele für mein Faxgerät benutzen?

Endgeräte mit dem Endgerätetyp Kombidienst können die Kurzwahl nur für den Dienst Telefon nutzen, nicht aber für den Dienst Telefax.

FAQ Hin und wieder höre ich während eines Telefonats, von einem an meine ISDN-Anlage angeschlossenem Telefon, einen komischen Ton im Hörer. Was ist das?

Das ist ein sogenannter Anklopton. Ihre Anlage will Ihnen mitteilen, daß ein weiterer Teilnehmer Sie erreichen möchte. Im ISDN haben Sie ja zwei Leitungen, über die Sie erreichbar sind. Möchten Sie mit dem anklopfenden Teilnehmer sprechen, dann können Sie mit ihm ein Rückfragegespräch führen. Das Gespräch mit dem ersten Teilnehmer wird solange gehalten. Die Rückfrage wird bei fast allen Anlagen mit der R-Taste des Telefons eingeleitet (einmal drücken). Mit dieser Taste schalten Sie auch wieder zurück. Es gibt leider auch Anlagen, wie z. B. die Eumex 208, bei der das erste Geprächt erst beendet werden muß, um das zweite anzunehmen. In so einem Fall ist es sinnvoll, einen Anrufbeantworter anzuschließen, der auf dieselbe MSN reagiert wie das Telefon.

FAQ Seitdem wir ISDN besitzen und meine Tochter ein eigenes Telefon hat, wird eine Leitung permanent von ihr belegt. Ich muß geschäftlich sehr viel telefonieren. Da kommt es schon einmal vor, daß ich während eines Kundengesprächs Rückfrage mit meinem Außendienstmitarbeiter halten muß. Kann ich das, obwohl beide Leitungen belegt sind?

Es gibt da ein Leistungsmerkmal von der Telekom, das Ihnen aus der Patsche helfen kann. Das ISDN-Leistungsmerkmal Halten einer Verbindung durch die Telekom-Vermittlungsstelle hilft Ihnen weiter. Nun, wie läuft das? Sie können eine bestehende Externverbindung (das Kundengespräch) durch eine Schaltung bei der Telekom halten lassen. Der Kunde bekommt während dieser Wartezeit von der Telekom den Spruch „Ihre Verbindung wird gehalten" eingespielt. Während nun der Kunde wartet, können Sie auf der jetzt freien Leitung mit Ihrem Außendienstmitarbeiter Kontakt aufnehmen (die Tochter spricht ja immer noch) und sich die wichtigen Informationen besorgen. Wie genau Sie ein Gespräch ins Halten legen, hängt von der Anlage ab und steht in Ihrer Bedienungsanleitung, sofern die Anlage diese Funktion unterstützt. Es besteht dann sogar die Möglichkeit, zwischen Außendienstler und Kunden hin- und herzuschalten. Wenn die Anlage die ISDN-Dreierkonferenz unterstützt, können Sie dann auch noch ein Dreiergespräch führen.

Warum kann ich keine Anrufweiterschaltung, beispielsweise zu meinem Handy, an meiner neuen ISDN-Anlage nutzen?

Dafür kann es unterschiedliche Gründe geben:

*   Sie haben einen ISDN-Standardanschluß. Dort ist das Leistungsmerkmal Anrufweiterschaltung nicht freigeschaltet. Nur der Komfortanschluß beinhaltet diese Funktion. Sie können das aber nachträglich bei der Telekom beantragen (kostet 5 DM pro Monat).
*   Ihre ISDN-Anlage unterstützt das Leistungsmerkmal der Telekom nicht.
*   Eventuell unterstützt Ihre Telefonanlage ja die Rufumleitung nach extern über den zweiten B-Kanal, dann nutzen Sie doch einfach diese Funktion für Ihren Zweck.

 An meiner ISDN-Telefonanlage kommen nur noch auf zwei meiner drei Mehrfachrufnummern Gespräche an. Wie kann denn das passieren?

Vielleicht haben Sie vergessen, die Anrufweiterschaltung für eine der MSNs zu deaktivieren. Oder aber Sie haben der MSN bei der Programmierung Ihrer Anlage kein Endgerät zugeordnet.

 Ich kann mit meiner ISDN-Anlage das ISDN-Leistungsmerkmal Anrufweiterschaltung nutzen. Außerdem besteht die Möglichkeit, die Anrufe über den zweiten B-Kanal nach extern umzuleiten. Welche Methode ist die bessere?

Wenn Sie die Anrufumleitung über das ISDN-Leistungsmerkmal der Telekom realisieren, haben Sie den Vorteil, daß beide Leitungen (beide B-Kanäle) Ihres Anschlusses frei bleiben. Außer den üblichen Telefonkosten entstehen für den Anrufer durch die Anrufweiterschaltung keine weiteren Ausgaben. Die Gebühren von Ihrem Anschluß zu Hause auf das von Ihnen eingestellte Anrufumleitungsziel bezahlen natürlich Sie. Das ist aber eigentlich verständlich. Es wäre nicht nett, dem Anrufenden die Gebühren aufzudrücken. Schließlich hat er ja versucht, Sie zu Hause und nicht irgendwo am Nordkap zu erreichen. Dies ist allerdings unverständlich ist. Darum ist der Zeittakt (bei City- und Region-50-Verbindungen) für die bei der Telekom umgeleiteten Gespräche kürzer als bei einem „normalen" Telefonat. Im Klartext heißt das, es fallen mehr Gebühren an! Das gilt allerdings nicht für die Rufumleitung zu einem D-Netz-Handy. Da ändert sich nichts an den Einheiten. Wenn Sie einen Rufumleitung über den zweiten B-Kanal machen, dann können Sie Telefongebühren sparen, wenn das Anrufziel sich im Region-50-Bereich befindet.

FAQ **An meiner neuen ISDN-Anlage ist ein ISDN-Telefon mit Display an den internen S_0-Bus angeschlossen. Warum werden keine Gebühren angezeigt? Außerdem ist noch ein analoges Telefon mit Gebührenzähler angeschlossen. Dort wird auch nichts angezeigt. Wieso nicht?**

Für die Gebührenanzeige während des Gesprächs benötigen Sie die Tarifinformationen von der Telekom. Zunächst sei erst einmal darauf hingewiesen, daß die Telekom grundsätzlich zwei unterschiedliche Tarifinformationen für die Gebührenerfassung in Ihrer Anlage schickt. Überprüfen Sie zunächst, ob eine Gebührenerfassung an Ihrem Anschluß überhaupt möglich ist. Haben Sie einen Standardanschluß? Dann kann keine Erfassung stattfinden. Beim Standardanschluß werden keine Tarifinformationen übermittelt. Dies muß dann noch extra beantragt werden. Der Komfortanschluß beinhaltet lediglich die Tarifinformation B (die sog. AOCE bzw. Gebührenübermittlung am Ende des Gesprächs). Sind Sie Besitzer eines Komfortanschlusses, dann kommen bei Ihnen die Gebühreninformationen, die die Telekom über die Leitung schickt, am Ende eines jeweiligen Gesprächs an. Gebühren, die am Ende der Verbindung übertragen werden, erscheinen nur bei digitalen ISDN-Telefonen, analoge Telefone können diese Informationen nicht nutzen. Haben Sie aber ein analoges Telefon mit der Möglichkeit zur Gebührenanzeige oder vielleicht einen separaten Gebührenzähler, so können Sie auf diesen Geräten die Gebühren, die während des Gesprächs anfallen, nur dann ablesen, wenn die Telekom auch während des Gesprächs die Tarifinformation A (Gebührenübermittlung während des Gesprächs) schickt. Die Anlage wertet dann diese Informationen aus und gibt sie an die Endgeräte weiter. Das Telefon oder der separate Gebührenzähler erhalten dann von der Anlage einen Gebührenimpuls (16 kHz), durch den die laufenden Gebühren von den Geräten genauso angezeigt werden können wie im analogen Telefonnetz zuvor auch schon. ISDN-Telefone, die an den internen Bus einer Telefonanlage angeschlossen werden, sind natürlich auch in der Lage, die Gebühreninformationen auszuwerten und sie anzuzeigen. Man unterscheidet nach zwei Tarifinformationen: Teilnehmer, die einen Standardanschluß besitzen, können sich entscheiden, ob Sie die Tarifinformation A oder B nachträglich beantragen. Für die Gebühreninformationen während des Gesprächs verlangt die Telekom monatlich 1,50 DM je Basiskanal, 3 DM also für beide. Die Gebühreninformation nach dem Gespräch ist günstiger, sie kostet 1,98 DM für beide B-Kanäle. **Achtung:** Schauen Sie zuerst in der Bedienungsanleitung Ihrer ISDN-Anlage nach, ob sie diese Leistungsmerkmale auch unterstützt. Nicht jede Anlage kann z. B. den Gebührenimpuls für analoge Endgeräte erzeugen.

FAQ **Ich besitze eine ISDN-Anlage (Eumex 306) und möchte jetzt eine ISDN-Karte zusätzlich anschließen. Wie mache ich das, und was gibt es dabei zu beachten?**

Die Westerndosen (RJ-45) der Eumex sind direkt mit dem externen S_0-Bus der Telekom verbunden. Sie können das Kabel der ISDN-Karte direkt in diese Buchse stecken, Sie können es aber auch genauso gut in den NTBA direkt stecken (so wird es bei den anderen ISDN-Anlagen gemacht), das macht keinen Unterschied. Die Karte reagiert dann bei einem ankommenden Ruf auf die Mehrfachrufnummer,

401

die in der ISDN-Kartensoftware eingestellt ist. Wenn Sie eine MSN sowohl an einer analogen Nebenstelle der ISDN-Anlage als auch für Ihre ISDN-Karte verwenden wollen, müssen Sie verschiedenes beachten: Soll die PC-Karte nur digitale Datenübertragungen (DFÜ-Netzwerk oder Eurofile-Transfer) annehmen, dann können Sie über die ISDN-Dienstekennungen entscheiden lassen, welches Gerät den ankommenden Ruf erhält. Die MSN kann also ohne Probleme zum einem an der Anlage und zum anderen an der ISDN-Karte vergeben werden. Über die Dienstekennung wird entschieden, wer das Gespräch annimmt. Eine Verbindungsaufbau über das DFÜ-Netzwerk oder ein File Transfer wird mit der Dienstekennung Datenübertragung 64 KBit/s gekennzeichnet. Die ISDN-Anlage selbst reagiert auf diese Dienstekennung nicht, die ISDN-Karte nimmt den Anruf entgegen und einem Datenaustausch steht nichts mehr im Weg. So können Sie zum Beispiel für Ihr analoges Faxgerät und für die ISDN-Software dieselbe MSN vergeben. Über die Dienstekennung wird entschieden, ob sich der Fax meldet oder die ISDN-Karte. Möchten Sie die Dienstekennung außen vor lassen, dann erhält das Endgerät den Ruf, das ihn zuerst annimmt. In Ihrer ISDN-Software können Sie wahrscheinlich einstellen, nach wievielmal klingeln die Karte (z. B. die Fax-Software) den Ruf annehmen soll.

Anhang

Anhang A: ISDN-Adressen (Internet, Online-Dienste, Mailboxen, Support-Server)

Firma	WWW	C´Serve, T-Online, AOL oder MSN Suchbegriff	Mailbox/Support-Server
1&1	www.online.de		+49-0231 9748298
Ackermann	www.ackermann.com		
Acotec	www.acotec.de	Acotec (MSN)	+49-030 46706333 (ISDN)
Adtran	www.adtran.com	Acotec (MSN)	+49-030 46706333 (ISDN)
Alta Vista	www.alta-vista.com		
Ascom	www.ascom-telecom.co.uk		
AVM	www.avm.de		+49-030 39984300 (ISDN)
Beatbox Solingen BBS			+49-0212 653896 (ISDN)
Bintec	www.bintec.de		
C´Serve ISDN		GO ISDN (CIS)	
C´t	www.ix.de		+49-0511 5352351 (ISDN)
Chip	www.chip.de	GO CHIP (CIS)	
Computerwoche	www.computerwoche.de	*CW# (T-Online)	
Connect	dn.cinetic.com/connect		
Connect Service Riedlbauer	www.riedlbauer.de	*RIEDL#	+49-0221 9081686 (ISDN)
Creatix	www.creatix.de	GO CREATIX (CIS)	+49-0681 9821257 (ISDN)
Diehl ISDN	www.diehl.de	Eicon.Diehl (MSN)	
DOS	www.dos.dmv-franzis.de		
Dreamzone Langenfeld BBS			+49-02173 907106 (ISDN)
Dr. Neuhaus	www.neuhaus.de	GO NEUHAUS (CIS)	
ELSA	www.elsa.de	GO ELSA (CIS)	+49-0241 91777800 (ISDN)
Emmerich	www.emmerich.de		
Escom	www.escom.de	Escom (MSN)	+49-06252 966650
EUnet	www.germany.eu.net	eunet (MSN)	

Firma	WWW	C´Serve, T-Online, AOL oder MSN Suchbegriff	Mailbox/Support-Server
Excite	www.excite.com		
Ferrari Electronic	www.ferrari.de		
Germany.NET	www.germany.net		
Haufe	www.freinet.de/haufe	*HAUFE# (T-Online)	
Hagenuk	www.hagenuk.com		
Hauppauge	www.hauppauge.com		
Highscreen	www.vobis.de	GO VOBIS (CIS)	+49-02405 410331 (ISDN)
IBM	www.ibm.de	GO IBM (CIS)	
Intel	www.intel.com	GO INTEL (CIS)	+49-06252 96 66 50
Lycos	www.lycos.com		
Magellan	www.mckinley.com		
Mediaplex	www.mediaplex.de	GO MEDIAPLEX (CIS)	
Megasoft	www.megasoft.de		
Microcom	www.microcom.com		+49-0231 9026960
Microsoft	www.microsoft.com www.microsoft.de	GO MICROSOFT (CIS)	
Miro	www.miro.de	GO MIRO (CIS)	+49-0531 2113112 (ISDN)
MPS	www.cyberline.de/mps		
MS-Internet Explorer	www.microsoft.com/ie/ie.htm	GO MICROSOFT (CIS)	
MS-ISDN	www.microsoft.com/windows/software/isdn.htm	ISDN (MSN)	
MS-Office	www.microsoft.com/MSOfficeSupport	GO MSOFFICE (CIS)	
Netsurf	www.netsurf.de		
Novell	www.novell.de	GO NOVLIB (CIS)	
Online ISDN	www.online-isdn.de		
Ositron	www.roka.net/store/ositron		
PC Direkt	www.zdnet.de	GO PCDIREKT (CIS)	
PC Intern	www.pcintern.de		
PC Magazine	www.pcmag.com	GO PCMAG (CIS)	
PC Online	www.pconline.de	GO PCONLINE (CIS)	
PC Praxis	www.pcpraxis.de		

Firma	WWW	C´Serve, T-Online, AOL oder MSN Suchbegriff	Mailbox/Support-Server
PC Professionell	www.pcpro.de	GO PCPRO (CIS)	
RVS	rvscom.com		
SCii	www.imaginet.fr/~scii		
Sedlbauer	www.easy.com/sedl.html		
Sierra	www.sierra.com	GO SIERRA (CIS)	
Tedas	www.tedas.de		
Telekom	www.dtag.de		
TELES	www.teles.de		+49-0190 511822
Terratec	www.terratec.com		
Traveling Software	www.travsoft.com	GO TRAVSOFT (CIS)	
TRK	www.trk.de	74431,562 (CIS)	+49-0431 3054316
Vobis	www.vobis.de	GO VOBIS (CIS)	+49-02405 410331 (ISDN)
Yahoo!	www.yahoo.com		
ZDF	www.zdfmsn.de		
Zyxel	www.zyxel.com	GO ZYXEL (CIS)	

Anhang B: Weitere Informationsquellen

Beschreibung	Adresse
CAPI Association	www.capi.org
ISDN-Hilfen zu Windows 95	www.snafu.de/~chris/isdn.htm
Die ISDN-Seite	www.alumni.caltech.edu/~dank/isdn/
Technische Hilfe zu ISDN	hssun5.cs.uni-sb.de/isdn/isdn-faq-1
Internationale Fernmeldeunion (ITU) in Genf	www.itu.ch
Yahoo zum Thema ISDN	www.yahoo.de/Computer_und_Internet/ Kommunikation_und_Netzwerke/ISDN
ISDN-Infos von Microsoft	www.microsoft.com/windows/getisdn/isdnlink.htm
Jede Menge Links und FAQs von der Uni Mannheim	www.uni-mannheim.de/rum/netze/isdn/

Anhang C: Danksagungen

Dieses Buch hätte ohne die Unterstützung von vielen Firmen und Personen nicht verwirklicht werden können. Wir bedanken uns insbesondere bei:

1&1 GmbH, Elgendorfer Str. 57, 56410 Montabaur für die freundliche Leihstellung von zwei ISDN-a/b-Terminaladaptern.

Ackermann GmbH, Albertstraße 4, 51643 Gummersbach für die freundliche und großzügige Leihstellung einer Euracom-TK-Anlage vom Typ 181 mit integriertem S_0-Bus.

ACOTEC GmbH, Voltastraße 5, 13355 Berlin für die freundliche Leihstellung der Programme ISDN for Windows 95, Ipro, Scotty sowie der ISDN-Karte Skyracer 1.

ASCOM GmbH, Victor-Slotosch-Straße 11, 60388 Frankfurt für die freundliche Bereitstellung von Bildmaterial.

AVM GmbH, Alt Moabit 95, 10559 Berlin für alle Hilfestellungen und die kulante Leihstellung von folgenden Geräten und Softwarepaketen: FRITZ!Card, FRITZ!Card-PCMCIA, AVM-B1-ISDN-Controller, besonderer Dank gilt dabei Frau Kraft für ihre sehr freundliche Unterstützung und ihr Entgegenkommen.

Connect Servive Riedlbauer, Bischofstraße 82, 47809 Krefeld für die freundliche Leihstellung eines Winnov-Komplettsystems.

Deutsche Telekom AG, vertreten durch die Product Placing GmbH, Herseler Weg 6, 53347 Alfter für Informationen und die freundliche Leihstellung folgender Geräte: je zwei TK-Anlagen vom Typ Eumex 208, den Telefonen Europa 10 sowie einem steckbaren NTBA.

ELSA GmbH Aachen, Sonnenweg 11, 52070 Aachen für die Leihstellung von je zwei Microlink ISDN/TL V.34-Modems und ISDN-PCFpro-Karten sowie die Versorgung mit neuesten Informationen und Treibern für den Betrieb unter Windows 95. Besonderer Dank gilt auch Herrn Kowalski und Herrn Riemer für die gewährte Hilfestellung und manchen wertvollen Tip.

EUnet Deutschland GmbH für die freundliche Bereitstellung eines Internet-Presseaccounts.

Hagenuk Telecom GmbH, Westring 431, 24118 Kiel für die freundliche Leihstellung einer TK-Anlage Speed Dragon sowie der Bereitstellung von zahlreichem Fotomaterial.

Volker Garske, Postfach 102504, 40016 Düsseldorf für die Leihstellung einer Version von WinAnruf 2.0 und die freundliche Einführung in das Programm.

Hauppauge Computer-Works GmbH, Albertus-Straße 46, 41061 Mönchengladbach für die freundliche Leihstellung eines VideoTalk-Systems.

Ositron GmbH, Friedrichstr. 17-19, 52070 Aachen für die Leihstellung von zwei Softwarepaketen Ositron ICS 2.0. Besonderer Dank gilt auch Herrn Zervakakis für seine Unterstützung und Hintergrundinformationen zu ISDN.

Point Computer GmbH, Pfälzer-Wald-Str. 70, 81539 München für die Leihstellung von zwei ISDN-Modems des Typs ZyXEL Elite 2864ID sowie für umfangreiches Informationsmaterial zu deren Betrieb.

TELES AG, Dovestr. 2-4, 10587 Berlin für die freundliche Bereitsstellung einer Version vom OnlinePowerPack.

Tiptel AG, Halskestraße 1, 40880 Ratingen für die freundliche Bereitstellung von Fotomaterial.

Traveling Software Inc. für die freundliche und kompetente Unterstützung bei Detailfragen!

ISDN von A-Z –
Das Stichwortverzeichnis

1&1-a/b-Wandler
    Ausstattung............326
    Einführung............326
    Inbetriebnahme 328
    programmieren 327
    Update 328
16-Bit-Steckplatz............61
16-kHz-Impuls............351
2 x 2-Installationskabel 296
2 x 2-Telekom-Kabel............296
2-Kanaltransfer 106
4 x 2-Installationskabel 296

A

a/b-Wandler
    bei externen Modems 324
    Einführung 322
    Inbetriebnahme 328
    programmieren 327
Ackermann-Euracom-Anlage............360
Aktive Karten............57
    AVM B1 85
    Vorteile 58
Alarmkontakt bei Euracom............364
Altbau, ISDN-Anschluß 344
America Online 211
Amerikanische Telefone anschließen............292
Analoge Geräte über TK-Anlagen anschließen............336
Anlagenanschluß
    Anrufweiterleitung............35
    Leistungsmerkmale 37
    und TK-Anlagen 335
Anonyme Anrufer identifizieren............36
Anrufbeantworter, analogen an ISDN nutzen............336
Anrufbeantwortersoftware, WinAnruf............126
Anrufsignalisierung in WinAnruf............127
Anrufumleitung am a/b-Wandler 326
Anrufweiterleitung
    bei Anlagenanschlüssen 35
    bei Mehrgeräteanschlüssen 35
Anrufweiterschaltung 35
    bei Besetzt............35
    bei Besetzt (Euracom) 371
    bei besetztem Verbindungsweg 35
    bei einem Anlagenanschluß 38
    bei Euracom 371
    bei Nichtmelden 35
    bei Nichtmelden (Euracom) 371
    über Vermittlungsstelle der Telekom 35
    und a/b-Adapter 328
Anrufweiterschaltungsziel 35
Anschluß von analogen Geräten............298
Anschluß von Kombigeräten an TK-Anlagen............349
Anschlußarten 25
Anschlußdose für analoge Geräte 290
Anschlußklemmen bei TAE-Dosen 293
Anschlußmöglichkeiten, Entscheidungshilfen............27
Anwendungsschnittstelle............66; 97
AOL
    ISDN-Zugang............211
Ascom
    PC-Wahlbox............318
    Telefon Eurit 30 316
AT-Befehle 262
Automatische Wahl, Euracom............370
AVM............65
AVM B1 85
    Einbau............86
    installieren............86
    Ressourcenzuweisung............86
    Ressourcen-Zuweisung ändern............87
AVM ISDN Controller 85

B

B1-Controller von AVM 85
Basisadressen, vergebene Basisadressen einsehen..63
Basisanschluß............27; 40
Befehl Freigabe............203; 255
Bundle-Software............97

C

CAPI............55
    Aufbau............98
    Definition............97
    DualCAPI............99
    Funktion............98
    Versionen............98
CAPI-Fossil............262
CAPI-Port-Treiber für FRITZ!Card 170
Card und Socket Services............92

cFos 262
   Definition 262
   Einführung 261
cFos/Win 262
Client 192
CommCenter 153
Common Application Programming Interface 66; 97
CompuServe
   ISDN-Zugang über Datex-J 218
   ISDN-Zugang über digitale Einwahlknoten 217
Computer
   Anschluß an ISDN 54
   Anschlußmöglichkeiten an ISDN 54
   Einsatzmöglichkeiten im ISDN 53
   mit ISDN verbinden 54
Computernamen festlegen 201

D

Data Communication Equipment 272
Data Terminal Equipment 272
Datei- und Druckerfreigabe 253
Dateien austauschen
   mit FRITZ! 104
   mit RVS-COM 153
Dateien freigeben 203
Dateitransfer mit LapLink für Windows 95 249
Datenanruf bei TK-Anlagen 103; 346
Datenaustausch über DFÜ-Netzwerk, Laufwerk
einbinden 197
Datenendeinrichtung 272
Datenschutz bei FRITZ!data 109
Datentransfer
   mit FRITZ! 104
   mit RVS-COM 153
Datenübertragungseinrichtung 272
Datenübertragungsgeschwindigkeit mit ISDN 22
Dauerüberwachung 36
DCE 272
DECT 308
DFÜ-Netzwerk 192
   Computernamen festlegen 201
   DFÜ-Server einrichten 204
   Freigabe von Daten ermöglichen 201
   Kennwort für DFÜ-Server festlegen 204
   Laufwerk einbinden 197
   Netzwerkprotokolle 195
   neue Verbindung herstellen 193
   Ordner freigeben 203
   Paßwort für Zugriff bestimmen 203; 255
   Paßwortschutz 256
   PC als Server einrichten 192
   Rechner als Client einrichten 192
   Server einrichten 200
   Servertyp bestimmen 195

Servertyp festlegen 205
über LapLink erreichen 250
Verbindung beim Start wiederherstellen 197
Verbindung einrichten 193
Verbindung herstellen 195
Verbindung konfigurieren 193
Zugriff auf entfernte Rechner 192
Zugriffsmöglichkeiten auf Server 203; 255
DFÜ-Server
   Anrufe annehmen 205
   Freigabename 203; 255
   Laufwerk einbinden 197
   Ordner freigeben 203
   Paßwort für Zugriff bestimmen 203; 255
   Servertyp festlegen 205
   Zugriffsmöglichkeiten 203; 255
DFÜ-Server einrichten 204
Dienstekennung
   bei analogen Geräten 347
   bei TK-Anlagen 334
   mit TK-Anlagen 102; 345
   optimal einsetzen 102; 345
   Probleme mit analogen Anrufen 347
Digitale Geräte anschließen 300
Digitale und analoge Netze nutzen 337
Digital-Signal-Prozessor 58
Dioden in TAE-Dosen 287
DIP-Schalter 61
direct memory access 62
Direkter Hauptspeicherzugriff 62
DMA 62
DMA-Kanal 61; 62
Doppelanschluß 29; 287
Doppelt vergebene Rufnummern 103; 346
Dreierkonferenz 38
   mit Euracom 371
DSP 58
DTE 272
DualCAPI 99
Durchwahl 37
Durchwahl zu Nebenstellen 37
Durchwahlmöglichkeit 337

E

E/A-Adresse 62
Eigenschaften für System 63
Einheitliche Anwendungsschnittstelle 66; 97
E-Mail mit RVS-Com verschicken 153
Endgeräte
   an TK-Anlagen 102; 346
   Kompatibilität 347
   Typen 347
Endgerätetyp, Multi-Port 348
Erweiterter passiver Bus 301

Eumex 306
  allgemeines 298
  Anschlußmöglichkeiten 389
  Einführung und Installation 388
  Gebührenerfassung.................................389
  Leistungsmerkmale 389
Euracom
  Alarmkontakt...364
  analoge Telefone.....................................362
  Anlage mit PC verbinden.........................367
  Anlagenbezeichnungen............................361
  Anrufweiterschaltung bei Besetzt....................371
  Anrufweiterschaltung bei Nichtmelden 371
  Ausbaumöglichkeiten 362
  automatische Wahl 370
  Einführung 360
  Endgeräte anschließen 365
  Erweiterungsmodul...................................363
  externe Musikquelle 364
  Faxanschluß..362
  Gebührenauswertung über Drucker 368
  Gebührenauswertung über PC......................368
  Inbetriebnahme, provisorisch 366
  interne Rufumleitung 363
  interner S₀-Bus..363
  ISDN-Geräte anschließen 363
  ISDN-Telefon einsetzen 363
  Konferenzschaltung..................................371
  Kurzwahl..370
  Kurzwahlziele benennen 370
  mit ISDN verbinden 366
  Modemanschluß..363
  Montage...365
  Nahbereichsnummern 372
  Raumüberwachung 370
  Rufnummernsperre 372
  Rufnummernübermittlung..........................372
  Rufumleitung Bei Besetzt 371
  Rufumleitung Nach Zeit............................371
  ständige Anrufweiterschaltung 371
  Türfreisprecheinrichtung...........................372
  Türstation..363
  Varianten..360
  Verkabelung 365
  Wahlberechtigung für Endgeräte.....................371
  Wahlverfahren..362
  zusätzlicher S₀-Bus.................................363
  Zweitwecker...364
Eurit 30..316
  Telefon-Wahlbox 318
Eurit 40..317
Eurofile-Transfer mit RVS-COM 153
Europa 11 315
Exchange 140
Explorer, entfernte Laufwerke einbinden...................197

Externe ISDN-Adapter 55
  ZyXEL 2864ID 271
Externe Modems als a/b-Wandler..................324
Externe Musikquelle für Euracom 364

F

Fangprämie 26
Fangschaltung.. 36
Faxen
  mit Euracom.. 362
  mit FRITZ!fax 112
  mit RVS-COM 152
  mit ZyXEL 2864ID.................................... 274
Faxmodems, Probleme an TK-Anlagen 349
F-Codierung 291
Fernabfrage.. 139
  mit WinAnruf 127
Fernbedienung
  eines entfernten Rechners.......................... 247
  eines Rechners 239
Fernbedienung 239
Fernkonfiguration mit WinAnruf..................... 127
Fernwartung 239
Fernzugriff auf ein lokales Netzwerk 239
Festinstallierbarer NTBA 288
Flash-EPROM 275
F-NFN-Adapter 292
Fossil-Treiber 262
Freigabe von Dateien 201
Freigabe von Ordnern und Dateien....................253
Freigabename 203; 255
Freisprecheinrichtung bei ISDN-Telefonen 315
FRITZ!
  Installation mit Konfiguration........................ 100
  Installationsvarianten................................ 100
  Schnellinstallation 100
  Software installieren 99
FRITZ!Card 65
  CAPI-Port-Treiber 170
  Eigenschaften 65
  installieren 66
  IRQ-Einstellung 73
  neue Treiber 73
  Testprogramm 73
FRITZ!Card PCMCIA
  deinstallieren 96
  Inbetriebnahme 92
  installieren 92
  konfigurieren 94
  Software.. 92
  Treiber installieren 93
  von AVM 91
FRITZ!com 116
  konfigurieren 117

FRITZ!data 104
   konfigurieren...104
   Server-Modus...104
   Verbindungsaufbau 105
   Zugriffsschutz 109
FRITZ!fax 112
   Drucker 113
   Faxe versenden......................................115
   konfigurieren...112
FRITZ!-Software! 99
FRITZ!view..114
Gebühren für ISDN-Anschluß 41
Gebührenanzeige 34
   Leistungsmerkmal 34
Gebührenauswertung mit Eumex 306 389
Gebührenerfassung mit TK-Anlagen 337
Gebührenimpuls.................................. 351; 401
Gebührenkontrolle, Tarifinformation A und B 351
Geräte-Manager.......................................63; 71
Geschlossene Benutzergruppen 34
Gespräche weiterverbinden mit TK-Anlagen 335
Hagenuk Europhone S 318
Halten am Anlagenanschluß............................37
Hardware-Assistent, FRITZ!Card installieren 67; 179
Hardwaregerätetreiber....................................98
Hardwarekonflikte durch ISDN-Karten.............62
Hauptspeicheradresse....................................61
HDLC mit AVM-CAPI-Port 182
High-Speed-Schnittstellen 55

I

I/O-Adresse...61
IAE-Dosen
   Beschaltung...294
   Definition..301
Initialisierungsstring für ZyXEL 281
Installation
   ZyXEL 2864ID 276
Installation von ISDN-Karten
   grundsätzlicher Ablauf...............................64
   unter Windows 95...................................170
Installationskabel für ISDN-Anschluß 295
Interne Gespräche an TK-Anlagen..................335
Interne Rufumleitung bei Euracom 363
Interner S$_0$-Bus..363
Internet
   ISDN-Zugang über Internet-Provider 235
   per ISDN..207
Internet-Zugriff mit Microsoft Network............228
Interrupt...61; 62
   freie anzeigen...63
IRQ-Einstellung
   bei FRITZ!Card...73
   im Geräte-Manager 73

ISDN
   mit Laptops 87
   Verbindung zu analogen Netzen 337
ISDN für Windows 95 140
   Funktionsumfang 140
ISDN und PC
   aktive Karten 57
   Anschluß des PCs an ISDN.......................54
   Anschlußmöglichkeiten..............................54
   Anwendungsschnittstelle 97
   CAPI...97
   CAPI 1.0...98
   CAPI 1.1...98
   CAPI 2.0...98
   CAPI-Fossil...262
   CAPI-Versionen..98
   DFÜ-Netzwerk 192
   DualCAPI 99
   Einsatzmöglichkeiten 53
   Fossil-Treiber 262
   Installation von ISDN-Karten 64; 170
   ISDN-Karten einbauen...............................60
   Karten mit Modemchipsatz 56
   Mailbox-Zugriff 262
   passive Karten 57
   PCMCIA-ISDN-Karten 56; 89
   semiaktive Karten 58
   Terminalprogramme 262
ISDN unterwegs 87
ISDN for Windows 95
   Vorstellung..140
ISDN-Anschluß
   anmelden 25
   Gebühren 41
   maximale Kabellänge 301
   verkabeln 283
   Zahl der anschließbaren Endgeräte 301
ISDN-Anschlußarten
   Basisanschluß 40
   Komfortanschluß 42
   Primärmultiplexanschluß 41
   Standardanschluß.....................................42
ISDN-Dosen
   installieren...302
   montieren 300
ISDN-Dosen anschließen...............................294
ISDN-Geräte
   an TK-Anlagen 363
   Stromversorgung 344
ISDN-Karten 54; 55
   16-Bit-Steckplatz 61
   aktive Karten 55; 57
   als Netzwerkkarten 170
   AVM 65
   DIP-Schalter, Jumper 61

DMA-Kanal 62
E/A-Adresse 62
einbauen 60
FRITZ!Card 65
Hardwarekonflikte 62
I/O-Adresse 62
I/O-Basisadresse 62
Inbetriebnahme 64
Installation 64
Interrupt 62
Kaufempfehlungen 59
Leistungskriterien 59
mit Modemchipsatz 56
passive Karten 57
PCMCIA-Karten 89
Ressourcen 61
Ressourcenbelegung aufzeigen 63
Ressourcenbelegung einstellen 62
semiaktive Karten 58
Steckplatz 61
Typen von Karten 57
unter Windows 95 installieren 170
ISDN-Modems 54; 56
ISDN-Software
  Bundle-Software 97
  FRITZ! 99
  ISDN für Windows 95 140
  ISDN for Windows 95 140
  LapLink 239
  LapLink für Windows 95 240
  RVS-COM 140
  TELES.ONLINE 123
ISDN-Steckdosen 300
ISDN-Steckdosenleiste 32
ISDN-Telefone
  an Euracom 363
  Eurit 30 316
  Notstromversorgung 344
ISDN-Zugriff auf einen entfernten Rechner 246

J

Jumper 61

K

Kabel an Telefonanlagen anschließen 298
Kabelmantel 297
Kabelmesser 297
Karteneinbau 60
Kennwort für DFÜ-Server festlegen 204
Kennziffern für Kombi-Port-Konfiguration 349
Kombi-Port
  Definition 347
  Kennziffern für Konfiguration 349

Komfortanschluß 27; 42
  Gebühren 41
Konferenzschaltung, Euracom 371
Kurzwahl, Euracom 370
Kurzwahlziele in Euracom benennen 370

L

LAN-Kopplung 239
LapLink 239
  Administration 241
LapLink für Windows 95 240
  Dateitransfer 249
  Dateiübertragung 240
  Dialog-Funktion 248
  Fernsteuerung 240
  Fernsteuerung eines entfernten Rechners 247
  Funktionen 240
  Verbindung aufbauen 244
  Verbindung zu DFÜ-Netzwerk 250
  Zugriffsrechte festlegen 243
Laufwerk einbinden 197
Leistungsmerkmale
  Anlagenanschluß 37
  Anrufweiterschaltung 35
  Dauerüberwachung 36
  Dreierkonferenz 38
  Fangschaltung 36
  Gebührenanzeige 34
  geschlossene Benutzergruppen 34
  Rückruf bei Besetzt 38
  Rufnummernübermittlung 32; 33
  Rufnummernübermittlung unterdrücken 33
  Sperre 39
  Subadressierung 34
  Teilnehmer-zu-Teilnehmer-Zeichengabe 35
  von TK-Anlagen 337

M

Mailboxen
  mit ISDN 261
Makeln am Anlagenanschluß 37
Media Access Controller 98
Mehrfachdose für ISDN-Anschlüsse 32
Mehrgeräteanschluß, Anrufweiterleitung 35
Microsoft Network
  für Internet-Zugriff verwenden 228
  per ISDN 228
Mini-TK-Anlage 323
Mobiles ISDN 87
Modems an Euracom 363
MS-Exchange und ISDN für Windows 95 140
MS-Exchange und ISDN, Überblick 140
MSN

per ISDN...228
Zuordnung bei TK-Anlagen 333
Multifunktionaler Anschluß bei TK-Anlagen...............362
Multi-Port
Definition..347
Kennziffern für Konfiguration...........................349

N

Nahbereichsnummern bei Euracom programmieren..372
N-Codierung...291
Nebenstellenanlagen 323; 330
Netzabschlußkasten
Erklärung...284
installieren..285
Netzlaufwerk verbinden 197
Neubau, ISDN-Anschluß 343
Notapparat 344
Notspeisen von ISDN-Geräten 344
Notstromversorgung 316
NTBA 30
anschließen...286
Anschluß von ISDN-Geräten 288
Erklärung 284
festinstallierbarer 288
installieren..285
ISDN-Telefon anschließen 30

O

Online-Dienste, ISDN-Zugang mit AOL 211
Ordner freigeben..203
Ositron ICS, Funktionen...................................156
Outband-Signalisierung 324

P

Parallelschaltung von Telefonen............................29
Passive Karten..57
Passiver Bus 300
Paßwörter 251
PC und ISDN
Anschlußmöglichkeiten 54
AT-Befehle..262
PCMCIA-ISDN-Karten 56
PCMCIA-Karte 54
von AVM...91
PCMCIA-Karten 89
FRITZ!Card PCMCIA.......................................91
Inbetriebnahme 92
Plug & Play-Fähigkeiten 92
Typen...89
unter Windows 95 installieren 90
PCMCIA-Standard 89

PC-Telefon-Wahlbox 318
Personal Computer Memory Card International
Association 56
Point of Presence 235
PoP... 235
PPP 208
Primärmultiplexanschluß.............................. 27; 40; 41
Probleme, ZyXEL mit T-Online 282
Programmieren
des 1&1-a/b-Wandlers 327
von TK-Anlagen 345
Protokoll-Analyser 272

R

Raumüberwachung, Euracom................................. 370
RCS-COM
Dateien verschicken 153
E-Mail verschicken.................................... 153
Regelrufnummernblock 336
Remote Access 239
Remote Control 239
Remote-Administration................................. 252
Ressourcen für ISDN-Karten 61
Ressourcenbelegung
einstellen.. 62
freie Interrupts anzeigen 63
RJ-11-Stecker 292
RJ-45-Stecker 292
Rufannahme bei WinAnruf 135
Rufnummernfilter bei WinAnruf 137
Rufnummernsperre bei Euracom 372
Rufnummernstamm 336
Rufnummernübermittlung................................ 32; 33
bei Euracom 372
Rufnummernübermittlung unterdrücken 33
Rufnummernzuordnung, Einführung 333
Rufweiterleitung mit WinAnruf......................... 127
RVS-COM
automatischer Dateitransfer.......................... 153
CommCenter 153
Fax-Funktion 152
Fernwartung.. 153
Funktionen 152
Transfer von Dateien automatisieren 153

S

Scheduler 128
Semiaktive Karten 58
Server.. 192
Server einrichten 192; 200
Server-Modus... 109
Signalisierung von Anrufen bei WinAnruf.............. 138
Signalisierungskanal 324

Standardanschluß...27; 42
  Gebühren..41
Ständige Anrufweiterschaltung 35
Ständige Anrufweiterschaltung bei Euracom.............371
Steckkarten für ISDN 55
Steckplatz..61
  für ISDN-Karten..61
Stromausfall..344
Subadresse..34
Subadressierung..34
Systemressourcen, verwendete anzeigen lassen 64

T

Tabelle, Unterschiede zwischen Standardanschluß und
Komfortanschluß...42
TAE-Dosen
  bearbeiten...293
  Anschlußklemmen...293
  Definition...290
  Dioden entfernen...287
TAE-F-Dose...291
TAE-FF-Dose...292
TAE-N-Dose...291
TAE-NF-Dose...292
TAE-NFN-Dose..291
TAE-Steckdose..29
Tarifinformation
  A und B..351
  Übermittlungsvarianten 350; 401
Teilnehmer-zu-Teilnehmer-Zeichengabe.....................35
Telefon Ascom Eurit 30...316
Telefonanlagen..329
Telefondosen verkabeln...295
Telefonfunktionen, Überblick 32
Telefonkabel verlegen..297
Telekommunikations-Anschluß-Einheit 290
TELES.FAXlite...123
TELES.FIX...123
TELES.FON...319
TELES.FON/AB..320
TELES.ONLINE 123
  Installation 124
  ISDN-Einstellungen einrichten 124
  Journal...124
  Telefonbuch...124
TELES.WinBTX..123
TELES-Karten
  alte Treiber entfernen 80
  neueTreiber 82
Terminaladapter...54; 55
  ISDN-Zugang zu T-Online.....................................211
  Übertragungsraten 55
  ZyXEL 2864ID 271
Terminaladapter..270

Terminalprogramme
  FRITZ!com.. 116
Terminalprogramme und ISDN 262
Terminierungswiderstände....................................... 303
TK-Anlagen
  am Anlagenanschluß.. 335
  am Mehrgeräteanschluß...................................... 330; 333
  Anschluß.. 331
  Anschluß von Kombigeräten................................ 349
  Aufgaben 337
  Datenanruf 103; 346
  Dienstekennung... 334
  Dienstekennung von analogen Geräten 347
  doppelt vergebene Rufnummern 103; 346
  Endgerätetyp 102; 346; 348
  erweitern 363
  Eumex 306 388
  Euracom 141 360
  Euracom 180 360
  Euracom 181 360
  Euracom 182 360
  Euracom 260 360
  Euracom 261 360
  Euracom 262 360
  Funktion 330; 336
  Gespräche weiterverbinden 335
  im Altbau 344
  im Neubau 343
  Inbetriebnahme... 342
  Installationsort... 343
  interne Gespräche 335
  ISDN-Geräte anschließen................................... 363
  Kabel anschließen.. 298
  Kombi-Port... 347
  Leistungsmerkmale... 337
  mehrere Endgeräte anschließen 102; 345
  mit PC programmieren... 345
  mit Telefon programmieren 345
  multifunktionaler Anschluß..................................... 362
  parken von Gesprächen 335
  PC-Programmierung, Vorteile.............................. 345
  Rückfragen 335
  Rufnummernzuordnung.. 333
  Stromausfall... 344
  Überblick.. 329
  Verbindungsgebühren 336
  Vorteile.. 337
T-Net 39
T-Online
  für ISDN konfigurieren 209
  ISDN-Zugang mit Terminaladaptern..................... 211
  mit ZyXEL 2864ID 281
  Probleme mit ZyXEL 2864ID 282
TransferMaster... 153
Trio Communication Suite... 276

Trojanische Pferde 257
Türfreisprecheinrichtung
    als TK-Anlagen-Eigenschaft 337
    bei Euracom 372
Türstation an Euracom betreiben 363
Typen von ISDN-Karten 57

U

UART 274
Unterschiede zwischen Standardanschluß und
Komfortanschluß 42
Update für a/b-Adapter 328

V

Verbindung
    über DFÜ-Netzwerk 192
    über DFÜ-Netzwerk einrichten 193
    über DFÜ-Netzwerk herstellen 195
    zweier Netzwerke 239
    zwischen TK-Anlagen und Analoggeräten 347
Verbindungsaufbau überwachen 259
Verbindungsgebühren, berechnen an TK-Anlagen 336
Verkabeln 283
Verkabelung
    Bus-Verkabelung 300
    sternförmige Verkabelung 300
Vieradrige Kupferkabel 295
Viren 257
Virtuelles ISDN-Modem mit AVM CAPI-Port 170
Voice-Mailbox 128

W

Wahlberechtigung für Endgeräte, Euracom 371
Weckservice mit WinAnruf 128
WinAnruf 126
    Anruffilter 128
    Anrufsignalisierung 127; 138
    Fernabfrage 127
    Fernabfrage durchführen 139
    flexible Rufannahme 135

    flexibles Anrufverhalten 127
    Funktionen 127
    Funktionen optimal einstellen 134
    installieren 129
    konfigurieren 130
    Rufweiterleitung 127
    Speicherbedarf der Nachrichten 138
    Voice-Mailbox 128
    Weckservice 128
    Zeitscheiben 135
Windows 95
    freie Ressourcen anzeigen lassen 63
    Installation von ISDN-Karten 170
    PCMCIA-Karten installieren 90
Windows-Kennwörter 252

X

X.75 mit AVM-CAPI-Port 182

Z

Zeitscheiben bei WinAnruf 135
Zugriff auf entfernte Rechner mit DFÜ-Netzwerk 192
Zugriff auf Ordner erlauben 203
Zugriff für Anrufer aktivieren 205
Zugriffsmöglichkeiten auf DFÜ-Server 203; 255
Zugriffsteuerung auf Freigabeebene 202
Zweitwecker Euracom 364
ZyXEL 2864ID
    a/b-Wandler-Funktion 275
    abgehende MSN 279
    analoges Telefon anschließen 275
    Anschluß 273
    Einführung 271
    Faxen 274
    Init-String für T-Online 281
    Konfiguration 276
    Lieferumfang 275
    Probleme mit T-Online 282
    T-Online 281

▶▶▶ Wenn Sie an dieser Seite angelangt sind ...

dann haben Sie sicher schon auf den vorange- gangenen Seiten gestöbert oder sogar das ganze Buch gelesen. Und Sie können nun sagen, wie Ihnen dieses Buch gefallen hat. Ihre Meinung interessiert uns!

Uns interessiert, ob Sie jede Menge „Aha-Erlebnisse" hatten, ob es vielleicht etwas gab, bei dem das Buch Ihnen nicht weiterhelfen konnte, oder ob Sie einfach rundherum zufrieden waren (was wir natürlich hoffen). Wie auch immer – schreiben Sie uns! Wir freuen uns über Ihre Post, über Ihr Lob genauso wie über Ihre Kritik! Ihre Anregungen helfen uns, die nächsten Titel noch praxisnäher zu gestalten.

Was mir an dieser Version gefällt:

Das sollten Sie unbedingt ändern:

Mein Kommentar zu Handbuch und Software:

441 390

☐ Ja   Ich möchte DATA BECKER Autor werden. Bitte schicken Sie mir die Infos für Autoren.

☐ Ja   Bitte schicken Sie mir Informationen zu Ihren Neuerscheinungen

Name, Vorname

Straße

PLZ, Ort

Ihre Ideen sind gefragt!

Vielleicht möchten Sie sogar selbst als Autor bei

DATA BECKER

mitarbeiten?
Wir suchen Buch- und Software- Autoren. Wenn Sie über Spezial-Kenntnisse in einem bestimmten Bereich verfügen, dann fordern Sie doch einfach unsere Infos für Autoren an.

Bitte einschicken an:
DATA BECKER GmbH & Co. KG
Postfach 10 20 44
40011 Düsseldorf

Sie können uns auch faxen:
(02 11) 3 19 04 98

Apropos: die ◀ ◀
nächsten Versionen.
Wollen Sie am Ball bleiben?
Wir informieren Sie gerne, was es Neues an Software und Büchern von *DATA BECKER* gibt.

DATA BECKER

Internet: http://www.databecker.de